· 普通高等教育“十二五”规划教材
· 高职高专汽车类专业任务驱动、项目导向系列化教材

汽车手动传动系统维修

主　编　谢　剑
参　编　焦红兰　黄建民　冒海滨
主　审　文爱民

国防工業出版社
· 北京 ·

内 容 简 介

本书是南京交通职业技术学院汽车工程系项目化教学改革的成果之一。

为了适应项目化教学，全书采用了任务驱动的编写模式，对汽车手动传动系统进行了详细介绍，主要内容包括传动系统概述、离合器维修、手动变速器维修、万向传动装置维修和驱动桥维修。本书对手动传动系统各部分的结构、原理、维护及检修等相关知识进行了阐述，也对各部分的拆装、维护、检测等学习任务进行了布置，同时还有相应的自我测试题对学习效果进行检验。

为了达到项目化教学的效果，本书还配有《汽车手动传动系统维修学习工作单》。

本书可作为高职高专院校汽车服务类专业的教科书，也可供汽车检测、汽车维修技术等从业人员学习参考。

图书在版编目（CIP）数据

汽车手动传动系统维修 / 谢剑主编. —北京：国防工业出版社，2014.6 重印

高职高专汽车类专业任务驱动、项目导向系列化教材

ISBN 978-7-118-07587-8

Ⅰ. ①汽… Ⅱ. ①谢… Ⅲ. ①汽车－传动系－车辆修理－高等职业教育－教材 Ⅳ. ①U472.41

中国版本图书馆 CIP 数据核字(2011)第 164578 号

※

国防工业出版社 出版发行

（北京市海淀区紫竹院南路 23 号　邮政编码 100048）

北京奥鑫印刷厂印刷

新华书店经售

*

开本 787×1092　1/16　**印张** 19¼　　**字数** 390 千字

2014 年 6 月第 1 版第 2 次印刷　**印数** 4001—5000 册　**总定价** 34.00 元 （教材 29.00 元；工作单 5.00 元）

普通高等教育"十二五"规划教材
高职高专汽车类专业任务驱动、项目导向系列化教材
编审委员会

前　言

为了适应我国汽车维修行业技能型紧缺人才培养的需要，满足高等职业院校以就业为导向的办学目标和要求，我院汽车工程系在近几年积极探索，勇于实践，大力改革教学模式，加大与企业合作办学的力度，推进工学结合的办学模式，取得了良好效果。为了提高学生的综合素质，切实增强学生的实践动手能力，我们引入了以工作任务为驱动的项目化教学模式。为适应新的教学模式，就必须打破传统教材的内容体系，为此我们特意编写了本系列教材。

本教材以“任务驱动”为编写思路，采用与企业工作一线相接近的具体工作任务引出相应的专业知识，学习目标非常明确，突破了传统的“理论”与“实践”的界限，体现了现代职业教育“一体化”的特色，调动了学生的学习主动性。

本书以汽车手动传动系统作为学习对象，根据维修企业工作一线的实际情况，设置了五个学习任务，其中包含了九个训练项目，每个训练项目有独立成册的学习工作单，以便更好地引导学生完成训练项目。本书首先对汽车传动系统作了一个总体介绍，然后分别对离合器、变速器、万向传动装置和驱动桥的结构、原理、检测、维修作了详细介绍。每个学习任务结束后还设置了相应的自我测试，能及时地让学生测试自己的学习效果。

本书图文并茂，深入浅出。每个学习任务均强调了学生综合素质的培养，既有对学生实践动手能力的训练，也有对学生自我学习能力、团队合作、资料收集、5S 等方面的训练，可促使每一个学生积极参与、主动学习，能达到更好的学习效果。每个训练项目的设置，均充分考虑了现有的教学设施和教学资源，可操作性强，效率高。

本书由南京交通职业技术学院谢剑担任主编，文爱民担任主审。参与编写工作的还有南京交通职业技术学院焦红兰、上海师范大学信息与机电学院黄建民、江苏中佳雷克萨斯汽车销售服务有限公司冒海滨。在编写过程中，得到了南京外事旅游公司汽车修理厂魏世康的特别支持，在此表示感谢。此外，还得到南京交通职业技术学院汽车工程系各位教师的大力支持和帮助，特别是实训中心各位教师更是提供了很多有用的一手资料，同时，还得到了南京市相关汽车 4S 店维修技术人员的特别帮助，在此一并表示感谢。

由于时间仓促，加之编者水平有限，书中难免有错漏之处。在此，恳请广大读者对本书提出宝贵的意见和建议，以便下次更正。

编　者

2011 年 7 月

目　录

项目一 汽车传动系统认识

一、任务描述

汽车传动系统是汽车底盘的主要系统之一，也是车辆实现动力传递的主要机构。通过本项目的学习，应能达到以下目的。

1. 知识要求

（1）掌握汽车传动系统的组成；

（2）掌握汽车传动系统各总成的作用；

（3）熟悉汽车传动系统的布置形式；

（4）了解汽车行驶的驱动与附着条件。

2. 技能要求

（1）能够在整车上认识汽车传动系统的各总成；

（2）能够在整车上识别传动系统的布置形式。

3. 素质要求

（1）能按照 5S 要求，对工具和场地进行整理；

（2）选择和使用工具合理规范；

（3）拆装工艺合理，操作规范；

（4）技术要求符合维修手册；

（5）安全文明生产，保证工具、设备和自身安全；

（6）与同学精诚合作、相互帮助、共同进步。

二、任务实施

任务一　汽车传动系统总体认识

1. 训练内容

（1）在台架或车辆上对汽车传动系统各总成进行认识；

（2）在台架或车辆上对汽车传动系统的各种布置形式进行认识；

（3）完成并填写学习工作单的相关项目；

（4）学习汽车传动系统及车辆行驶的相关知识。

2. 训练目标

（1）掌握汽车传动系统的组成；

（2）熟悉汽车传动系统的各种布置形式；

（3）了解汽车行驶的驱动和附着条件。

3. 训练设备

各种车辆及底盘台架若干。

4. 训练步骤

1）相关知识学习

通过课堂教学和学生课外自学，熟悉汽车传动系统的基本组成、主要作用和布置形式，并学习汽车正常行驶的驱动与附着条件。

2）汽车传动系统各总成认识

（1）在台架上，对汽车传动系统的各大总成进行认识，熟悉各总成的安装位置、外观特征，并了解各总成的基本作用。

（2）将整车顶起到举升机上，在车辆下方对传动系统各总成件进行认识，熟悉各总成的安装位置、外观特征，并了解各总成的基本作用。操作中，注意车辆举升安全可靠。

3）汽车传动系统布置形式的识别

（1）在各种底盘台架上，对汽车传动系统的布置形式进行认识，熟悉各布置形式的特征、优缺点及应用状况。

（2）将整车顶起到举升机上，在车辆下方对传动系统的布置形式进行认识，熟悉各布置形式的特征、优缺点及应用状况。根据实验室条件，可对各种不同布置形式的车辆进行该项操作认识。在操作中，注意车辆举升要安全可靠。

三、相关知识

（一）汽车传动系统概述

汽车是现代工业不断发展的产物，一般可分为发动机、底盘、电气和车身四大部分。

按照作用的不同，底盘一般可分为传动系统、行驶系统、转向系统和制动系统四大系统，如图 1-1 所示。

图 1-1　汽车底盘透视图

1. 传动系统的作用

汽车传动系统的作用是将发动机的动力按需要传给驱动轮。为了满足汽车行驶的各种需求，汽车传动系统应具有以下功用：

（1）实现减速增扭；

（2）实现汽车变速；

（3）实现汽车倒车；

（4）实现动力中断；

（5）实现车轮差速。

2. 传动系统的类型

按结构和传动介质不同，传动系统可分为机械式、液力机械式、静液式和电力式等。目前，汽车上常用的是机械式和液力机械式。

3. 传动系统的组成

传动系统的组成与传动系统的类型、布置形式等有关。图 1-2 所示为发动机前置后轮驱动的机械式传动系统示意图，主要由离合器 1、变速器 2、万向节 3 和传动轴 8 组成的万向传动装置、主减速器 7、差速器 5 和半轴 6 等组成。发动机的输出扭矩依次经过各总成最后传给驱动轮驱动汽车前进。

对于四轮驱动的车辆，变速器之后还装有分动器，以将动力分配给前后轮。对于液力式传动系统，将以液力机械式变速器取代机械式传动系统中的摩擦式离合器和普通齿轮式变速器。

4. 传动系统各总成的作用

离合器——按照需要适时地切断或接合发动机与传动系统之间的动力传递。

变速器——改变发动机输出转速的高低、转矩的大小及旋转方向，也可以切断发动机向驱动轮的动力传递。

万向传动装置——在变速器与主减速器或差速器与驱动轮之间进行动力传递，并适应两者之间相对位置和轴线夹角的变化。

主减速器——降低转速，增大转矩，改变动力的传递方向（90°）。

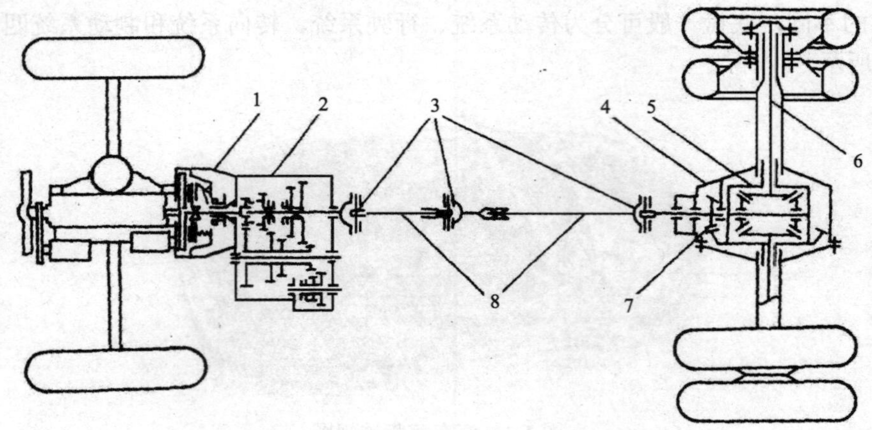

图 1-2　传动系统的组成及布置

1—离合器；2—变速器；3—万向节；4—驱动桥；5—差速器；6—半轴；7—主减速器；8—传动轴。

差速器——将主减速器传来的动力分配给左右两半轴，并允许左右两半轴以不同角速度旋转，以满足左右两驱动轮在行驶过程中差速的需要。

半轴——将差速器传来的动力传给驱动轮，使驱动轮获得旋转的动力。

5. 传动系统的布置形式

传动系统在车辆上布置时有不同的形式。按照发动机安装位置及汽车的驱动形式，车辆传动系统的布置形式一般包括发动机前置后轮驱动（Front Engine Rear Drive，FR）、发动机前置前轮驱动（Front Engine Front Drive，FF）、发动机后置后轮驱动（Rear Engine Rear Drive，RR）、发动机中置后轮驱动（Middlle Engine Rear Drive，MR）和全轮驱动等形式。轿车上常用发动机前置后轮驱动和发动机前置前轮驱动两种布置形式。

1）发动机前置、后轮驱动

发动机前置、后轮驱动（FR）是目前货车上广泛采用的一种传动系统布置形式，如图 1-2 所示。它一般是将发动机、离合器和变速器连成一个整体后安装在汽车的前部，而主减速器、差速器和半轴则安装在汽车后部的后桥壳中，两者之间通过万向传动装置相连。这种布置形式，后轮驱动，附着力大，易获得足够的牵引力，因此爬坡能力、加速性能较好；发动机散热条件好，同时驾驶员可直接操纵发动机、离合器和变速器，因而操纵机构简单，维修方便。在大排量高级轿车上，也普遍采用了该布置形式，如奔驰、宝马、林肯城市、凯迪拉克等。

2）发动机前置、前轮驱动

图 1-3 为轿车普遍采用发动机前置、前轮驱动（FF）的传动系统布置形式，其变速器、主减速器和差速器装配成一个整体（也称手动驱动桥）并同发动机、离合器一起集中安装在汽车前部。发动机有纵向布置和横向布置之分。这种布置形式，除具有发动机散热条件好、操纵方便等优点外，还省去了很长的传动轴，传动系统结构紧凑，整车质心降低，汽车高速行驶稳定性好。前轮驱动的车辆方向更稳定，但上坡时附着力减小、易打滑。下坡制动时，前轮载荷过重，高速时易发生翻车现象。这种布置形式在重心较低的微型和普通

型轿车上得到了广泛运用，如桑塔纳、广本雅阁、别克君威等。

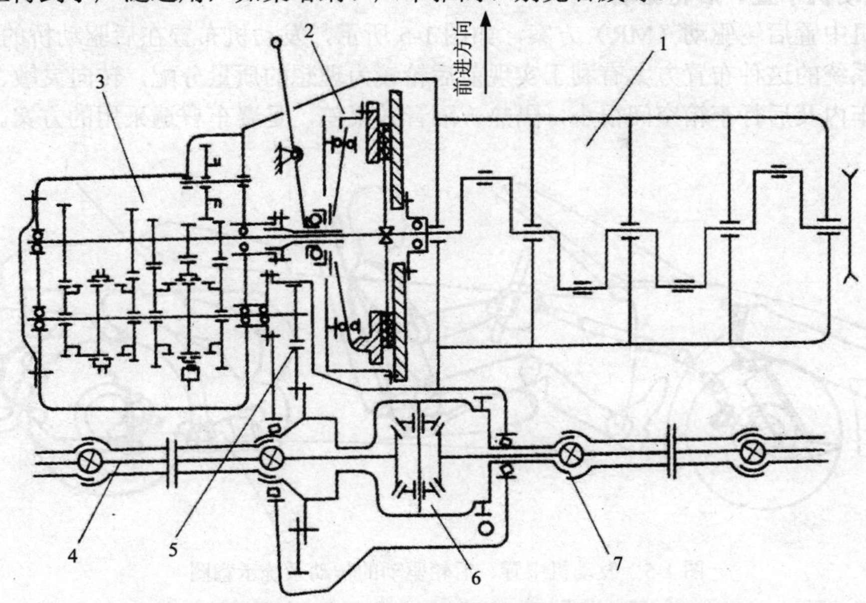

图 1-3　发动机前置、前轮驱动轿车的传动系统示意图

1—发动机；2—离合器；3—变速器；4—半轴；5—主减速器；6—差速器；7—万向节。

3）发动机后置、后轮驱动

某些大型客车采用发动机后置、后轮驱动（RR）的传动系统布置形式。如图 1-4 所示，发动机、离合器和变速器制为一体布置在驱动桥之后。这样可大大缩短传动轴的长度，传动系统结构紧凑，质心有所降低，前轴不易过载，后轮附着力大，并能更充分利用车厢面积。但由于发动机后置，其散热条件差。发动机、离合器、变速器的远距离操纵使操纵机构变得复杂，从而维修调整不便。除多用在大型客车上外，某些微型或轻型轿车也采用这种布置形式。发动机也有横向布置和纵向布置之分。

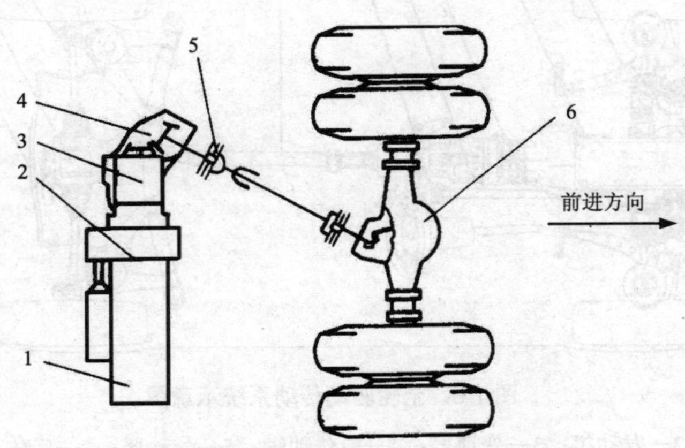

图 1-4　发动机后置、后轮驱动的传动系统示意图

1—发动机；2—离合器；3—变速器；4—角传动装置；5—万向传动装置；6—驱动桥。

4）发动机中置、后轮驱动

发动机中置后轮驱动（MR）方案，如图 1-5 所示，发动机布置在后驱动桥的前方。

传动系统的这种布置方案有利于实现前后轮较为理想的质量分配，转向灵敏、运动性好，但是车内及后行李箱空间很小，隔热、隔音效果差，是赛车普遍采用的方案。

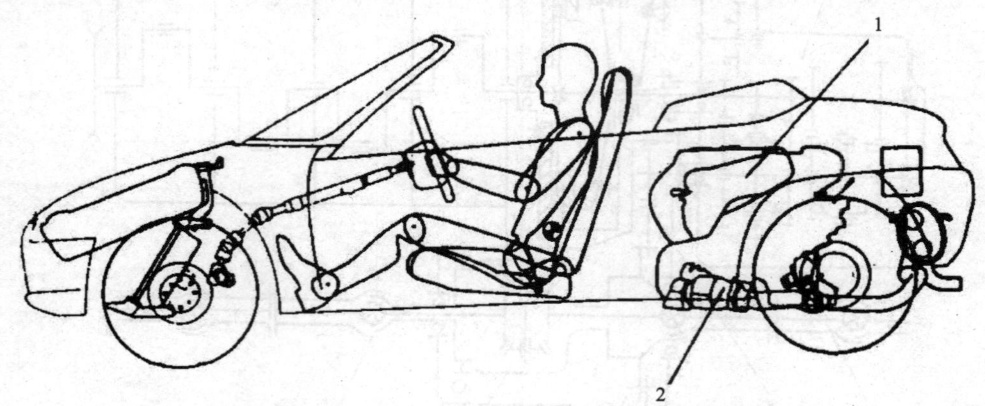

图 1-5　发动机中置、后轮驱动的传动系统示意图

1—发动机；2—传动系统。

5）全轮驱动

为了充分利用所有车轮与地面之间的附着条件，以获得尽可能大的牵引力，越野汽车采用全轮驱动（4WD）。图 1-6 所示为全轮驱动传动系统布置形式示意图。与发动机前置、后轮驱动的汽车（参见图 1-2）相比较，其前桥 1 既是转向桥也是驱动桥。为了将发动机传给变速器的动力分配给前后两驱动桥，在变速器后增设了分动器 5，并相应增设了从变速器通向分动器、从分动器通向前后两驱动桥之间的万向传动装置。

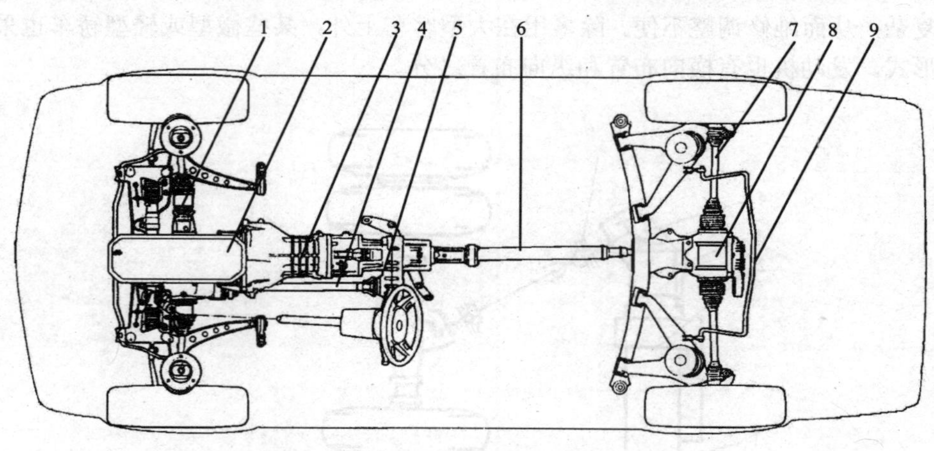

图 1-6　全轮驱动传动系统示意图

1—前驱动桥；2—发动机；3—变速器；4—前传动轴；5—分动器；6—后传动桥；7—半轴；8—后驱动桥；9—横向稳定器。

（二）汽车行驶的驱动与附着条件

1. 几个概念

1）驱动力

发动机扭矩经过传动系统传至驱动轮，驱动轮对地面产生一个向后的水平切向力，地面会对车轮产生一个切向反作用力 F_t，即驱动力，如图 1-7 所示。驱动力是地面作用在驱动轮上，驱使汽车行驶的力，驱动力的作用方向与汽车的行驶方向相同。

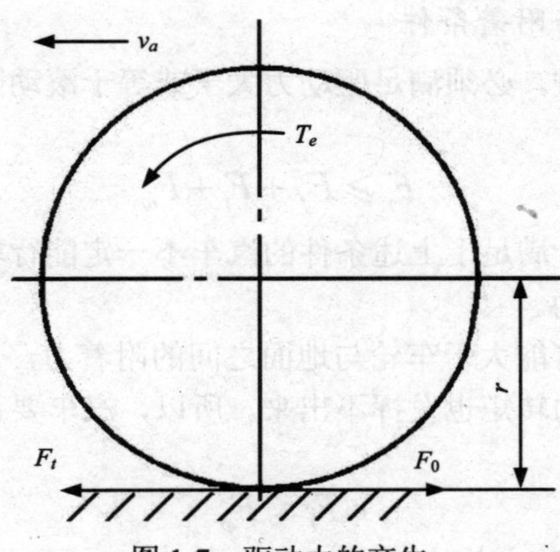

图 1-7　驱动力的产生

驱动力和车速之间的关系曲线 F_t-V_a 称为汽车的驱动力图，如图 1-8。由图 1-8 也可以看出，最大驱动力出现在一挡某一较低车速时。原因是此时发动机的输出转矩最大，变速器传动比最大。另外，不同的挡位对车速变化的适应能力不同。高挡位覆盖的车速范围较大。

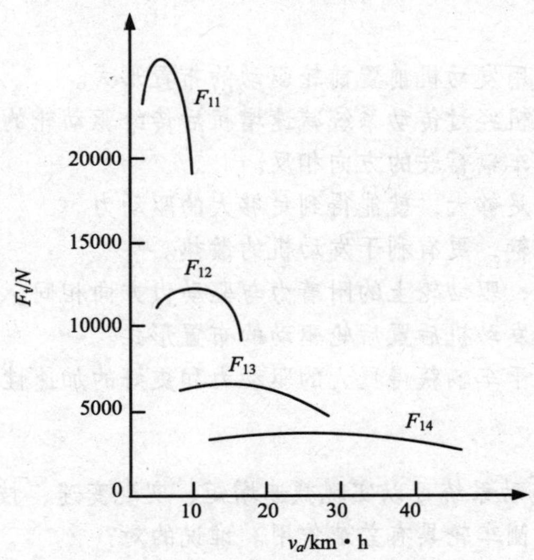

图 1-8　汽车的驱动力图

2）附着力

地面对轮胎切向反作用力的极限值称为附着力，地面附着力用 F_{φ} 表示。附着力的大小与很多因素有关，如路面状况、轮胎花纹、车轮负荷、车轮运动状态等。

3）行驶阻力

在汽车行驶的过程中，除了有驱动汽车前进的力，还有阻碍汽车运动的力。行驶阻力包括滚动阻力 F_f、坡道阻力 F_i、空气阻力 F_{ω} 和加速阻力 F_j。行驶阻力越大，需要的驱动力越大。

2. 汽车行驶的驱动与附着条件

汽车要加速或等速行驶，必须满足驱动力大于或等于滚动阻力、空气阻力与坡道阻力之和，即

$$F_t \geqslant F_f + F_i + F_{\omega}$$

但这并不是充分条件，满足了上述条件的汽车不一定能行驶。因为汽车的最大驱动力还要受到地面附着力的制约。

汽车的最大驱动力不可能大于车轮与地面之间的附着力，否则车轮与路面之间将发生“打滑”，发动机产生再大的转矩也发挥不出来。所以，汽车要正常行驶还必须同时满足汽车行驶的必要条件，即

$$F_t \leqslant F_{\varphi}$$

综上所述，汽车正常行驶的驱动与附着条件为

$$F_f + F_i + F_{\omega} \leqslant F \leqslant F_{\varphi}$$

四、自我测试题

1. 判断题

（1）家用轿车一般采用发动机前置前轮驱动的布置形式。

（2）驱动力是由发动机经过传动系统减速增扭后传给驱动轮的。

（3）附着力的方向与车辆行驶的方向相反。

（4）只要发动机功率足够大，就能得到足够大的驱动力。

（5）发动机后置的车辆，更有利于发动机的散热。

（6）车辆加速行驶时，驱动轮上的附着力与驱动力方向相同。

（7）大客车一般采用发动机后置后轮驱动的布置形式。

（8）前轮驱动更有利于车辆获得更大的驱动力和更好的加速性能。

2. 选择题

（1）技师 A 说汽车传动系统可以实现减速增矩、实现变速，技师 B 说汽车传动系统可以实现汽车倒驶、使两侧车轮具有差速作用。谁说的对？

A．技师 A 说的对　　　　B．技师 B 说的对

C．技师 A 和技师 B 说的都对　　　　D．技师 A 和技师 B 说的都不对

（2）FF 与 FR 比较，下列哪些是 FF 的优点？

A．结构更紧凑　　　　B．能获得更大驱动力

C．爬坡能力更强　　　　D．高速时稳定性更好

（3）一辆采用 FF 布置形式的车辆，以下关于动力传递顺序的陈述哪一条是正确的？

A．发动机 → 离合器 → 手动变速器 → 差速器 → 传动轴 → 车桥 → 车轮

B．发动机 → 离合器 → 手动变速器 → 传动轴 → 差速器 → 车桥 → 车轮

C．发动机 → 离合器 → 手动驱动桥 → 驱动轴 → 车轮

D．发动机 → 驱动轴 → 手动驱动桥 → 离合器 → 车轮

（4）下列哪些传动系统布置形式，需要主减速器改变 90°的传动方向？

A．发动机前置，前轮驱动，且发动机纵置

B．发动机前置，后轮驱动

C．发动机前置，前轮驱动，且发动机横置

D．发动机后置，后轮驱动，且发动机横置

3．填空题

（1）汽车一般由__________、__________、__________和__________四大部分组成。底盘由__________，__________，__________，__________四大系统组成。

（2）汽车行驶的驱动—附着条件表达式为____________________。

4．简答题

（1）汽车由哪几部分组成？底盘由哪几部分组成？

（2）汽车传动系统的基本作用是什么？

（3）货车的传动系统由哪些总成件组成？

（4）汽车传动系统有哪几种布置形式？

（5）车辆正常行驶的驱动与附着条件是什么？

项目二 离合器维修

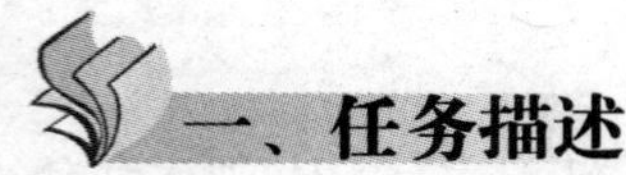

一、任务描述

离合器是汽车传动系统的组成部分，置于发动机与变速器之间。为了使离合器经常处于良好的工作状态，就要对其进行有效的维护和必要的调整，当离合器发生故障时还要对其进行拆装维修。拆装离合器时必须按照规定的步骤和方法进行，正确的拆装是进行故障诊断和维修的基本技能，这就需要掌握离合器的基本构造和工作原理。通过本项目的学习，应能达到以下目的。

1. 知识要求

（1）熟悉离合器的种类与作用；

（2）掌握离合器的结构与工作原理；

（3）掌握离合器踏板自由行程的概念；

（4）了解离合器常见故障的诊断与排除方法。

2. 技能要求

（1）能够按正确方法对离合器踏板进行操纵；

（2）能够在整车上对离合器总成进行正确拆装与装配，掌握拆装的步骤、要领及注意事项；

（3）能够按正确方法对离合器的各部件进行检查；

（4）能够对离合器踏板自由行程进行检测与调整。

3. 素质要求

（1）能按照5S要求，对工具和场地进行整理；

（2）选择和使用工具合理规范；

（3）拆装工艺合理，操作规范；

（4）技术要求符合维修手册；

（5）安全文明生产，保证工具、设备和自身安全；
（6）与同学精诚合作，相互帮助，共同进步。

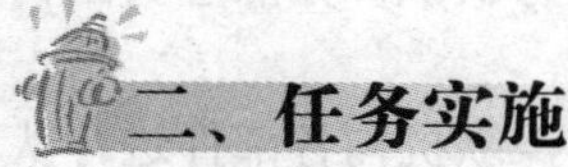

二、任务实施

任务一 离合器认识与使用

1. 训练内容

（1）在实车上进行离合器踏板的操纵；
（2）对台架、实车和散件进行离合器元件认识；
（3）完成并填写学习工作单的相关项目；
（4）学习汽车离合器结构与原理的相关知识。

2. 训练目标

（1）熟悉离合器的种类与作用；
（2）掌握离合器总成的结构与工作原理；
（3）熟悉离合器操纵机构的结构及原理；
（4）熟悉离合器踏板的操纵方法。

3. 训练设备

（1）东风货车底盘台架四台；
（2）菲亚特派力奥轿车四辆；
（3）桑塔纳 2000GLi 轿车底盘台架四台；
（4）离合器散件若干；
（5）常用工具四套；
（6）专业工具若干。

4. 训练步骤

1）相关知识学习

通过课堂教学和学生课外自学，学习离合器的作用、类型和基本组成；学习周布螺旋弹簧式离合器和膜片弹簧式离合器的结构与工作原理；学习离合器操纵机构的类型及各类型的结构原理。

2）离合器踏板的操作练习

在菲亚特派力奥轿车上进行离合器踏板的操作，体验离合器接合和分离的感觉，注意操作的要点：快踩慢放，先慢后快。

首先启动发动机，在变速器处于空挡状态进行离合器踏板操作练习，并检查离合器踏板是否响应良好，是否存在卡滞现象。然后，将车辆在举升器上顶起，左脚将离合器踏板踩到底，变速杆挂入一挡，松开驻车制动器，缓慢抬起离合器踏板，当感觉离合器开始接合时，右脚稍微踩下油门踏板，当感觉基本完全接合时，迅速松开离合器踏板，加大油门，完成车辆的原地一挡起步过程。

3）离合器各部件认识

对不同操纵机构类型的离合器进行认识。

（1）杆式：在东风货车底盘台架上，对离合器及其操纵机构进行认识，并熟悉其结构特点。

（2）绳索式：在桑塔纳 2000GLi 轿车底盘台架上，对离合器及操纵机构各部件进行认识，并熟悉其结构及工作原理。

（3）液压式：在菲亚特派力奥轿车上，对离合器及操纵机构各部件进行认识，如图 2-1 所示，并熟悉其结构及工作原理。

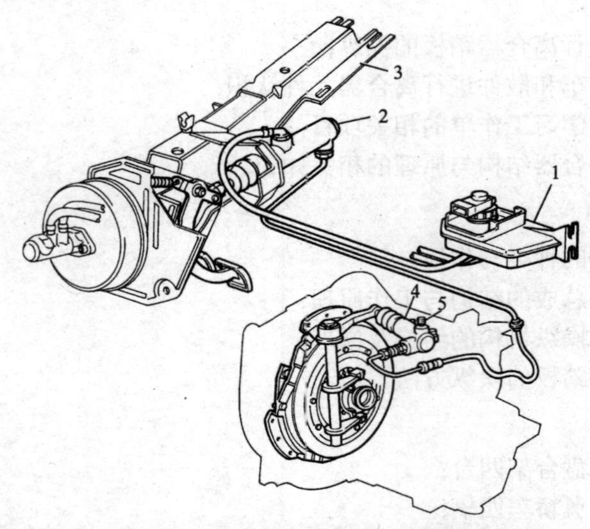

图 2-1　菲亚特派力奥轿车离合器布置图

1—储液罐；2—离合器主缸；3—踏板支架；4—离合器工作缸；5—清洗装置。

（4）散件认识：利用离合器散件，对离合器主动部分、从动部分、压紧装置和操纵机构进行认识，熟悉其工作及结构特点。

任务二　离合器拆装与维修

1. 训练内容

（1）在整车上进行离合器踏板自由行程的检测和调整；

（2）在台架上对离合器及操纵机构进行拆卸和装配；

（3）在整车上对离合器及操纵机构进行拆卸和装配；

（4）对离合器及操纵机构各部件进行检测；

（5）完成并填写学习工作单的相关项目；

（6）学习汽车离合器维修的相关知识。

2. 训练目标

（1）掌握离合器踏板自由行程的检测与调整方法；

（2）熟悉离合器总成的拆卸与装配方法；

（3）掌握离合器及操纵机构各部件的检查方法；

（4）了解离合器常见故障的诊断与排除方法。

3. 训练设备

（1）东风货车底盘台架四台；

（2）菲亚特派力奥轿车四辆；

（3）桑塔纳 2000GLi 轿车底盘台架四台；

（4）离合器散件若干；

（5）常用工具四套；

（6）专业工具若干。

4. 训练步骤

注意：在拆卸离合器总成之前，必须先拆卸变速器和半轴。具体操作步骤参见维修手册。

1）离合器踏板的检查

在整车上对离合器踏板进行相关项目的检测和调整。

（1）离合器踏板工作性能检查。将车辆置于空挡，启动发动机并保持怠速，快速踩、松离合器踏板，检查是否存在异响、卡滞、阻力过大等现象。

（2）离合器踏板最大高度检查。使离合器踏板保持自由状态，用一把钢尺，测量离合器踏板距离驾驶室地板的距离 *A*，注意考虑地板地毯的厚度。

（3）离合器踏板自由行程检查。用手指轻轻按压离合器踏板，当感觉有明显阻力时，停止继续下压，用钢尺测量此时离合器踏板距离地板的距离 *B*。离合器踏板最大高度 *A* 减去该数值 *B*，即为离合器踏板自由行程。

（4）离合器踏板自由行程调整。

EQ10902E 型汽车离合器踏板自由行程的调整，通过如图 2-2 所示的调整螺母 41 来进行。用扳手松开分离拉杆上的锁紧螺母，顺时针旋转球形调整螺母，离合器踏板自由行程减小；反之，离合器踏板自由行程增大。调整好后拧紧锁紧螺母。

桑塔纳轿车离合器踏板自由行程应为 15mm～20mm，其调整是靠离合器拉索的调整来进行的，具体可通过图 2-3 中箭头所指的调整螺母来进行。

菲亚特派力奥轿车离合器踏板自由行程的调整具体参见维修手册。

2）离合器及操纵机构的拆卸与装配

（1）东风货车离合器的折卸与分解。

① 从发动机上拆下变速器总成（传动轴应先拆掉）：

- 从发动机后横梁上拆下离合器踏板回位弹簧，拔出踏板轴位臂下端的平头销；
- 旋下离合器壳底盖与离合器壳的紧固螺栓，拆下离合器底盖；
- 拆卸离合器壳与变速器壳之间的连接螺栓，将变速器从车上拆下，并从变速器第一轴上取下离合器的分离套筒。

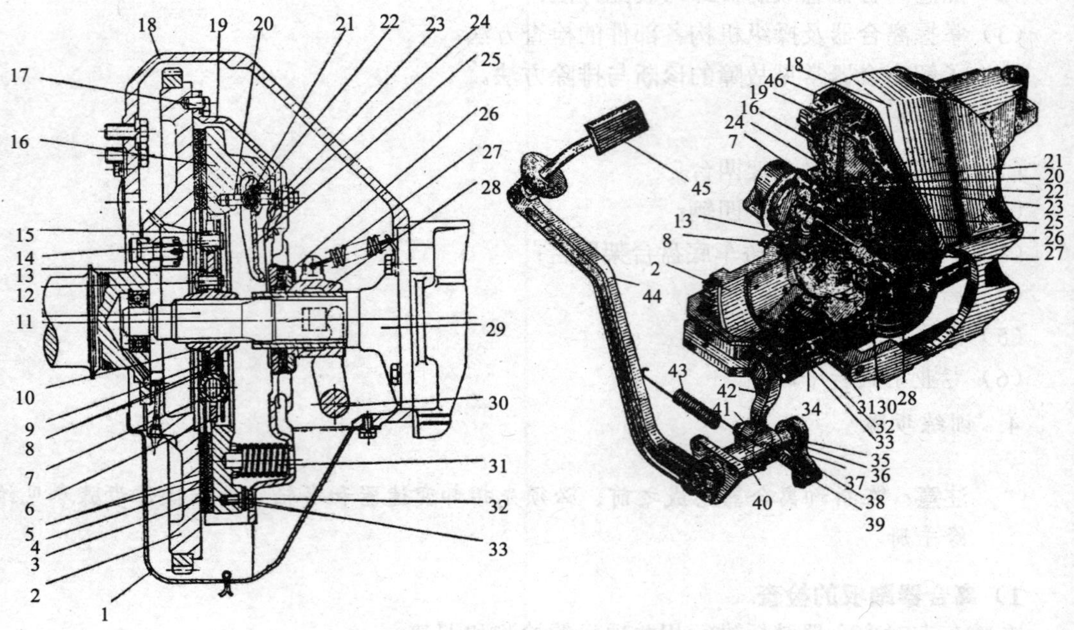

图 2-2　EQ10902E 型汽车离合器

1—离合器壳底盖；2—发动机飞轮；3—摩擦片螺钉；4—从动盘本体；5—摩擦片；6—减振器盘；7—减振器弹簧；8—减振器阻尼片；9—阻尼片铆钉；10—从动盘毂；11—变速器第一轴（离合器从动轴）；12—阻尼弹簧铆钉；13—减振器阻尼弹簧；14—从动盘铆钉；15—从动盘铆钉隔套；16—压盘；17—离合器盖定位销；18—离合器壳；19—离合器盖；20—分离杠杆支承轴；21—摆动支承片；22—浮动销；23—分离杠杆调整螺母；24—分离杠杆弹簧；25—分离杠杆；26—分离轴承；27—分离套筒复位弹簧；28—分离套筒；29—变速器第一轴轴承盖；30—分离叉；31—压紧弹簧；32—传动片铆钉；33—传动片；34—传动片固定螺钉及螺钉座；35—滚花圆柱销；36—踏板轴；37—拉臂；38—分离拉杆弹簧；39—分离拉杆；40—支座；41—调整螺母；42—分离叉臂；43—踏板复位弹簧；44—踏板臂；45—踏板；46—平衡片。

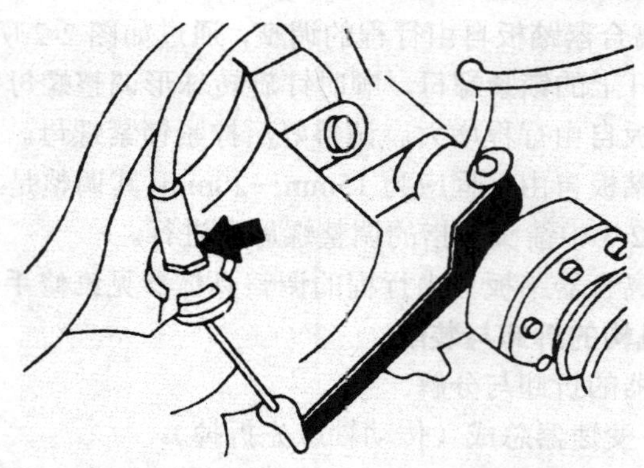

图 2-3　离合器踏板自由行程的调整

② 从飞轮上拆下离合器总成：松开离合器盖与飞轮的连接螺栓，取下离合器盖及压盘总成（注意：若螺栓上装有平衡片，应在离合器盖的平衡片上打上记号，以便原位装复，以防破坏曲轴总成的动平衡）。

③ 离合器盖及压盘总成的分解：将离合器盖及压盘总成放在压床上，将压床下部用一块厚度大于 9.2mm，外径小于 325mm 的圆形垫块垫起，以 1.5t 以上的压力压住；

- 拆卸分离杠杆调节螺钉的调整螺母和锁紧螺母；
- 拆卸传动片的连接螺栓；
- 慢慢放松压力机的压紧压力，待压力全部放松后，离合器压盘及盖总成全部解体，清洗后检查全部零件；
- 检查和修复从动盘；
- 从分离套筒上取下分离轴承，进行清洗和检查，并对轴承进行润滑。

（2）东风货车离合器的装配与调整。离合器的装配可按拆卸相反的顺序进行，在装复过程中要注意检查与调整。

① 在离合器盖上装上分离杠杆弹簧。

② 将压盘放到平台上，在压盘凸块内侧放上摆动支承片，分离杠杆，插入支承螺柱，穿入浮动销。

③ 把 16 个离合器压紧弹簧放在压盘的弹簧座上，使 4 个支承螺柱对正离合器相应的孔，然后在离合器盖上加压，在离合器支承螺柱的端头拧上分离杠杆调整螺母。

④ 将摆动支承片拨正，将传动片螺栓拧紧。

⑤ 用分离杠杆调整螺母将分离杠杆调到同一高度，然后用锁紧螺母锁上。

⑥ 以变速器第一轴作为定心轴，将离合器总成安装到飞轮上，安装变速器。

⑦ 安装离合器的操纵机构，转动离合器拉杆后端的螺母，调好离合器踏板的自由行程。

（3）从桑塔纳 2000GLi 轿车底盘台架上拆卸离合器总成。

① 拆卸时，先拆卸前轮胎，松开半轴外端锁止螺母，拆下半轴总成，松开变速器壳体固定螺栓，将变速器拆下。变速器的具体拆卸步骤参见维修手册。

② 用专用工具 10-201，将飞轮固定（图 2-4），然后逐渐将离合器压盘的固定螺栓对角拧松，取下离合器盖及压盘总成，并取下离合器从动盘。

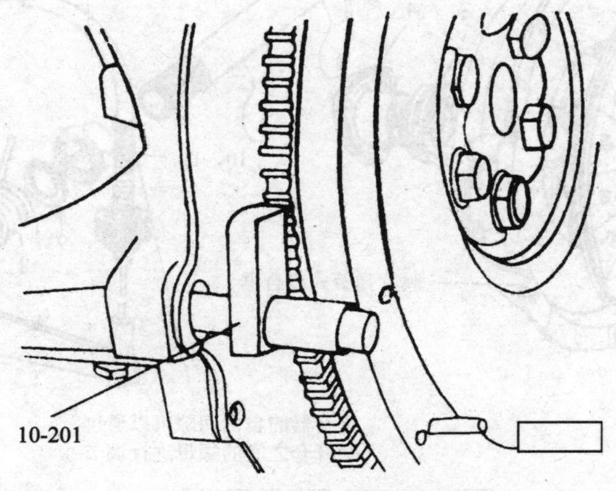

图 2-4　用专用工具固定飞轮

③ 按图 2-5 与图 2-6 所示的顺序分解离合器各部件。离合器压盘和从动盘示意图如图 2-7 所示。

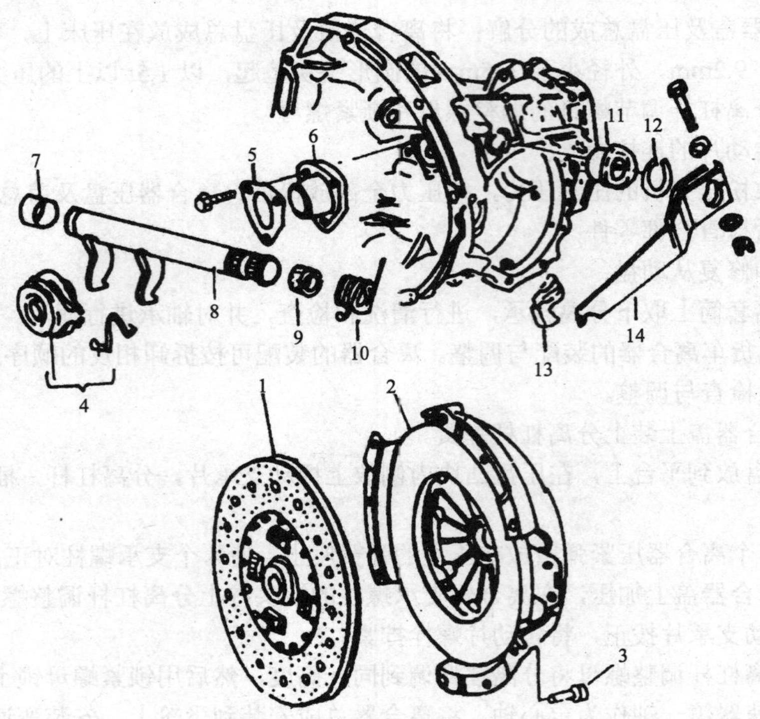

图 2-5　离合器结构图（一）

1—离合器从动盘；2—离合器盖及压盘总成；3—离合器盖固定螺栓；4—分离套筒；5—垫圈；6—分离套筒；7—黄铜衬套；8—分离叉轴；9—衬套；10—弹簧；11—轴承衬套；12—卡簧；13—卡套；14—分离叉轴传动杆。

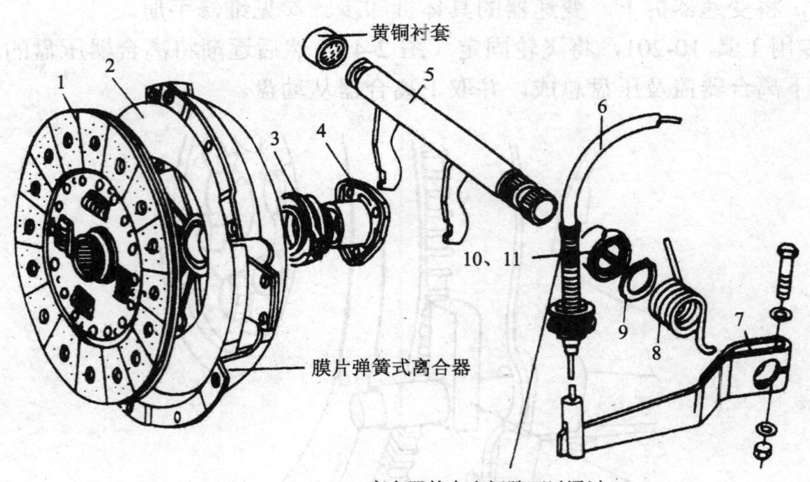

图 2-6　离合器结构图（二）

1—离合器从动盘；2—离合器盖及压盘总成；3—分离轴承；4—分离套筒；5—分离叉轴；6—离合器拉索；7—分离叉轴传动杆；8—弹簧；9—卡簧；10、11—轴承套及密封件。

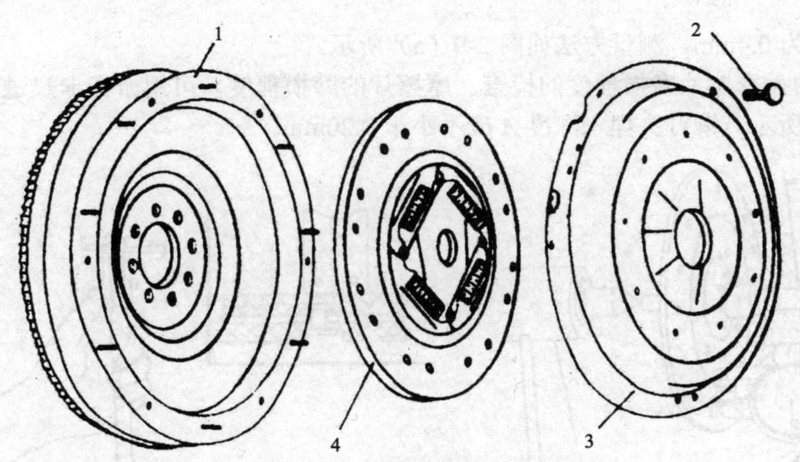

图 2-7 离合器压盘和从动盘

1—飞轮；2—螺栓（拧紧力矩 25N·m）；3—压盘；4—从动盘（弹簧保持架朝向压盘）。

（4）将桑塔纳 2000GLi 轿车的离合器安装到底盘台架上。

① 用专用工具 10-201 将飞轮固定。

② 如图 2-8 所示，用专用工具 10-213，将离合器从动盘定位于飞轮和压盘中心。

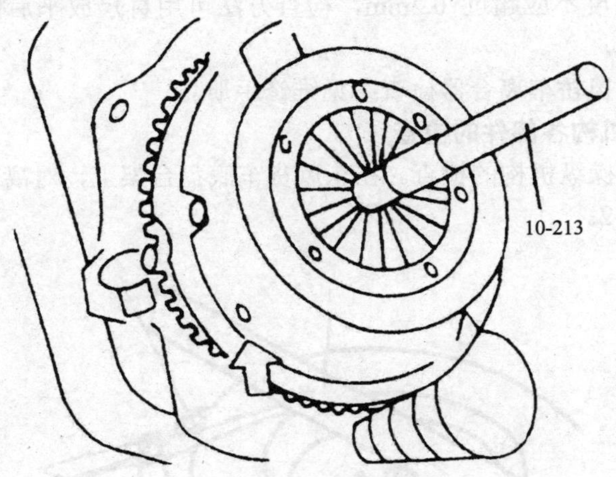

图 2-8 离合器的安装

③ 装上紧固螺栓，并用 25N·m 的力矩对角逐渐旋紧。

④ 参见如图 2-5 以及图 2-6 所示的顺序装配离合器各部件。

⑤ 安装变速器总成。

（5）在菲亚特派力奥轿车上拆卸、装配离合器总成。具体步骤参见维修手册。

3）离合器盖及压盘总成、离合器从动盘的检测

（1）桑塔纳离合器的检查。

① 外观检查。目视检查离合器从动盘、离合器盖及压盘总成是否存在变形、裂纹、异常磨损、表面烧蚀等现象。

② 从动盘径向圆跳动的检查。在距从动盘外边缘 2.5mm 处测量，离合器从动盘最大

径向圆跳动为 0.4mm，测量方法如图 2-9（a）所示。

③ 从动盘摩擦片磨损程度的检查。摩擦片的磨损程度，可用游标卡尺进行测量，如图 2-9（b）所示。铆钉头埋入深度 A 应不小于 0.20mm。

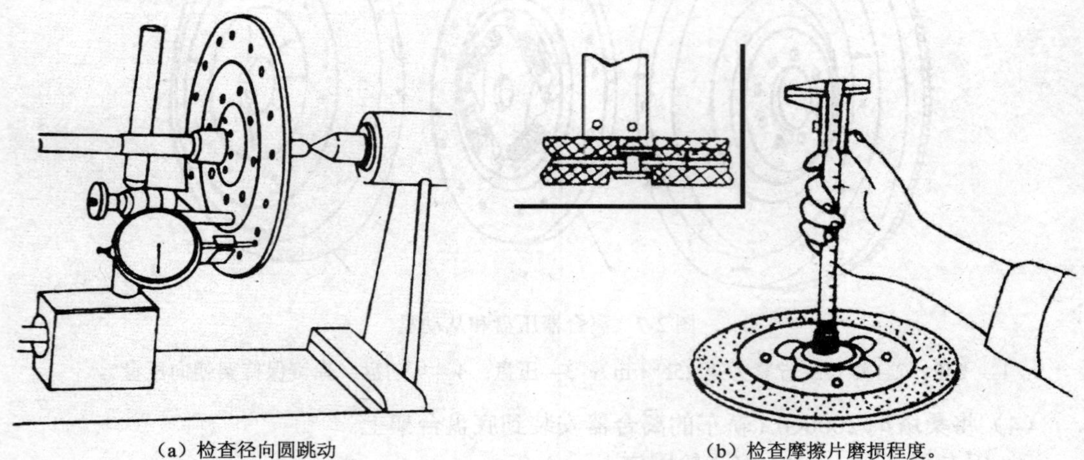

（a）检查径向圆跳动　　（b）检查摩擦片磨损程度。

图 2-9　离合器从动盘的检查

离合器压盘平面度不应超过 0.2mm，检查方法可用直尺放平后以厚薄规测量，如图 2-10 所示。

（2）菲亚特派力奥轿车离合器检查参见维修手册。

4）离合器操纵机构各部件的检查

（1）杆式离合器操纵机构的检查。在东风货车底盘台架上，对离合器操纵机构进行检查，其机构参见图 2-2。

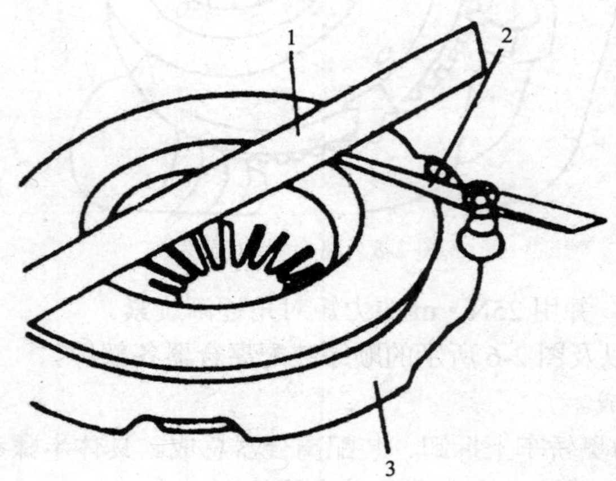

图 2-10　离合器压盘平面的检查

1—直尺；2—厚薄规；3—压盘。

目视各杆件是否存在变形，用手晃动各杆件，查看各连接处是否存在松旷现象。

（2）绳索式离合器操纵机构检查。在桑塔纳轿车底盘台架上，对其离合器操纵机构进行检查。

① 检查分离叉轴两端衬套的磨损情况，两衬套必须同心，必要时更换。

② 检查分离轴承磨损情况，润滑分离轴承，必要时更换分离轴承。

③ 检查离合器拉索的磨损情况。

(3)液压式离合器操纵机构检查。在菲亚特派力奥轿车上对其离合器操纵机构进行检查。

三、相关知识

离合器装在发动机与变速器之间，通过离合器的分离与接合来控制发动机与变速器之间动力的切断与传递。离合器具有以下功能。

1. 传递转矩

在汽车机械式传动系统中，发动机转矩是利用离合器的摩擦作用传递给变速器。

2. 保证汽车平稳起步

汽车起步前，应在变速器处于空挡位置时（以解除发动机负荷）先启动发动机，待发动机已启动并开始正常怠速运转后，方可将变速器挂上一低挡位使汽车起步。起步时，先踏下离合器踏板使离合器分离，暂时切断发动机与变速器之间的联系，然后再将变速器挂上挡，并逐渐踩下加速踏板使发动机发出的动力增加；同时，再缓慢放松离合器踏板使离合器逐渐接合。此时，离合器处于滑摩状态，所传递的转矩逐渐增大，驱动轮获得的转矩也逐渐增大，直至驱动力足以克服汽车起步阻力时，汽车即从静止开始运动并逐步加速，从而保证汽车平稳起步。

3. 便于换挡

汽车在行驶过程中，为了适应行驶条件的不断变化，变速器经常需要换用不同的挡位工作。普通齿轮式变速器的换挡是通过操纵换档操纵机构，让原挡位的齿轮副脱开啮合，新挡位的齿轮副进入啮合。换挡时，如果离合器没有将发动机与变速器之间的动力暂时切断，将使原挡位的啮合齿轮副因压力过大而很难脱开，新挡位的齿轮副因两者圆周速度不等而难以进入啮合，即使能进入啮合，也会产生很大的冲击和噪声，甚至损坏机件。装设了离合器后，换挡前，先踩下离合器，使其分离，暂时切断动力传递，然后再进行换挡操作，以保证换挡操作过程的顺利进行，并减轻或消除换挡的冲击。

4. 防止传动系统过载

汽车紧急制动时，车轮突然急剧降速。若发动机与传动系统刚性连接，将迫使发动机转速也急剧降速，其所有运动件将产生很大的惯性力矩（数值可能远大于发动机正常工作时所发出的最大转矩)。这一力矩作用于传动系统，会造成传动系统过载而使其机件损坏。有了离合器，当传动系统承受载荷超过离合器所能传递的最大转矩时，离合器即会自动打滑以消除这一危险，从而起到过载保护作用。

5. 减振器

大多数离合器还装有扭转减振器，能衰减发动机和传动系统的扭转振动。目前，汽车上普遍采用的是周布螺旋弹簧离合器和膜片弹簧离合器。

（一）离合器基本结构与原理

由离合器的作用可知，其结构必须包含主动部分和从动部分，而且其主动部分和从动部分可以暂时分离，又可以逐渐接合，并且在传动过程个还可能进行相对运动。因此，离合器的主动部分和从动部分不能采用刚性连接，而是借助二者之间的摩擦力（摩擦式离合器）或者液力（液力耦合器）或者电磁吸力（电磁离合器）来传递转矩。这里只介绍摩擦式离合器，其基本组成和工作原理如图 2-11 所示。

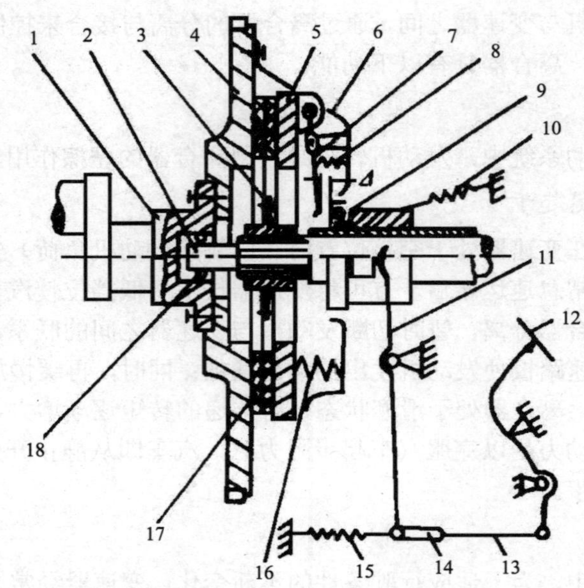

图 2-11　离合器的组成与工作原理

1—曲轴；2—从动轴；3—从动盘；4—飞轮；5—压盘；6—离合盖；7—分离杠杆；8—弹簧；9—分离轴承；10、15—复位弹簧；11—分离拨叉；12—踏板；13—拉杆；14—调节叉；16—压紧弹簧；17—从动盘摩擦片；18—轴承。

1. 基本组成

离合器由主动部分、从动部分、压紧装置和操纵机构四大部分组成。离合器的主动部分包括飞轮 4、离合器盖 6 和压盘 5。飞轮用螺栓与曲轴 1 固定在一起，离合器盖通过螺钉固定在飞轮后端面上，压盘通过弹性钢片或凸台与离合器盖相连，相对于离合器盖可轴向移动。这样只要曲轴旋转，发动机发出的动力就可经飞轮、离合器盖传给压盘，使它们一起旋转。

离合器从动部分是从动盘，从动盘通过花键与变速器第一轴（从动轴）相连，从动盘两面带有摩擦片，装在飞轮和压盘之间。

离合器压紧装置是装在压盘与离合器盖之间的压紧弹簧，用于对压盘产生压紧力，将从动盘夹紧在飞轮与压盘之间。常见的压紧弹簧有螺旋弹簧和膜片弹簧两种。

离合器的操纵机构由踏板、拉杆、拉杆调节叉、分离拨叉、分离套筒、分离轴承、分离杠杆及复位弹簧等组成。分离杠杆外端是重点，与压盘相连；中间是支点，装在离合器盖上；内端为力点，处于自由状态。分离轴承安装在分离套筒上，分离套筒松套在变速器第一轴轴承盖前端的轴套上。分离拨叉是中部带支点的杠杆，内端顶在分离套筒上，外端与拉杆铰链，离合器踏板中部铰接在车架上，一端与拉杆铰接。分离拨叉、分离套筒、分离轴承、分离杠杆同离合器主动部分及从动部分一起装在离合器壳（变速器壳）内。

2. 基本原理

1）接合状态

离合器处于接合状态时，踏板处于最高位置，分离杠杆与分离轴承之间存在间隙 $\varDelta$，压盘在压紧弹簧的作用下压紧从动盘，发动机的转矩经飞轮及压盘传给从动盘，再由从动盘传给变速器第一轴。离合器所传递的最大转矩取决于从动盘摩擦表面的最大静摩擦力。它与摩擦表面间的压紧力大小、摩擦面积的大小，以及摩擦材料的性质有关。对一定结构的离合器而言，其最大静摩擦力是一个定值，若传动系统传递的转矩超过这一定值，离合器就会打滑，从而起到了过载保护的作用。

2）分离过程

离合器分离时，需踩下离合器踏板，通过拉杆、分离拨叉、分离套筒消除间隙 $\varDelta$ 后，使分离杠杆外端拉动压盘克服压紧弹簧的压力向后移动，压盘与从动盘之间产生间隙、摩擦力矩消失，离合器主、从动部分分离，切断动力传递。

3）接合过程

当需要动力传递时，缓慢抬起离合器踏板，在压紧弹簧的作用下，压盘向前移动并逐渐压紧从动盘，摩擦力矩也渐渐增大。压盘与从动盘刚接触时，其摩擦力矩比较小，离合器主、从动部分可以不同步旋转，即离合器处于打滑状态。随着压紧力的逐步加大，离合器主、从动部分的转速也渐趋相等，直至完全接合并停止打滑。

3. 离合器的自由间隙及自由行程

从离合器的工作原理可知，为了保证离合器在传递转矩时处于完全接合状态，不会出现打滑现象，离合器在接合状态时，在分离杠杆内端与分离轴承之间必须预留一定量的间隙 $\varDelta$，此间隙即为离合器的自由间隙。踩下离合器踏板时，首先必须消除这一间隙，然后才能开始分离离合器。为消除这一间隙所需的离合器踏板行程称为离合器踏板的自由行程。

从动盘摩擦片经使用磨损后，离合器的自由间隙及自由行程会变小，应及时调整。

（二）典型离合器的构造与原理

离合器可以按不同分类方法分成不同的类型。按从动盘的数目不同，可分为单片、双片和多片离合器；按弹簧的类型和布置形式不同，可分为周布螺旋弹簧离合器、中央弹簧离合器、斜置弹簧离合器，以及膜片弹簧离合器；按操纵机构的不同又可分为机械式、液压式、气压式和空气助力式。

目前，汽车上普遍采用了周布螺旋弹簧离合器和膜片弹簧离合器。轿车上普遍采用的是膜片弹簧式离合器。

1. 周布螺旋弹簧式离合器

EQl0902E 型汽车离合器为 16 个螺旋弹簧圆周均布的单片多簧式离合器，其结构如图 2-12 所示。

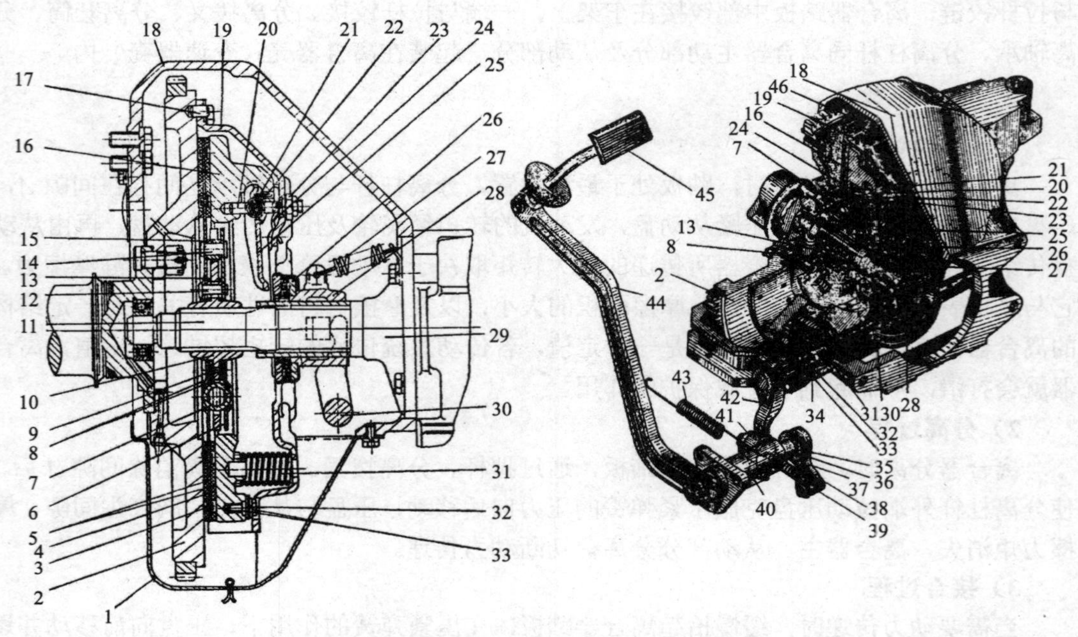

图 2-12 EQ10902E 型汽车离合器结构

1—离合器壳底盖；2—发动机飞轮；3—摩擦片螺钉；4—从动盘本体；5—摩擦片；6—减振器盘；7—减振器弹簧；8—减振器阻尼片；9—阻尼片铆钉；10—从动盘毂；11—变速器第一轴（离合器从动轴）；12—阻尼弹簧铆钉；13—减振器阻尼弹簧；14—从动盘铆钉；15—从动盘铆钉隔套；16—压盘；17—离合器盖定位销；18—离合器壳；19—离合器盖；20—分离杠杆支承轴；21—摆动支承片；22—浮动销；23—分离杠杆调整螺母；24—分离杠杆弹簧；25—分离杠杆；26—分离轴承；27—分离套筒复位弹簧；28—分离套筒；29—变速器第一轴轴承盖；30—分离叉；31—压紧弹簧；32—传动片铆钉；33—传动片；34—传动片固定螺钉及螺钉座；35—滚花圆柱销；36—踏板轴；37—拉臂；38—分离拉杆弹簧；39—分离拉杆；40—支座；41—调整螺母；42—分离叉臂；43—踏板复位弹簧；44—踏板臂；45—踏板；46—平衡片。

1）主动部分

发动机飞轮 2、离合器盖 19 和压盘 16 是离合器的主动部分。离合器盖用低碳钢板冲压而成，通过螺钉与飞轮固定。离合器盖通过四组传动钢片将动力传递给压盘。传动片用弹簧铜片制成，沿圆周方向均匀分布，每组两片，一端用铆钉铆在离合器盖上，另一端则用螺钉与压盘连接。这样，在离合器接合和分离过程中，依靠弹簧钢片产生的弯曲变形，压盘相对于离合器盖可做轴向平行移动。为保证离合器拆装后不失动平衡，用离合器盖定位销 17 确保飞轮与离合器盖之间的安装位置。

2）从动部分

从动部分由带扭转减振器的从动盘组件（以下简称从动盘，如图 2-13 所示）和从动轴组成，从动盘本体 4 铆接在盘毂上，由薄钢片制成，故其惯性小。两面各铆有一片由石棉合成物制成的摩擦片 5。从动盘毂的花键孔套在从动轴的花键轴上，并可轴向移动。

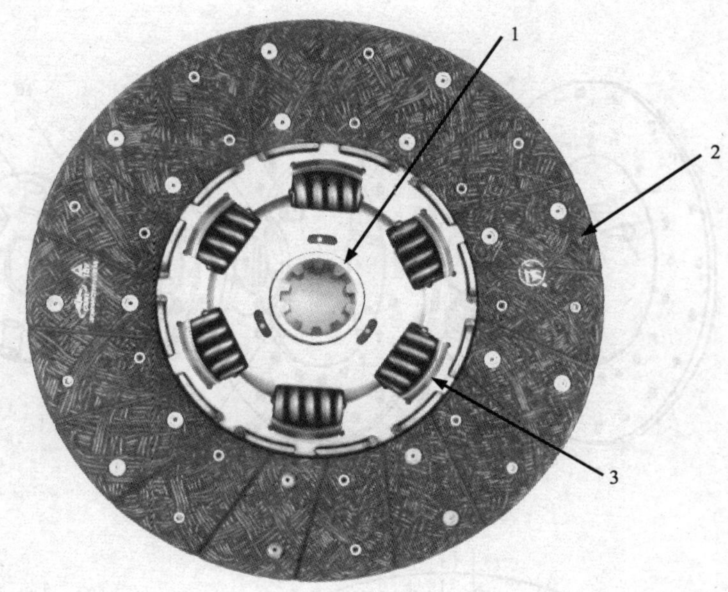

图 2-13　从动盘实物图

1—花键；2—从动盘；3—减振弹簧。

图 2-14 所示为 EQ1090E 型汽车离合器从动盘，其主要部分由从动盘本体 5、摩擦片 4 和从动盘毂 11 组成。

发动机传到汽车传动系统中的转矩是周期性地不断变化着的，这就使得传动系统中将产生扭转振动。如果这一振动的频率与传动系统的自振动频率相重合，就将发生共振，这对传动系统零件寿命有很大影响。此外，在不分离离合器的情况下而进行紧急制动或猛烈接合离合器时，瞬间内将造成对传动系统的极大冲击载荷，会缩短零部件的使用寿命。为了避免共振，缓和传动系统所受的冲击载荷，在很多汽车离合器从动盘上安装了扭转减振器。

扭转减振器的结构如图 2-15（a）所示。从动盘装有扭转减振器，从动盘和从动盘毂 6 是通过减振弹簧 8 弹性地连接在一起，构成减振器的缓冲机构。从动盘毂夹在从动盘本体 3 和减振器盘 9 之间，在从动盘毂 6 与钢片 3 和 9 之间还夹有环状阻尼片 4。从动盘毂 6、从动盘本体 3 和减振器盘 9 上都开有 4～6 个沿圆周均布的通孔，减振弹簧 8 装在通孔中，铆钉 5 将从动盘本体 3 和减振器盘 9 铆接成一体，但铆钉中部和从动盘毂 6 上的缺口之间存在有一定的间隙，以保证从动盘毂 6 可相对从动盘本体 3 和减振器盘 9 可做一定量的转动。

当从动盘不传递转矩时，如图 2-15（b）所示；当传递转矩时，由摩擦片 1 和 10 传来的转矩首先传到从动盘本体 3 和减振器盘 9、再经过减振弹簧 8 传给从动盘毂 6，这时减振弹簧被压缩，如图 2-15（c）所示，因而发动机曲轴的扭转振动所产生的冲击被弹簧所缓和，同时当从动盘毂 6 相对于从动盘本体 3 和减振器盘 9 转动时，夹于其间的阻尼片 4 便产生摩擦阻力，吸收扭转振动的能量，使振动迅速衰减，因而，扭转振动不会传到传动系统部件上。

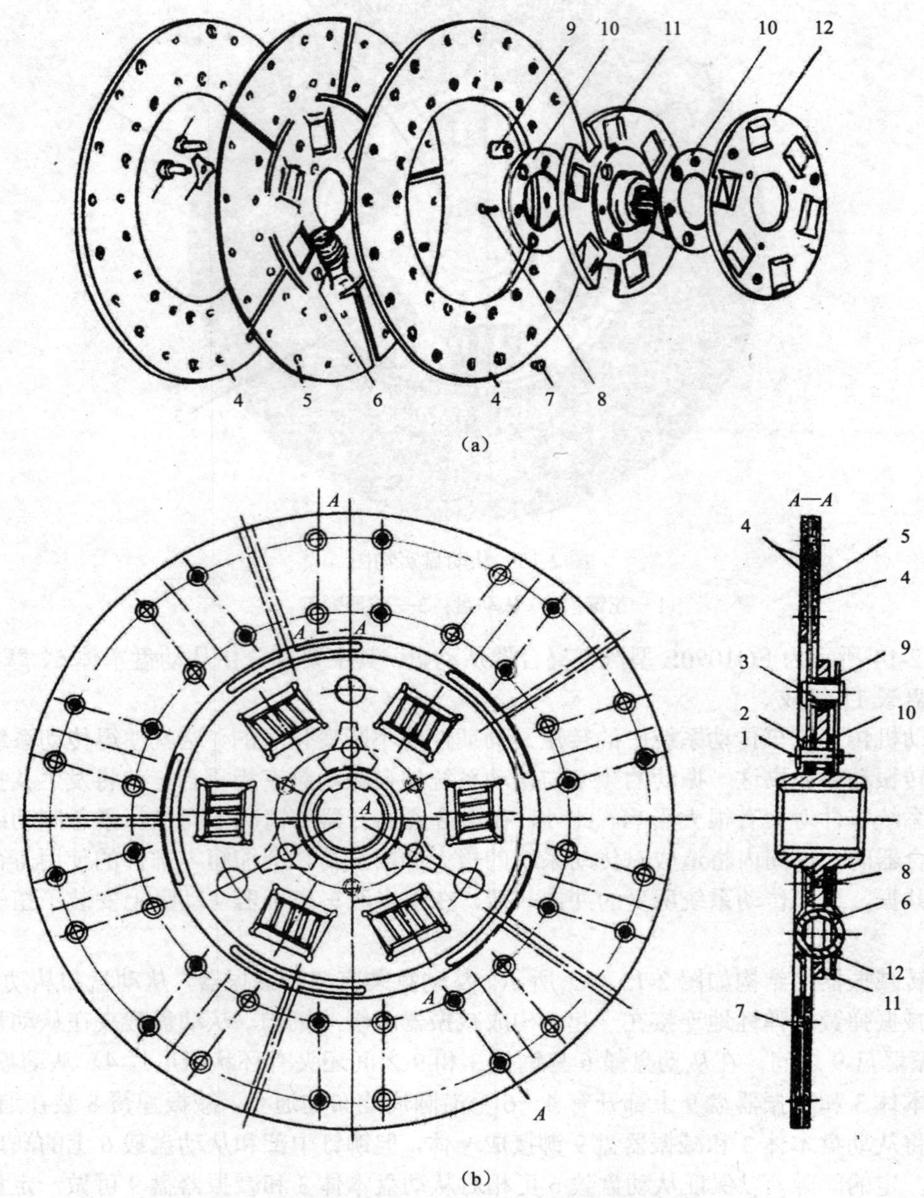

图 2-14 EQ1090E 型汽车离合器从动盘

（a）零件图；（b）装配图。

1、8—阻尼弹簧铆钉；2—减振器阻尼弹簧；3—从动盘铆钉；4、7—摩擦片；5—从动盘本体；6—减振器弹簧；9—从动盘铆钉隔套；10—减振器阻尼片；11—从动盘毂；12—减振器盘。

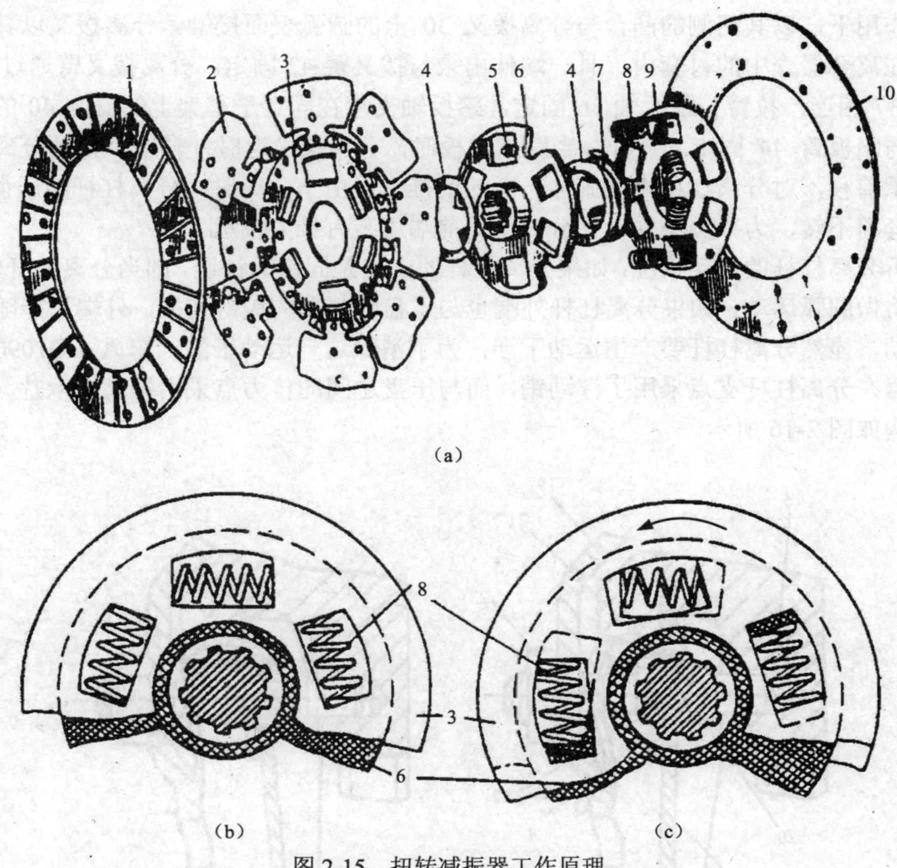

图 2-15　扭转减振器工作原理

（a）零件图；（b）不传递扭矩时；（c）传递扭矩时。

1、10—摩擦片；2—波浪型弹性钢片；3—从动盘本体；4、7—阻尼片；5—特种铆钉；6—从动盘毂；8—减振弹簧；9—减振器盘。

3）压紧装置

压紧装置由压盘和离合器盖之间、周向均布的 16 个螺旋弹簧组成。为减小弹簧的受热，在压盘与弹簧处铸有筋条，以减少受热面积，并在接触处装有隔热垫。当离合器处于接合状态时，从动盘被飞轮和压盘夹紧，发动机的转矩通过二者之间的摩擦力传递给从动盘。

4）操纵机构

操纵机构中的分离杠杆 25、分离轴承 26、分离套筒 28 和分离拨叉 30 装在离合器壳内，而分离拉杆 39 和踏板等则装在离合器壳外。4 个用薄钢板冲压而成的分离杠杆沿周向均布，其中部以支承柱 20 中的浮动销 22 为支点，外端通过摆动支承片抵靠在压盘的沟状凸起部。当在分离杠杆内端作用一向前的水平推力时，分离杠杆绕支点摆动，其外端通过摆动支承片推动压盘克服压紧弹簧的力而后移，从而解除对从动盘的压紧力，使压盘与从动盘之间产生间隙，实现离合器的分离。

前端装有分离轴承 26 的分离套筒 28 松套在变速器第一轴轴承盖的轴套上，并在复位弹簧的作用下，以其两侧的凸台与分离拨叉 30 上的圆弧表面接触。分离拨叉以其两端轴颈支承在离合器壳中的衬套内，且一端伸出来与拨叉臂 42 固定。分离拨叉臂通过拉杆 39 与拉臂 37 相连，拉臂与踏板轴 36 固定，踏板轴支承在固定于车架上的支座 40 的孔中，另一端与踏板臂 44 固定。这样，当踩下踏板时，分离拨叉逆时针转动，拨动分离套筒和分离轴承前移，对分离杠杆内端施加一向前的推力。由于分离时，分离杠杆随压盘转动，而分离套筒不转，为减少磨损，在分离套筒前端压装有推力轴承。

分析分离杠杆的运动情况：如果分离杠杆的支点是固定的铰链，则当分离杠杆转动时，其外端将做圆弧运动；如果分离杠杆外端也与压盘作简单的铰链连接，外端只能随压盘作直线运动，显然分离杠杆要产生运动干涉；为了消除这一运动干涉，东风 EQ1090E 型汽车离合器在分离杠杆支点采用了浮动销，而与压盘之间的传力点采用摆动支承片。分离杠杆的结构如图 2-16 所示。

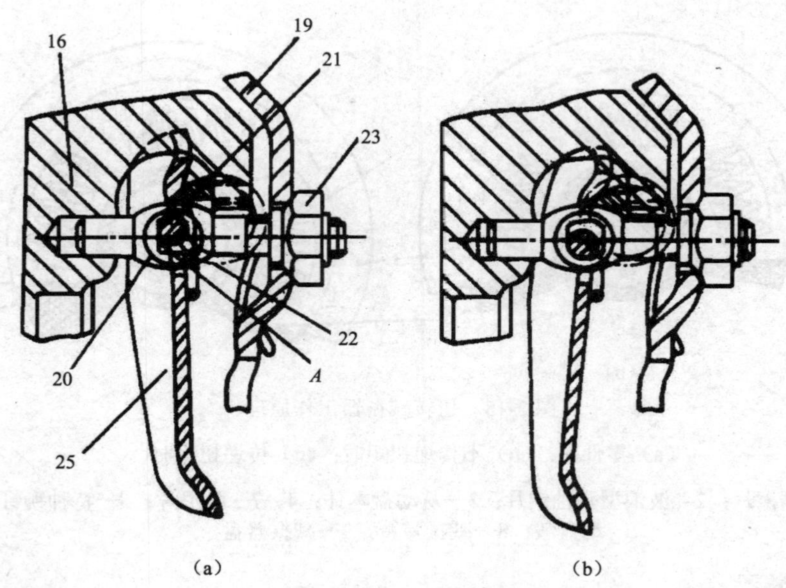

图 2-16　分离杠杆结构

（a）接合状态；（b）分离位置。

（图注同图 2-12）

支承柱的前端插在压盘上相应的孔内，而后端则借助调整螺母固定在离合器盖上。浮动销的中部穿过支承柱中部的方孔中，在螺旋弹簧的作用下，套装在支承柱上的分离杠杆的中部紧靠在浮动销的两端，并使浮动销与方孔的支承平面接触，分离杠杆与浮动销一起以该接触点为支点摆动。摆动支承片成凹字形，其平直的一面支承在分离杠杆外端的凹处，而其凹边则抵住压盘的钩状凸起部。在离合器接合状态，浮动销与方孔支承平面的外端接触，如图 2-16（a）所示。当分离离合器时，分离杠杆摆动，摆动支承片推动压盘右移。此时，浮动支承销沿支承平面向内滚动一小段距离（一般小于 1mm）而摆动支承片将发生倾斜，如图 2-16（b）所示。显然，该结构不会再发生运动干涉。

分离杠杆内端应位于平行于飞轮的同一平面内，否则会出现分离不彻底。此位置可以通过调整螺母来调整。

2. 膜片弹簧离合器

膜片弹簧式离合器在汽车上应用较多，目前生产的汽车特别是轿车，已经全部采用了膜片弹簧离合器，即以膜片弹簧来做为汽车离合器的压紧元件。按离合器分离时，分离套筒移动方向的不同，汽车膜片弹簧离合器可分为推式膜片弹簧离合器和拉式膜片弹簧离合器。若离合器分离时，分离套筒朝向发动机移动，则为推式；分离套筒远离发动机移动，则为拉式，如图 2-17 所示。

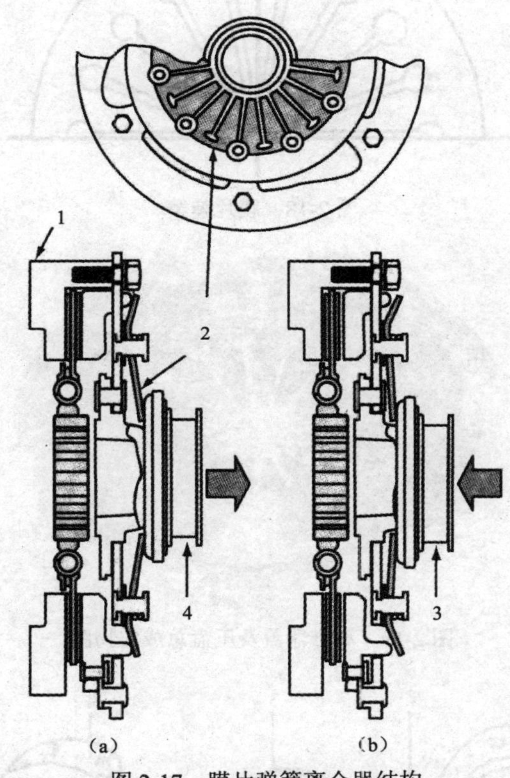

图 2-17　膜片弹簧离合器结构

（a）拉式；（b）推式。

1—飞轮；2—膜片弹簧；3、4—分离轴承。

1）基本结构

膜片弹簧离合器包括主动部分、从动部分、压紧装置和操纵机构。主动部分包括离合器盖及压盘总成和飞轮。从动部分即从动盘总成。膜片弹簧离合器的压紧装置为膜片弹簧，其形状像一个碟子。它是在一个具有锥形面的钢制圆盘上，开有许多径向切口，形成一排有弹性的杠杆。在切口的根部都钻有圆孔，以防止应力集中，同时便于膜片弹簧固定在离合器盖上。膜片弹簧形状如图 2-18 所示，离合器盖及压盘总成如图 2-19 所示。

奥迪 100 轿车离合器采用了推式膜片弹簧离合器，其结构如图 2-20 和图 2-21 所示。拉式膜片弹簧离合器的结构形式与推式膜片弹簧离合器的结构形式大体相同，只是将膜片弹簧反装，其支承点和力的作用点的位置有所改变。

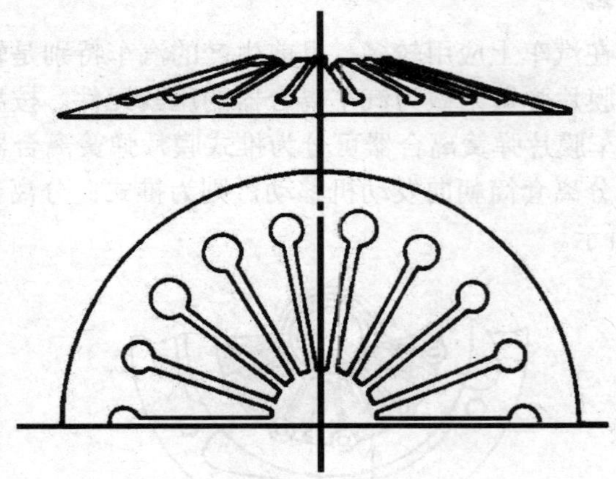

图 2-18 膜片弹簧

图 2-19 离合器盖及压盘总成实物图

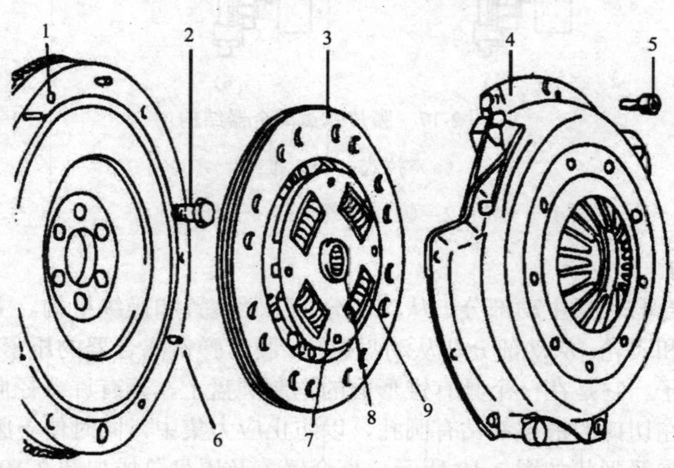

图 2-20 奥迪 100 轿车离合器

1—飞轮；2、5—螺栓；3—从动盘；4—离合器盖及压盘总成；6—定位销；7—扭转减振器；8—从动盘毂；9—弹簧。

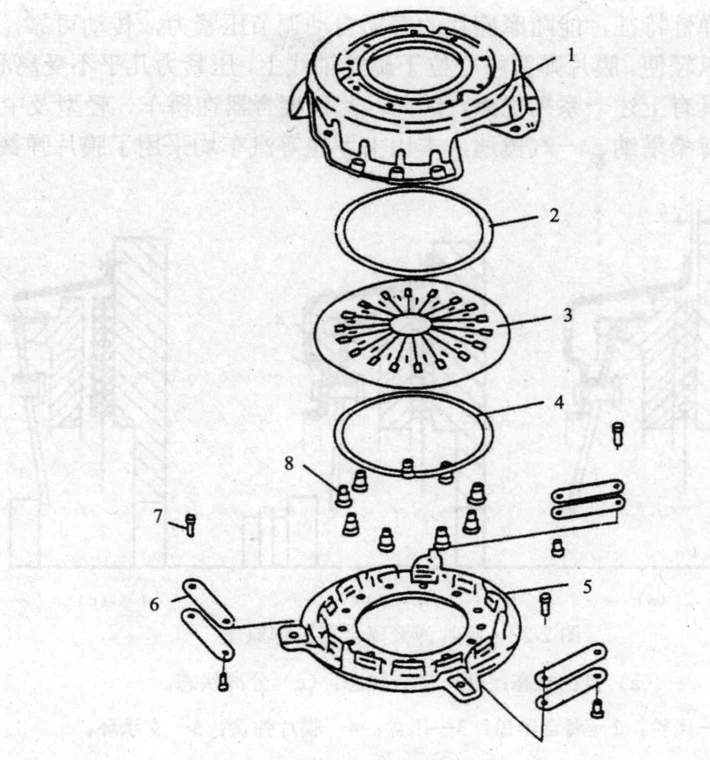

图 2-21　离合器盖及压盘总成

1—离合器盖；2、4—支承环；3—膜片弹簧；5—压盘；6—传动钢片；7—铆钉；8—支承铆钉。

2）工作原理

膜片弹簧离合器的工作原理如图 2-22 所示，离合器盖总成在末固定到飞轮上时（中间带有从动盘），离合器盖平面与飞轮支承平面有一段距离 L，膜片弹簧处于自由状态，膜片弹簧不受力，如图 2-22（a）所示。

当离合器盖总成被固定到飞轮上时，膜片弹簧受压并产生变形，其变形量即为 2-22（a）所示的距离 l，从而使膜片弹簧产生压紧力，对压盘产生压力，使从动盘摩擦片被压紧在飞轮和压盘之间，此时离合器处在接合状态，如图 2-22（b）所示。

当分离离合器时，借助踏板机构的操纵使分离轴承前移，推动离合器膜片弹簧小端前移，膜片弹簧以支承环为支点顺时针转动，膜片弹簧大端后移，通过分离钩拉动压盘离开从动盘，从而完成了分离动作，使离合器处于分离状态，此时膜片弹簧处于反锥形状，如图 2-22（c）所示。

3）优点

由膜片弹簧离合器的工作原理可知，膜片弹簧具有压紧弹簧和分离杠杆的双重作用，从而使得离合器结构大为简化，并显著地缩短了离合器的轴向尺寸。膜片弹簧与压盘整个圆周方向接触，压紧力分布均匀，摩擦片接触良好，磨损均匀。膜片弹簧由制造保证其内端处于同一平面，不存在分离杠杆工作高度的调整。在离合器分离和接合过程中，膜片弹簧与分离钩及支承环之间为接触传力，不存在分离杠杆的运动干涉。如图 2-23 所示，膜片弹簧具有非线性的弹性特征，能随摩擦片的磨损自动调节压紧力，传动可靠，不易打滑，且离合器分离时操纵轻便。膜片弹簧中心位于旋转轴线上，压紧力几乎不受离心力的影响。因膜片弹簧离合器具有上述一系列优点，因此，此种离合器在轿车、轻型及中型货车上用得越来越广泛。上海桑塔纳、一汽奥迪、丰田卡罗拉等汽车均采用了膜片弹簧离合器。

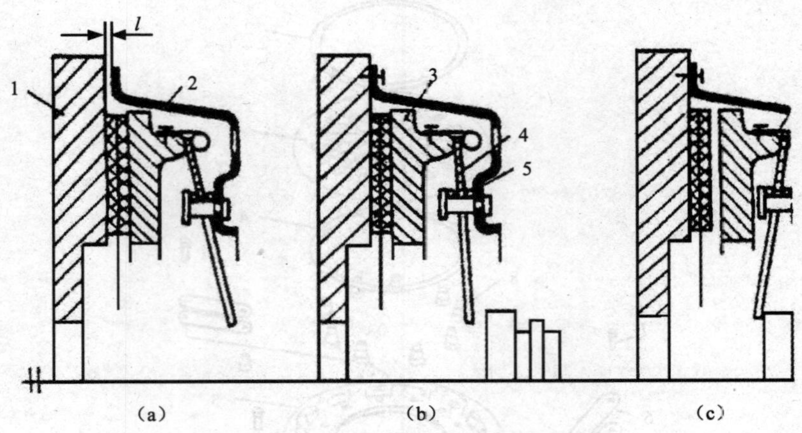

图 2-22　膜片弹簧离合器工作原理

（a）自由状态；（b）接合状态；（c）分离状态。

1—飞轮；2—离合器盖；3—压盘；4—膜片弹簧；5—支承环。

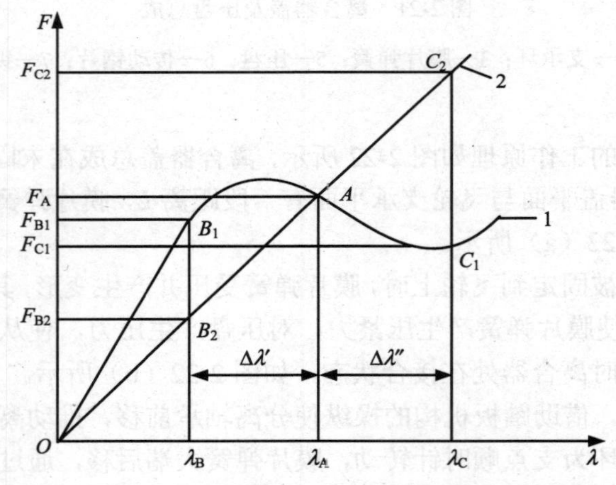

图 2-23　弹簧特性曲线比较

1—膜片弹簧；2—螺旋弹簧。

（三）离合器操纵机构

1. 作用及类型

离合器操纵机构是驾驶员通过对其操作可使离合器分离，而后又可使之柔和接合的一套机构。该机构起始于离合器踏板，终止于离合器壳内的分离轴承。这里所要讨论的主要是其位于离合器壳外面的部分。

按照分离离合器所需的操纵能源，离合器操纵机构可分为人力式和气压助力式两类。前者是以驾驶员的人体作为唯一的操纵能源。后者则是以发动机驱动的空气压缩机作为主要操纵能源，以人体作为辅助和后备的操纵能源。气压助力式主要用于一些重型汽车上，本书不作介绍，这里主要讲述人力式。

人力式操纵机构，按传力介质的不同可分为机械式和液压式两种。在机械式操纵机构中，又分为杆式和绳索式两种。

2. 机械式操纵机构

1）杆式

杆式操纵机构工作可靠，但节点较多，因而磨损大，且对于后置发动机汽车离合器需要远距离操纵，合理布置比较困难，另外易受车架、车身变形影响。

杆式离合器操纵机构主要用于大中型货车上，如东风、解放等。EQ1090E 型汽车离合器所采用的即为杆式操纵机构，如图 2-12 所示。

2）绳索式

绳索式操纵机构可消除上述杆式的缺点，布置较方便，并可以采用便于驾驶员操纵的吊挂式踏板，故结构简单。但是，操纵绳索寿命较短，拉伸刚度较小，易变形。因此，只适用于轻型和微型汽车。

图 2-24 所示为上海桑塔纳轿车离合器使用的机械绳索式操纵机构。操纵绳索一端与离合器踏板相连，另一端与分离叉相连。当踩下离合器踏板时，绳索拉动分离叉把分离轴承压向膜片弹簧，使离合器分离。

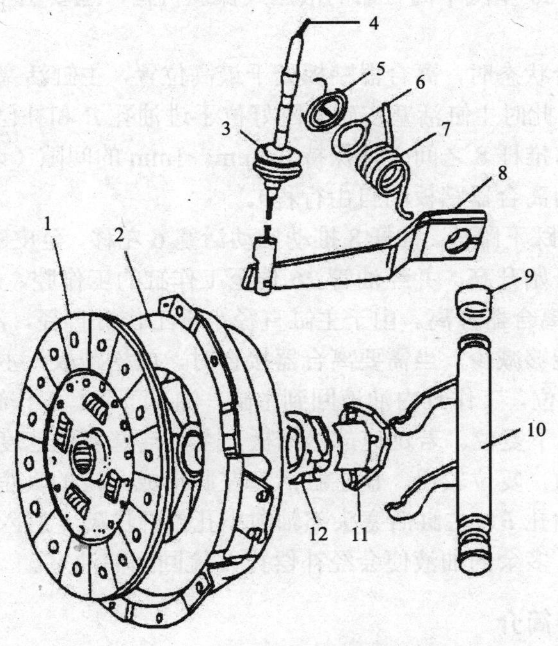

图 2-24 绳索式离合器操纵机构

1—从动盘；2—离合器盖总成；3—调整螺母；4—操纵绳索；5—轴承衬套及防尘套；6—卡环；7—复位弹簧；8—分离叉传动臂；9—黄铜衬套；10—分离叉；11—分离套筒；12—分离轴承。

3. 液压式

液压式操纵机构主要由主缸、工作缸和油管等组成，其结构如图 2-25 所示。液压式离合器操纵机构具有阻力小，布置方便，接合柔和等特点，因而应用日益广泛。北京 1020 型、一汽奥迪 100 型、蓝鸟 U13 型等轿车离合器均采用液压式操纵机构。

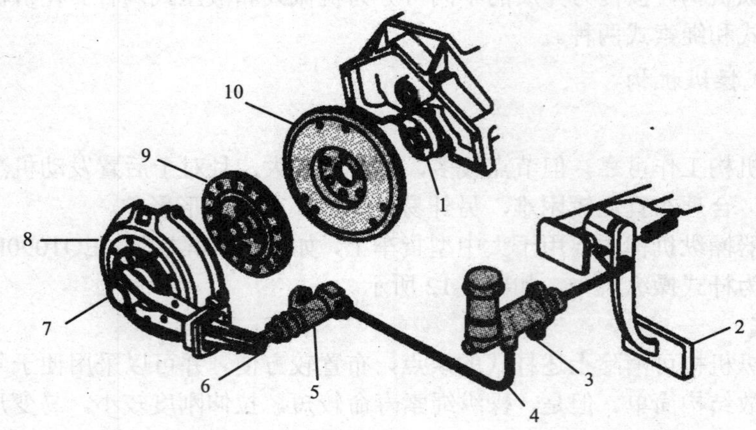

图 2-25　液压式离合器操纵机构示意图

1—导向轴承；2—踏板；3—离合器主缸；4—液压管路；5—离合器工作缸；6—分离叉；7—分离轴承；8—离合器盖及压盘总成；9—摩擦盘；10—飞轮。

图 2-26 为北京 1020 型汽车离合器的液压式操纵机构，主要由主缸、工作缸、推杆 8 和油管 26 等组成。

当离合器处于接合状态时，离合器踏板处于最高位置，主缸活塞 6 在复位弹簧 3 的作用下处于最右端位置，此时主缸活塞皮碗 4 刚好位于进油孔 *B* 和补偿孔 *A* 之间。为保证活塞彻底复位，活塞 6 与推杆 8 之间必须保持 0.5mm～1mm 的间隙（该间隙与自由间隙Δ之和，反映到踏板上即为离合器踏板的自由行程）。

当离合器分离时，踩下踏板，推杆 8 推动推动活塞 6 左移，至皮碗 4 关闭补偿孔 *A* 后，主缸内工作腔的油压开始升高，并经油管 26 传至工作缸的工作腔，推动工作缸内活塞 20 连同推杆 19 右移，使离合器分离。由于主缸直径小于工作缸直径，油液推力将得到放大，从而使离合器踏板力能够减少。当需要离合器接合时，放松踏板，主缸活塞在其复位弹簧 3 的作用下右移回到原位，工作缸内油液回到主缸，油压下降，工作缸活塞 20 及分离叉推杆 19 在复位弹簧作用下复位。若迅速放松踏板，主缸活塞复位速度快，但由于油液在管路中流动有一定的阻力，复位较慢，使主缸活塞左腔形成一定的真空度。此时，储液室中的部分油液便经过进油孔 *B*、主缸活塞头部轴向小孔推开皮碗 4 进入工作腔弥补真空，待主缸活塞完全复位后，多余的油液便会经补偿孔 *A* 流回到储油室。

（四）自动离合器简介

随着电子技术在汽车上的应用，一种自动离合器系统也进入了汽车领域。这种由电子控制单元（ECU）控制的离合器已经应用在一些轿车上，使手动变速器换挡的一个重要步骤——离合器的分离与接合能够自动地适时完成，简化了驾驶员的操纵动作。

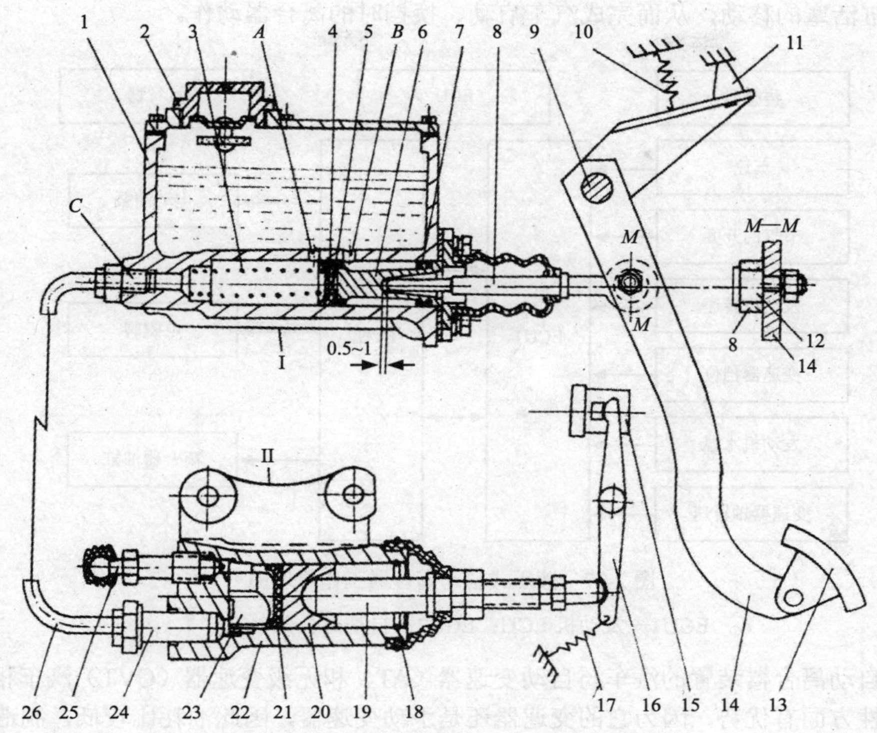

图 2-26 北京 1020 型汽车离合器操纵机构

Ⅰ—主缸；Ⅱ—工作缸；*A*—补偿孔；*B*—进油孔；*C*—出油口。

1—主缸体；2—储油室螺塞；3—活塞复位弹簧；4—皮碗；5—活塞垫片；6—主缸活塞；7—密封圈；8—推杆；9—踏板支承销；10—踏板复位弹簧；11—限位块；12—偏心螺栓；13—踏板；14—踏板臂；15—分离套筒；16—分离叉；17—分离叉复位弹簧；18—挡环；19—分离叉推杆总成；20—工作缸活塞；21—工作缸皮碗；22—工作缸体；23—工作缸活塞限位块；24—进油管接头；25—放气螺钉；26—油管。

传统离合器分为机械式和液压式两种，自动离合器也分为两种：机械电机式自动离合器和液压式自动离合器。机械电机式自动离合器的 ECU 汇集油门踏板、发动机转速传感器、车速传感器等信号，经处理后发送指令驱动伺服马达，通过拉杆等机械形式驱使离合器动作；液压式自动离合器则是由 ECU 发送信号驱动电动液压系统，通过液压操纵离合器动作。图 2-27 所示为液压式自动离合器的工作原理图。下面主要介绍液压式自动离合器。

液压式自动离合器是在目前通用的膜片弹簧式离合器的基础上增加了电子控制单元（ECU）和液压执行系统，将踏板操纵离合器油缸活塞改为由开关装置控制电动油泵去操纵离合器油缸活塞。

变速器控制单元（ECU）与发动机控制单元（ECU）是集成在一起的，根据油门踏板、变速器挡位、变速器输入 / 输出轴转速、发动机转速、节气门开度等传感器反馈信息，计算出离合器最佳的接合时间与速度。自动离合器的执行机构由电动油泵、电磁阀和离合器油缸组成，当 ECU 发出指令驱动电动油泵时，电动油泵产生的高压油液通过电磁阀输送到离合器油缸。通过 ECU 控制电磁阀的电流量来控制油液流量和油液的通道变换，实现离合器油缸活塞的移动，从而完成汽车启动、换挡时的离合器动作。

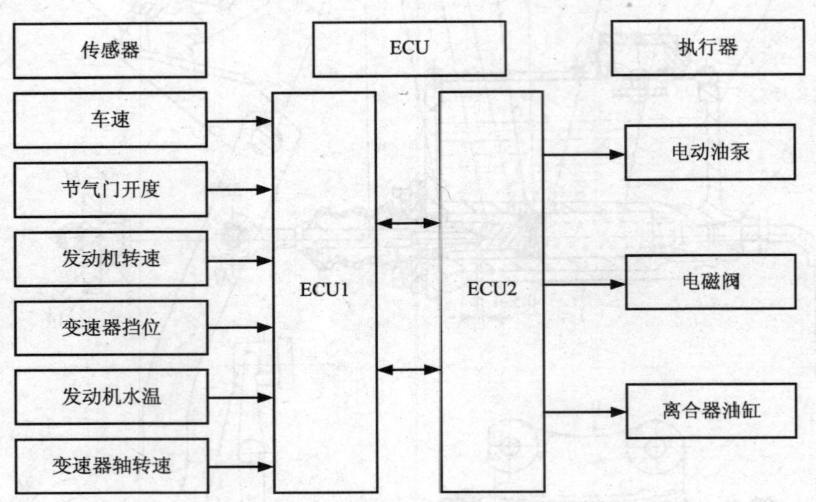

图 2-27 液压式自动离合器工作原理图

ECU1—发动机 ECU；ECU2—自动离合器 ECU。

具有自动离合器装置的汽车与自动变速器（AT）和无级变速器（CVT）汽车相比，在运行经济性方面有优势，因为它的变速器还是手动变速器，因此油耗比较低，制造成本也低于 AT 和 CVT。

（五）基本维护与检修

1. 主要元件检修

1）主动部分

飞轮的失效形式有工作面产生磨损、沟槽、翘曲、烧蚀甚至裂纹等。检修时，应对工作面清洗干净，不应有机油或润滑脂，否则将产生离合器打滑现象；如有轻微沟槽，可进行打磨；当出现严重磨损、沟槽、烧伤、破裂或失去平衡时，应更换。

离合器盖的失效形式有翘曲变形甚至裂纹。检修时，离合器盖接合面平面度误差应≤0.50mm，否则应更换；目测离合器盖，若发现有裂纹，轻微可进行焊补，严重须更换。

压盘的失效形式有工作面产生磨损、沟槽、翘曲、烧蚀甚至裂纹等。检修时，压盘表面平面误差度不得超过 0.12mm，否则应更换。压盘平面度误差可用图 2-28 所示的方法测量，将平面钢尺放置压盘上用厚薄规在其缝隙处测量。翘曲变形主要是离合器打滑和分离不彻底使压盘过热而产生的。工作表面的轻微磨损，可用油石修平，磨损沟槽超过 0.5mm 时，应修整平面，压盘的极限减薄量不得大于 1mm，修整后应进行静平衡试验。若压盘有严重的磨损或变形，甚至出现裂纹，磨削后厚度小于极限值，应更换新件。一般来说，主动部分很少会出现损坏。

2）从动盘

从动盘是离合器的主要易损部件，其常见失效形式有：摩擦片磨损、烧蚀、开裂、铆钉松动或外露；从动盘本体翘曲、开裂、铆钉松动；从动盘毂花键磨损；扭转减振器弹簧过软或折断。

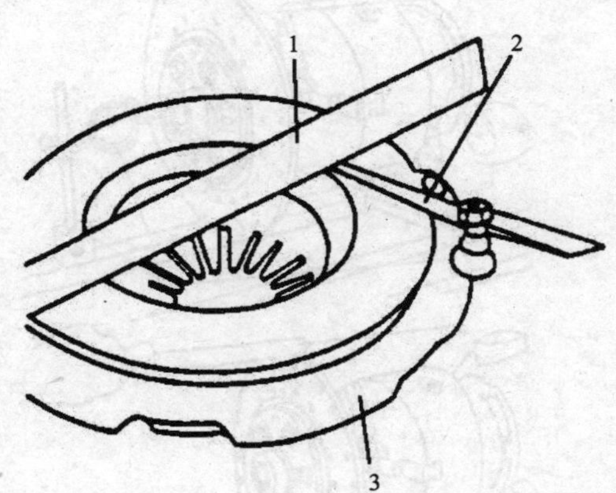

图 2-28　压盘平面度检查

1—平面钢尺；2—厚薄规；3—压盘。

检修时，首先应将从动盘清理干净，如表面有轻微油污，可用喷灯火焰烧去或用汽油清洗。表面的轻微烧焦可用砂纸打磨。如摩擦片烧焦面积大而深或有严重油污时，则需要换用新的从动盘。

摩擦片磨损的检查可用游标卡尺测量铆钉头的深度来确定，如图 2-29 所示。铆钉头部的埋入深度不得少于 0.3mm；否则，换用新从动盘。

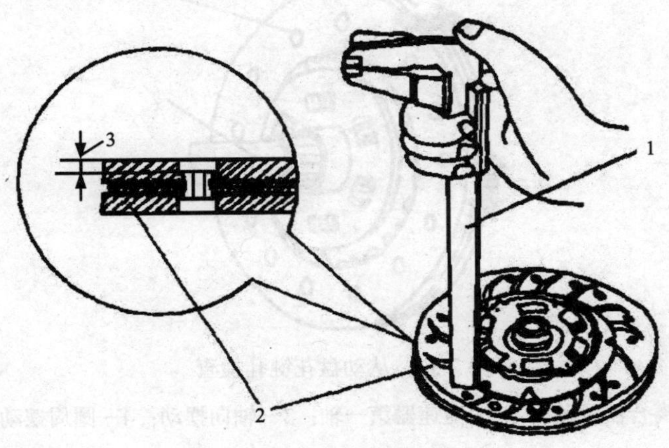

图 2-29　从动盘磨损的检查

1—卡尺；2—从动盘；3—铆钉头至断面深度。

从动盘翘曲可通过测量从动盘的端面跳动量来检查，用百分表在距边缘 2.5mm 处测量，其端面圆跳动不应大于 0.4mm；否则，应校正或更换，如图 2-30 所示。

从动盘毂花键磨损的检查如图 2-31 所示，将离合器从动盘 1 装在变速器第一轴 2 的花键轴上，检查从动盘 1 的花键孔与变速器第一轴 2 的花键轴的配合，不得有明显的轴向摆动 3 和圆周摆动 4，但在轴上能顺利移动。

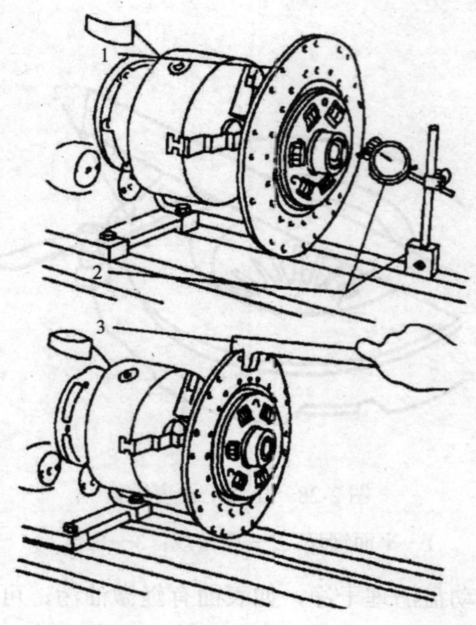

图 2-30　从动盘端面跳动的检修

1—从动盘；2—百分表；3—修理工具。

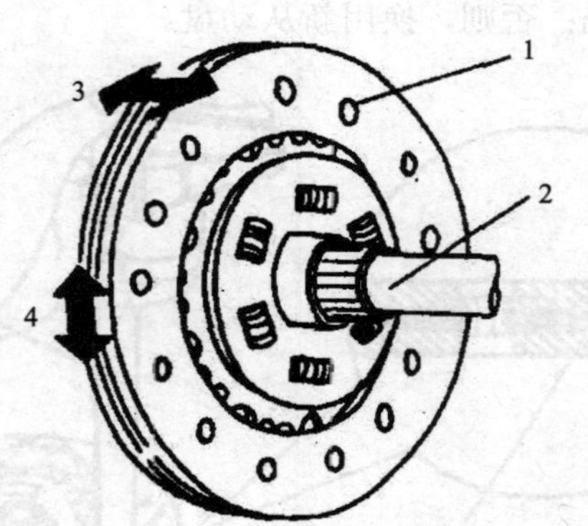

图 2-31　从动盘花键孔检查

1—离合器从动盘；2—变速器第一轴；3—轴向摆动；4—圆周摆动。

其他损坏可以直接用目视检查，若有明显故障，则更换新件。

3）压紧装置

螺旋弹簧常见的失效形式有疲劳过软、弯曲和断裂。检修时，其自由长度与标准值比较不得小于 2mm，垂直度误差不得大于 1mm。

膜片弹簧常见的失效形式有磨损、弯曲和弹力下降。膜片弹簧因长久负荷而疲劳，造成弯曲、磨损、开裂和弹力减弱，影响动力的传递。膜片弹簧磨损的测量如图 2-32 所示，用游标卡尺测量膜片弹簧内端（与分离轴承接触面）磨损的深度 h 和宽度 b。奥迪 100 型轿车离合器膜片弹簧磨损深度极限为 0.3mm；否则，应更换膜片弹簧。膜片弹簧弹力的检查如图 2-33 所示。膜片弹簧高度若减小太多，表明膜片弹簧弹力不足，必须更换。可用游标卡尺 1 检测膜片弹簧 2 的高度 4，其与标准值相差不应大 0.5mm。膜片弹簧内端的高度差也不能超过 0.5mm；否则，要进行弯曲调整。调整时，用专用工具把内端弯曲到正确的标准位置，如图 2-34 所示。调整后再测量一次，直到符合要求为止。

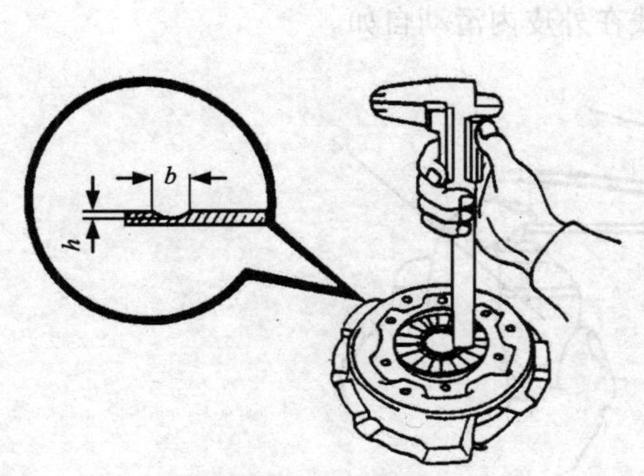

图 2-32　膜片弹簧内端磨损测量

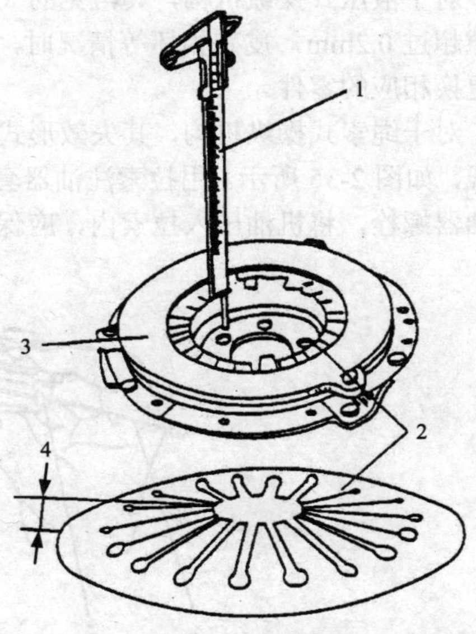

图 2-33　膜片弹簧高度测量

1—游标卡尺；2—膜片弹簧；
3—压盘；4—膜片弹簧高度。

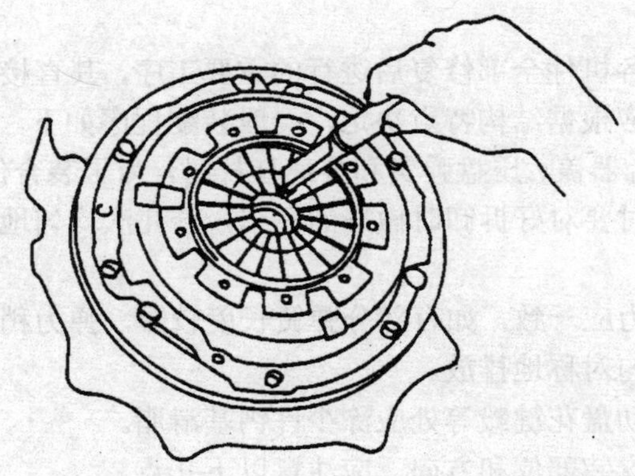

图 2-34　膜片弹簧内端高度调整

一般来说，压紧弹簧很少损坏。

4）操纵机构

分离轴承是离合器的易损件，其失效形式有端面磨损、轴承发卡和异响。分离轴承内座圈磨损不得超过 0.30mm，用手转动应灵活，无尖锐响声或卡滞现象。分离轴承为封闭式，不能拆卸清洗或加润滑剂，若损坏应换用新件。

分离杠杆的失效形式有内端磨损和变形。检查时，若目测磨损严重或有明显变形，则须更换（离合器盖及压盘总成）。

分离拨叉等杆件的失效形式有连接处磨损或杆件变形。检修时，可晃动杆件，若感觉有明显松旷感，则更换相应杆件；若目测发现明显变形，可校正或更换。

对于液压式操纵机构，其常见的失效形式是漏油。当主缸和工作缸出现活塞与缸筒的间隙超过 0.2mm，皮碗损坏等情况时，系统将造成内泄露，系统油压将无法达到正常值，应更换相应的零件。

对于绳索式操纵机构，其失效形式主要是拉索容易磨损甚至断裂。检查离合器拉索的内线，如图 2-35 所示。用拉索注油器套住拉索内线，用油壶向拉索注油器加油后，再旋动注油器螺栓，将机油压入拉索内，应保证内线在外皮内滑动自如。

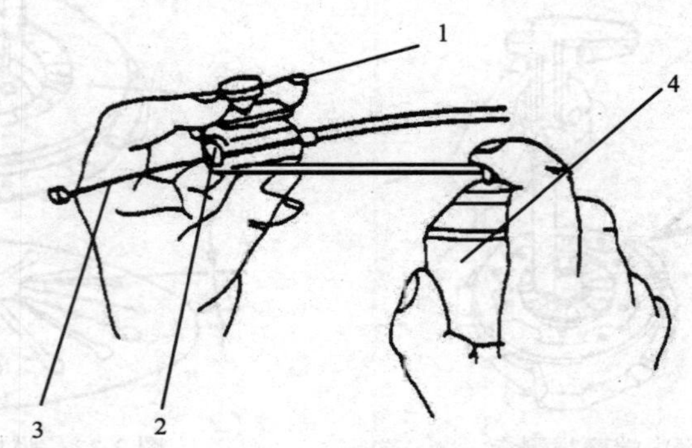

图 2-35　离合器拉索的检修

1—螺栓；2—拉索注油器；3—拉索内线；4—油壶。

2. 离合器的装配

离合器的装配是在各机件全部修复后进行的重要工序，其直接影响着离合器的正常工作。各机件的装配程序应根据结构特点决定，一般装配程序如下。

（1）安装压盘、离合器盖、压盘弹簧和分离杠杆时，为了装合便利，应选用专用压具。

（2）安装离合器盖时要对好拆卸时做好的标记，分几次均匀地拧紧固定螺柱，直到达到规定转矩。

（3）弹簧长度和弹力应一致，如有部分弹簧长度较短，弹力稍弱又在允许范围内，则应将弹力较弱的弹簧均匀对称地排放。

（4）分离轴承、从动盘花键毂等处应涂少许钙基滑脂。

（5）保持各机件原安装部位和方向，应注意以下几点。

① 从动盘的长短毂不允许装反。若有两从动盘，装配时，应短毂相对，面向中间压盘，否则，无法装复。而带有扭转减振器的从动盘，有减振器的一方应向后，否则，就会使从动盘与飞轮结合不好，引起离合器打滑。

② 飞轮与离合器盖应对正记号装配，无记号应在拆卸前做好记号，以防影响动平衡。同时，在装配前应将从动盘套在变速器第一轴花键上，检查是否活动自如。否则，会产生离合器分离不彻底现象。

③ 为了保证曲轴与变速器的同轴度，以便安装，应用导向心轴作导杆，套上离合器总成，然后按一定顺序均匀拧紧飞轮与离合器盖的固定螺栓。或用专用工具将离合器总成与飞轮固定，如图 2-36 所示。

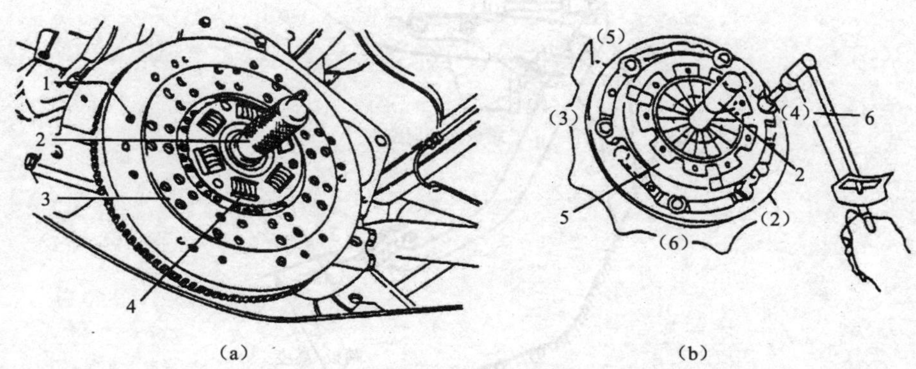

图 2-36　离合器的安装

1—飞轮；2—导向心轴；3—从动盘；4—减振弹簧；5—压盘组件；6—扭力扳手。

④ 离合器装合后应进行动平衡试验，不平衡度应小于规定值。平衡后应在离合器盖或飞轮上做上记号。若离合器原装有平衡垫片的，应按原位装复。

3. 离合器的调整

1）离合器分离杠杆高度的调整

各分离杠杆与分离轴承接触平面，应在与飞轮工作平面平行的同一平面内，并且这个平面应与飞轮平面之间保持原厂规定的距离，以免离合器在分离与接合过程中产生压盘歪斜和分离距离不足，导致分离不彻底和起步发抖的现象。

离合器的结构形式不同，分离杠杆的调整方法也有差异。EQ1090E 型汽车离合器是通过调整螺母 23（参见图 2-12）进行调整，使四个分离杠杆的内端处在平行于飞轮端面的同一平面内，相差不得大于 0.2mm。

2）离合器踏板高度的调整

离合器踏板高度的调整如图 2-37 所示，拧松锁紧螺母，转动止动螺栓至规定高度。离合器踏板高度可用直尺测量，国产货车一般是 180mm～190mm，桑塔纳 2000 系列轿车为 130mm～140mm。

3）离合器踏板自由行程的调整

离合器踏板自由行程是指踏板踩下一定行程而离合器将要起分离作用时的踏板高度与自由状态下的高度之差。离合器踏板自由行程的调整是为了获得合适的离合器自由间隙，以使离合器正常工作。

离合器踏板自由行程的测量方法是用直尺先测出踏板在完全放松时的高度，再测出用手掌推下踏板感觉有阻力时的高度，前后两数值之差就是自由行程值。EQ1090E 型汽车为 30mm～40mm，一汽奥迪、上海桑塔纳、神龙富康轿车为 15mm～25mm。

杆式机械操纵机构的离合器自由行程的调整，如 EQ1090E 型（图 2-12）一般都是调整踏板拉杆上的调整螺母，以改变分离轴承与分离杠杆间的间隙。

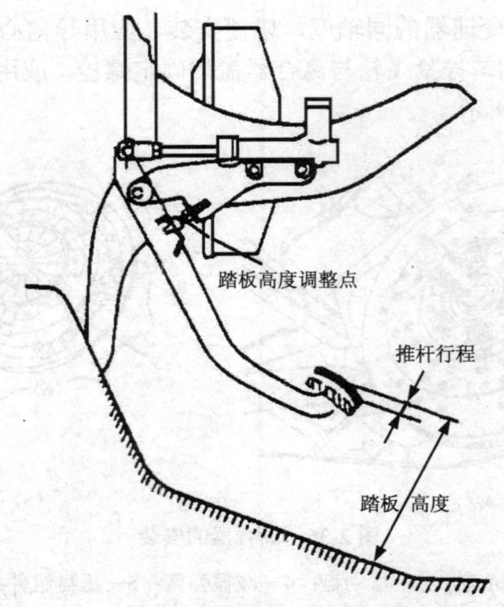

图 2-37　检查离合器踏板高度

桑塔纳等汽车离合器采用的是绳索式机械操纵机构，其踏板自由行程是拉索及分离装置各连续部件的间隙在踏板上的反映。自由行程的调整是通过绳索外套上的调整螺母来改变拉索长度来调节的，如图 2-38 所示。

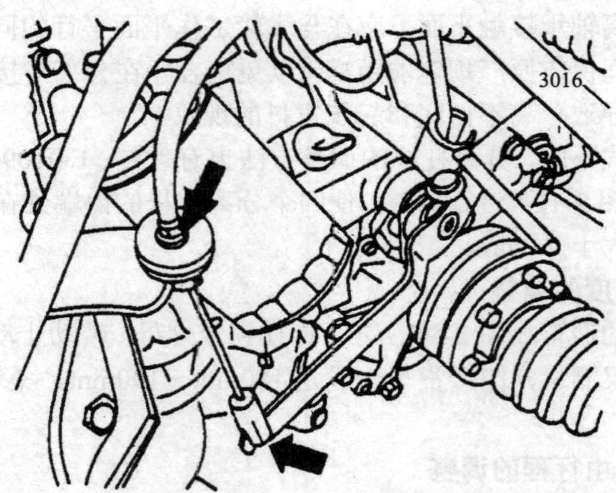

图 2-38　桑塔纳轿车离合器自由行程的调整

对采用液压操纵机构的离合器，其踏板自由行程的调整方法如下。

（1）用扳手松开离合器工作缸推杆上的锁紧螺母，调长拉杆，离合器踏板自由行程减小；反之，离合器踏板自由行程增大（图 2-39）。

（2）用扳手松开离合器踏板臂上连接离合器主缸推杆的偏心螺栓的锁紧螺母，转动偏心螺栓，使偏心螺栓转至左方，则离合器踏板自由行程减小；反之，离合器踏板行程增大，调整好后拧紧偏心螺栓的锁紧螺母（图 2-40）。

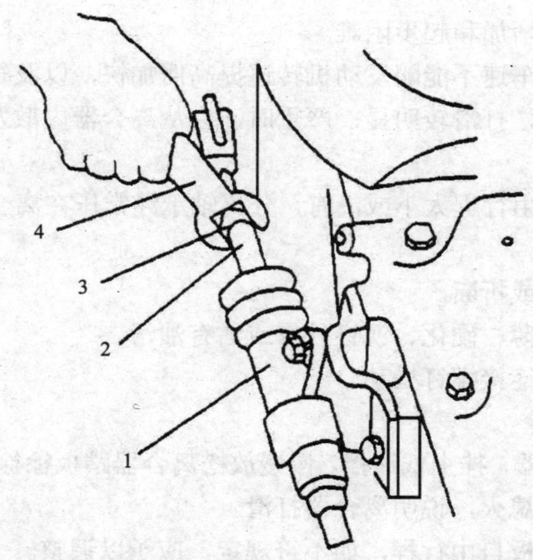

图 2-39　液压操纵式离合器踏板自由行程的调整（一）

1—工作缸；2—工作缸推杆；3—锁紧螺母；4—扳手。

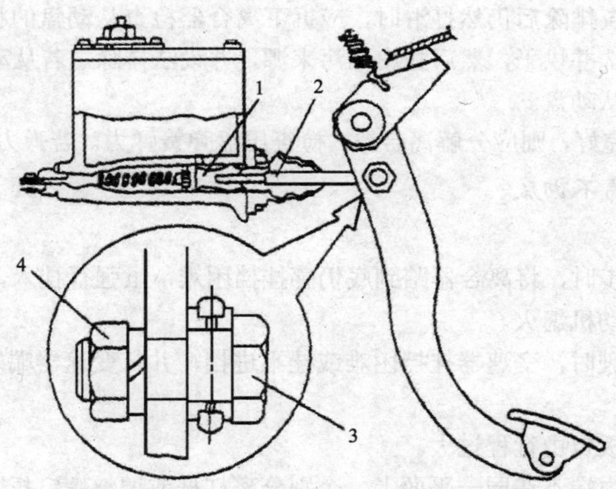

图 2-40　液压操纵式离合器踏板自由行程的调整（二）

1—主缸活塞；2—主缸推杆；3—偏心螺栓；4—锁紧螺母。

（六）常见故障诊断

汽车在使用过程中，经常需要踏下和松开离合器踏板。使离合器分离或接合而经历滑转状态，加之操作不当使离合器的技术状况会逐步变坏，造成离合器打滑、分离不彻底、异响和抖动等异常现象。

1. 离合器打滑

1）故障现象

（1）当汽车起步时，完全放松离合器踏板，发动机的动力不能完全传至变速器输入轴，使汽车动力下降，油耗增加和起步困难。

（2）汽车加速时，车速不能随发动机转速提高而加快，以及行驶无力。

（3）当负载上坡时，打滑较明显，严重时，会从离合器内散发出焦臭味。

2）故障原因

（1）离合器踏板自由行程太小或没有，分离轴承经常压在离合器分离杠杆上，使压盘处于分离状态。

（2）压盘弹簧过软或折断。

（3）摩擦片磨损变薄、硬化、铆钉外露或沾有油污。

（4）离合器和飞轮连接螺钉松动。

3）故障诊断与排除

（1）拉紧驻车制动器，挂上低速挡，慢慢放松离合器踏板徐徐加大油门，若汽车不动，发动机仍继续运转而不熄火，说明离合器打滑。

（2）检查离合器踏板自由行程，如不符规定，应予以调整。

（3）若自由行程正常，应拆下离合器底盖检查离合器与飞轮螺钉是否松动，如松动应拧紧；如不松动应检查离合器盖与飞轮之间有无调整垫片，并视情况减少或拆除垫片再予拧紧。

（4）经上述检查排除后仍然打滑时，应拆下离合器检查从动盘的状况。若有油污，一般应拆下用汽油清洗并烘干，然后找出油污来源，并设法排除。若从动盘磨损过薄或有铆钉头外露，应更换从动盘。

（5）如从动盘完好，则应分解离合器，检查压盘弹簧弹力。若弹力减少，应予以更换。

2. 离合器分离不彻底

1）故障现象

（1）当汽车起步时，将离合器踏到底仍感挂挡困难，虽强行挂入，但不抬踏板汽车就向前驶动或造成发动机熄火。

（2）当汽车行驶时，变速器挂挡困难或挂不进挡，并从变速器端发出齿轮撞击声。

2）故障原因

（1）离合器踏板自由行程过大。

（2）分离杠杆内端不在同一平面上，个别分离杠杆或调整螺钉折断。

（3）离合器从动盘翘曲、铆钉松脱或新换的从动盘过厚。

（4）从动盘毂键槽与变速器第一轴键齿锈蚀，使从动盘移动困难。

3）故障诊断与排除

（1）将变速杆放到空挡位置，踏下离合器踏板，用螺丝刀推动离合器从动盘。若能轻推动，说明离合器能分离开；若推不动说明离合器分不开。

（2）检查调整离合器踏板自由行程，如自由行程过大，则要重新调整。

（3）检查分离杠杆高低是否一致，及分离杠杆支架螺栓是否松动。必要时进行调整或拧紧。

（4）如新换从动盘过厚，可在离合器盖与飞轮间增加适当厚度的垫片予以调整，但各垫片厚度应一致。

（5）如经过上述检查调整仍无效时，应将离合器拆下分解，检查各机件的技术状况，必要时予以修理或换件。

3. 离合器异响

1）故障现象

在使用离合器时，有不正常的响声产生。

2）故障原因

（1）分离轴承磨损严重或缺油，轴承复位弹簧过软、折断或脱落。

（2）分离杠杆支承销孔磨损松旷。

（3）从动盘本体铆钉松动，本体碎裂或减振弹簧折断。

（4）踏板复位弹簧过软、脱落或折断。

（5）从动盘毂与变速器第一轴花键磨损严重。

3）故障诊断与排除

（1）少许踩下离合器踏板，使分离杠杆与分离轴承接触，听到有“沙沙”的响声，为分离轴承响。如加油后仍响，为轴承磨损松旷或损坏。检查分离轴承，如损坏或磨损过大，应换用新的轴承。

（2）踩下、放松离合器踏板时，如出现间断的碰击声，为分离轴承前后滑动响，应检查分离轴承复位弹簧，如失效，应更换。

（3）将踏板踩到底时发响，放松踏板响声消失，为离合器传动销与销孔磨损松旷。检查传动销的磨损，如磨损过大，应更换。

（4）连踩踏板，在离合器刚接触或分开时响，应检查分离杠杆或支架销与孔磨损是否松旷，或铆钉松动和从动盘铆钉外露，如有则更换。

（5）发动机一启动就有响声，将踏板提起后响声消失，为踏板复位弹簧失效，则应更换压紧弹簧（注意：所有弹簧同时更换）。

4. 起步时发抖

1）故障现象

汽车起步时，经常不能平稳接合，使车身发生抖动。

2）故障原因

（1）分离杠杆内端高低不一。

（2）压盘或从动盘翘曲，或从动盘铆钉松动。

（3）压紧弹簧力不均。

（4）变速器与飞轮固定螺钉松动。

3）故障诊断与排除

（1）让发动机怠速运转，挂上低速挡，慢慢松离合器踏板并加大加速踏板起步，如车身有明显抖动，为离合器发抖。

（2）检查变速器与飞轮壳、离合器盖飞轮固定螺钉是否松动，有松动则紧固；如正常，检查分离杠杆高度。

（3）拆下离合器盖测量各分离杠杆高度是否一致，如不一致则调整。

（4）如上述良好，拆下离合器，分别检查压盘、从动盘是否变形，如变形，则更换；从动盘铆钉是否松动，各压紧弹簧的弹力是否在允许范围之内。

四、知识链接：离合器拆装与调整

下面以丰田科罗拉（COROLLA）轿车为例，介绍其离合器的拆装与调整。

（一）离合器结构

2007 款丰田科罗拉离合器的结构如图 2-41～图 2-44 所示。

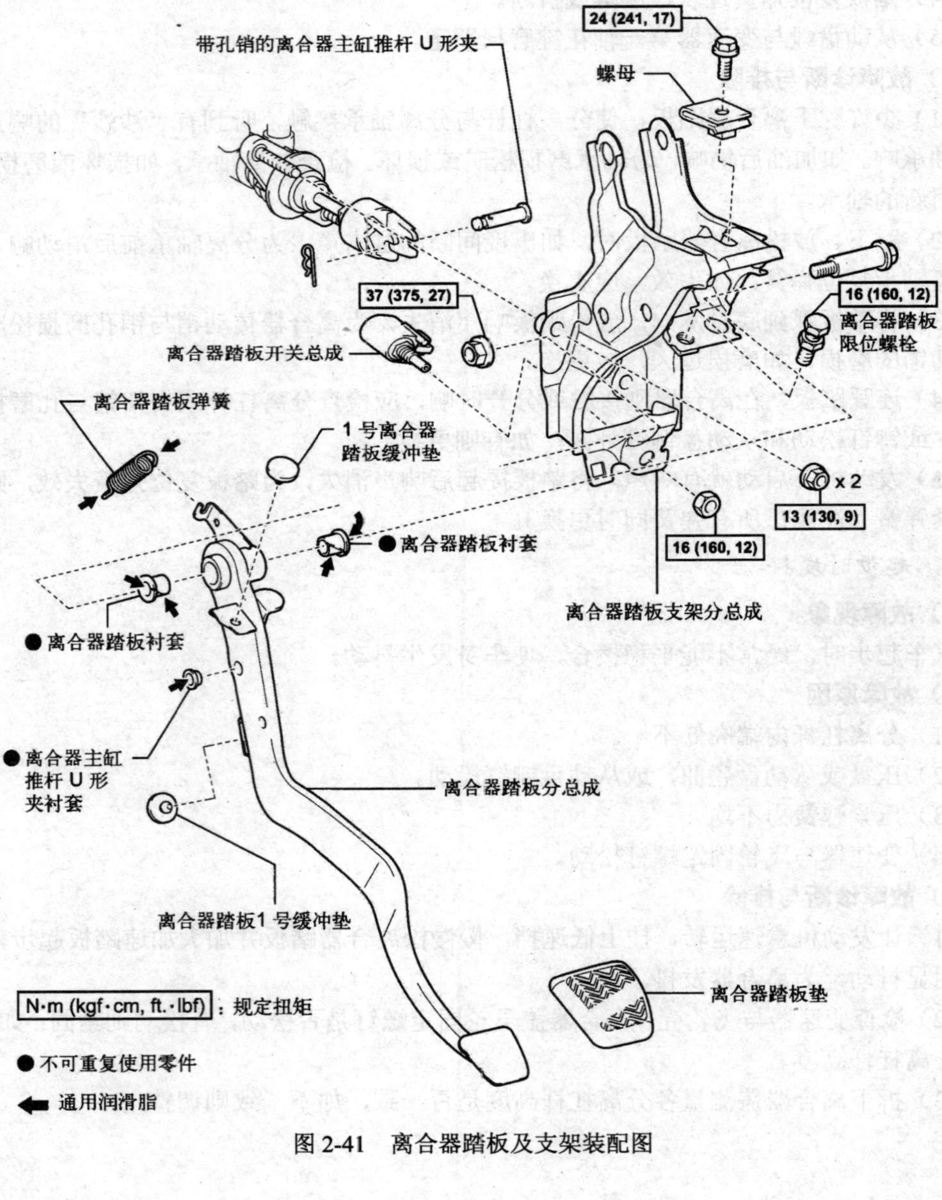

图 2-41　离合器踏板及支架装配图

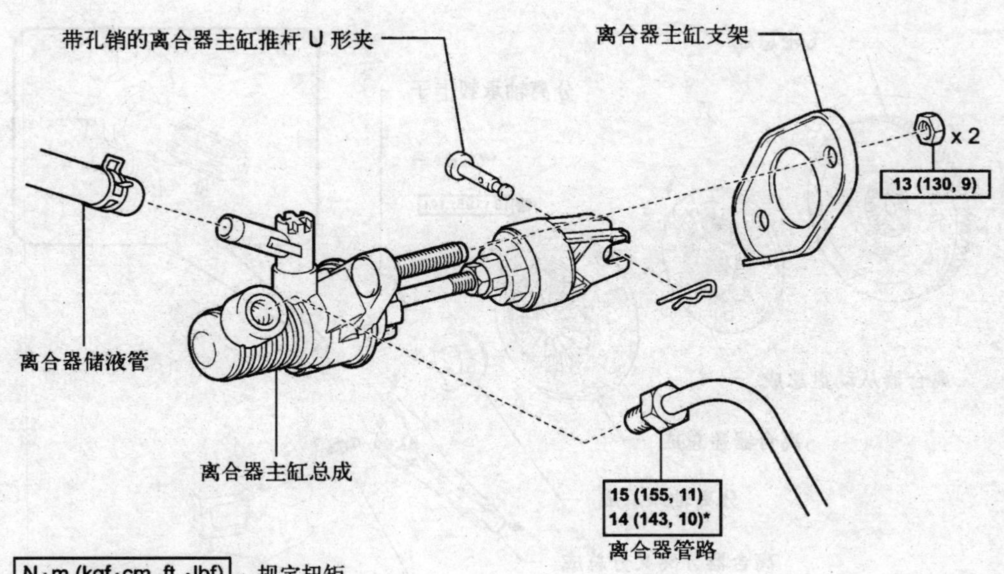

图 2-42　离合器主缸

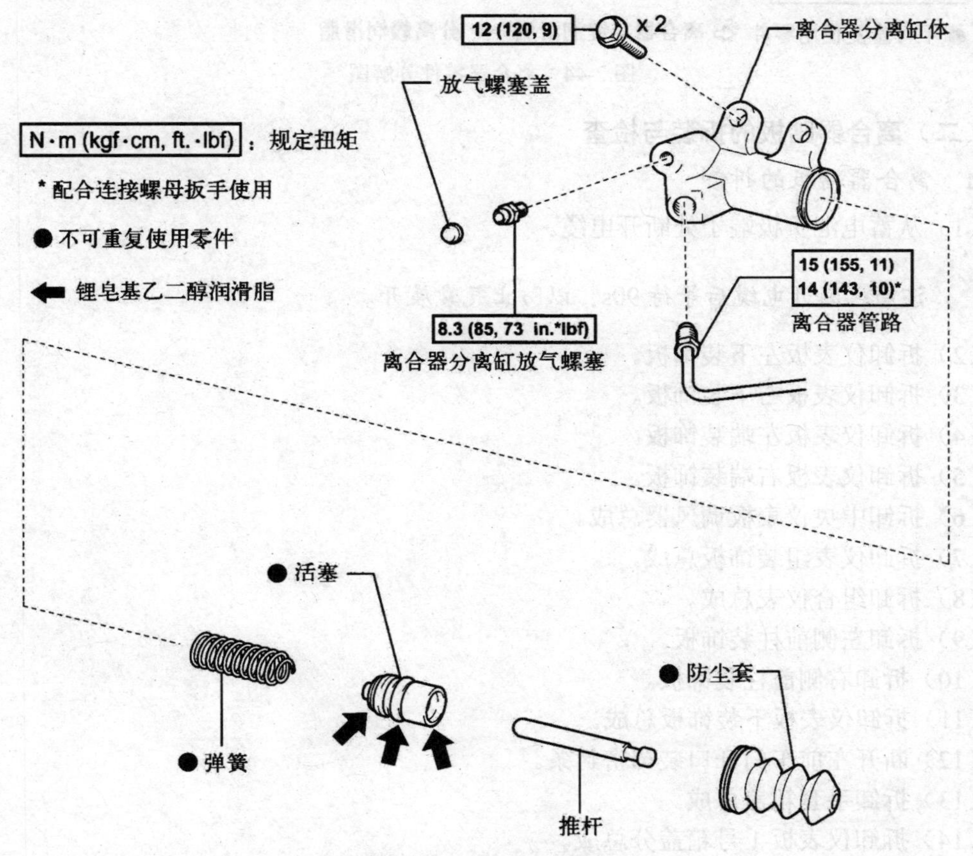

图 2-43　离合器工作缸

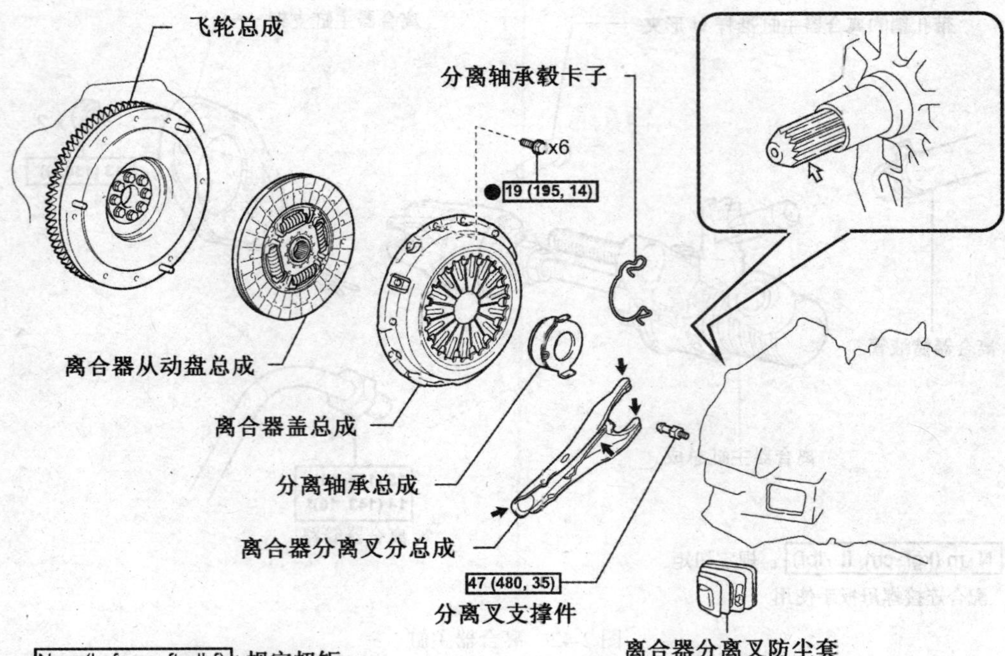

图 2-44　离合器零件分解图

（二）离合器踏板的拆装与检查

1. 离合器踏板的拆卸

（1）从蓄电池负极端子处断开电缆。

注意：断开电缆后等待 90s，以防止气囊展开。

（2）拆卸仪表板左下装饰板。
（3）拆卸仪表板右下装饰板。
（4）拆卸仪表板左端装饰板。
（5）拆卸仪表板右端装饰板。
（6）拆卸中央仪表板调风器总成。
（7）拆卸仪表组装饰板总成。
（8）拆卸组合仪表总成。
（9）拆卸左侧前柱装饰板。
（10）拆卸右侧前柱装饰板。
（11）拆卸仪表板下装饰板总成。
（12）断开左前车门开口装饰密封条。
（13）拆卸手套箱盖总成。
（14）拆卸仪表板 1 号箱盖分总成。

（15）断开右前车门开口装饰密封条。

（16）断开仪表板线束总成。

（17）拆卸上仪表板分总成。

（18）拆卸仪表板 1 号底罩分总成。

（19）拆卸前大灯光束高度调整 ECU 总成（HID 前大灯）。

（20）分离主车身 ECU（仪表板接线盒）：拆下 2 个螺钉并分离主车身 ECU。

（21）断开连接器：断开离合器踏板开关连接器。

（22）拆卸带孔销的离合器主缸推杆 U 形夹：拆下卡子和孔销，如图 2-45 所示。

（23）拆卸离合器踏板支架分总成：

① 拆下 2 个螺母、螺栓（如图 2-46 所示箭头）和离合器踏板支架分总成；

② 从离合器踏板支架分总成上拆下螺母。

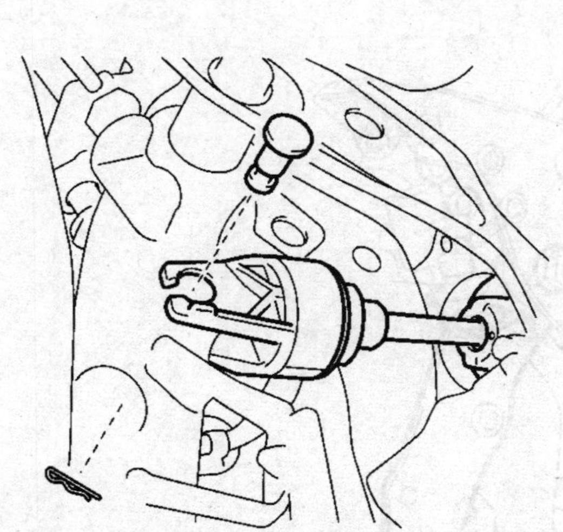

图 2-45 拆卸离合器主缸推杆 U 形夹的卡子和孔销

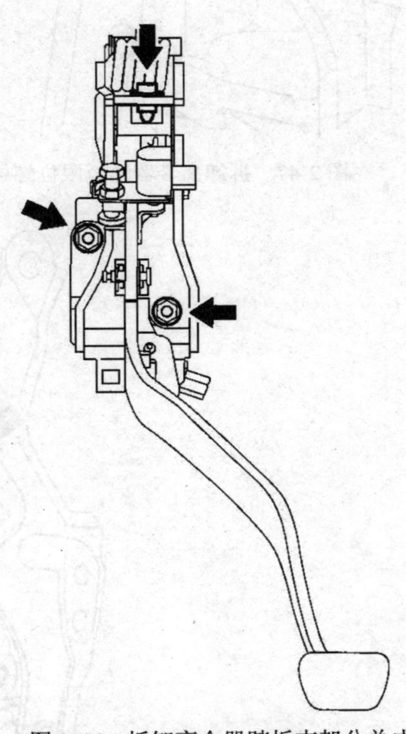

图 2-46 拆卸离合器踏板支架分总成

（24）拆卸离合器踏板限位螺栓：从离合器踏板支架分总上拆下离合器踏板限位螺栓，如图 2-47 所示。

（25）拆卸离合器踏板弹簧，如图 2-48 所示。

（26）拆卸离合器踏板分总成：

① 拆下螺栓和螺母，如图 2-49 所示箭头。

② 从离合器踏板支架上拆下离合器踏板分总成。

（27）拆卸离合器踏板垫：从离合器踏板分总成上拆下离合器踏板垫。

（28）拆卸离合器踏板衬套：从离合器踏板上拆下 2 个衬套。

（29）拆卸离合器踏板 1 号缓冲垫：用尖嘴钳从离合器踏板分总成上拆下 2 个离合器踏板 1 号缓冲垫。

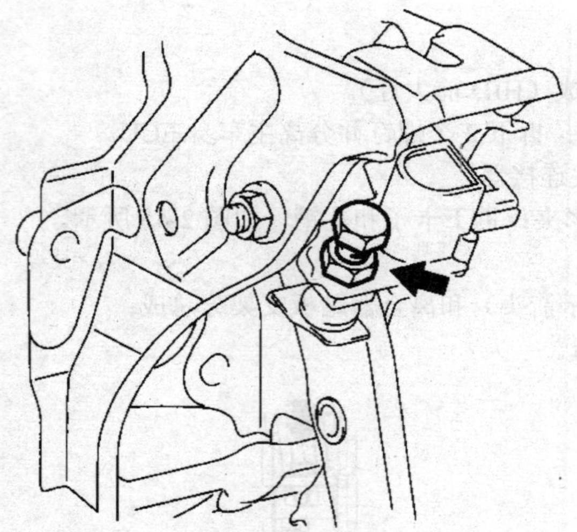

图 2-47　拆卸离合器踏板限位螺栓

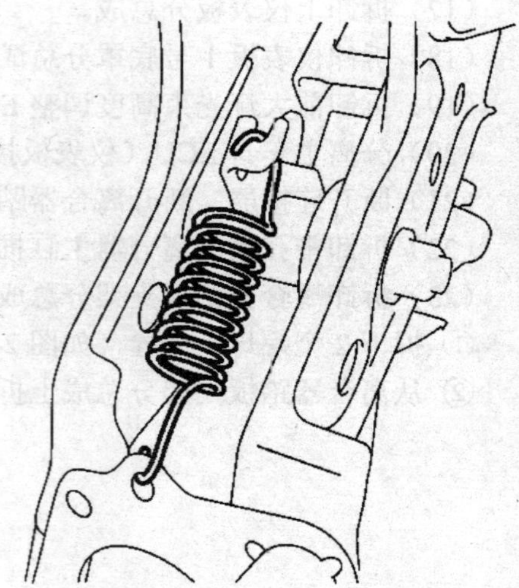

图 2-48　拆下离合器踏板弹簧

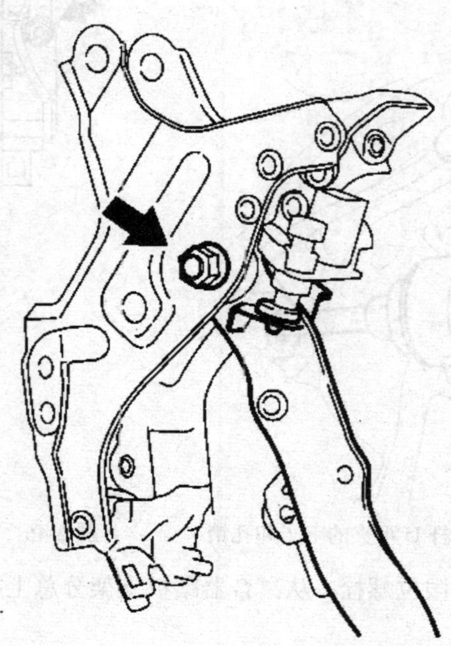

图 2-49　拆卸离合器踏板分总成

（30）拆卸离合器主缸推杆 U 形夹衬套：8 mm 六角扳手和锤子从离合器踏板分总成上拆下 U 形夹衬套，如图 2-50 所示。

（31）拆卸离合器踏板开关总成：从离合器踏板支架分总成上拆下螺母和离合器踏板开关总成。

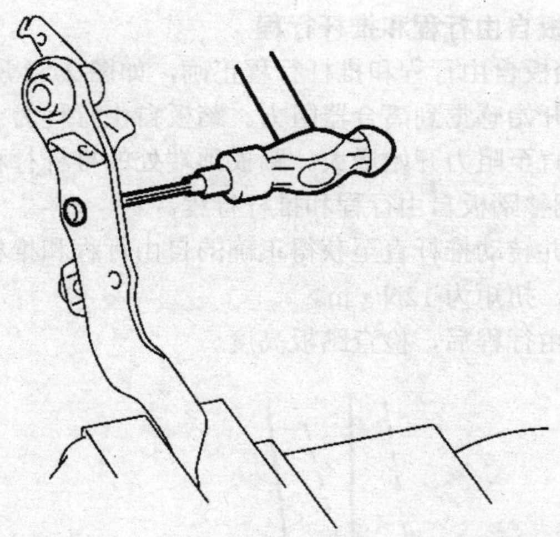

图 2-50　拆卸离合器主缸推杆 U 形夹衬套

2. 离合器踏板的检查与调整

1）检查并调整离合器踏板高度

（1）翻起地毯。

（2）检查并确认踏板高度正确，如图 2-51 所示。踏板距离地板的正确高度范围为 143.6 mm～153.6mm。

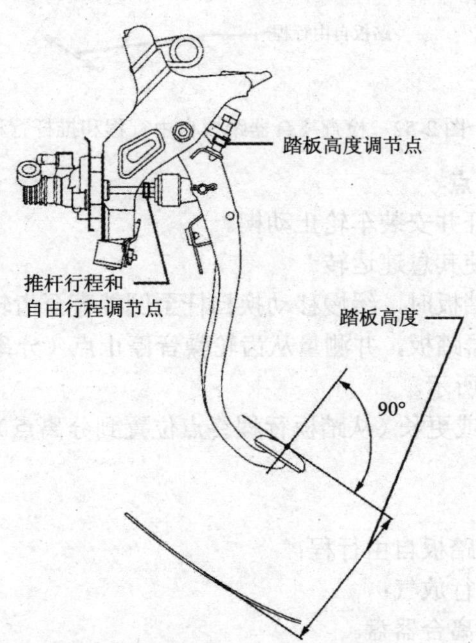

图 2-51　离合器踏板高度的检查与调整

（3）松开锁紧螺母并转动限位螺栓直至获得正确高度。

（4）拧紧锁紧螺母（扭矩为 16 N・m）。

2）检查离合器踏板自由行程和推杆行程

（1）检查并确认踏板自由行程和推杆行程正确，如图 2-52 所示。

① 踩下踏板直至开始感觉到离合器阻力。踏板自由行程为 5.0mm～15.0mm。

② 轻轻踩下踏板直至阻力开始增大。踏板顶端处的推杆行程为 1.0mm～5.0 mm。

（2）如有必要，调整踏板自由行程和推杆行程。

① 松开锁紧螺母并转动推杆直至获得正确的自由行程和推杆行程。

② 拧紧锁紧螺母，扭矩为 12N・m。

③ 调整好踏板自由行程后，检查踏板高度。

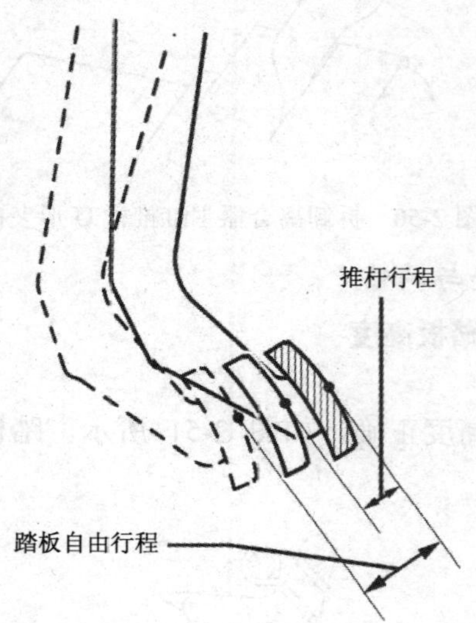

图 2-52　检查离合器踏板自由行程和推杆行程

3）检查离合器分离点

（1）拉紧驻车制动杆并安装车轮止动楔。

（2）启动发动机并使其怠速运转。

（3）未踩下离合器踏板时，缓慢移动换挡杆至倒挡直至齿轮接触。

（4）逐渐踩下离合器踏板，并测量从齿轮噪音停止点（分离点）到踏板行程终点位置的行程距离，如图 2-53 所示。

标准距离为 25 mm 或更长（从踏板行程终点位置到分离点）。如果该距离不符合规定，则执行以下程序：

① 检查踏板高度；

② 检查推杆行程和踏板自由行程；

③ 对离合器管路进行放气；

④ 检查离合器盖和离合器盘。

3. 离合器踏板的安装

（1）安装离合器踏板开关总成。用螺母将离合器踏板开关总成安装至离合器踏板支架分总成，扭矩为 16N・m。

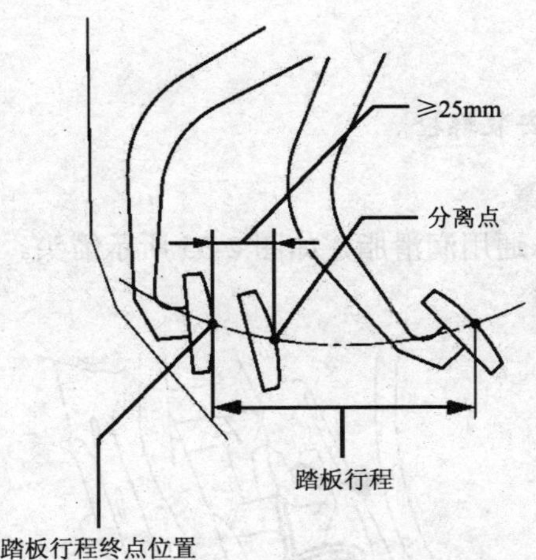

图 2-53 检查离合器分离点

（2）安装离合器开关总成（带巡航控制系统）。用螺母将离合器开关总成安装至离合器踏板支架分总成，扭矩为 16N·m。

（3）安装离合器主缸推杆 U 形夹衬套。

① 在新 U 形夹衬套内层涂抹通用润滑脂。

② 将 U 形夹衬套安装至离合器踏板分总成。

注意：*从车辆左侧安装 U 形夹衬套。*

（4）安装离合器踏板 1 号缓冲垫。用尖嘴钳将两个离合器踏板 1 号缓冲垫安装至离合器踏板分总成。

（5）安装离合器踏板衬套。

① 在 2 个新衬套两侧涂抹通用润滑脂，如图 2-54 所示箭头。

② 将 2 个衬套安装至离合器踏板。

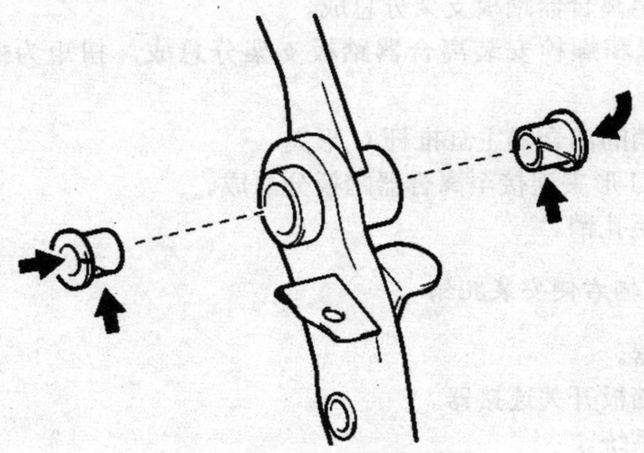
图 2-54 安装离合器踏板衬套

（6）安装离合器踏板垫。将离合器踏板垫安装至离合器踏板分总成。

（7）安装离合器踏板分总成。用螺栓和螺母将离合器踏板分总成安装至离合器踏板支架分总成，扭矩：37 N·m。

注意：从车辆右侧安装螺栓。

（8）安装离合器踏板弹簧。

① 在弹簧滑动部位涂抹通用润滑脂，如图 2-55 所示箭头。

② 安装离合器踏板弹簧。

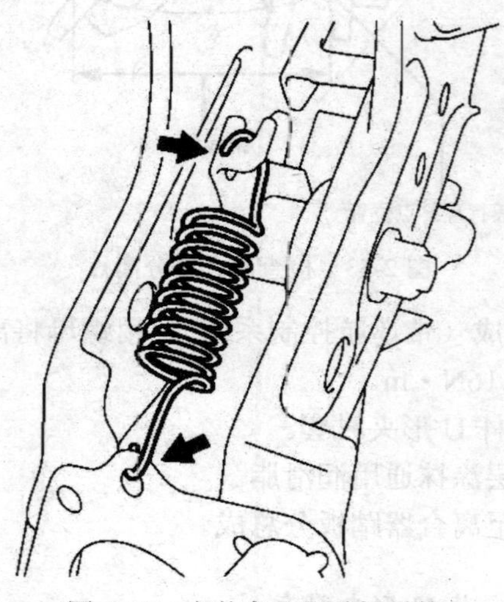

图 2-55　安装离合器踏板弹簧

（9）安装离合器踏板限位螺栓。安装离合器踏板限位螺栓，使其底部接触到离合器踏板缓冲垫。

提示：调整离合器踏板时将锁紧螺母紧固至规定扭矩。

（10）安装离合器踏板支架分总成。

① 将螺母安装至离合器踏板支架分总成。

② 用 2 个螺母和螺栓安装离合器踏板支架分总成，扭矩为螺栓 24N·m，螺母 13N·m。

（11）安装带孔销的离合器主缸推杆 U 形夹。

① 将带孔销的 U 形夹连接至离合器踏板分总成。

② 将卡子安装至孔销。

提示：从车辆右侧安装孔销。

（12）连接连接器。

① 连接离合器踏板开关连接器。

② 带巡航控制系统。

③ 连接离合器开关总成连接器。

（13）安装主车身 ECU（仪表板接线盒）。用 2 个螺钉安装主车身 ECU。

（14）安装前大灯光束高度调整 ECU 总成（HID 前大灯）。

（15）检查并调整离合器踏板分总成。

（16）安装仪表板十号底罩分总成。

（17）安装上仪表板分总成。

（18）连接仪表板线束总成。

（19）连接左前车门开口装饰密封条。

（20）安装仪表板下装饰板总成。

（21）连接右前车门开口装饰密封条。

（22）安装仪表板 1 号箱盖分总成。

（23）安装手套箱盖总成。

（24）安装左侧前柱装饰板。

（25）安装右侧前柱装饰板。

（26）安装组合仪表总成。

（27）安装仪表组装饰板总成。

（28）安装中央仪表板调风器总成。

（29）安装仪表板左端装饰板。

（30）安装仪表板右端装饰板。

（31）安装仪表板左下装饰板。

（32）安装仪表板右下装饰板。

（33）将电缆连接至蓄电池负极端子。

（34）执行初始化。

（35）检查 SRS 警告灯。

（36）检查离合器踏板开关总成。

（三）离合器总成的拆卸与检查

1. 离合器拆卸

（1）拆下手动传动桥总成。

（2）拆卸离合器分离叉分总成。从手动传动桥上拆下带离合器分离轴承的离合器分离叉，如图 2-56 所示。

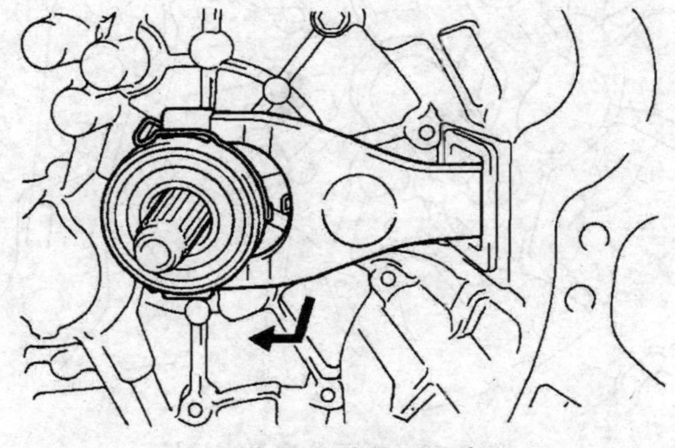

图 2-56　拆卸离合器分离叉

（3）拆卸离合器分离叉防尘套。从手动传动桥上拆下离合器分离叉防尘套，如图 2-57 所示。

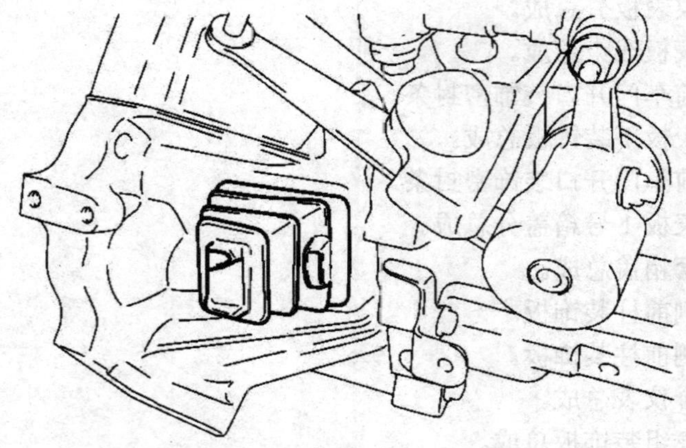

图 2-57　拆下离合器分离叉防尘套

（4）拆卸离合器分离轴承总成。从离合器分离叉上拆下分离轴承和卡子，如图 2-58 所示。

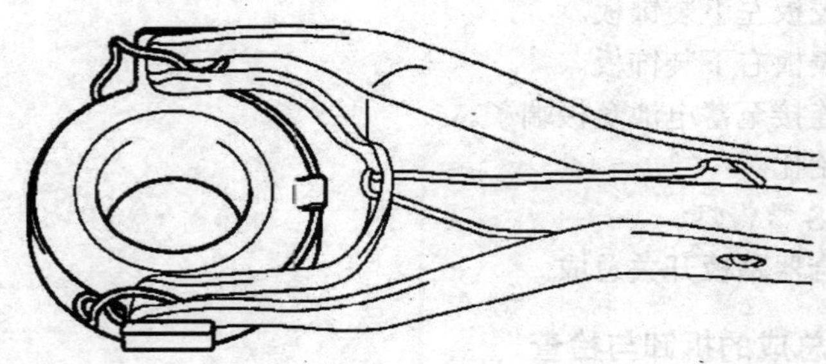

图 2-58　拆下分离轴承和卡子

（5）拆卸分离叉支撑件。从手动传动桥上拆下分离叉支撑件，如图 2-59 所示。

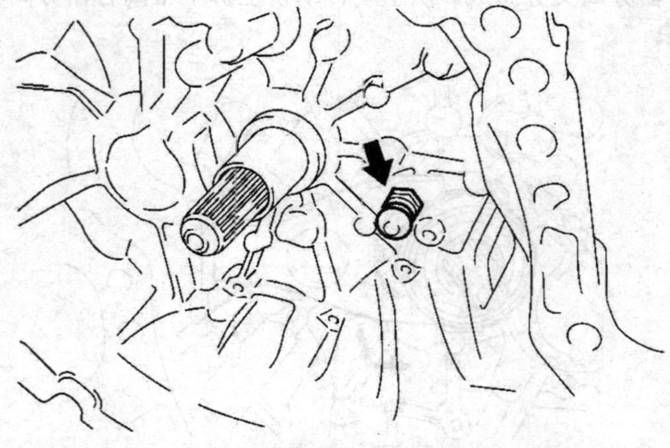

图 2-59　拆下分离叉支撑件

（6）拆卸离合器盖总成。

① 在离合器盖总成和飞轮分总成上做好装配标记，如图 2-60 所示。

② 每次将各固定螺栓拧松一圈，直至弹簧张力被完全释放。

③ 拆下固定螺栓并拉下离合器盖。

注意：不要跌落离合器从动盘。

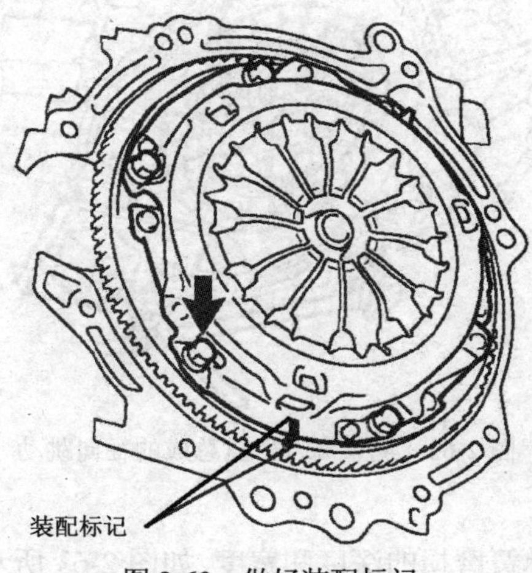

图 2-60　做好装配标记

（7）拆下离合器盘总成。

注意：使离合器盘总成衬片部分、压盘和飞轮分总成表面远离油污和异物。

2. 离合器检查

1）检查离合器从动盘

① 用游标卡尺测量铆钉头深度，如图 2-61 所示。最小铆钉深度为 0.3mm。如超过极限值，更换离合器从动盘。

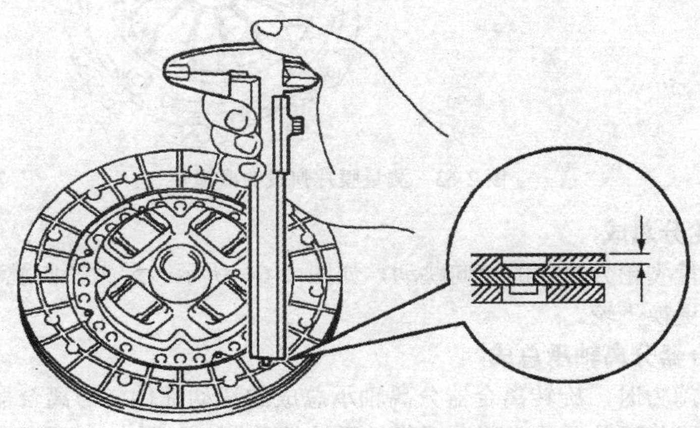

图 2-61　测量铆钉头深度

② 将离合器从动盘安装至传动桥总成。注意离合器从动盘的安装方向。

③ 用百分表测量离合器从动盘的径向跳动，如图 2-62 所示。最大径向跳动为 0.8mm。如超过极限值，更换离合器从动盘。

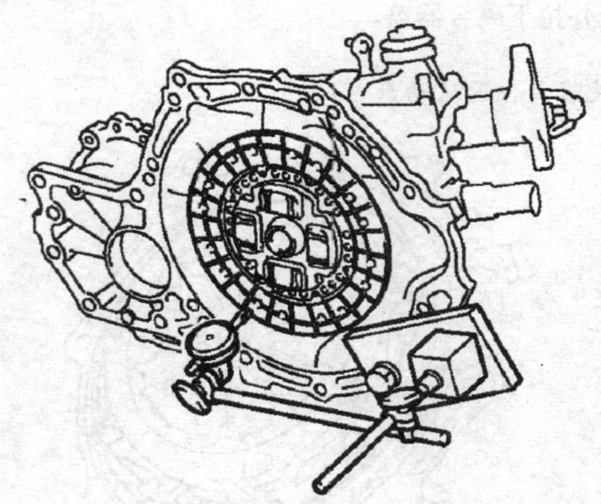

图 2-62　测量离合器盘总成的径向跳动

2）检查离合器盖总成

用游标卡尺测量膜片弹簧磨损的深度和宽度，如图 2-63 所示。最大值：*A*（深度）0.5mm，*B*（宽度）6.0mm。如超过极限值，更换离合器盖总成。

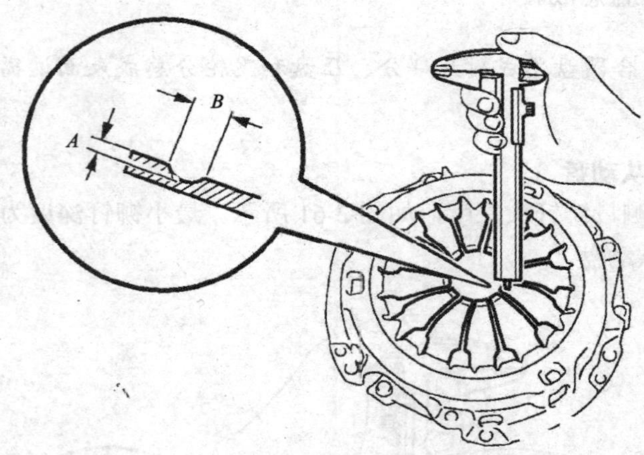

图 2-63　测量膜片弹簧的磨损

3）检查飞轮分总成

用百分表测量飞轮分总成的径向跳动，如图 2-64 所示。最大径向跳动为 0.1mm。如果超过极限值，更换飞轮。

4）检查离合器分离轴承总成

（1）在轴向施力时，旋转离合器分离轴承总成的滑动部件（与离合器盖的接触面），检查并确认离合器分离轴承总成移动平稳且无异常阻力，如图 2-65 所示。

（2）检查离合器分离轴承总成是否损坏或磨损。

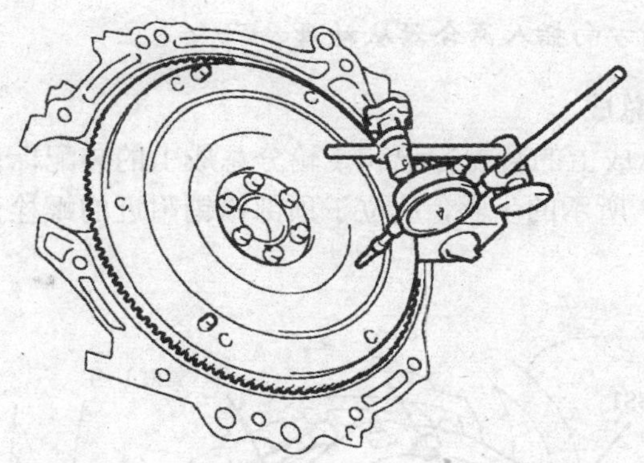

图 2-64 测量飞轮分总成的径向跳动

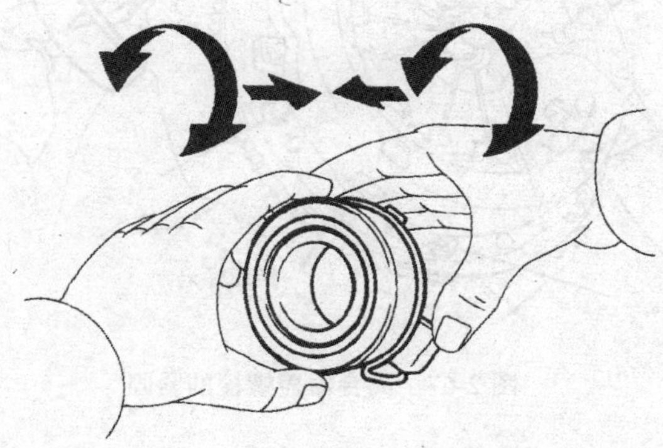

图 2-65 检查分离轴承

如有必要，更换分离轴承总成。

3. 离合器安装

1）安装离合器从动盘

将 SST 插入离合器从动盘，然后将它们一起插入飞轮分总成，如图 2-66 所示。

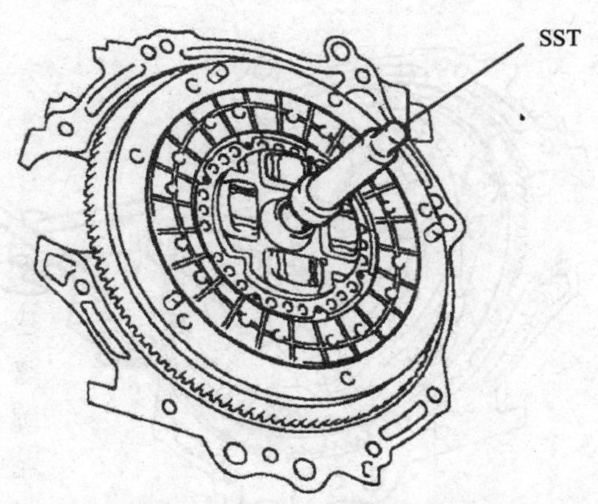

图 2-66 用导向心轴固定离合器盘

注意：按正确方向插入离合器从动盘。

2）安装离合器盖总成

（1）将离合器盖总成上的装配标记和飞轮分总成上的装配标记对准。

（2）按照如图 2-67 所示的步骤，从位于顶部锁销附近的螺栓开始，按顺序拧紧 6 个螺栓。扭矩为 19N · m。

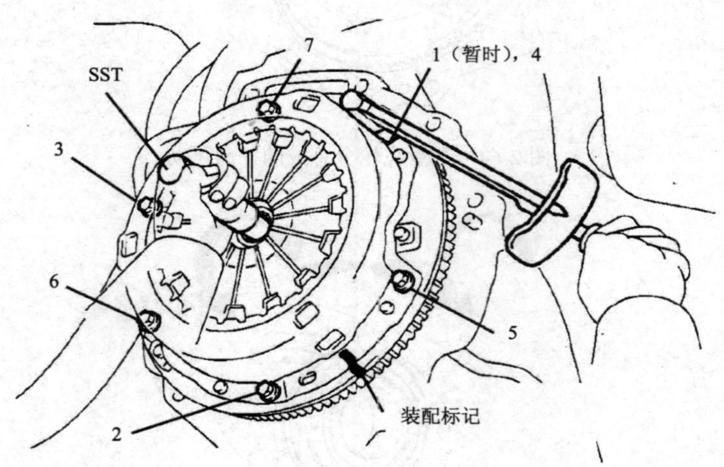

图 2-67　离合器盖螺栓的紧固

提示：

（1）按照如图 2-67 所示的顺序，每次均匀拧紧一个螺栓。

（2）检查并确认盘位于中心位置后，上下左右轻微地移动 SST 然后拧紧螺栓。

3）检查并调整离合器盖总成

（1）用带滚子仪的百分表检查膜片弹簧顶端高度偏差，如图 2-68 所示。最大偏差为 0.9 mm。

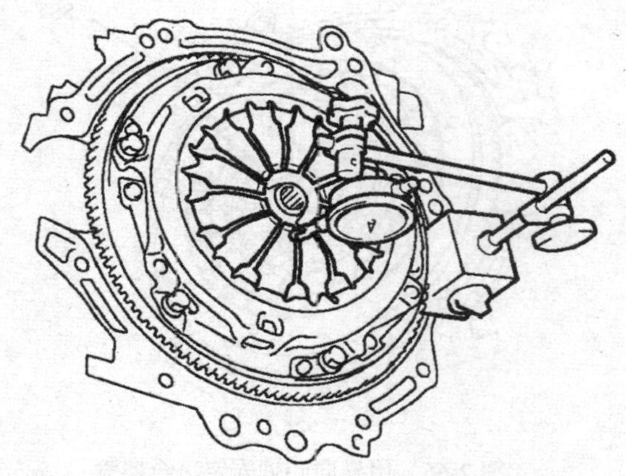

图 2-68　检查膜片弹簧顶端高度偏差

（2）如果偏差不符合规定，用 SST 调整膜片弹簧顶端高度偏差，如图 2-69 所示。

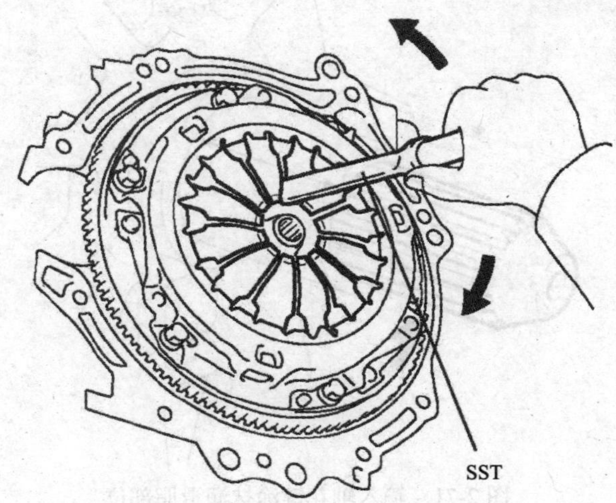

图 2-69　调整膜片弹簧顶端高度偏差

4）安装分离叉支撑件

将分离叉支撑件安装至传动桥总成，扭矩为 37N・m。

5）安装离合器分离叉防尘套

将离合器分离叉防尘套安装至手动传动桥。

6）安装离合器分离叉分总成

（1）在分离叉和分离轴承总成、分离叉和推杆、分离叉和叉支撑件间的接触面上涂抹分离毂润滑脂，如图 2-70 所示的箭头部位。

（2）用卡子将分离叉安装至分离轴承总成。

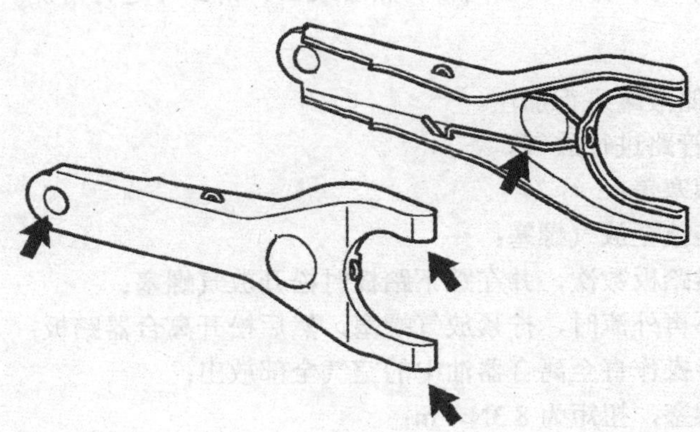

图 2-70　润滑脂部位

7）安装离合器分离轴承总成

（1）在输入轴花键上涂抹离合器花键润滑脂，如图 2-71 所示的箭头部位。

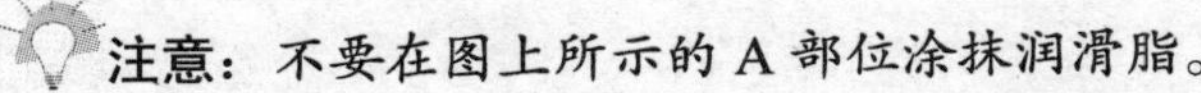

注意：不要在图上所示的 A 部位涂抹润滑脂。

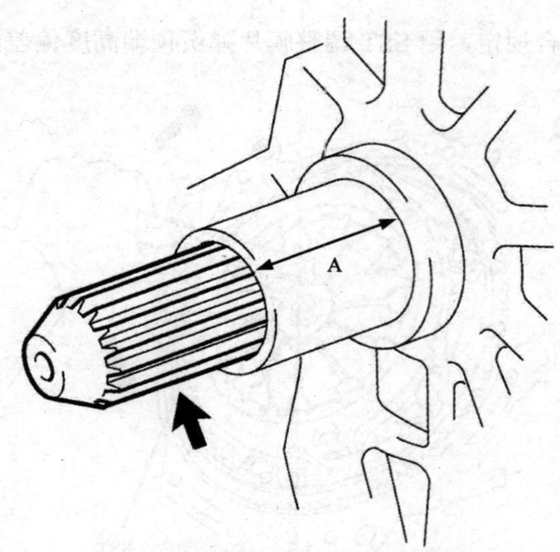

图 2-71　输入轴花键涂抹润滑脂部位

（2）将带分离叉的离合器分离轴承安装至传动桥总成。

注意：安装完毕后，前后移动分离叉以检查分离轴承是否滑动平稳。

最后安装手动传动桥总成。

（四）离合器放气

如果要对离合器系统进行任何操作或怀疑离合器管路内有空气进入，则应对离合器液压系统进行放气。

注意：如果离合器油接触到任何涂漆表面，请立即进行清洗。

具体步骤如下。

（1）对制动液储液罐进行加注。

（2）对离合器管路进行放气。

① 拆下放气螺塞盖；

② 将塑料管连接至放气螺塞；

③ 踩下离合器踏板数次，并在踩下踏板时松开放气螺塞；

④ 离合器油不再外流时，拧紧放气螺塞，然后松开离合器踏板；

⑤ 重复前两步操作直至离合器油中的空气全部放出；

⑥ 拧紧放气螺塞，扭矩为 8.3N·m；

⑦ 安装放气螺塞盖；

⑧ 检查并确认离合器管路中的空气已全部放出。

（3）检查储液罐中的制动液液位。

五、自我测试题

1. 判断题

（1）EQ1090E 的离合器不管是处于接合状态还是分离状态，其压紧弹簧均处于压缩状态。

（2）EQ1090E 长期行驶后，其离合器踏板自由行程将变大。

（3）离合器压盘和离合器盖之间一般采用窗口—凸台的方式来进行动力的传递。

（4）离合器摩擦片沾油或磨损过大会引起离合器打滑。

（5）离合器踏板自由行程过小，会造成离合器分离不彻底。

（6）在离合器使用过程中，不允许摩擦片与飞轮及压盘之间有任何相对打滑现象。

（7）离合器在操纵时，应使分离过程和接合过程迅速完成。

（8）在离合器中，压盘与离合器盖连接，因此不能做轴向移动。

（9）车辆行驶中踩下离合器踏板，离合器从动盘处于旋转状态。

（10）装配时，从动盘扭转减振器凸出一侧应朝向飞轮。

2. 选择题

（1）从下面的语句组中，选出与图 2-72 中的“a”部分相对应的名称。(　　)

A．离合器壳　　B．离合器踏板

C．离合器分离泵　　D．离合器总泵

（2）对于离合器应满足的要求，下列说法正确的是 (　　)

A．分离迅速彻底　　B．接合柔和平顺

C．从动部分转动惯量应尽量大　　D．具有合适的转矩储备能力

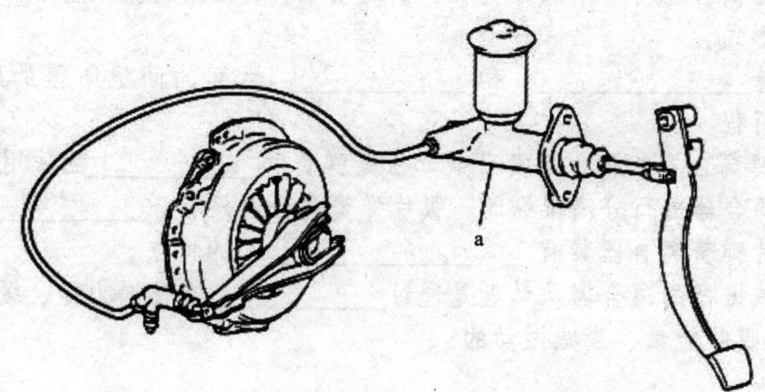

图 2-72　离合器示意图

（3）对于离合器，下列说法正确的是 (　　)。

A．车辆行驶时分离套筒处于旋转状态

B．若不踩离合器，退挡操作将费劲

C．当紧急制动时，离合器可能会打滑

D．膜片弹簧离合器不需调整分离杠杆高度

（4）对于离合器，下列哪个说法正确（　　）。

A．若离合器分离杠杆高度不一，将导致离合器分离不彻底

B．若从动盘质量太大，将导致换挡时同步时间加长

C．若从动盘质量太大，将导致换挡时退挡费劲

D．若曲轴后油封损坏，将可能导致离合器打滑

（5）离合器从动盘安装在下列哪个元件上（　　）。

A．发动机曲轴　　B．变速器输入轴

C．变速器输出轴　　D．变速器中间轴

（6）离合器从动盘中的减振器弹簧的作用是（　　）。

A．减少振动　　B．压紧压盘的机械力　　C．吸收扭力　　D．缓和冲击

（7）在讨论离合器压盘时，技师甲说压盘将离合器从动盘压在飞轮上，技师乙说压盘离开离合器从动盘后将使离合器从动盘停止转动，谁正确？

A．甲正确　　B．乙正确

C．两人均正确　　D．两人均不正确

（8）离合器接合时，压盘表面与下列哪个元件接触（　　）。

A．变速器主轴　　B．分离轴承　　C．离合器从动盘　　D．飞轮

（9）离合器踏板自由行程过大，会造成离合器下列哪种症状？

A．打滑　　B．分离不彻底　　C．启动发抖　　D．异响

3．填空题

（1）离合器的作用是传递力矩、________、________和________、________减振器。

（2）EQ1090E 的离合器主动部分包括________、________和压盘。

（3）EQ1090E 离合器为了消除分离杠杆的运动干涉，在结构上采用了________和________的形式。

（4）为了消除________和________之间的间隙所需的踏板行程即为离合器踏板自由行程。

（5）膜片弹簧离合器的膜片弹簧可兼起压紧弹簧和________的作用。由于其特殊的弹性特性，在离合器进行分离操纵时，膜片弹簧离合器具有________的特点；当从动盘磨损后，膜片弹簧离合器具有________的特点。

（6）带扭转减振器的离合器从动盘是通过________来传递力矩、缓和冲击，通过________来吸收能量、衰减振动的。

4．简答题

（1）汽车传动系统中为什么要装离合器？

（2）相比螺旋弹簧离合器，膜片弹簧离合器各有什么性能优点？

（3）离合器的操纵机构有哪些类型？各有什么特点？

项目三 变速器维修

一、任务描述

汽车行驶过程中，变速器担负着变速、变扭、变向的任务，以适应各种复杂条件。在这个过程中，变速器频繁换挡，并经常在大负荷、高转速的状态下工作。为了使变速器保持良好的工作状态，就必须对其定期进行维护保养。随着行驶里程的增加，变速器的零件磨损、变形随之增加，这样就会出现一系列故障，为了消除故障，就要对变速器进行拆装维修。要进行维护和修理，就需要学习变速器的基本构造和工作原理。通过本项目的学习，应能达到以下目的。

1. 知识要求

（1）熟悉变速器的种类与作用；

（2）熟悉前驱动桥的拆卸与装配方法；

（3）熟悉变速器总成的分解组装方法；

（4）掌握变速器变速传动机构的基本结构与工作原理；

（5）熟悉变速器变速操纵机构的基本结构与工作原理；

（6）掌握同步器的类型、作用并熟悉其工作原理；

（7）了解变速器常见故障的诊断与排除方法。

2. 技能要求

（1）能够按正确的方法进行变速器变速杆的操纵；

（2）能够按正确的方法对变速器进行正常的维护；

（3）能够按正确的方法从整车上对变速器总成进行拆卸与装配；

（4）能够按正确的方法对变速器总成进行分解与组装；

（5）能够按正确的方法对变速器的主要元件进行检查。

3. 素质要求

（1）能按照5S要求，对工具和场地进行整理；

（2）选择和使用工具合理规范；

（3）拆装工艺合理，操作规范；

（4）技术要求符合维修手册；

（5）安全文明生产，保证工具、设备和自身安全；

（6）与同学精诚合作，相互帮助，共同进步。

二、任务实施

任务一　变速器拆装与认识

1. 训练内容

（1）在菲亚特派力奥轿车上进行变速器总成的拆卸与装配；

（2）在台架上对捷达020型变速器总成进行分解及组装；

（3）在台架上对EQ1090E型的变速器总成进行分解与组装；

（4）完成并填写任务工单的相关项目；

（5）学习汽车变速器结构与原理的相关知识。

2. 训练目标

（1）熟悉变速器的种类与作用；

（2）熟悉前驱动桥的拆卸与装配方法；

（3）熟悉变速器总成的分解组装方法；

（4）掌握变速器变速传动机构的基本结构与工作原理；

（5）熟悉变速器变速操纵机构的基本结构与工作原理；

（6）掌握同步器的类型、作用并熟悉其工作原理。

3. 训练设备

（1）菲亚特派力奥轿车四部；

（2）捷达020型变速器台架6台；

（3）东风变速器总成6台；

（4）常用工具6套；

（5）专业工具若干。

4. 训练步骤

1）相关知识学习

通过课堂教学和学生的课外自学，学习汽车变速器变速齿轮机构的基本组成及结构原理，同步器的基本组成及结构原理，变速操纵机构的基本组成及结构原理。

2）EQ1090E 型变速器总成的分解

注意：分解时，注意操作安全，工具使用要规范。具体步骤参见维修手册。

（1）变速器置于空挡。
（2）拆下变速器盖及操纵机构。熟悉变速器各挡位的动力传递路线。
（3）拆下第一轴。
（4）拆下第二轴并分解轴上的齿轮和同步器。熟悉同步器的结构及工作原理。
（5）拆下倒挡轴。
（6）拆下中间轴并分解轴上的齿轮。
（7）解体变速器盖中的操纵机构。仔细观察定位锁止装置的结构特点。
（8）清洗各元件。

3）EQ1090E 型变速器总成的组装

（1）中间轴总成的装配。
（2）倒挡轴总成装配。
（3）第二轴总成的装配。
① 组装同步器总成。
② 同步锥盘的装配。
③ 第二轴总成的装配。
（4）第一轴总成的装配。
（5）变速器后盖总成的装配。
（6）变速器本体的装配。
（7）变速器上盖总成的装配。
（8）变速器顶盖的装配。
（9）变速器总成的安装。
① 变速器上盖的安装。
② 安装变速器顶盖。
③ 安装手制动器总成。
④ 装好手制动操纵杆及其全部零件。
⑤ 安装取力孔盖板。
⑥ 安装离合器外壳。

4）捷达 020 型变速器总成的分解

捷达轿车 020 型变速器结构示意图如图 3-1 所示。
（1）拆卸变速器壳体。
（2）拆卸并分解输入轴。
（3）拆卸并分解输出轴。
（4）拆卸差速器。
（5）认识变速器的各元件，熟悉其动力传递路线。
（6）认识变速器的同步器，熟悉其结构及工作原理。

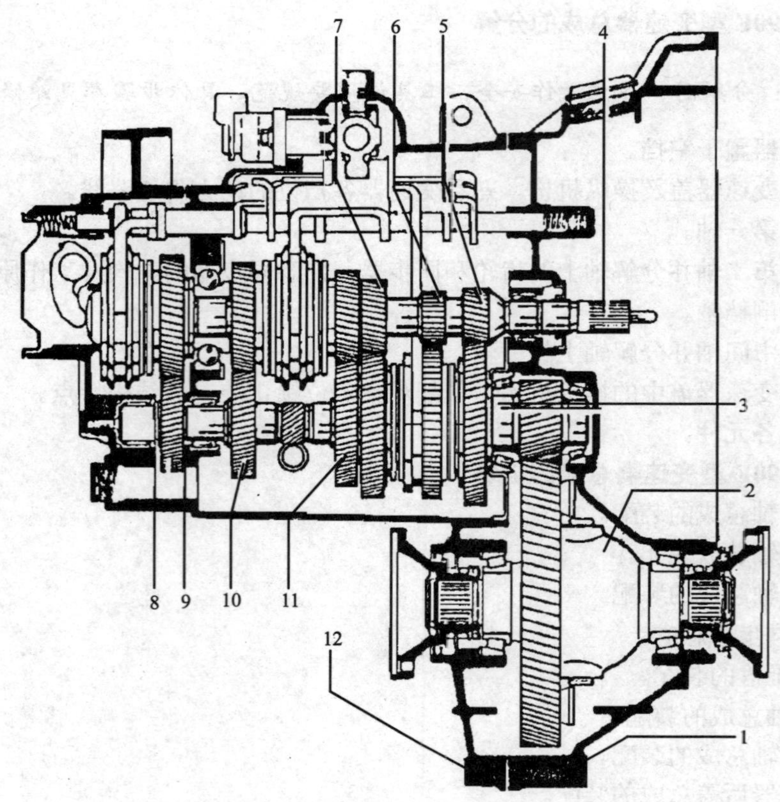

图 3-1　捷达轿车 020 型变速器结构示意图

1—离合器壳体；2—差速器；3—输出轴；4—输入轴；5—挡齿轮；6—倒挡齿轮；7—二挡齿轮；8—变速器壳体后盖；9—五挡齿轮；10—四挡齿轮；11—三挡齿轮；12—变速器壳体。

注意：操作时注意安全性，具体步骤参见维修手册。

5）捷达 020 型变速器总成的组装

（1）安装差速器。

（2）组装并装配输出轴。

（3）组装并装配输入轴。

（4）装配变速器壳体。

注意操作的安全性，具体步骤参见维修手册。

6）菲亚特派力奥轿车变速器总成的拆卸

（1）将菲亚特派力奥轿车开上举升机，断开蓄电池，并顶起。

（2）拆下车轮。

（3）拆下半轴。

（4）拆卸变速器上的附属电气插头。

（5）将液压千斤顶置于变速器总成下面。

（6）松开变速器与车架的固定螺栓，将变速器放置在千斤顶上。

(7) 缓慢放下千斤顶，抬出变速器总成。

注意操作的安全性，具体步骤参见维修手册。

7）菲亚特派力奥轿车变速器总成的装配

将菲亚特派力奥轿车的变速器总成装配上整车，顺序与拆卸时相反，注意操作的安全性，具体步骤参见维修手册。

任务二　变速器使用与维修

1. 训练内容

(1) 在菲亚特派力奥轿车上对变速器进行维护；
(2) 在菲亚特派力奥轿车上进行变速器挡位变换的操作；
(3) 对捷达 020 型变速器主要元件进行检查；
(4) 完成并填写任务工单的相关项目；
(5) 学习汽车变速器维修的相关知识。

2. 训练目标

(1) 熟悉变速器换挡的操纵方法；
(2) 掌握变速器的维护方法；
(3) 熟悉变速器元件的检查方法；
(4) 了解变速器常见故障的诊断与排除方法。

3. 训练设备

(1) 菲亚特派力奥轿车 4 部；
(2) 捷达 020 型变速器台架 6 台；
(3) 常用工具 6 套；
(4) 专用工具若干。

4. 训练步骤

1）相关知识学习

通过课堂教学和学生课外自学，学习汽车变速器维护的基本知识，学习变速器主要元件检修的基本方法，了解变速器常见故障的原因及诊断方法。

2）变速器的维护

手动变速器的维护主要是针对油液的检查。在菲亚特派力奥轿车上查看变速器液面是否正常，壳体是否存在漏油，油液是否存在变质。

3）变速器挡位操作训练

在菲亚特派力奥轿车上进行挡位的变换操作。将车辆举升，启动发动机，将车辆从一挡加速至最高挡。

注意：此操作具有一定危险性，一定要注意安全，必须要在教师的指导下进行。

4）变速器各元件的检修

在分解变速器后，检查各种齿轮是否存在损坏、变形、异常磨损等状况，检查各同步器是否存在损坏、变形、异常磨损等状况，检查各轴是否存在变形，检查各轴承是否存在烧蚀、损坏、变形、异常磨损等状况。

三、相关知识

（一）概述

1. 功用

现代汽车上广泛采用活塞式内燃机作为动力源，其转矩和转速变化范围较小，而复杂的使用条件则要求汽车的牵引力和车速能在相当大的范围内变化。为解决这一矛盾，在传动系统中设置了变速器，其功用为：

（1）改变传动比，扩大驱动轮转矩和转速的变化范围，以适应经常变化的行驶条件，如起步、加速、上坡等，同时使发动机保持在有利的工况下工作；

（2）在发动机旋转方向不变的前提下，使汽车能实现倒向行驶；

（3）利用空挡，中断动力传递，以便发动机能够启动、怠速，并便于变速器换挡或进行动力输出。

2. 类型

1）按传动比变化方式分

按传动比变化方式，变速器可分为有级式、无级式和综合式三种。

有级式变速器应用最为广泛。它采用齿轮传动，具有若干个定值传动比。按所用轮系形式不同，还有轴线固定式变速器（普通齿轮变速器）和轴线旋转式变速器（行星齿轮变速器）两种。

无级式变速器的传动比在一定的范围内可按无限多级变化，常见的有电力式和液力式（动液式）两种。电力式的在传动系统中也有广泛采用的趋势，其变速传动部件为直流串激电动机。液力式的传动部件是液力变矩器。

综合式变速器是指由液力变矩器和齿轮式有级变速器组成的液力机械式变速器，其传动比可在最大值和最小值之间的几个间断范围内做无级变化。目前这一类应用较多。

2）按操纵方式分

按操纵方式，变速器可分为手动操纵式、自动操纵式和半自动操纵式三种。

手动操纵式变速器靠驾驶员直接操纵变速杆换挡，为大多数汽车所采用。

自动操纵式变速器的传动比选择（换挡）是自动进行的，由变速器的自动控制系统根据发动机的负荷和车速的变化情况自动地选定铛位，并进行挡位变换，即自动地改变传动比。驾驶员只需操纵加速踏板，即可控制车速。

半自动操纵式变速器有两种形式。一种是常见的几个挡位自动操纵，其余挡位则由驾驶员操纵，另一种是预选式，即驾驶员预先用按钮选定挡位，在踩下离合器踏板或松开加速踏板时，接通一个电磁装置或液压装置来进行换挡。

3）按传动方式分

按传动方式，变速器可分为普通齿轮式变速器和液力机械式变速器两种。普通齿轮式变速器由多对齿轮副来实现传动。液力机械式变速器由液力变矩器和有级机械式变速器来实现传动。

这里只介绍手动操纵式普通齿轮有级变速器。

3. 普通齿轮变速器的工作原理

1）变速、变矩原理

普通齿轮式变速器是利用不同齿数的齿轮啮合传动来实现转速和转矩的改变。

由齿轮传动的原理可知，一对齿数不同的齿轮啮合传动时可以变速，而且两齿轮的转速与齿轮的齿数成反比。设主动齿轮的转速为 n_1，齿数为 z_1；从动齿轮的转速为 n_2，齿数为 z_2。主动齿轮（即输入轴）的转速与从动齿轮（即输出轴）的转速之比值称为传动比，用 i_{12} 表示，即

$$i_{12}=n_1/n_2=z_2/z_1$$

设主动齿轮的转矩为 M_1，从动齿轮的转矩为 M_2，根据齿轮传动原理，$n_1/n_2=M_2/M_1$。因此，齿轮传动时的传动比 i_{12} 可表示为

$$i_{12}=n_1/n_2=M_2/M_1=z_2/z_1$$

如图 3-2（a）所示，当小齿轮为主动齿轮（即 $z_1<z_2$），带动大的从动齿轮转动时，则输出轴（从动齿轮）的转速降低，同时传递的转矩增加，即 $n_1>n_2$，$M_1<M_2$，实现减速增矩传动。

如图 3-2（b）所示，当以大齿轮为主动齿轮（即 $z_1>z_2$），带动小的从动齿轮转动时，则输出轴（从动齿轮）的转速升高，同时传递的转矩减小，即 $n_1<n_2$，$M_1>M_2$，实现增速减矩传动。

而当主动齿轮与从动齿轮大小相等（即 $z_1=z_2$）时，则输出轴（从动齿轮）的转速就等于输入轴（主动齿轮）的转速，同时传递的转矩不变，即 $n_1=n_2$，$M_1=M_2$，实现等速等矩传动。

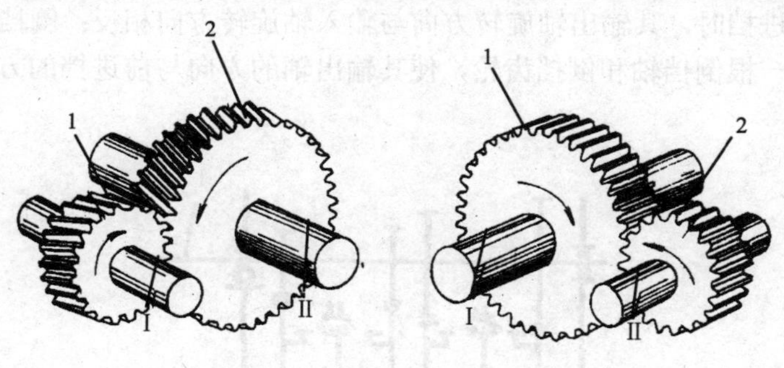

（a）减速传动　　（b）增速传动

图 3-2　齿轮传动的基本原理

Ⅰ—输出轴；Ⅱ—输入轴。
1—主动齿轮；2—从动齿轮。

一对齿轮传动只能得到一个固定的传动比，从而得到一种输出转速，并构成一个挡位。为了扩大变速器输出转速的变化范围，普通齿轮式变速器通常都采用多对大小不同的齿轮啮合传动，这样就构成了多个不同的挡位。对应不同的挡位，均有不同的传动比值，从而

得到各种不同的输出转速。

轿车和轻、中型客货车的变速器通常有 3 个～6 个前进挡和一个倒挡，每个挡位对应一个传动比。所谓几挡变速器，是指其前进挡的数目。前进挡一般为降速挡，传动比 $i>1$；传动比 $i=1$ 的挡位称为为直接挡；少数汽车具有超速挡，即 $i<1$。通常，传动比较大的挡位称之为低挡；传动比较小的挡位称之为高挡。

2）变向原理

相啮合的一对齿轮旋向相反，每经一对传动副，其轴改变一次转向。因此，要形成与前进方向相反的倒挡，只需在啮合的齿轮之间再增加一个齿轮，从而使得输入轴和输出轴之间经过两对传动副，就能使输出轴产生反向旋转。

3）换挡原理

变速器每次只能以一个挡位工作。挡位的改变称为换挡。换挡时，将啮合的一对齿轮副脱开，然后使另一对齿轮副进入啮合，从而使传动比发生变化，实现换挡。从低挡向高挡变换称为加挡；从高挡向低挡变换称为减挡。汽车变速器就是通过换挡来改变输出转矩和转速，以适应汽车行驶阻力的变化，并得到不同的转速变化范围。

4. 手动变速器简介

变速器一般由变速传动机构和变速操纵机构组成，根据需要，还可加装动力输出器。在多轴驱动的汽车上，变速器之后还装有分动器，以便把转矩分别传送给各驱动桥。

按传动轴的数目（不含倒挡轴）不同，汽车上使用的手动变速器可分为两轴式和三轴式两种。

1）两轴式

两轴式变速器如图 3-3 所示，主要由输入轴、输出轴两根轴及齿轮组成。其输入轴与输出轴的轴线平行。轴上装有大小不同的多对齿轮。所有各前进挡都有一对齿轮进入啮合传动，属于单级传动。

变速器在前进挡时，其输出轴旋转方向与输入轴旋转方向相反；倒挡则是在输入轴与输出轴之间加装一根倒挡轴和倒挡齿轮，使其输出轴的方向与前进挡的方向相反，从而使汽车倒向行驶。

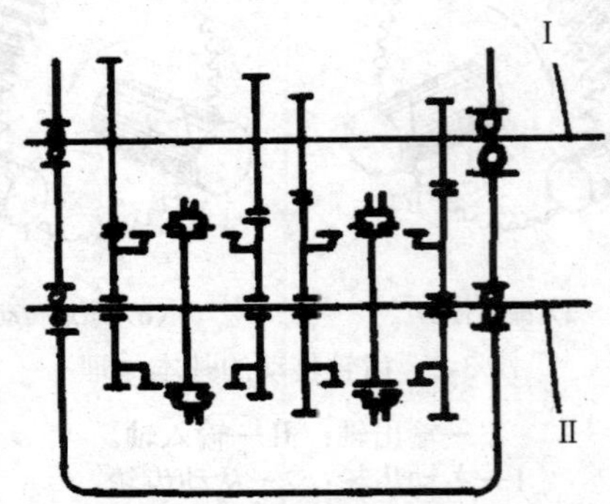

图 3-3　两轴式变速器示意图

Ⅰ—输入轴；Ⅱ—输出轴。

在前进挡时，各挡的传动比都等于该挡的输出轴齿轮与输入轴齿轮的齿数之比值。倒挡时，传动比等于输出轴倒挡齿轮与输入轴倒挡齿轮的齿数之比，而与倒挡轴上的齿轮的齿数无关。因此，倒挡轴上的齿轮也称为惰轮。

（2）三轴式

三轴式变速器如图 3-4 所示，主要由输入轴（第一轴）、输出轴（第二轴）、中间轴及其齿轮组成。输入轴与输出轴在同一条轴线上，输入轴上只有一个齿轮，与中间轴上的齿轮常啮合，组成一对常啮合齿轮，构成变速器的第一级齿轮传动；中间轴上的其它齿轮均作为主动齿轮分别与输出轴上相应的齿轮（为从动齿轮）相啮合，构成变速器的第二级齿轮传动。在每一挡位，中间轴与输出轴只能有一对齿轮进入啮合传动。因此，三轴式变速器属于双级传动。

三轴式齿轮传动的传动比等于第一级齿轮传动比与第二级齿轮传动比的乘积，即

$$i_{14}=\frac{n_1}{n_4}=\frac{n_1}{n_2}\times\frac{n_2}{n_3}\times\frac{n_3}{n_4}=\frac{Z_2}{Z_1}\times\frac{Z_4}{Z_3}=i_{12}\times i_{34}$$

其中：$\frac{n_1}{n_2}=\frac{Z_2}{Z_1},\frac{n_3}{n_4}=\frac{Z_3}{Z_4},n_2=n_3$

三轴式变速器前进挡的输入轴与输出轴转向相同，其倒挡只是在中间轴与输出轴之间加装一根倒挡轴和倒挡齿轮，使输出轴与输入轴转向相反，从而可使汽车实现倒向行驶。

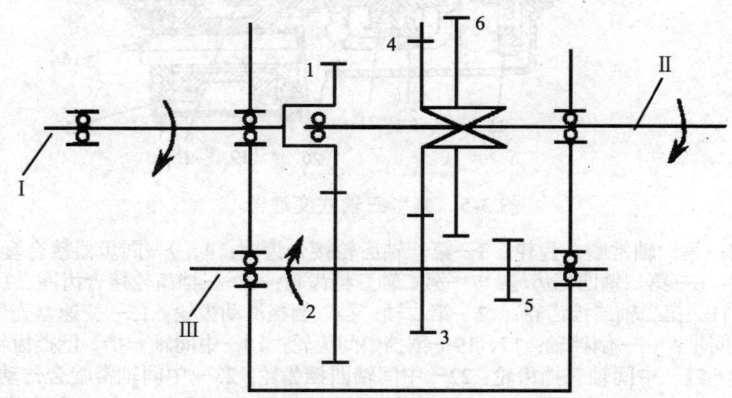

图 3-4 三轴式变速器示意图

I—输入轴；II—输出轴；III—中间轴。

1—第一轴主动齿轮；2—中间轴从动齿轮；3、5—中间轴主动齿轮；4、6—输出轴从动齿轮。

（二）变速传动机构

变速器由变速传动机构和变速操纵机构组成。

变速传动机构主要由一系列相互啮合的齿轮副及其支承轴以及壳体组成，其主要作用是改变发动机曲轴输出的转速、转矩和转动方向。下面分别介绍三轴式和二轴式变速器的结构和工作原理。

1. 三轴式变速器

三轴式变速器广泛用于发动机前置、后轮驱动的汽车上，其特点是传动比的范围大，具有直接挡，使传动效率提高。其变速传动机构包括壳体、第一轴（输入轴）、第二轴（输出轴）、中间轴、倒挡轴、各挡齿轮和轴承等。

1）基本构造

图 3-5 为典型的三轴式变速器结构剖面图。变速器通过四个螺栓固定在飞轮壳后端面上，有三根主要轴——第一轴、第二轴和中间轴，故称三轴式，另外还有倒挡轴，结构简图如图 3-6 所示。

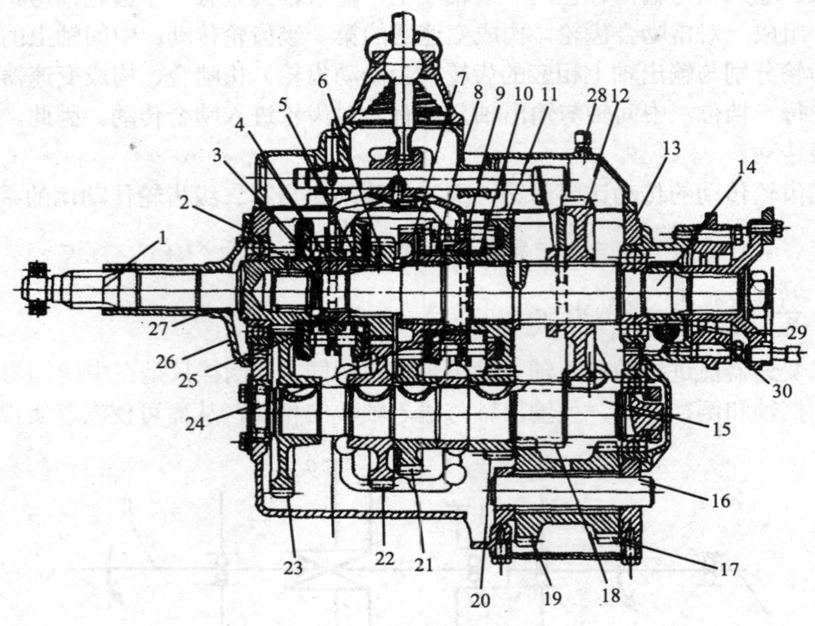

图 3-5　典型三轴式变速器

1—第一轴；2—第一轴常啮合齿轮；3—第一轴齿轮接合齿圈；4、9—同步器接合套；5—四挡齿轮接合齿圈；6—第二轴四挡齿轮；7—第二轴三挡齿轮；8—三挡齿轮接合齿圈；10—二挡齿轮接合齿圈；11—第二轴二挡齿轮；12—第二轴一挡、倒挡滑动齿轮；13—变速器壳体；14—第二轴；15—中间轴；16—倒挡轴；17、19—倒挡中间齿轮；18—中间轴一挡、倒挡齿轮；20—中间轴二挡齿轮；21—中间轴三挡齿轮；22—中间轴四挡齿轮；23—中间轴常啮合传动齿轮；24、25—花键毂；26—第一轴轴承盖；27—轴承盖回油螺纹；28—通气孔；29—里程表传动齿轮；30—中央制动器底座。

第一轴（输入轴）前后端用轴承分别支承在曲轴后端的中心孔及变速器壳体的前壁，其前部花键轴部分与离合器的从动盘毂的花键孔配合，后部有常啮齿轮，后端有一个短齿轮为直接挡接合齿圈。第一轴轴承盖的外圆面与离合器壳相应的孔配合，保证第一轴和曲轴的轴线重合。

中间轴 15 两端用轴承支承在壳体上，与第一轴齿轮常啮的齿轮，二、三、四挡齿轮用半圆键装在轴上，一挡、倒挡齿轮 18 与轴制成一体。

第二轴（输出轴）前后端分别用轴承支承于第一轴后端中心孔和壳体后壁。一挡、倒挡齿轮与轴以花键形式配合传动，并可轴向滑动。二、三、四挡齿轮 11、7、6 分别以滚针轴承形式与轴配合，并与中间齿轮 20、21、22 常啮合，其上均有接合齿圈。第二轴前端花键上套装四、五挡同步器花键毂 25，用卡环轴向定位，接合套 4 在花键毂 25 上轴向滑动实现挡位转换。花键毂 24 和接合套 9 实现二、三挡动力传递。在二、四挡齿轮后面分别装有承受轴向力的推力环。后轴承盖内装有里程表驱动蜗杆与蜗轮，轴后端花键上装有凸缘，连接万向传动装置。

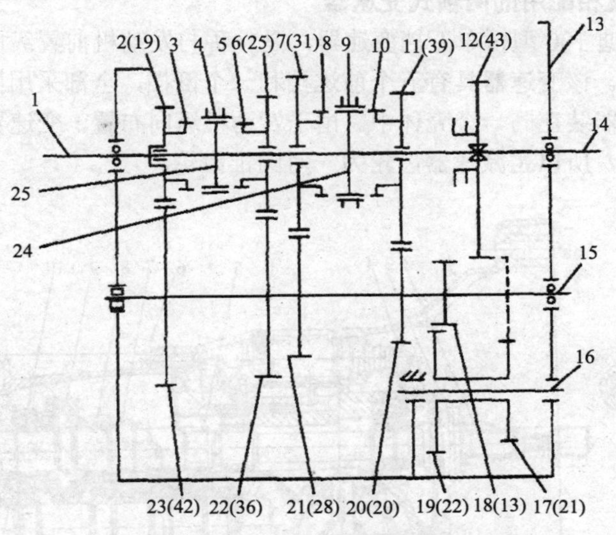

图 3-6　典型三轴式变速器结构示意图

（标注同图 3-5，括号内数字为齿轮齿数）

倒挡轴固定在壳体上，倒挡齿轮 17、19 制成一体，以滚针轴承的形式套在倒挡轴上，齿轮 19 与中间轴齿轮 18 常啮合。

2）各挡动力传递路线

空挡：操纵变速杆，使第二轴换挡的接合套、传动齿轮均处于中间空转的位置，动力不传给第二轴。

一挡：操纵变速杆，前移一、倒挡滑动齿轮 12 与中间轴一挡齿轮 18 啮合。动力经第一轴齿轮 2，中间轴常啮合齿轮 23，中间轴齿轮 18，第二轴一、倒挡齿轮 12，传到第二轴使其顺时针旋转（与第一轴同向）。

二挡：操纵变速杆，后移接合套 9 与第二轴二挡齿轮 11 上的齿圈 10 啮合。动力经齿轮 2、23、20、11、接合套 9、花键毂 24，传到第二轴使其顺时针旋转。

三挡：操纵变速杆，前移接合套 9 与第二轴三挡齿轮 7 的齿圈 8 啮合。动力经齿轮 2、23、21、7、接合套 9、花键毂 24，传到第二轴使其顺时针旋转。

四挡：操纵变速杆，后移接合套 4 与第二轴四挡齿轮 6 的齿圈啮合。动力经齿轮 2、23、22、6、接合套 4、花键毂 25，传到第二轴使其顺时针旋转。

五挡：操纵变速杆，前移接合套 4 与第一轴常啮合传动齿轮 2 的齿圈啮合。动力直接由第一轴传到第二轴，传动比为 1。由于第二轴的转速与第一轴相同，故此挡称为直接挡。

倒挡：操纵变速杆，后移第二轴上的一、倒挡齿轮 12 与倒挡齿轮 17 啮合。动力经齿轮 2、23、18、19、17、12，传给第二轴使其逆时针旋转，汽车倒向行驶。

2. 两轴式变速器

两轴式齿轮变速器主要应用于发动机前置前轮驱动或发动机后置后轮驱动的汽车上，

常称为变速驱动桥。其特点是输入轴和输出轴平行，且无中间轴。其中，前置发动机又有纵向布置和横向布置两种，与其配用的两轴式变速器也有两种不同的结构形式。

1）与发动机纵置相配用的两轴式变速器

图 3-7 所示为奥迪 100 型轿车五挡变速器，是一种与发动机前置纵向布置形式相配合使用的两轴式变速器。该变速器具有五个前进挡和一个倒挡，全部采用同步器换挡。主减速器、差速器和变速器装在同一个壳体中。由于发动机纵向布置，变速器输出轴旋转方向与车轮旋转方向垂直，所以主减速器齿轮为一对圆锥齿轮。

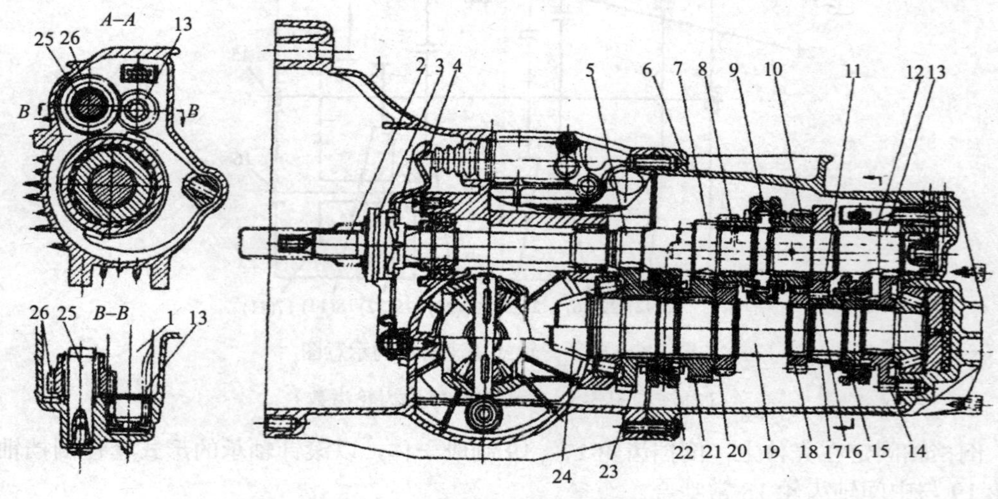

图 3-7 奥迪 100 型轿车变速器

1—变速器前壳体；2—输入轴；3—分离轴承；4—分离杠杆；5—输入轴一挡齿轮；6—变速器后壳体；7—输入轴二挡齿轮；8—输入轴三挡齿轮；9、15、22—接合套；10—输入轴四挡齿轮；11—输入轴五挡齿轮；12—集油器；13—输入轴倒挡齿轮；14—输出轴倒挡齿轮；16—输出轴五挡齿轮；17—隔离套；18—输出轴四挡齿轮；19—输出轴；20—输出轴三挡齿轮；21—输出轴二挡齿轮；23—输出轴一挡齿轮；24—主减速器主动齿轮；25—倒挡中间轴；26—倒挡中间齿轮。

输入轴 2 的油封装在离合器分离轴承 3 的分离套筒上。输入轴由球轴承和两个滚针轴承支承在壳体上。一挡、二挡、倒挡主动齿轮 5、7、13 直接在输入轴上加工而成，三、四挡主动齿轮 8、10 分别用滚针轴承空套在输入轴上，五挡主动齿轮 11 压装在输入轴上。输入轴花键上套有二、四挡同步器的花键毂。

输出轴与主减速器主动齿轮 24 制成一体，两端用圆锥滚子轴承支承在壳体上，而且在轴承后端装有一个控制轴承热膨胀长度的控制器。一挡、二挡、五挡、倒挡从动齿轮 23、21、16、14 分别用滚针轴承空套在输出轴上，并分别装有轴向定位的卡环。五挡、倒挡和一、二挡同步器花键毂用花键套在输出轴上，并用卡环轴向定位。集油器 12 把飞溅来的润滑油收集起来，并通过孔道流至输入轴和输出轴右端的轴承处，以保证充分润滑。

奥迪 100 型轿车变速器传动示意图如图 3-8 所示，其各挡传动路线简述如下。

空挡：操纵变速杆，使各挡同步器接合套处于中间位置，此时动力不传给输出轴，变速器处于空挡位置。

一挡：操纵变速杆，使一挡、二挡同步器接合套22左移，动力由输入轴依次经齿轮5、23、同步器花键毂传给输出轴。

二挡：操纵变速杆，使一挡、二挡同步器接合套22右移，动力由输入轴依次经齿轮7、21、同步器花键毂传给输出轴。

三、四、五挡的动力传递路线与一、二挡类似，这里不再赘述。

倒挡：操纵变速杆，使五、倒挡同步器接合套15右移，动力由输入轴依次经倒挡齿轮13、倒挡中间齿轮26、输出轴倒挡齿轮14及同步器花键毂传给输出轴，反向输出动力。

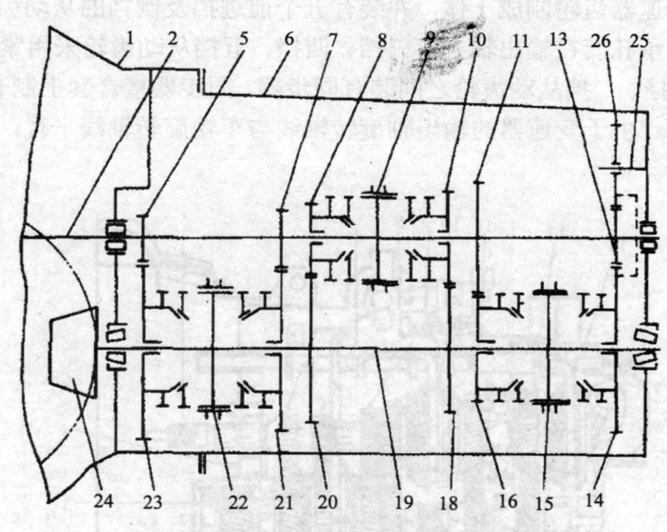

图3-8　奥迪100型轿车变速器传动示意图

（标注同图3-7）

上海桑塔纳轿车也采用了与发动机前置纵向布置相配用的两轴式变速器，有两个系列产品：一个是普通车用的四挡变速器；另一个是桑塔纳2000用的五挡变速器，五挡变速器是在四挡变速器基础上改进形成的。两种变速器的变速传动机构如图3-9所示，其具体结构与工作与一汽奥迪100轿车基本相同，这里不再赘述。

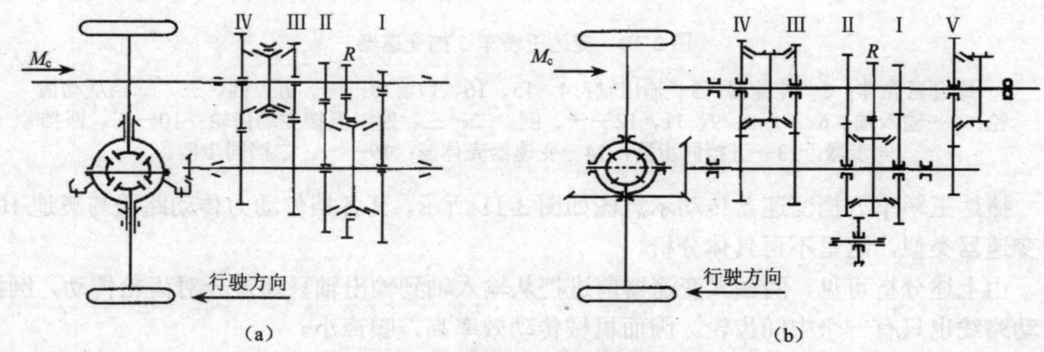

图3-9　桑塔纳轿车变速器示意图

（a）四挡变速器；（b）五挡变速器。

2）与发动机横置相配用的两轴式变速器

如图 3-10 所示为发动机横置的捷达王轿车 5 挡变速器。它有 5 个前进挡和一个倒挡，前进挡全部采用同步器换挡装置，倒挡采用直齿滑动式换挡装置。输入轴 5 和输出轴 3 平行安装，前进挡齿轮均为常啮合斜齿轮，倒挡齿轮是直齿轮。输入轴与一挡、二挡和倒挡主动齿轮制成一体，三挡、四挡、五挡主动齿轮则用滚针轴承套装在输入轴上。三挡、四挡主动齿轮之间及五挡主动齿轮旁均装有同步器，同步器花键毂与输入轴上的花键配合。

输出轴与主减速器齿轮制成一体，并装有五个前进挡及倒挡的从动齿轮，一挡、二挡从动齿轮用滚针轴承孔套在输出轴上，三挡、四挡、五挡从动齿轮采用紧配合花键与输出轴连成一体。在一挡、二挡从动齿轮之间装有同步器，同步器接合套上制有倒挡从动齿轮。

发动机横置时，由于变速器的输出轴旋转轴线与车轮旋转轴线平行，因此主减速器采用一对圆柱斜齿轮。

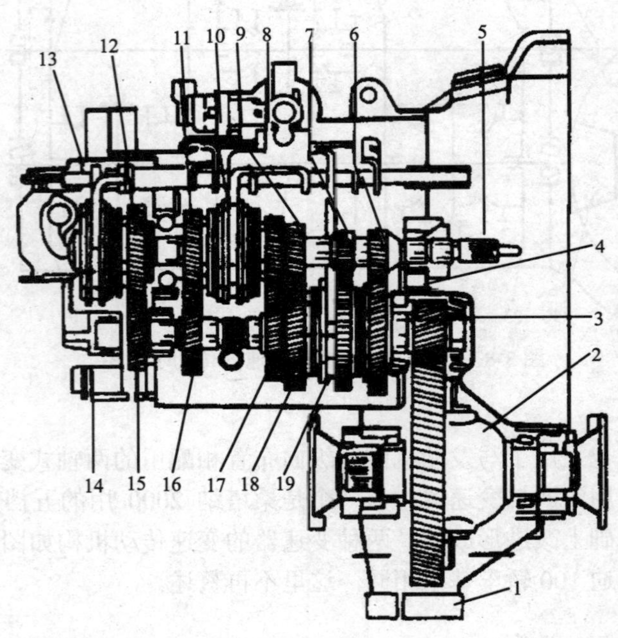

图 3-10 捷达王轿车 5 挡变速器

1—离合器壳体；2—差速器；3—输出轴；4、15、16、17、18—一、五、四、三、二挡从动齿轮；5—输入轴；6、7、8、9、11、12—一、倒、二、三、四、五挡主动齿轮；10—三、四挡同步器；13—五挡同步器；14—变速器壳体盖；19—一、二挡同步器。

捷达王轿车五挡变速器传动示意图如图 3-11 所示，其各挡位动力传动路线与奥迪 100 型变速器类似，这里不再具体分析。

由上述分析可见，两轴式变速器前进挡从输入轴到输出轴只通过一对齿轮传动，倒挡传动路线也只有一个中间齿轮。因而机械传动效率高，噪声小。

3. 换挡装置

手动变速器的换挡装置有直齿滑动式、接合套式和同步器式三种。

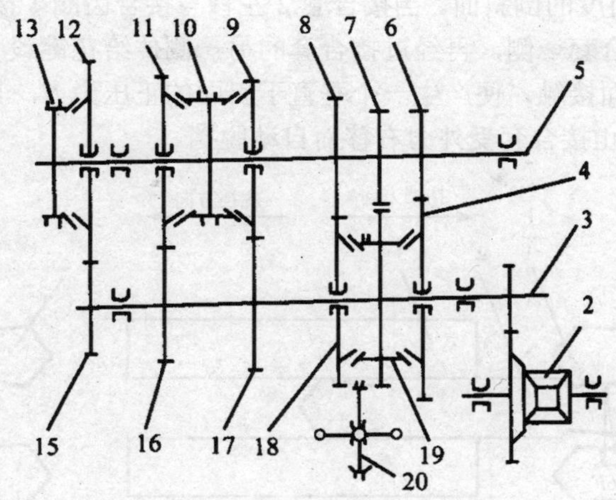

图 3-11 捷达王轿车五挡变速器示意图
(20—倒挡轴倒挡齿轮；其他图注同图 3-10)

1）直齿滑动式

直齿滑动式用于直齿轮传动的挡位，换挡齿轮与轴通过花键相连接。在空挡情况下，与另一齿轮并不啮合。挂挡时，通过直接移动换挡齿轮与另一个齿轮啮合即可，如图 3-5 所示变速器的一挡和倒挡就是采用这种变速换挡装置。

这种换挡装置结构简单，但由于换挡操作时两个将要进入啮合的直齿轮的速度很难正好相同，从而易产生换挡冲击和噪声，因此只适于一挡或倒挡，其应用较少。

2）接合套式

这种换挡装置用于斜齿轮传动的挡位。它利用移动套在花键毂上的接合套，使接合套同时与花键毂和传动齿轮上的接合齿圈啮合而实现挂挡；移动接合套，使接合套与接合齿圈脱开啮合而实现退挡。

接合套式换挡装置由于其接合齿短，换挡时拨叉移动量小，故操作较轻便，且换挡承受冲击的面积增加，使换挡元件的寿命更长。但同样存在易产生换挡冲击和噪声的缺点，也只适于一挡或倒挡。

3）同步器式

同步器式换挡装置是在接合套式换挡装置的基础上改进而成的。它可以保证在换挡时使接合套与待啮合齿圈的圆周速度迅速达到相等，即迅速达到同步状态，并防止二者在同步之前进入啮合，从而可彻底消除换挡时由于转速不等而造成的冲击，并使换挡操作简单。目前，绝大部分的车辆上均采用了同步器换挡。同步器的结构和原理将在后面详细介绍。

4. 防止自动脱挡装置

变速器的变速传动机构中还采取了一些防止自动脱挡的措施，其结构有多种形式，典型的有两种，即齿端倒斜面式和减薄齿式。

1）齿端倒斜面式

图 3-12 所示为齿端倒斜面式防止脱挡机构，是将接合套内齿 2 的两端及接合齿圈 1、

4 的齿端都制有相同斜度的倒斜面。当接合套 2 左移与接合齿圈 1 接合时（图示位置），接合齿圈将转矩传到接合套一侧，再经过接合套的另一侧传给花键毂 3。由于接合齿圈 1 与接合套 2 齿端部为斜面接触，便产生一个垂直于斜面的正压力 N，其分力分别为 F 和 Q，其轴向分力 Q 即可防止接合套受外力右移而自动脱挡。

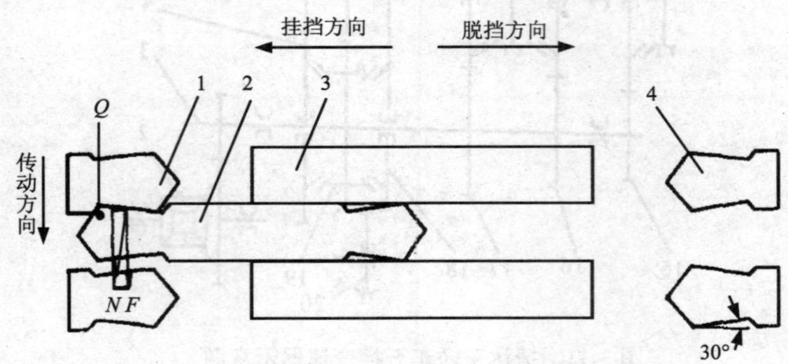

图 3-12　齿端倒斜面式防止自动脱挡机构

1、4—接合齿圈；2—接合套；3—花键毂；F—圆周力；N—倒锥齿面正压力；Q—防止脱挡的轴向力。

2）减薄齿式

图 3-13 所示为减薄齿式防止脱挡机构，是将同步器花键毂外齿圈 3 的两端齿厚各减薄 0.3mm～0.4mm，使各齿中部形成一凸台。当同步器的接合套左移与接合齿圈接合时（图 3-13 所示位置），接合齿圈 1 的转矩传给接合套 2 的一侧，再由接合套 2 的另一侧传给花键毂。由于接合套的后端被花键毂中部的凸台挡住，在接触面上作用一个正压力 N，其轴向分力 Q 即可防止接合套受外力右移而自动脱挡。

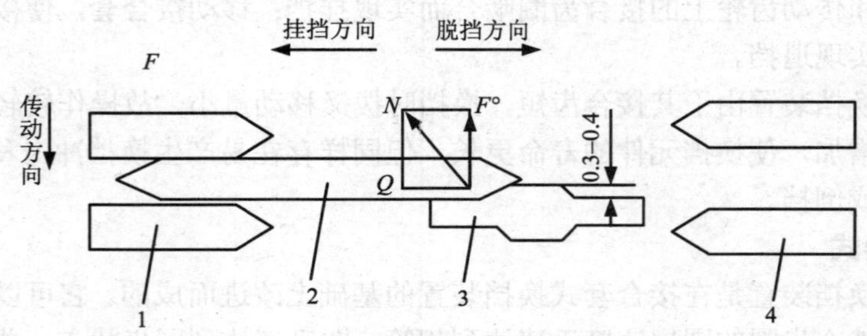

图 3-13　减薄齿式防止脱挡机构

1—接合齿圈；2—接合套；3—花键毂；4—接合齿圈；F—圆周力；N—凸台对接合套的正压力；Q—防止脱挡的轴向力。

5. 润滑与密封

1）润滑

变速器中各齿轮副、轴及轴承等运动部件均有较高的运动速度，因此，必须有可靠的润滑。普通齿轮变速器大都采用飞溅润滑，只有少数重型汽车采用压力润滑。

采用飞溅润滑的变速器，其壳体内注入一定量的润滑油，依靠齿轮旋转将润滑油甩到各运动零件的工作表面。壳体一侧有加油口，通常润滑油液平面高度应保持与加油口的下沿平齐。壳体底部有放油螺塞。为了润滑传动轴两端的轴承的前轴承和各个空套齿轮的衬套或轴承，有的齿轮钻有径向油孔，或在轮毂端面开有径向油槽，以便使润滑油进入各衬套和轴承表面。

2）密封

为了防止润滑油泄漏，变速器盖与壳体以及各轴承盖与壳体的结合面装有密封垫或用密封胶密封；第一轴和第二轴与轴承盖之间则用自紧油封或回油螺纹密封。在轴承盖下部一般制有回油凹槽，在壳体的相应部位开有回油孔，使润滑油流回壳体内。装配时应使凹槽与油孔对准，为了防止变速器工作时由于油温升高，使气压过大而造成润滑油渗漏，在变速器盖上装有通气塞。

（三）同步器

目前，手动变速器换挡装置绝大部分采用了同步器。为了说明同步器的优点，下面首先介绍一下无同步器的换挡过程。

1. 无同步器的换挡过程

采用直齿滑动齿轮或接合套换挡时，应当在待啮合的一对齿轮或接合齿圈的圆周速度相等时，即达到同步的时候使两者进入啮合，才能保证换挡时齿轮之间无冲击、无噪声，做到平顺换挡。

为了满足这一要求，驾驶员在换挡时必须采取合理的换挡操作步骤。现以图 3-14 所示的采用接合套式换挡装置的两个挡位之间的换挡过程予以说明。

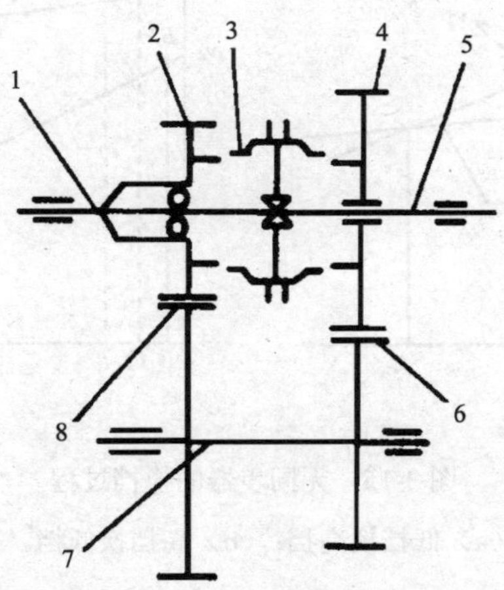

图 3-14　无同步器变速器换挡机构

1—第一轴；2—第一轴常啮合齿轮；3—接合套；4—第二轴低挡齿轮；5—第二轴；6—中间轴低挡齿轮；7—中间轴；8—中间轴常啮合传动齿轮。

带有接合齿圈的齿轮 4 空套在第二轴上，接合套 3 通过花键毂与第二轴相连，接合套 3 向右移动与齿轮上的接合齿圈相接合构成低速挡；接合套 3 向左移动与齿轮 2 上的接合齿圈相接合而构成高速挡（即直接挡），其换挡过程如下。

1）低挡换高挡

变速器在低速挡工作时，接合套 3 与齿轮 4 上的接合齿圈接合。显然，此时两者接合齿的圆周速度相等，即 $v_3=v_4$。要由低速挡换入高速挡时，驾驶员应先踩下离合器使之分离，随即拨动变速杆将变速器拨入空挡位置，即将接合套 3 向左移，使之与齿圈 4 脱离啮合。

由齿轮传动关系可知，低挡齿轮 4 的转速低于高挡齿轮 2 的转速，因而两齿轮上的接合齿圈的圆周速度 $v_4<v_2$。刚拨入空挡时，仍然是 $v_3=v_4$，故有 $v_3<v_2$，即在刚由低挡拨入空挡的瞬间，接合套 3 与高挡齿轮 2 的接合齿圈的圆周速度不相等（即不同步），为了避免产生冲击，这时不能立即挂高速挡，而应在空挡位置稍停片刻，待 $v_3=v_2$，即两者达到同步时再将变速器挂入高速挡。

变速器拨入空挡后，v_3 和 v_2 都将会逐渐地下降，但两者下降的快、慢程度不同。由于踩下离合器踏板后，与齿轮 2 相联系的变速器第一轴及其随动零件（包括离合器从动盘、变速器中间轴、轴上连接的齿轮等）已与发动机中断了动力传递，而其转动惯量较小，受运转阻力影响，所以 v_2 下降得较快；而由于接合套 3 与变速器第二轴及整个汽车相联系，其转动惯量较大，所以 v_3 下降得较慢，用图 3-15（a）中的直线表示，可以看出直线 v_2 和 v_3 表现为不同的斜率，而且 v_2 斜率较大。因此，必然会出现两直线相交于一点的时刻。显然，在这一点时 $v_3=v_2$，称为同步点，即此时两者达到同步状态。如果驾驶员恰好在此时将变速器挂入高速挡，即将接合套 3 左移与齿轮 2 上的齿圈接合，就会使两者平顺地进入啮合而不会产生冲击。

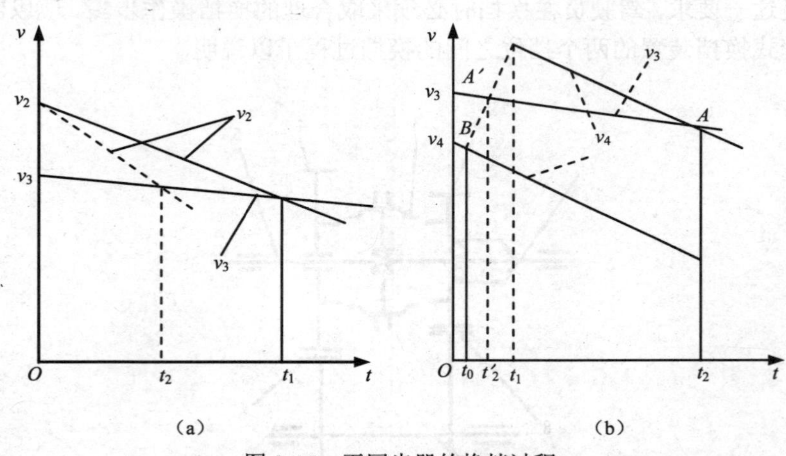

图 3-15　无同步器的换挡过程

（a）低挡换高挡；（b）高挡换低挡。

但是，在踩下离合器后，如果让齿轮 2 及与其相联系的变速器一轴等旋转零件依靠其运转阻力自然减速，则 v_2 降得仍嫌太慢，这样会使出现同步的时间较迟，并使换挡过程延长。为此，实际换挡操作过程中，应在踩下离合器踏板将变速器拨入空挡后，立即抬起离合器踏板将离合器重新接合，利用发动机的怠速（由于此时已抬起加速踏板，发动机处于较低的怠速状态运转）迫使变速器第一轴及齿轮 2 等迅速减速，使 v_2 迅速下降，如图 3-15（a）中虚线所示，这样可尽早出现同步点，从而缩短换挡时间。在达到同步后再次踩下离合器踏板，将变速器由空挡挂入高速挡，即完成由低速挡向高速挡的换挡过程。

2）高挡换低挡

同样道理，当变速器在高速挡时，以及刚由高速挡拨入空挡时，接合套与齿轮 2 的接合齿圈的圆周速度相等。即 $v_3=v_2$，并且 $v_3>v_4$，即接合套 3 与低速挡齿轮 4 的接合齿圈的周圆周速度不相等（即不同步），所以此时不能挂入低速挡。

变速器在退入空挡后，v_3 与 v_4 也同时下降，但因 v_4 比 v_3 下降得快一些，如图 3-15（b）实线所示，随着空挡时间的延长，v_3 与 v_4 相差得越来越远，因而不会自然地出现两者相交的同步点。为此，驾驶员应在变速器由高速挡退入空挡后随即抬起离合器踏板，使离合器重新接合，同时踩下加速踏板使发动机加速，并带动变速器第一轴及相关元件，最终使齿轮 4 加速到 $v_4>v_3$，如图 3-15（b）虚线所示。然后，再踏下离合器踏板，使离合器分离，并稍等片刻，待到 v_4（虚线）与 v_3 出现相交的同步点时即可挂入低速挡。

采用直齿滑动齿轮的换挡过程与上述的接合套换挡过程相同。由此可见，采用这样的无同步器的换挡装置虽然结构简单，但操纵起来相当复杂，既增加了驾驶员操作的劳动强度，又容易加速齿轮的损坏。因此，现代汽车齿轮式变速器基本上都采用同步器换挡装置。

2. 同步器的构造与原理

同步器是在接合套换挡装置的基础上发展起来的。其功能是阻止接合套和待接合齿圈在同步前进入啮合，从而可彻底消除换挡时由于转速不等而造成的冲击；同时，可使接合套和待接合齿圈两者之间迅速达到同步，从而可缩短换挡时间。另外，同步器也简化了换挡操作过程，使换挡操作简捷而轻便。

汽车同步器一般是利用元件之间的摩擦作用来实现同步的。同步器有多种结构形式，这里介绍目前汽车上广泛采用的惯性式同步器。惯性式同步器根据其结构不同，又可以分为锁环式和锁销式两种。

1）锁环式同步器

（1）基本结构。如图 3-16 所示为北京 BJ2020 型汽车 3 挡变速器中的二挡、三挡同步器，主要由花键毂 7、接合套 8、两个锁环（也称同步环）5 和 9、三个滑块 2 和两个弹簧圈 6 等组成。

花键毂 7 有内、外花键，内花键套装在第二轴上，并用垫圈和卡环轴向固定，外花键与接合套 8 相连，其圆周上有三个均布的轴向槽 11。接合套 8 的外圆有安装拨叉的环槽，内孔有花键齿，齿的中部切有一环槽 10，齿的两端均制有倒角。锁环 5 和 9 分别装在花键毂 7 的两端，并置于接合套和接合齿圈之间。锁环具有内锥面，与接合齿圈 1、4 的外锥面相配合。锁环内锥面上车有细密的螺纹槽，用以两锥面接触后破坏锥面间的油膜，增加摩擦。锁环外圆上制有短花键齿，与接合套花键齿、接合齿圈、花键毂外花键齿均相同。接合齿圈及锁环上的花键齿在对着接合套 8 的一端都制有与接合套内花键齿端相同的倒角，称为锁止角。锁环在没有花键齿的圆周上均布有三个缺口 12。三个滑块 2 分别装在花键毂 7 的三个均布轴向槽 11 内，并被两个外涨式弹簧圈 6 将滑块压向接合套 8，使滑块中部的凸起部分正好嵌在接合套内花键孔中部加工出的环槽 10 内。滑块的两端伸入锁环的缺口 12 中，但滑块的宽度较缺口的宽度为小，两者之差约等于锁环上的一个花键齿宽。滑块 2 可以在花键毂的轴向槽 11 内轴向移动。当滑块对准锁环缺口正中部时，接合套和锁环的齿形正好对准，两者可进入啮合。而当滑块压在锁环的上侧或下侧时，接合套和锁环的齿形正好错开约半个齿宽，从而使其齿端倒角正好相抵而无法进入啮合。

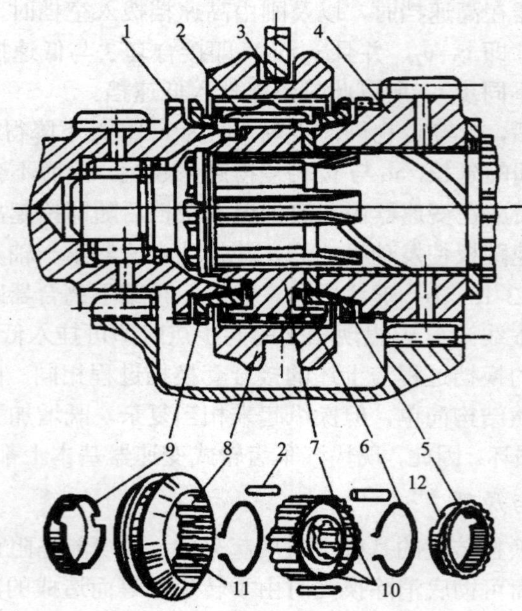

图 3-16　锁环式惯性同步器

1—第一轴齿轮；2—滑块；3—拨叉；4—第二轴齿轮；5、9—锁环；6—弹簧圈；7—花键毂；8—接合套；10—环槽；11—三个轴向槽；12—缺口。

（2）工作原理。现以该变速器由二挡换入三挡（直接挡）的换挡过程（如图 3-17 所示）为例说明锁环式惯性同步器的工作原理。

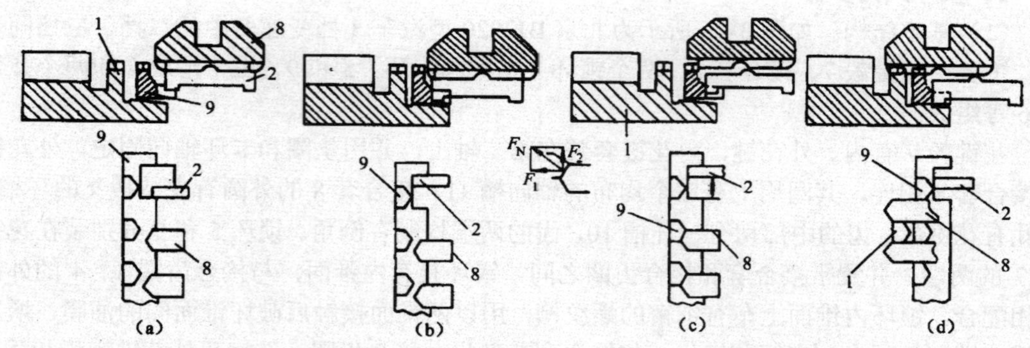

图 3-17　锁环式惯性同步器工作示意图

1—接合齿圈；2—滑块；8—接合套；9—锁环。

① 退入空挡。欲从二挡换三挡，首先驾驶员通过变速杆将接合套推至空挡。如图 3-17（a）所示为接合套 8 刚从二挡退到空挡时的情况，此时锁环 9 在轴向处于自由状态，故其内锥面与接合齿圈 1 的外锥面并未压紧。在圆周方向上，接合套 8 通过滑块 2 压在锁环缺口 12 的一侧（图中为下侧），推动锁环一起旋转。此时接合套 8、花键毂和锁环 9 随同第

二轴旋转，其转速分别为 n_8、n_9。接合齿圈 1 则随同第一轴旋转，其转速为 n_1。显然此时 $n_8=n_9$，$n_1>n_8$，故 $n_1>n_9$。

② 推向三挡。紧接着，驾驶员将变速杆从空挡推向三挡位置。

a. 形成倒角相抵。变速杆推向三挡时，通过变速器操纵机构向左推动接合套 8，并带动滑块 2 一起向左移动。当滑块 2 左端面与锁环 9 的缺口 12 的端面接触后，便同时推动锁环移向接合齿圈 1，使两者锥面压紧，如图 3-17（b）所示。由于接合齿圈 1 与锁环 9 转速不相等，即 $n_1>n_9$，所以两者一经接触便在其锥面之间产生摩擦力矩 M_1。接合齿圈 1 便通过摩擦力矩 M_1 的作用带动锁环 9 相对于接合套 8 及滑块 2 朝前转过一个角度，直到锁环缺口 12 的一侧（图中为上侧）压紧在滑块上。当接合套继续向左推移，使得相对峙的接合套齿端倒角与锁环齿端倒角恰好互相抵住（由结构设计保证）。

b. 形成锁止状态。倒角相抵形成后，接合套能否推开锁环继续前移与锁环进入啮合，取决于锁环的受力状态，如图 3-17（c）所示。由于驾驶员始终作用在接合套上一个轴向推力，于是在相互抵触的倒角斜面上对锁环产生一个正压力 F_N。F_N 可分解为轴向力 F_1 和切向分力 F_2。F_2 便形成一个力图拨动锁环相对于接合套向后倒转的拨环力矩 M_2。同时 F_1 则使锁环 9 与齿圈 1 的锥面进一步压紧，产生更大的摩擦力矩 M_1，迫使待啮合的齿圈 1 相对于锁环 9 迅速减速，以尽早与锁环同步。由于齿圈 1 及与其相联系的第一轴等零件的减速旋转，便产生一个与其旋转方向相同的惯性力矩，作用到锁环上，阻止锁环相对于接合套向后倒转。在待接合齿圈 1 与锁环 9 未达到同步之前，摩擦锥面的摩擦力矩在数值上就等于此惯性力矩（即 M_1）。

如果要使锁环不倒转而保持与接合套的倒角相抵，就必须使 $M_1>M_2$。拨环力矩 M_2 的大小取决于锁环及接合套齿端倒角（即锁止角）的大小，而惯性力矩 M_1 的大小则取决于摩擦锥面的锥角大小。在同步器设计时，经过适当地选择齿端倒角和摩擦锥面锥角，便能保证在达到同步之前始终保持 $M_1>M_2$。而且，不论驾驶员施加的轴向力有多大，这种大小关系都能保持成立。这样，锁环就能够始终与接合套保持倒角相抵，有效地阻止接合套左移进入啮合，从而使同步器起到锁止作用，防止同步前接合套与待接合齿圈接触而产生冲击。

由于锁环的锁止作用是依靠待啮合的齿圈及与其相联系的零件的惯性力矩而形成的，因此这种同步器被称为惯性式同步器。

c. 达到同步完成换挡。随着驾驶员继续对接合套施加推力，摩擦锥面之间的摩擦力矩就会使接合齿圈 1 的转速迅速降低，直至与接合套和锁环同步，赖以产生阻止作用的惯性力矩也就消失。此时驾驶员还在继续向前拨动接合套，故拨环力矩 M_2 仍存在，M_2 使锁环及接合齿相对接合套向后退转一个角度，两锁止角不再接触，接合套得以继续左移，与待啮合的三挡接合齿圈 1 进入啮合，如图 3-17（d）所示。但是，如果此时接合套的花键齿恰好与接合齿圈 1 的花键齿发生抵触，则作用于接合套上的轴向力在接合齿圈 1 的倒角面上也将会产生一个切向分力，靠此切向分力便可拨动接合齿圈 1 及与其相联系的零件相对于接合套转过一个角度，从而使接合套 8 与接合齿圈 1 进入啮合，即最终完成换入三挡的过程。

锁环式惯性同步器其径向尺寸小，结构紧凑，故广泛用于轿车和轻型货车的变速器中。

2）锁销式同步器

目前，中型及大型载货车较普遍地采用锁销式惯性同步器。现以东风 EQ1090E 型汽车变速器的四挡、五挡同步器为例，来说明锁销式惯性同步器的基本结构和工作原理。

（1）基本结构。如图 3-18 所示为 EQ1090E 型汽车变速器的四挡、五挡同步器。该同步器主要由花键毂、接合套总成（接合套、两个摩擦锥环、三个均布的锁销和定位销等）及两个摩擦锥盘等组成。

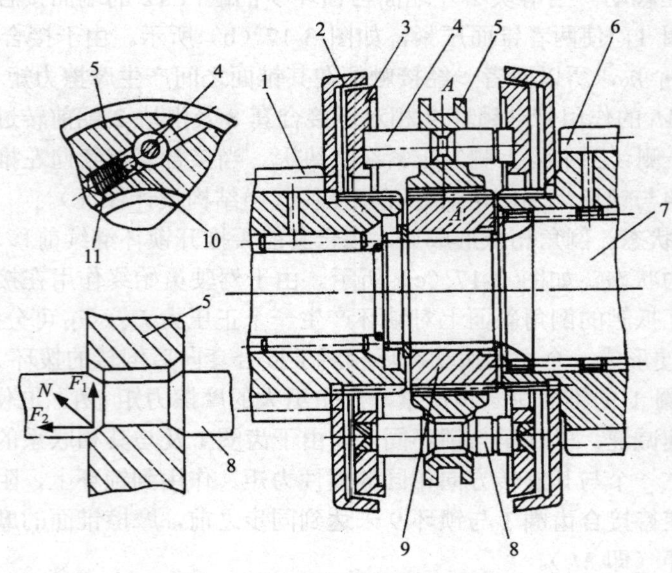

图 3-18 锁销式惯性同步器

1—第一轴齿轮；2—摩擦锥盘；3—摩擦锥环；4—定位销；5—接合套；6—第二轴四挡齿轮；7—第二轴；8—锁销；9—花键毂；10—钢球；11—弹簧。

花键毂 9 通过内花键与第二轴 7 安装在一起，花键毂 9 的两侧分别为四挡齿轮接合齿圈 6 和五挡齿轮接合齿圈 1。接合套 5 上均布穿有三个锁销 8 和三个定位销 4，锁销和定位销的两端安装着两个带外锥面的摩擦锥环 3（锥面上有螺纹），与摩擦锥环 3 相配合的两个带内锥面的摩擦锥盘 2，则以其内花键齿固装在接合齿圈 1 和 6 上，随接合齿圈一起转动。三个锁销 8 两端与摩擦锥环 3 铆接成一体，锁销两端直径与接合套上销孔的直径相同，锁销的中部有一段环槽，环槽的两侧和接合套 5 上相应的销孔的两端部切有相同的倒角，即锁止角，三个锁销就通过这三个锁止角起锁止作用。三个定位销 4 是对接合套进行空挡定位，并可将作用在接合套上的推力传给摩擦锥环，其定位和传力是靠定位销中的定位环槽与接合套中的钢球和定位弹簧，接合套可沿定位销轴向移动，但不能相对转动。定位销的两端伸入到摩擦锥环相应的浅槽中，但与摩擦锥环并不固定，有一定的间隙，因此两摩擦锥环及三个锁销相对于接合套及三个定位销可相对转动一个角度。一个接合套、三个锁销、三个定位销和两个摩擦锥环构成一个接合套总成，通过接合套的内花键齿套在第二轴的花键毂上。

（2）工作原理。与锁环式惯性同步器的工作过程类似，当接合套受到拨叉轴向前推力作用时，接合套 5 便通过定位钢球 10 和定位销 4 推动左侧摩擦锥环 3 向左移动，使之与左侧摩擦锥盘 2 相接触。由于此时锥环 3 与锥盘 2 转速不相等，所以两者一经接触，便在其摩擦锥面之间的摩擦力矩作用下使锥环3连同锁销8一起相对于接合套5转过一个角度，使锁销与接合套相应销孔的中心线相对偏移，于是锁销中部环槽偏向接合套上销孔的一侧，锁销中部环槽倒角便与接合套销孔端倒角的锥面互相抵触，从而使锁销产生锁止作用，阻止接合套向左移动。与锁环式惯性同步器一样，在锁止倒角上的切向分力 F_2 也形成一个拨环力矩而力图使锁销和锥环倒转，但在锥盘与锥环未达到同步前，由锥盘2及与其相联系的旋转零件的惯性力矩所形成的摩擦力矩总是大于拨环力矩，因而可以阻止接合套5与齿圈1在同步之前进入啮合。而只有当达到同步后，惯性力矩消失，拨环力矩便可拨动锁销及摩擦锥环、锥盘和齿圈1等一起相对于接合套转过一个角度，使锁销重新与接合套的销孔对中，接合套便在轴向推力的作用下，压下定位钢球10而沿定位销和锁销向左移动，与五挡接合齿圈1进入啮合，即完成挂入五挡的换挡过程。

锁销式惯性同步器由于其摩擦锥面的摩擦半径大，摩擦力矩也就大，因而其同步容量大，故在中型以上的载货车上应用广泛。

（四）变速操纵机构

变速器操纵机构应保证驾驶员能准确可靠地使变速器换入所需要的任一挡位，并可随时使之退入空挡。要使变速器操纵机构准确可靠地工作，应满足以下要求：

（1）能防止变速器自动换挡和自动脱挡，为此在操纵机构中应设有自锁装置；

（2）能防止变速器同时挂入两个挡位，为此在操纵机构中应设有互锁装置；

（3）能防止误挂倒挡，为此在操纵机构中应设有倒挡锁装置。

变速器操纵机构根据其变速操纵杆（简称变速杆）与变速器的相互位置的不同，可分为直接操纵式和远距离操纵式两种类型。

① 直接操纵式。直接操纵式变速器的变速杆及所有换挡操纵装置都设置在变速器盖上，驾驶员可直接操纵变速杆来拨动变速器盖内的换挡操纵装置进行换挡，如图3-19所示。它具有换挡位置易确定、换挡快、换挡平稳等优点。

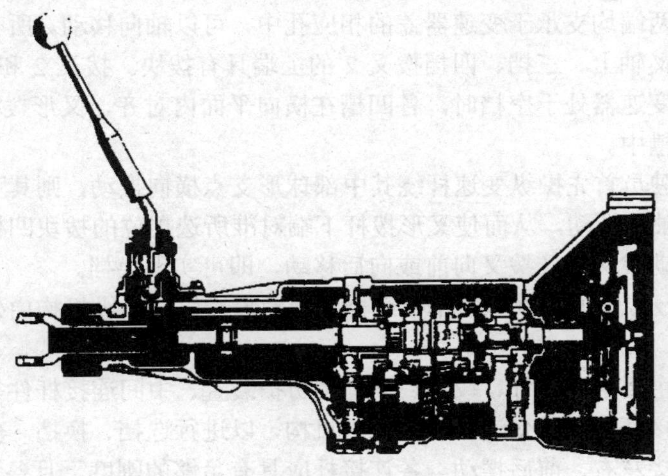

图3-19　直接操纵式换挡机构

② 远距离操纵式。在有些汽车上，由于其总体布置的需要，变速器的安装位置离驾

驶员座位较远，因而变速杆不能直接布置在变速器盖上，为此在变速杆与变速器之间加装了一套传动杆件构成远距离操纵的型式，如图 3-20 所示。它具有变速杆占据的驾驶室空间小，驾驶室乘坐方便等优点，但换挡操作的准确性和可靠性稍差。

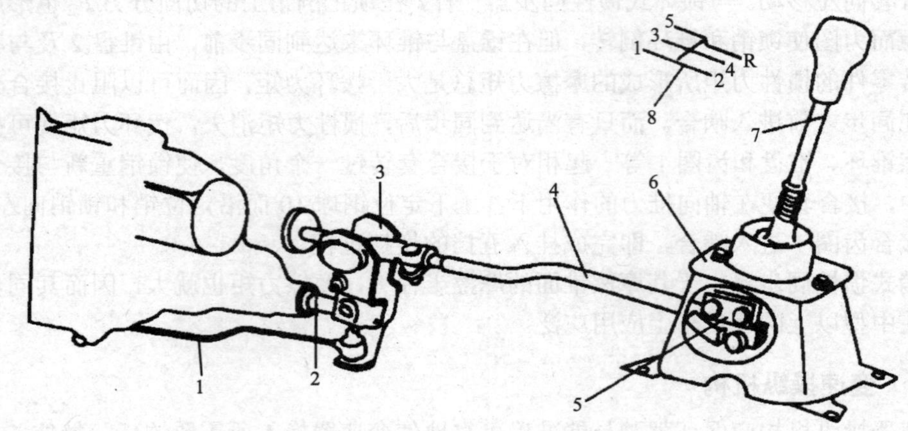

图 3-20　远距离操纵式换挡机构

1—支撑杆；2—内换挡杆；3—换挡杆接合器；4—外换挡杆；5—倒挡保险挡块；6—换挡手柄座；7—变速杆；8—换挡标记。

目前，轿车上手动变速器的操纵机构普遍采用了远距离操纵式。变速器操纵机构通常由换挡拨叉机构和定位锁止装置两部分组成。

1. 换挡拨叉机构

换挡拨叉机构主要由变速杆、叉形拨杆、换挡轴、各挡拨块、拨叉轴和拨叉等组成。各种变速器由于挡位及挡位排列位置不同，其拨叉和拨叉轴的数量及排列位置也不相同。

如图 3-21 所示为 CA1091 型汽车六挡变速器的直接操纵式操纵机构的组成与布置图。拨叉轴 7～10 的两端均支承于变速器盖的相应孔中，可以轴向移动。所有的拨叉和拨块都固定于相应的拨叉轴上。三挡、四挡拨叉 2 的上端具有拨块。拨叉 2 和拨块 3、4、14 的顶部制有凹槽。变速器处于空挡时，各凹槽在横向平面内对齐，叉形拨杆 13 下端的球头则伸入到这些凹槽中。

选挡时，驾驶员首先操纵变速杆绕其中部球形支点横向摆动，则其下端推动叉形拨杆绕换挡轴 11 的轴线转动，从而使叉形拨杆下端对准所选挡位的拨块凹槽，然后操纵变速杆纵向摆动，带动拨叉轴及拨叉向前或向后移动，即可实现换挡。

如图 3-22 所示，奥迪 100 型轿车变速器的远距离操纵式操纵机构由外操纵机构和内操纵机构组成。

外操纵机构主要由变速杆、铰链、限位及防护装置、中间连接杆件等组成。变速杆通过一系列中间连接杆件操纵变速器的内操纵机构，以进行选挡、换挡。变速杆以球形铰链为支点，可以直接左右、前后摆动。各连接杆应具有足够的刚度，且各连接点处间隙小，否则将会影响换挡时的手感。

内操纵机构主要由内换挡轴 1、换挡横轴 3、换挡拨叉轴及拨叉 5～7、挡位锁止装置

4、倒挡锁止装置 2 等组成，如图 3-22（b）所示。内换挡轴 1 与换挡横轴 3 用球铰链连接，在外操纵机构作用下，可使内换挡轴做转动或轴向移动。当内换挡轴转动时，给换挡横轴以推力，可使换挡横轴 3 做轴向移动，选择不同挡位的拨叉轴，实现选挡动作。当内换挡轴做轴向移动时，给换挡横轴 3 以回转力矩，从而推动所选挡位的拨叉轴做轴向移动，拨叉轴上的拨叉推动同步器接合套进行换挡。换挡横轴 3 上有换挡拨爪，用于推动换挡拨叉轴作轴向移动，进行选挡、换挡。

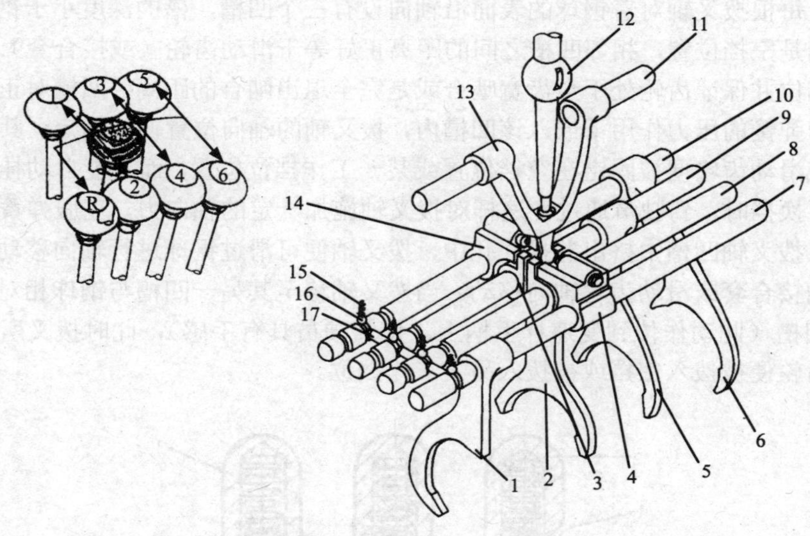

图 3-21　典型六挡变速器换挡拨叉机构

1—五、六挡拨叉；2—三、四挡拨叉；3—一、二挡拨块；4—五、六挡拨块；5—一、二挡拨叉；6—倒挡拨叉；7—五、六挡拨叉轴；8—三、四挡拨叉轴；9—一、二挡拨叉轴；10—倒挡拨叉轴； 11—换挡轴；12—变速杆；13—叉形拨杆；14—倒挡拨块；15—自锁弹簧；16—自锁钢球；17—互锁销。

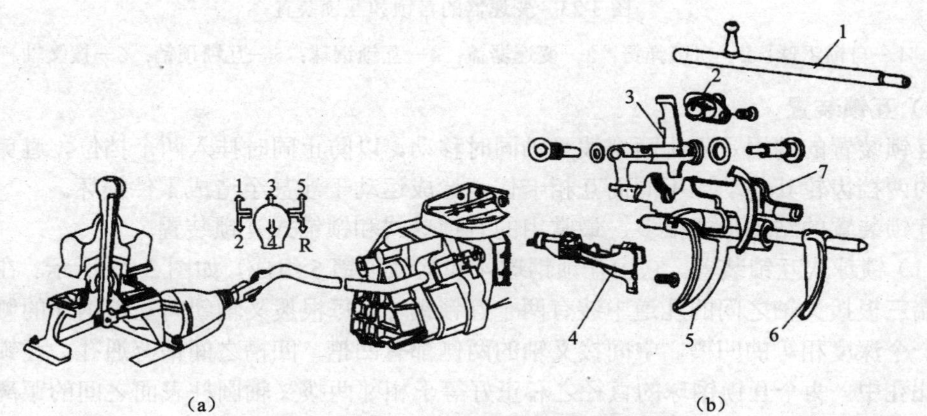

图 3-22　奥迪 100 型轿车变速器操纵机构

1—内换挡轴；2—倒挡锁止装置；3—换挡横轴；4—换挡锁止装置；5、6、7—换挡拨叉轴及拨叉。

2. 定位锁止机构

1）自锁装置

自锁装置的功用是对各挡拨叉轴进行轴向定位锁止，以防止其自动产生轴向移动而造成自动挂挡或自动脱挡，并保证各挡传动齿轮以全齿宽啮合。

图 3-23 所示为自锁装置，一般由自锁钢球及自锁弹簧组成。这类自锁装置是在变速器盖的前端凸起部位钻有三个深孔，在孔中装入自锁钢球及自锁弹簧，其位置正处于拨叉轴的正上方，每根拨叉轴对着钢球的表面沿轴向设有三个凹槽，槽的深度小于钢球的半径。中间的凹槽是空挡位置，相邻凹槽之间的距离正好等于滑动齿轮（或接合套）由空挡移至相应工作挡位并保证齿轮处于全齿宽啮合或是完全退出啮合的距离。凹槽对正钢球时，钢球便在自锁弹簧的压力作用下嵌入该凹槽内，拨叉轴的轴向位置便被固定，其拨叉及相应的接合套或滑动齿轮便被固定在空挡位置或某一工作挡位位置，而不能自动挂挡或自动脱挡。当需要换挡时，驾驶员通过变速杆对拨叉轴施加一定的轴向力，克服弹簧的压力而将自锁钢球从拨叉轴凹槽中挤出并推回孔中，拨叉轴便可滑过钢球进行轴向移动，并带动拨叉及相应的接合套或滑动齿轮轴向移动。当拨叉轴移至其另一凹槽与钢球相对正时，钢球又被压入凹槽（此动作传到变速杆手柄上，使驾驶员具有手感），此时拨叉所带动的接合套或滑动齿轮便被拨入空挡或被拨入另一工作挡位。

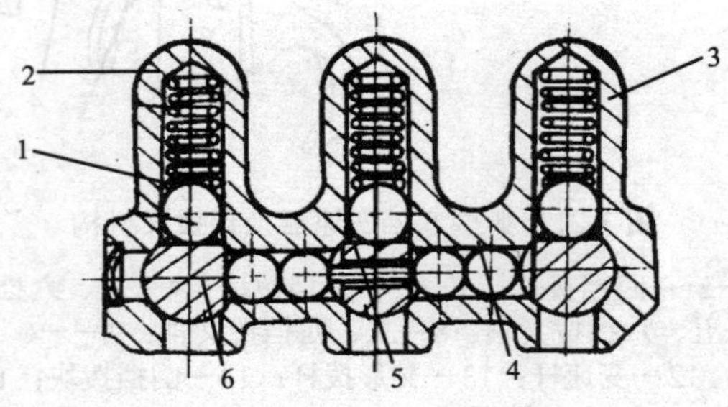

图 3-23　变速器的自锁和互锁装置

1—自锁钢球；2—自锁弹簧；3—变速器盖；4—互锁钢球；5—互锁顶销；6—拨叉轴。

2）互锁装置

互锁装置的功用是阻止两个拨叉轴同时移动，以防止同时挂入两个挡位，避免因同时啮合的两挡齿轮其传动比不同而互相卡住，造成运动干涉甚至造成零件损坏。

互锁装置的结构形式很多，最常用的有锁球式和锁销式互锁装置。

（1）锁球式互锁装置。它由互锁钢球 4 和互锁顶销 5 组成，如图 3-23 所示。在变速器盖前端三根拨叉轴之间的孔道中装有两个互锁钢球，每根拨叉轴朝向互锁钢球的侧面上都制有一个深度相等的凹槽，中间拨叉轴的两侧都有凹槽，凹槽之间钻有通孔，互锁顶销就装在此孔中。两个互锁钢球的直径之和正好等于相邻两拨叉轴圆柱表面之间的距离加上一个凹槽的深度，互锁顶销的长度则等于拨叉轴的直径减去一个凹槽的深度。

如图 3-24 所示为互锁装置的工作过程。当变速器处于空挡位置时，所有拨叉轴侧面的凹槽同钢球都在一条直线上，此时拨叉轴和互锁钢球及顶销都处于自由状态，相互之间不卡紧，每一根拨叉轴都可以沿轴向拨动。但要挂挡，移动某一根拨叉轴（如图 3-24（a）

中的中轴 3）时，该轴两侧的钢球便从其侧面凹槽中被挤出，而两外侧钢球则分别嵌入其他拨叉轴（轴 1、5）的侧面的凹槽中，因而将这些拨叉轴刚性地锁止在空挡位置，不能轴向移动。如欲拨动另一拨叉轴（即要想挂入另一挡位）时，则必须先将前一拨叉轴退回到空挡位置。由此可见，互锁装置的作用是当驾驶员用变速杆推动某一拨叉轴时，自动将其余拨叉轴锁止在空挡位置，因而可防止同时挂入两个挡位。

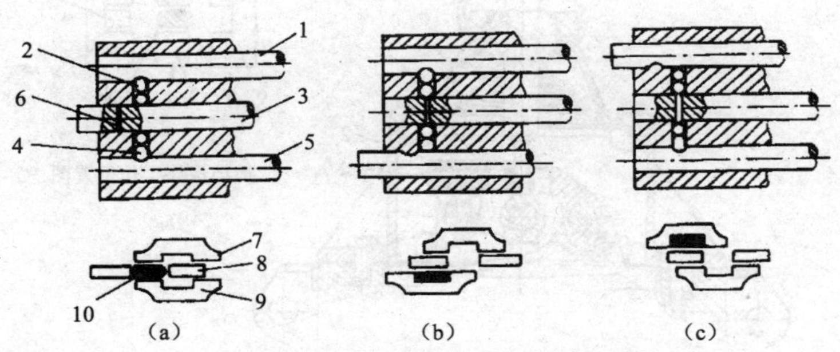

图 3-24　变速器互锁装置工作示意图

1、3、5—拨叉轴；2、4—互锁钢球；6—互锁顶销；7、8、9—拨叉；10—变速杆下端球头。

（2）锁销式互锁装置。它是将上述相邻两拨叉轴之间的两个互锁钢球制成一个互锁销，互锁销的长度相当于两个互锁钢球的直径，其工作原理与钢球式互锁装置完全相同，如图 3-25 所示。

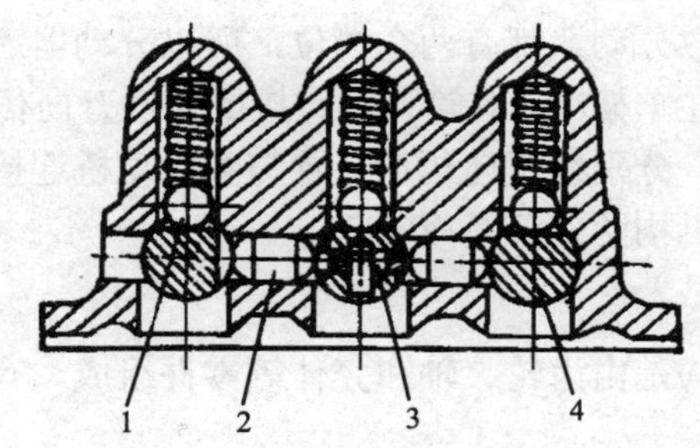

图 3-25　锁销式互锁装置

1—自锁钢球；2—互锁销；3—互锁顶销；4—拨叉轴。

3）倒挡锁装置

倒挡锁装置的功用是防止驾驶员误挂倒挡，以防止汽车在前进中因误挂倒挡而造成极大的冲击，使零件损坏，并可防止在汽车起步时因误挂倒挡而造成安全事故。这就要求驾驶员必须采用与挂前进挡不同的操纵方式或对变速杆施加更大的力，才能挂入倒挡，起到提醒作用，从而防止无意中误挂倒挡。

倒挡锁也是多种类型，最常用的是弹簧锁销式倒挡锁。它一般由倒挡锁销及倒挡锁弹簧组成，并将其安装于一挡、倒挡拨块相应的孔中，如图 3-26 所示。锁销内端与拨块的侧面平齐，锁销可以在变速杆下端球头推压下，压缩弹簧而轴向移动。当驾驶员要挂倒挡（或一挡）时，必须有意识地用较大的力向侧面摆动变速杆（从图上看为向左侧摆动），使其下端球头右移，克服倒挡锁弹簧的张力将锁销推入孔中，这样才能使变速杆下端球头进入拨块 3 的凹槽内，以拨动一挡、倒挡拨叉轴进行挂挡。

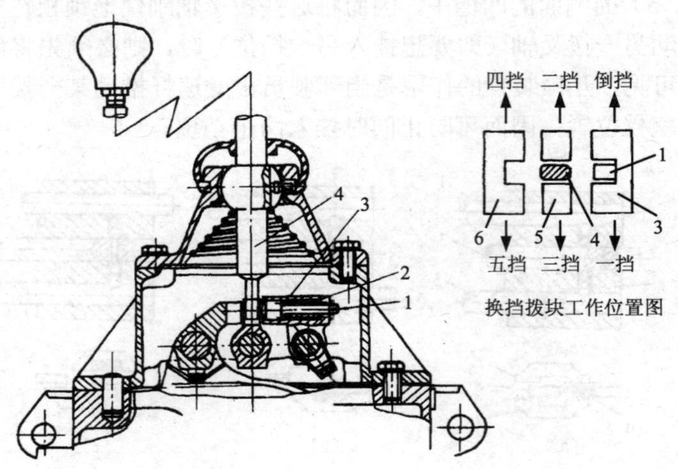

图 3-26　弹簧锁销式倒挡锁

1—倒挡锁销；2—倒挡锁弹簧；3—一、倒挡拨块；4—变速杆；5—二、三挡拨块；6—四、五挡拨块。

（五）分动器

越野汽车因多轴驱动而装有分动器，其主要功用是将变速器输出的动力分配到各个驱动桥。此外，由于大多数分动器都有两个挡位，所以分动器还兼副变速器的作用。

分动器一般单独安装在车架上，其输入轴直接或通过万向传动装置与变速器第二轴相连，其输出轴则有若干个，分别经万向传动装置与各驱动桥连接。分动器与变速器一样，也由齿轮传动机构和操纵机构两部分组成。

1. 传动机构

分动器的齿轮传动机构是由齿轮、轴和壳体等零件组成，有的还装有同步器。

1）三输出轴式分动器

图 3-27 所示为典型三轴越野车的两挡分动器，其输入轴 1 用凸缘通过万向传动装置与变速器第二轴连接。输出轴 8、12、17 分别经万向传动装置通往后、中、前驱动桥。它的常啮合齿轮均为斜齿轮，轴的支承多采用圆锥滚子轴承。轴 1 前端通过锥轴承支承在壳体上，后端通过锥轴承支承在与轴 8 制成一体的齿轮 6 的中心孔内。齿轮 5 与轴 1 制成一体。齿轮 15 和 9 之间装有接合套 4，用来控制分动器高、低挡的变换。前桥输出轴 17 后端装有接合套 16，用来控制前桥驱动的接合与摘除。为了调整轴承预紧度，在轴 8 的两锥轴承之间（除装有里程表驱动齿轮和隔圈外）装有调整垫片；轴 1 前端、轴 11 两端、轴 12 后端和轴 17 前端的轴承盖处装有垫片，其作用是用来密封，也可调整轴承预紧度。另外，轴 11、12 两端轴承盖处的垫片可调整轴及齿轮的轴向位置，保证常啮合齿轮能全齿长啮合。

该分动器变速传动结构简图如图 3-28 所示。当接合套 4 左移与齿轮 15 的齿圈接合时为高速挡。动力经输入轴 1、齿轮 3、15 和中间轴 11 传到齿轮 10，再分别经齿轮 6、13 传到输出轴 8（后桥）和 12（中桥）。因齿轮 6 和 13 齿数相同，故轴 8 和 12 转速相等。

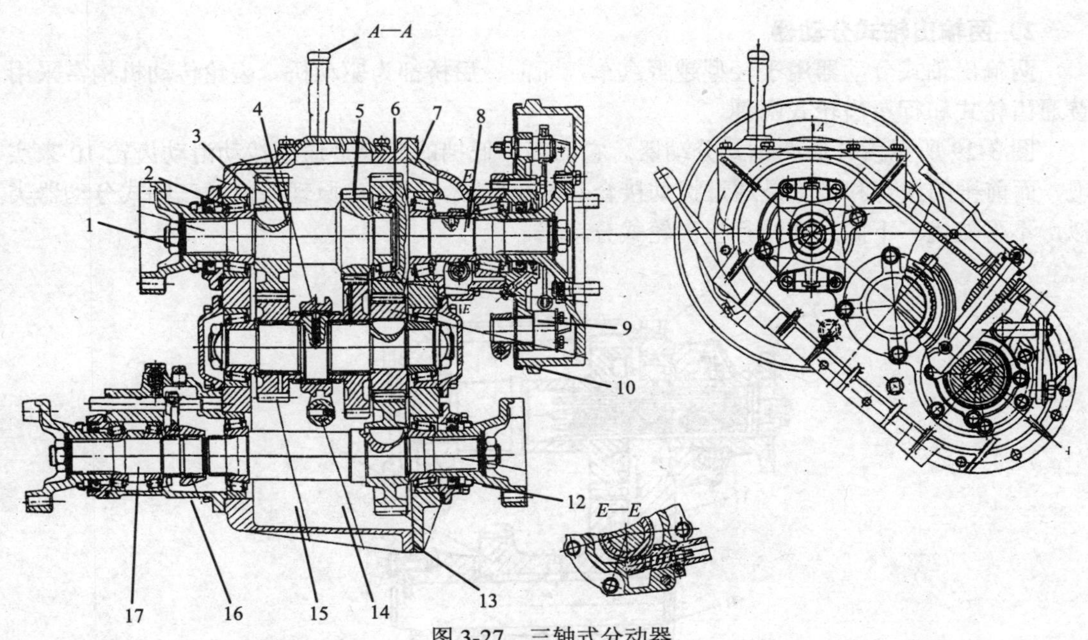

图 3-27　三轴式分动器

1—输入轴；2—分动器壳；3、5、6、9、10、13、15—齿轮；4—换挡接合套；7—分动器盖；8—后桥输出轴；11—中间轴；12—中桥输出轴；14—换挡拨叉轴；16—前桥接合套；17—前桥输出轴。

当要挂入低速挡时，必须先将接合套 16 右移，轴 17 和 12 相连接，使前桥参与驱动后，再将接合套 4 右移与齿轮 9 的齿圈接合，动力由输入轴经齿轮 5、9 传到中间轴 11 和齿轮 10，再分别传到输出轴 8、12、17，使前、后、中桥三轴以相同的转速输出。

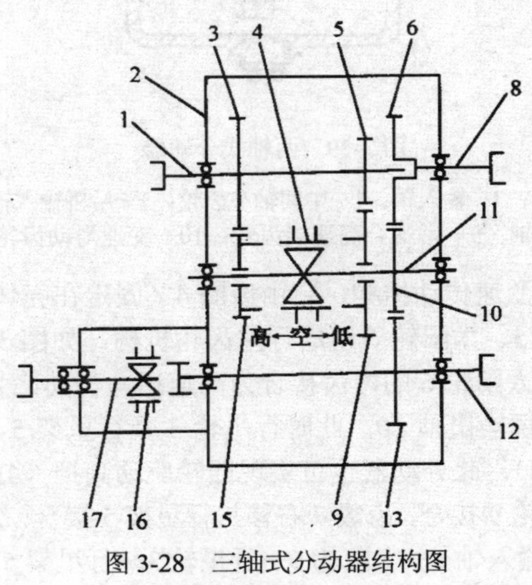

图 3-28　三轴式分动器结构图

（图注同图 3-27）

2）两输出轴式分动器

两输出轴式分动器用于轻型越野汽车，即前、后桥都为驱动桥。齿轮传动机构常采用普通齿轮式和行星齿轮式两种。

图 3-29 所示为普通两轴式分动器。它的高、低挡的变换是通过拨动滑动齿轮 10 来实现，而前桥的接合和摘除是通过拨动接合套 6 来完成，其传动原理与前述三轴式分动器类似，不再赘述。下面只介绍行星齿轮式分动器。

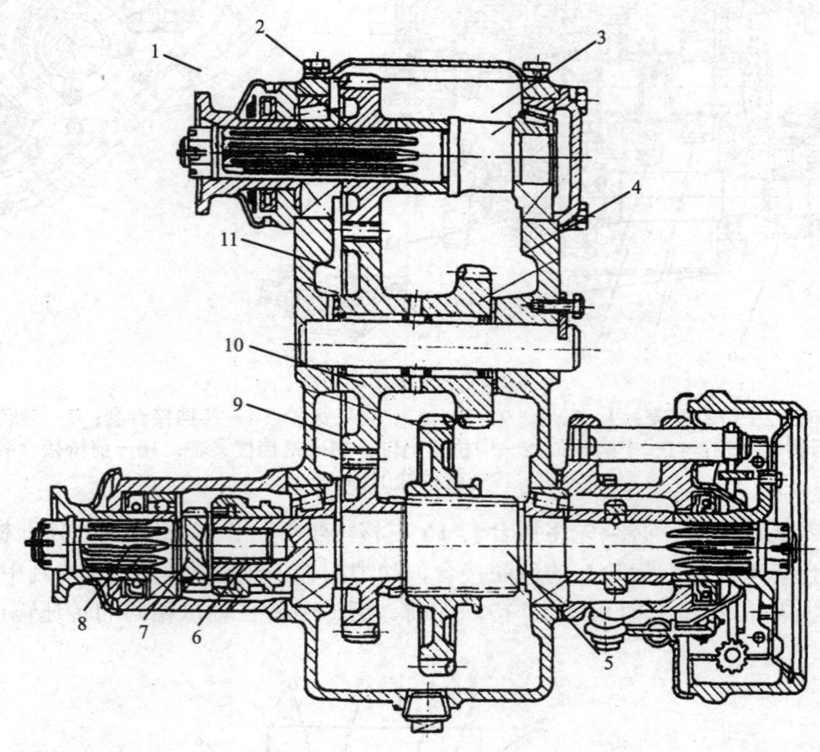

图 3-29　两轴式分动器

1—凸缘盘；2—主动齿轮；3—输入轴；4—中间轴小齿轮；5—后桥输入轴；6—前桥接合套；7—花键齿轮；8—前桥输出轴；9—常啮合高速挡齿轮；10—变速滑动齿轮；11—中间轴大齿轮。

行星齿轮式分动器的变速传动结构，它由齿圈 4（固定在壳体 2 上）、行星齿轮 3（装有三个或四个）及行星架 5、太阳轮 6 组成行星齿轮机构，如图 3-30 所示。

当换挡齿毂 7 左移与太阳轮 6 的内齿接合为高速挡（传动比为 1）。动力由输入轴 1、太阳轮 6、齿毂 7 传到后桥输出轴 10，此时行星轮 3 及行星架 5 空转（不传力）。上述过程称为两轮驱动高挡（2H），此分动器也可实现四轮驱动高挡（4H）。

当接合套 8 右移与齿轮 9 接合，齿毂 7 右移与行星架 5 接合，分动器处于四轮驱动低挡（4L）。动力传递情况为：输入轴 1→太阳轮 6→行星轮 3→行星架 5→换挡齿毂 7→后桥输出轴 10→后桥花键毂 17→接合套 8→齿轮 9→锯齿式链条 16→齿轮 14→前桥输出轴 15→前桥。

另外，分动器的行星齿轮机构及后桥输出轴 10 所有零件采用压力润滑，油泵 11 的结构、工作原理与发动机润滑系统的转子式机油泵相似。

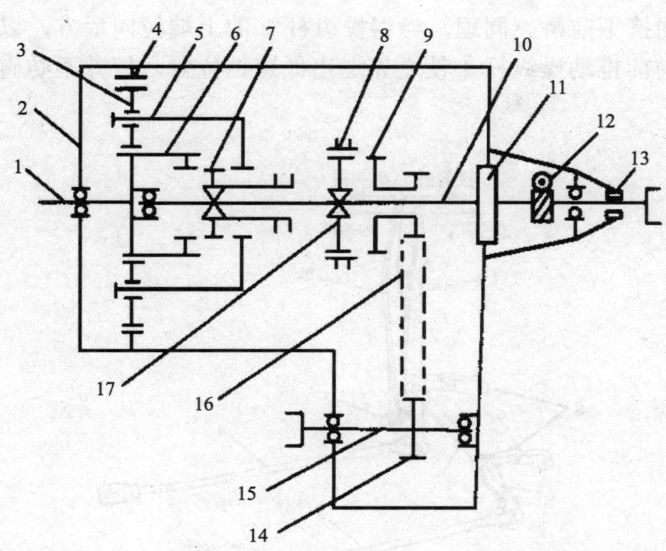

图 3-30　两轴式分动器示意图

1—输入轴；2—分动器壳；3—行星齿轮；4—齿圈；5—行星架；6—太阳轮；7—换挡齿毂；8—接合套；9、14—齿轮；10—后桥输出轴；11—转子式油泵；12—里程表驱动齿轮；13—油封；15—前桥输出轴；16—锯齿式链条；17—花键毂。

2. 操纵机构

分动器的操纵机构主要由高低挡操纵杆、前桥摘接操纵杆、拨叉、拨叉轴和一系列传动杆件以及自锁和互锁装置等组成。

当分动器挂入低速挡工作时，其输出转矩较大，为避免中、后桥超载荷，此时前桥必须参加驱动，分担部分载荷。因此，要求操纵机构必须保证：非先接上前桥不得换入低挡，非先退出低挡不得摘下前桥。此外，操纵机构应能防止自动换挡和脱挡。因此，分动器操纵机构必须有互锁装置和自锁装置。

自锁装置的结构、工作原理与变速器自锁装置相同，这里不再赘述。互锁装置有钉、板式和球销式。

1）钉、板式互锁装置

这种装置在前桥操纵杆上装有螺钉或铁板，与换挡操纵杆互相锁止，多用于两拨叉轴距离较远的操纵机构。

如图 3-31 所示，前桥操纵杆 2 的下端装有螺钉 3，其头部可以顶靠着换挡操纵杆 1 的下部。轴 7 借两个支承臂 8 固定在变速器的盖上。分动器的两个操纵杆 1 和 2 位于变速器的变速杆的右侧。换挡操纵杆 1 以其中部的孔松套在轴 7 上，其下端借传动杆 4 与分动器的换挡摇臂相连。前桥操纵杆 2 的中部则固定于轴 7 的一端。在轴 7 的另一端固定着摇臂 6，其臂端经传动杆 5 与操纵前桥接合套的摇臂相连。

驾驶员欲使分动器挂入低速挡，只须将换挡操纵杆 1 的上端推向前方。此时，操纵杆

1 绕轴 7 逆时针转动，其下臂便压推螺钉 3，带动操纵杆 2 向接前桥的方向转动。这就使得挂入低速挡时，前桥即已接上。但当操纵杆 1 被扳到空挡或高速挡位置时，并不能带动操纵杆 2 回位而摘下前桥。同理，当将操纵杆 2 的上端拉向后方，以便摘下前桥时，螺钉 3 则绕轴 7 向前推动操纵杆 1 使之先退出低速挡位置，但并不妨碍退出低速挡后再接前桥。

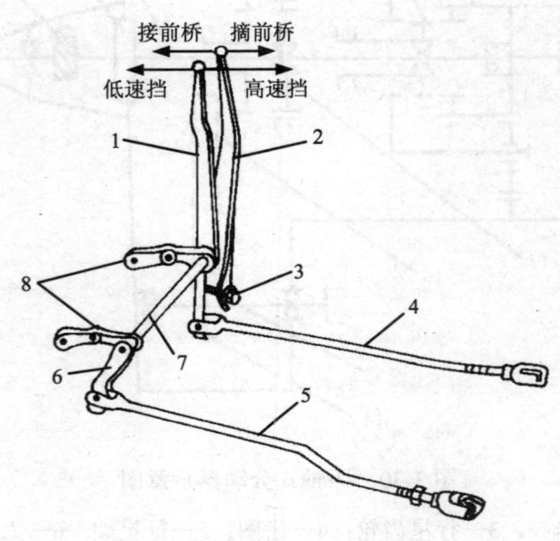

图 3-31 钉板式互锁机构

1—换挡操纵杆；2—前桥操纵杆；3—螺钉；4、5—传动杆；6—摇臂；7—轴；8—支承臂。

2）球销式互锁装置

如图 3-32 所示，球销式互锁装置多用在两拨叉轴距离较近的情况。两根拨叉轴之间装有互锁销，与轴上的凹槽对准时（即接上前桥驱动后），轴才能向左移动换入低挡。同理，应先退出低挡后才能摘下前桥驱动。

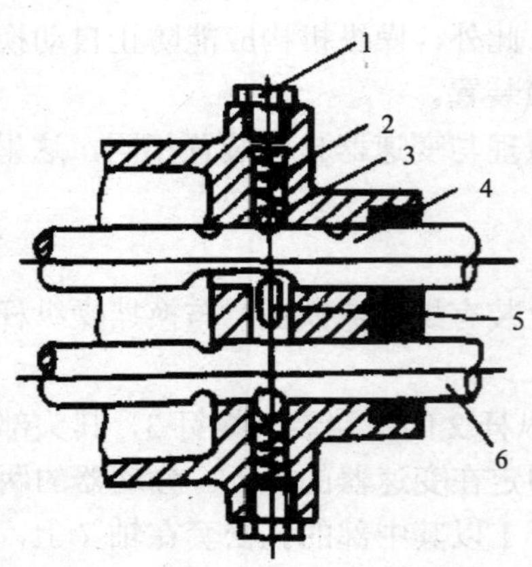

图 3-32 球销式互锁装置

1—螺栓；2—弹簧；3—自锁钢球；4—高、低挡拨叉轴；5—互锁销；6—前桥拨叉轴。

（六）基本维护与检修

汽车行驶时，变速器齿面压力大，齿面会磨损、疲劳甚至剥落；变速器长期使用后，润滑状况会变差；驾驶中，驾驶员易操作不当，如换挡过早或过迟。这些都会使变速器零件损坏，最终导致变速器性能下降。

1. 主要元件检修

1）变速器壳体

变速器壳体的主要损伤形式有壳体的变形、裂纹及轴承孔、螺纹孔的磨损等。

变速器壳体的变形将造成各轴轴线间的平行度误差，轴间距改变，导致齿轮副啮合精度的破坏。轮齿表面的阶梯形磨损不但使传动噪声加大，也会形成轴向力，当齿面上有冲击载荷时，就会形成变速器的早期自动脱挡的故障。检查时，对三轴式变速器用专用量具检查：各轴承孔公共轴线间的平行度、轴间距；上孔轴线与上平面间的距离；前后两端面的平面度。两轴式变速器的壳体一般由前、后两部分组成，其变形主要是检查输入轴与输出轴的平行度及前、后壳体接合面的平面度。当上述各项检查超过规定时应进行修复。

变速器壳体不得有裂纹。对受力不大的部位的裂纹，可用环氧树脂黏结修复；重要和受力较大部位的裂纹，可进行焊修。对与轴承孔贯通的和安装固定孔处裂纹不能修理的，应更换变速器壳体。

当变速器壳体轴承孔磨损超限和变形时，可在单柱立式镗床上，用长度规作定位导向镗削各轴承孔，以修正各轴线间的平行度。镗削扩孔时，常以倒挡轴的轴承孔为基准，因为此处的强度最大，其变形逾限率较低。扩孔后再镶套或刷镀修复，超过修理极限时应更换。当壳体平面度超差时，可采用铲、刨、锉、铣等方法修复或更换。

壳体上所有连接螺孔的螺纹损伤不得多于两牙，螺纹孔的损伤可用换加粗螺栓或焊补后重新钻孔加工的方法修复。

2）变速器盖

变速器盖的主要损伤形式有盖的裂纹、变形及轴承的磨损等。

变速器盖应无裂纹，其与变速器壳体结合平面的平面度公差超限时可采用铲、刨、锉、铣等方法修复或更换。拨叉轴与轴承孔的间隙超限时应更换。

3）齿轮与花键

齿轮的主要损伤形式有齿面、齿端磨损，齿面疲劳剥落、腐蚀斑点，轮齿破碎和断裂等。

齿轮的啮合面上出现明显的疲劳麻点、麻面、斑疤或阶梯形磨损时，必须更换。齿面仅有轻微斑点或边缘略有破损时，可用油石修磨后继续使用。

固定齿轮或相配合的滑动齿轮的端面损伤长度不得超过齿长的15%。齿轮的啮合面中线应在齿高中部，接触面积不得小于工作面的60%。齿轮与齿轮、齿轮与轴及花键的啮合间隙、径向间隙和轴向间隙应符合原厂规定。

4）轴

轴的主要损伤形式有变形、裂纹、轴颈和花键齿的磨损等。

用百分表检查轴的变形，如图 3-33 所示，传动轴的变形一般不超过 0.015mm，超过标准时应校正或更换。轴齿、花键齿损伤达到前述齿轮损伤的程度时应更换。用千分尺检查各轴颈的磨损，如图 3-34 所示，超过规定值时，可堆焊、镀铬后修复或更换。检查轴上定位凹槽的最大磨损量，超过规定值时应换新。轴体上不得有任何性质的裂纹，否则应更换。

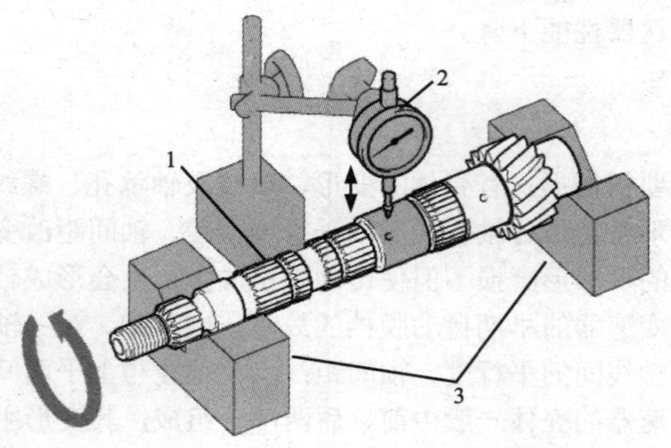

图 3-33 传动轴变形检查

1—传动轴；2—百分表；3—V 形铁。

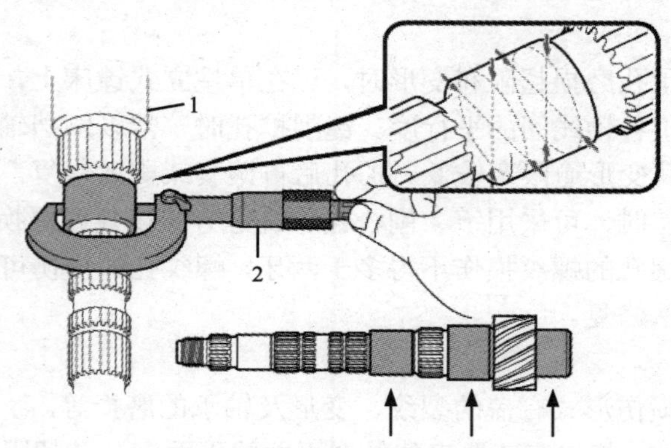

图 3-34 传动轴轴颈磨损检查

1—传动轴；2—千分尺。

5）轴承

轴承主要的损伤形式有磨损、疲劳点蚀和破裂等。

检查轴承应转动灵活顺畅，无异响，滚动体与内外圈滚道不得有麻点、麻面、斑疤和烧灼磨损和破碎等缺陷，保持架完好，否则应更换。检查轴承的径向间隙不得超过规定值，滚动轴承与承孔、轴颈或齿轮的配合应符合技术条件要求，否则应更换。

6）同步器

多数变速器采用锁环式或锁销式同步器。

（1） 锁环式同步器的检修。锁环式同步器的主要损伤是锁环内锥面螺纹槽及锁止角磨损、滑块磨损、接合套和花键毂的花键齿损伤。锁环与滑块的磨损会破坏换挡过程的同步作用；锁环与接合套锁止角的磨损会使同步器失去锁止作用，这些都会造成换挡困难，发出机械撞击噪声。

锁环的检查如图 3-35 所示。将锁环压到换挡齿轮锥面上，按压转动锁环时不能转动，用塞尺测量锁环与换挡齿轮端面之间的间隙 a。该间隙的标准值：奥迪、桑塔纳的变速器为 1.1mm～1.9mm，磨损极限为 0.5mm；07 款丰田卡罗拉变速器 C50 的三挡、四挡为 0.75mm～1.65mm，极限值为 0.75mm。超过极限值时，应更换。

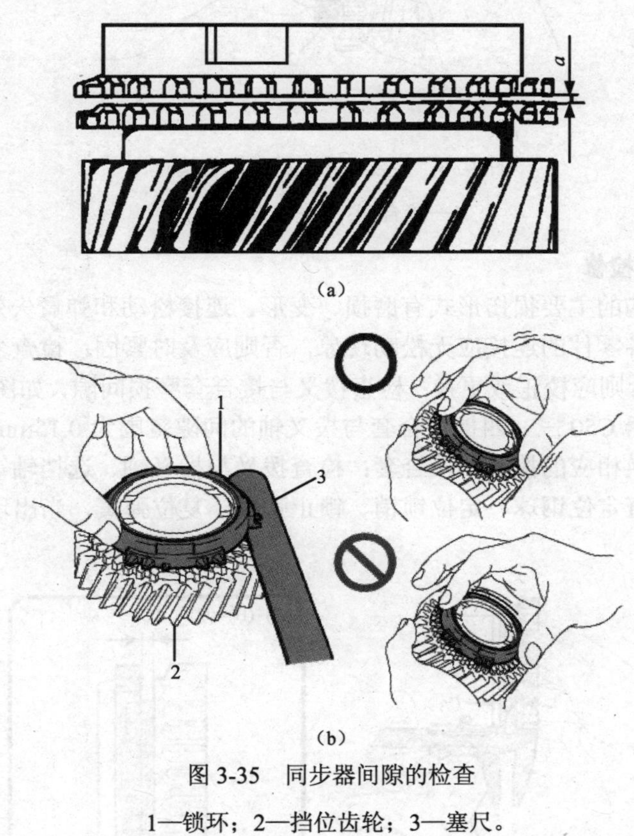

图 3-35 同步器间隙的检查

1—锁环；2—挡位齿轮；3—塞尺。

同步器滑块顶部凸起磨损出现沟槽，会使同步作用减弱，必须更换。锁环、接合套的接合齿端磨秃，都会导致换挡困难，都须更换。

接合套和花键毂的花键齿检查如图 3-36，检查花键齿是否有擦伤或其他机械损伤检查接合套和花键毂之间是否滑动顺畅；如有，都须更换。

（2）锁销式同步器的检修。锁销式同步器的主要损伤是由于换挡操作不当、冲击过猛使锥盘外张，摩擦角变大造成同步效能降低；锥环锥面上的螺纹槽的磨损严重，使摩擦系数过低，甚至两者端面接触，使同步作用失效。

当锥环锥面螺纹磨损，使锥环端面与锥盘锥面接触，可用车削锥环端面修复，但车削总量不得大于 1mm。如有锥环外锥面螺纹槽的深度小于 0.1mm，而锥环端面未与锥盘接触，应更换同步器总成。更换新总成时，可保留原有的锥盘，但两者的端面间隙不得小于 3mm。

同步器的锁销和支承销松动或有散架，会引起同步器突然失效，应更换新同步器。

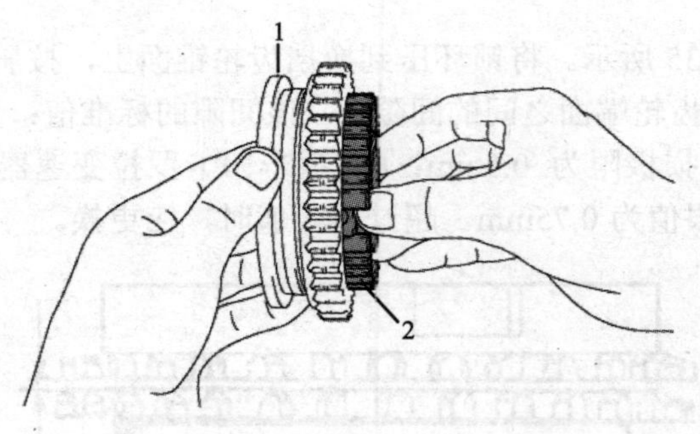

图 3-36　接合套和花键毂配合检查

1—接合套；2—花键毂。

7）操纵机构的检修

变速器操纵机构的主要损伤形式有磨损、变形、连接松动和弹簧失效等。

检查操纵机构各零件的连接应无松动现象，否则应及时紧固；检查变速杆、拨叉、拨叉轴等应无变形，否则应校正或更换；检查拨叉与接合套磨损间隙，如图 3-37 所示，2007 款丰田卡罗拉变速器 C50 三、四挡接合套与拨叉轴的间隙范围为 0.15mm～0.35mm，磨损间隙过大时，应更换相应的拨叉和接合套；检查拨叉与拨叉轴、选挡轴等处的磨损，磨损逾限时应更换；检查定位钢球、定位锁销、锁止弹簧、复位弹簧，当出现磨损逾限或弹簧失效时应更换。

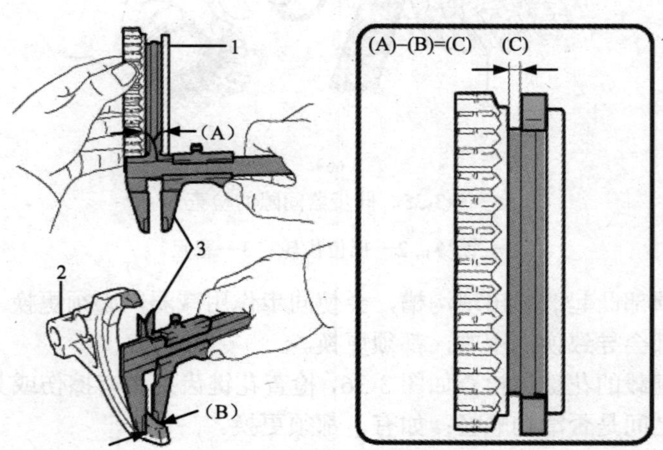

图 3-37　接合套和拨叉磨损检查

1—接合套；2—拨叉；3—游标卡尺；（A）—接合套槽宽；（B）—拨叉厚度；（C）—配合间隙。

2. 装配与调整

变速器装配质量的好坏，对变速器的工作质量影响很大。在变速器装配时，应注意以下几点。

（1）装配前，必须对零件进行认真清洗，除去污物、毛刺和铁屑等。尤其要注意第二轴齿轮上的径向润滑油孔的畅通。

（2）装配轴承时，应涂质量优良的润滑油进行预润滑。总成修理时，应更换所有的滚针轴承。

（3）对零件的工作表面不得用硬金属直接锤击，避免齿轮轮齿出现运转噪声。

（4）注意同步器锁环或锥环的装配位置。装配过程中，如有旧件时应原位装复，以保证两元件的接触面积。因此，在变速器解体时，应对同步器各元件做好装配记号，以免装错。

（5）组装中间轴和第二轴时，应注意各挡齿轮、同步器固定齿轮座、止推垫圈的方向及位置，以保证齿轮的正确啮合位置。

（6）安装第一轴、第二轴及中间轴的轴承时，只许用压套垂直压在内圈上，禁止施加冲击载荷，并注意轴承的安装方向。

（7）装入油封前，需在油封的刃口涂少量润滑脂，要垂直压入，并注意安装方向。

（8）变速器装配后，要检查各齿轮的轴向间隙和各齿轮副的啮合间隙及啮合印痕。常啮合齿轮的啮合间隙为 0.15mm～0.4mm；滑动齿轮的啮合间隙为 0.15mm～0.5mm。第一轴的轴向间隙≤0.15mm，其他各轴的轴向间隙≤0.30mm。各齿轮的轴向间隙≤0.40mm。

（9）装配密封衬垫时，应在密封衬垫的两侧涂以密封胶，确保密封效果。

（10）安装变速器盖时，各齿轮和拨叉均应处于空挡位置。必要时，可分别检查各个常用挡的齿轮副是否处于全齿宽啮合位置。

（11）按规定的力矩拧紧各部位螺栓。

3. 齿轮油的选用

齿轮油是指用于汽车机械变速器、驱动桥齿轮和传动机构的润滑油。齿轮油是以精制润滑油为基础油，加入抗氧化、防腐蚀、防锈、消泡、耐压抗磨等多种添加剂调合而成。因此，具有良好的润滑性能。齿轮油与其他的润滑油一样，具有润滑、冷却、清洗、密封、防锈和降低噪声等作用，但其工作条件与发动机油不一样，因此对性能的要求也不一样。

1）分类与标号

目前，国际上采用美国汽车工程师协会（SAE）与美国石油学会（API）的分类标准，来标定齿轮油。

例如，“API GL-4 SAE 80W”，其中：

API—美国石油学会简称；

GL-4—齿轮油质量标号，适用于双曲线齿轮传动之润滑；

SAE—美国汽车工程师协会简称；

80W—齿轮油黏度标号，适用于最低–26℃的温度。

齿轮油按 100℃时的动力黏度和低温动力黏度达 150000mPa·S 时的最高温度，分为 70W、75W、80W、85W、90、140、250 等 7 个标号。带 W 字母的为冬季用油。同时符合两个黏度级的齿轮油称为多级齿轮油。如“SAE 80W / 90”，即表示其低温黏度符合 SAE 80 的标准，而高温黏度又符合 SAE90 的要求。可以在某一地区全年通用某一标号齿轮油，也可以根据当地季节温度选用不同标号齿轮油。

按齿轮负荷承载能力和使用场合不同，API 将齿轮油分为 GL-1、GL-2、GL-3、GL-4、GL-5、GL-6 等 6 个标号。

2）选用

通常，按说明书的要求选择相应标号的齿轮油。选用时，要注意不要混淆发动机机油和齿轮油的 SAE 黏度分类标号，不能降级使用或升级使用齿轮油，不要误认为齿轮油的黏度标号越高润滑性能就越好。

3）换油

应按规定换油指标换用新油，无油质分析手段时，可按规定期限换油。汽车制造厂推荐的期限一般为 30000km～48000km。

换油时，应趁热放出旧油，并将齿轮和齿轮箱清洗干净后方可加入新油，加油应防止水分和杂质混入。

油量应适当，不能过多也不能过少，过多不仅会增加搅油阻力和燃油消耗，而且有可能会使齿轮油经后桥壳混入制动鼓造成制动失灵；过少会使润滑不良，温度过高，加速齿轮磨损。齿轮油面一般应加到与齿轮箱加油口下缘平齐，且应经常检查各齿轮油箱是否渗漏，并保持各油封和垫片的完好。

4）实例

下面以 07 款丰田科罗拉轿车为例，说明其变速器齿轮油的检查与更换方法。

（1）变速器油检查。

① 将车辆停放在平坦路面上。

② 拆下变速器注油螺塞和衬垫。

③ 检查并确认油面在变速器加油螺塞开口最低点以下 5mm 范围内，如图 3-38 所示。

小心：油液过多或过少都可能引起故障；更换机油后，驾驶车辆并再次检查油位；油位低时，检查机油是否泄漏；安装变速器加油螺塞（扭矩 39N·m）和新衬垫。

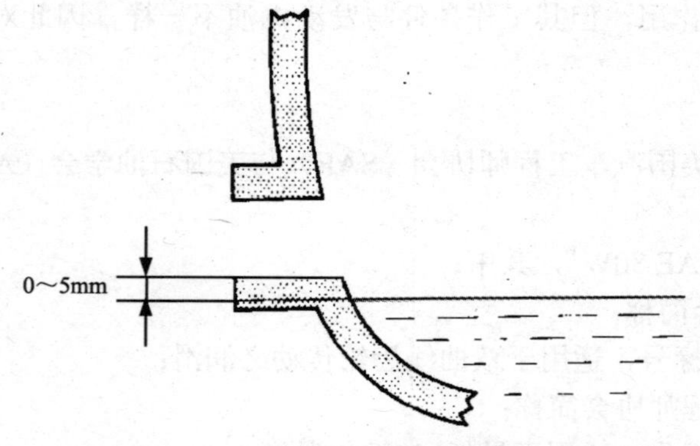

图 3-38　检查变速器油液面高度

（2）变速器油更换。

① 排净手动传动桥油：拆下加油螺塞和衬垫；拆下放油螺塞和衬垫，排净手动传动桥油。

② 添加手动传动桥油：安装新衬垫和放油螺塞（扭矩为 39N·m）；添加手动传动桥油；安装变速器加油螺塞和新衬垫。

③ 检查手动传动桥油。

（七）常见故障诊断

变速器常见的故障为脱挡、换挡困难、乱挡、异响及漏油等。

1. 变速器脱挡

（1）故障现象。

汽车在加速、减速或爬坡时，变速杆自动跳回空挡位置。

（2）故障原因。

① 变速杆没有调整好或变速杆弯曲，远程控制杆机构磨损或调整不良。

② 拨叉轴轴向自由行程过大或凹槽位置不正确，拨叉轴凹槽磨损及拨叉磨损、变形。

③ 自锁钢球磨损或破裂，自锁弹簧弹力不够或折断。

④ 变速器轴、轴承磨损松旷或轴向间隙过大，造成轴转动时齿轮啮合不足而发生跳动和轴向窜动。

⑤ 齿轮或接合套严重磨损，沿齿长方向磨成锥形。

⑥ 同步器磨损或损坏。

⑦ 变速器壳松动或与离合器壳没对准。

（3）故障诊断与排除。

① 使车辆行驶，反复加速、减速，检查在各挡位上变速杆是否容易脱出。如果这种方法效果不明显时，可在爬陡坡、下陡坡（以发动机制动）时进行检查。

② 发现某挡脱挡时，仍将操纵杆挂入该挡，将发动机熄火。先检查操纵机构调整是否正确，然后再拆开变速器盖检查齿轮啮合情况和同步器啮合情况。如果啮合情况不好，应检查轴承是否磨损松旷，拨叉是否变形，拨叉与接合套上的叉槽间隙是否过大，否则应更换或校正拨叉；如果啮合情况良好，应检查操纵机构锁止情况。如锁止不良，须拆下拨叉轴检查自锁钢球和弹簧，弹簧过弱、折断或拨叉轴凹槽磨损，应予以更换或修复。

③ 若齿轮啮合和操纵机构均良好，应检查齿轮是否磨成锥形，以及轴是否前后移动。如果齿轮磨成锥形应更换，轴的前后移动应调整适当。

④ 对于变速器壳松动或与离合器壳没对准而引起的脱挡，须按规定拧紧固定螺栓。

2. 变速器换挡困难

（1）故障现象。在进行正常变速操作时，变速杆不能挂入挡位，或者勉强挂上挡后又很难摘下来。

（2）故障原因。

① 变速杆下端磨损或控制杆弯曲。

② 拨叉或拨叉轴磨损、松旷、弯曲。

③ 自锁或互锁弹簧过硬、钢球损伤。

④ 控制连杆机构动作不良（远程控制式机构）。

⑤ 同步器不良（磨损或损坏）。

⑥ 变速器轴弯曲变形或花键损伤。

（3）故障诊断与排除。

① 首先应确认离合器分离状态正常，然后使发动机怠速运转，踏下离合器踏板，试进行各挡位变换动作，检查变速杆是否卡滞、沉重等。当用这种方法不易判断时，可进行实车行驶试验。

② 汽车行驶时发生换挡困难现象，首先检查离合器能否分离彻底，操纵机构能否工作。

③ 如上述情况良好，应拆开变速器盖，检查拨叉是否弯曲，如果弯曲应校正或更换。如果拨叉轴与导向孔锈蚀，可用较细的砂纸光磨。

④ 检查自锁和互锁装置是否良好，否则予以更换。

⑤ 检查拨叉的固定螺栓松动，若松动应予以紧固。

⑥ 检查变速器轴花键损伤情况或轴弯曲，酌情给予修复或更换。

⑦ 检查同步器磨损或损坏情况，根据同步器损坏的部位酌情更换零件或整体更换。

3. 变速器乱挡

（1）故障现象。在离合器技术状况正常情况下，变速器同时挂上两个挡或虽能挂上挡，但却不能挂入所需要的挡位，或者挂入后不能退出。

（2）故障原因主要为变速操纵机构失效。

① 变速杆球头定位销磨损、折断或球孔、球头磨损、松旷。

② 变速杆下端工作面或拨叉轴上导块的导槽磨损过度。

③ 拨叉槽互锁销、球磨损严重或漏装。

（3）故障诊断与排除。

① 使车辆行驶，操纵变速杆进行换挡试验，检查是否有同时挂上两个挡或挂上的挡位不是所需要的挡位。

② 挂需要挡位时，结果挂入别的挡位：检查变速杆摆转角度，若其能任意摆动，且能打圈，则为定位销损坏或失效。需更换定位销，调整变速杆。

③ 当变速杆摆动转角正常，仍挂不上或摘不下挡，则多为变速杆下端工作面磨损或导槽磨损，使变速杆下端从导槽中脱去。应予以修复或更换。

④ 若同时挂上两个挡，则为互锁装置磨损或漏装零件。应进行零件更换或装复。

4. 变速器异响

（1）故障现象。变速器工作时，发出不正常声响，如金属的干摩擦声，不均匀的碰撞声等。

（2）故障原因。

① 变速器操纵机构各连接处松动，拨叉变形或磨损松旷。

② 变速器与发动机安装时曲轴与变速器第一轴轴线不同心，或变速器壳体变形。

③ 壳体轴承孔修复后，轴心发生变动或使两轴线不同心，变速器壳体前端面与第一轴、第二轴轴心线垂直度或第一轴、第二轴与曲轴同轴度超差。

④ 轴承缺油、磨损松旷、疲劳剥落或轴承滚动体破裂。

⑤ 第二轴、中间轴弯曲或花键与滑动花键毂磨损松旷。

⑥ 齿轮磨损严重，齿侧间隙太大，齿面有金属疲劳剥落或个别齿损坏折断等。

⑦ 齿轮制造精度差或齿轮副不匹配，维修中未成对更换相啮合的两齿轮。

⑧ 变速器缺油，润滑油过稀、过稠或质量变坏。

⑨ 变速器内掉入异物或某些紧固螺栓松动。

（3）故障诊断与排除。

① 当发动机怠速运转时，使变速杆处于空挡位，检查接合和分离离合器过程中有无异响，如离合器接合时发生异响，离合器分离时异响消失，说明异响发生在变速器。也可进行实车行驶，检查在变速挡位有无异响。此时，应区别驱动时与怠速的异响。

在排除变速器异响时，要根据响声的特点、出现响声的时机和发响的部位判断产生响声的原因，然后予以排除。

② 变速器换入某一挡位时，响声明显，应检查该挡齿轮和同步器的磨损及齿轮啮合情况，若磨损严重予以更换。齿轮接触不良，酌情更换一对新齿轮。

③ 发动机怠速运转，变速器空挡时有异响，多为常啮合齿轮响，应酌情修理或更换。

④ 变速器各挡均有异响，多为基础件、轴、齿轮、花键磨损使形位误差超限，应酌情修理或更换。

⑤ 变速器运转时有金属干摩擦声，多为变速器内润滑油有问题，应检查油面高度和油的质量。

⑥ 变速器工作时有周期性撞击声，则为齿轮个别齿损坏，应更换该齿轮。

⑦ 变速器工作时有间断性的异响，可能为变速器内掉入异物所引起。

5. 变速器漏油

（1）故障现象。变速器壳体外围有油泄漏，变速器箱的齿轮油减少。

（2）故障原因。

① 油封磨损、变形或损伤。

② 变速器壳龟裂或损伤或延伸壳破裂。

③ 通气口堵塞、放油螺塞松动。

④ 变速器的盖与壳体之间安装松动或者密封垫损坏。

⑤ 齿轮油过多或齿轮油选用不当，产生过多泡沫。

⑥ 车速里程表接头锁紧装置松动或破损。

（3）故障诊断与排除。

① 按油迹部位检查油液泄漏原因。

② 检查调整变速器油量。检查齿轮油质量，如质量不佳，应更换合适的齿轮油。

③ 疏通堵塞的通气口。

④ 更换损坏的密封垫和油封。

⑤ 紧固松动的变速器盖、壳螺栓及放油螺塞。

⑥ 更换损坏的变速器壳和延伸壳。

⑦ 拧紧车速表接头锁紧装置，如果锁紧装置破损，应予以更换。

四、知识链接：手动变速器拆装与检查

下面以丰田科罗拉轿车 C50 手动变速器为例，介绍其拆装与检查的具体步骤。

（一）整体结构简介

丰田科罗拉轿车 C50 手动变速器结构如图 3-39～图 3-47 所示。

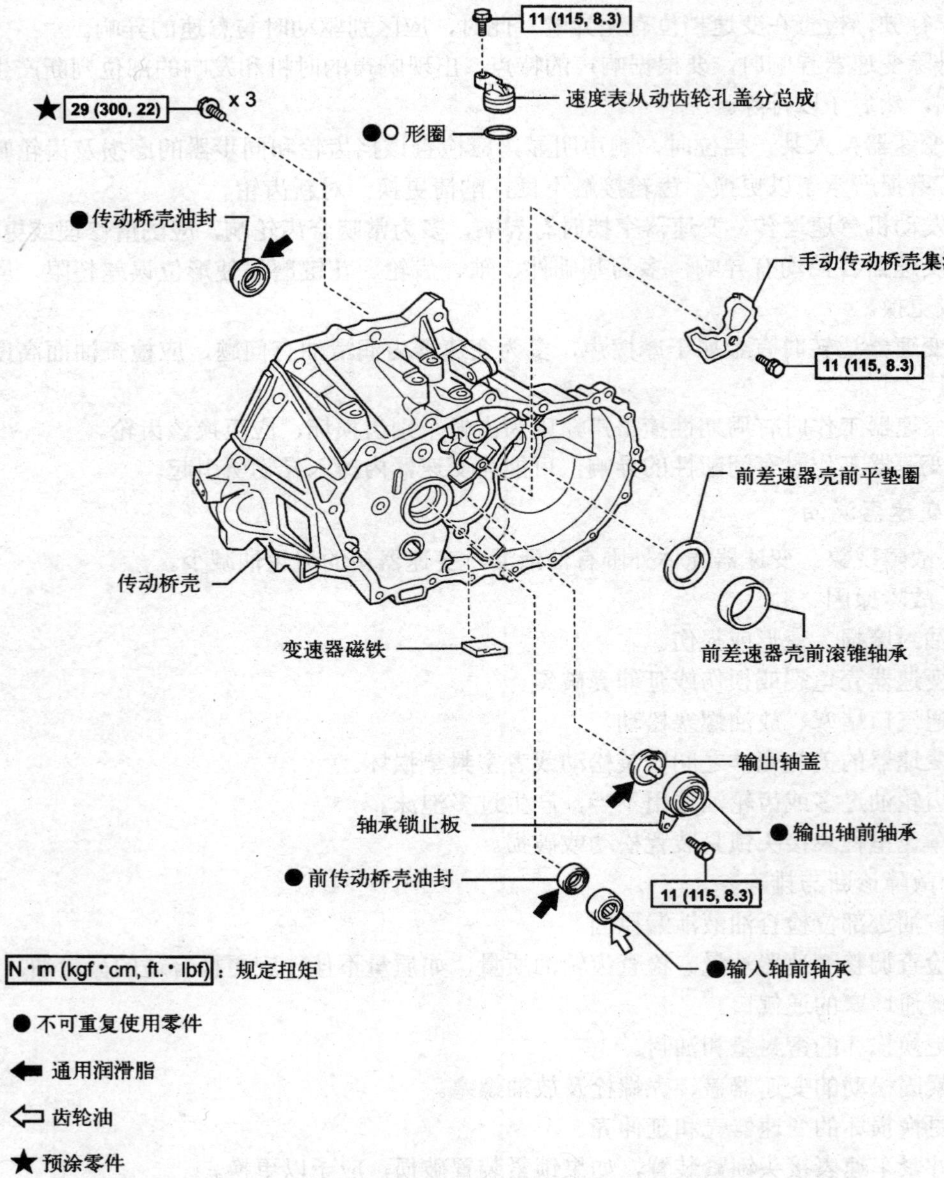

图 3-39　变速器结构图（一）

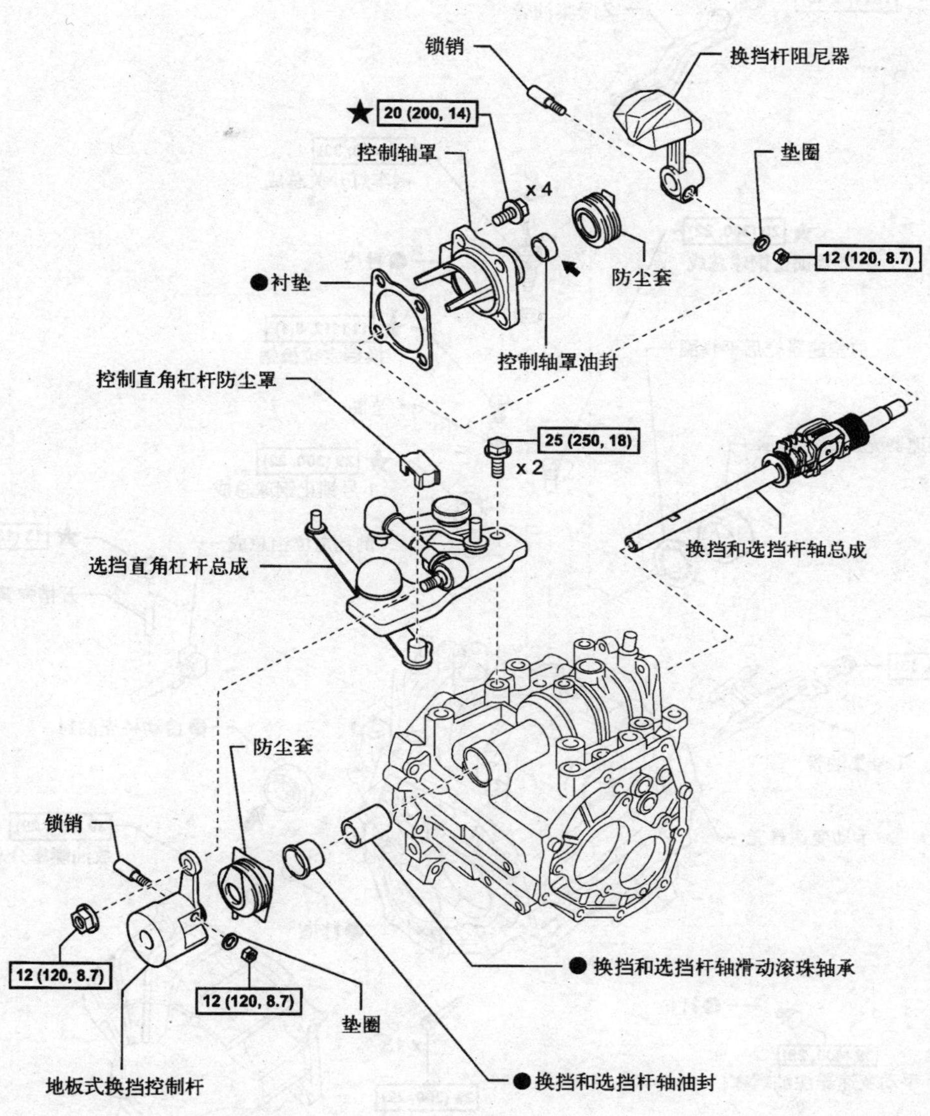

N · m (kgf · cm, ft. · lbf)：规定扭矩

●不可重复使用零件

⬅通用润滑脂

★预涂零件

图 3-40　变速器结构图（二）

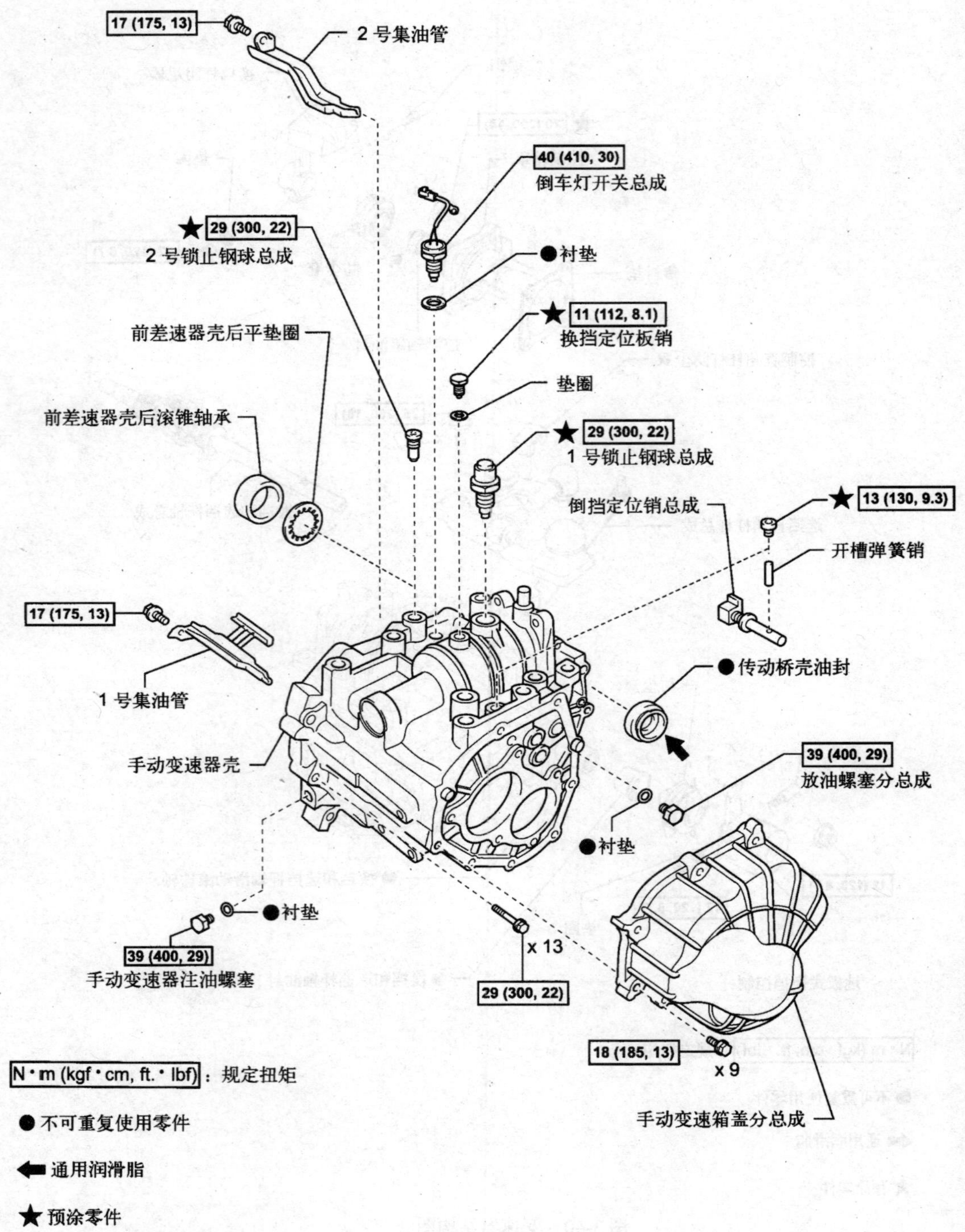

图 3-41　变速器结构图（三）

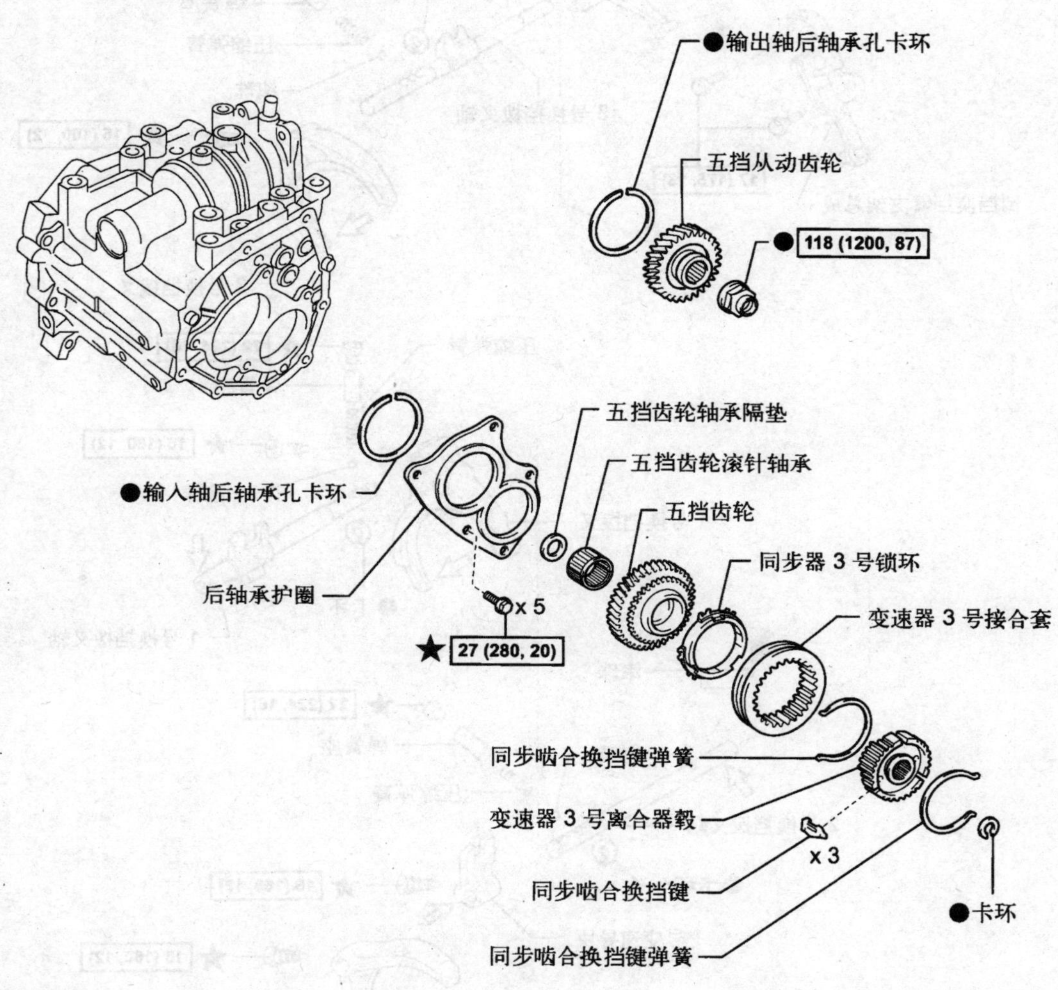

N·m (kgf·cm, ft.·lbf)：规定扭矩

● 不可重复使用零件

★预涂零件

图 3-42　变速器结构图（四）

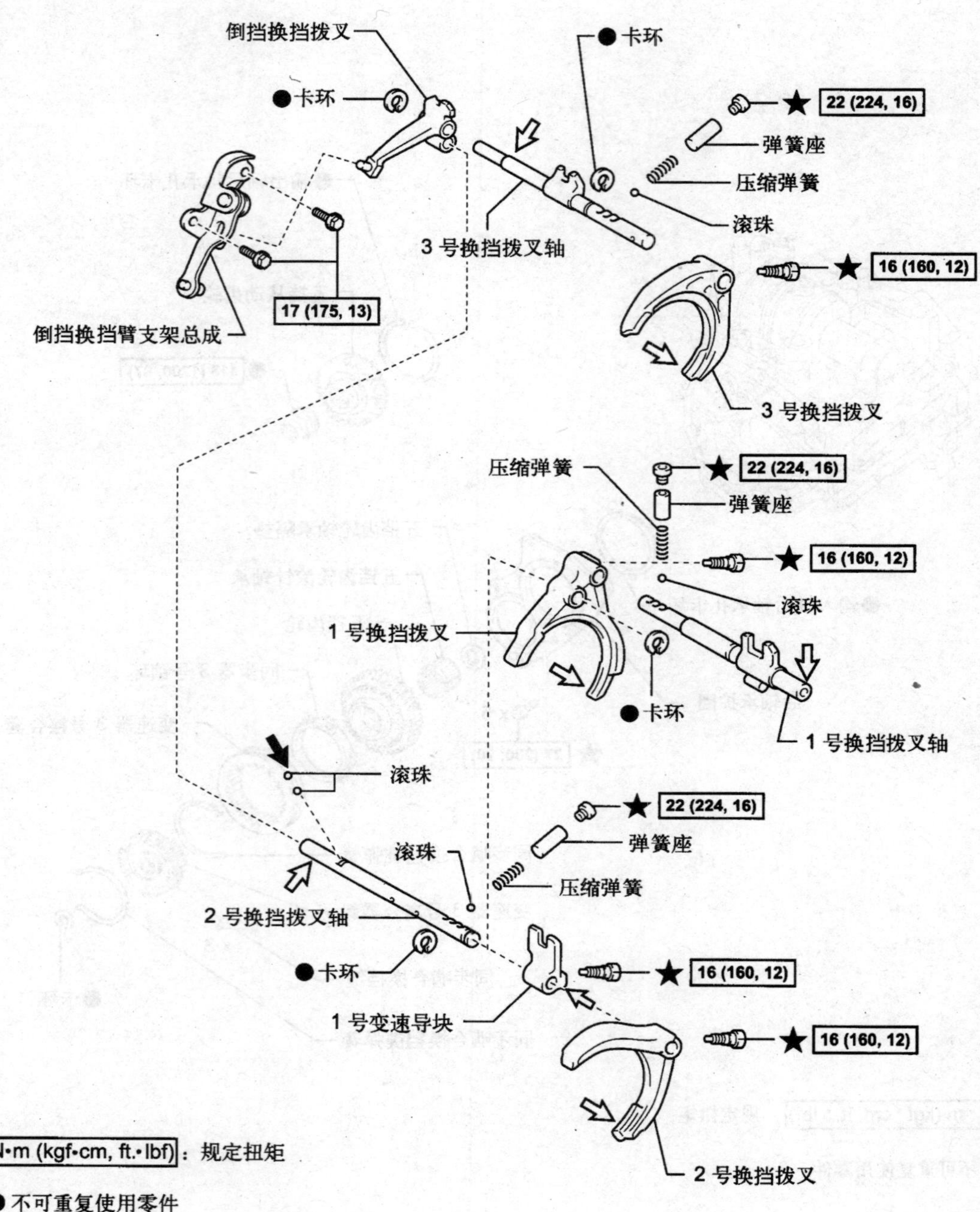

图 3-43　变速器结构图（五）

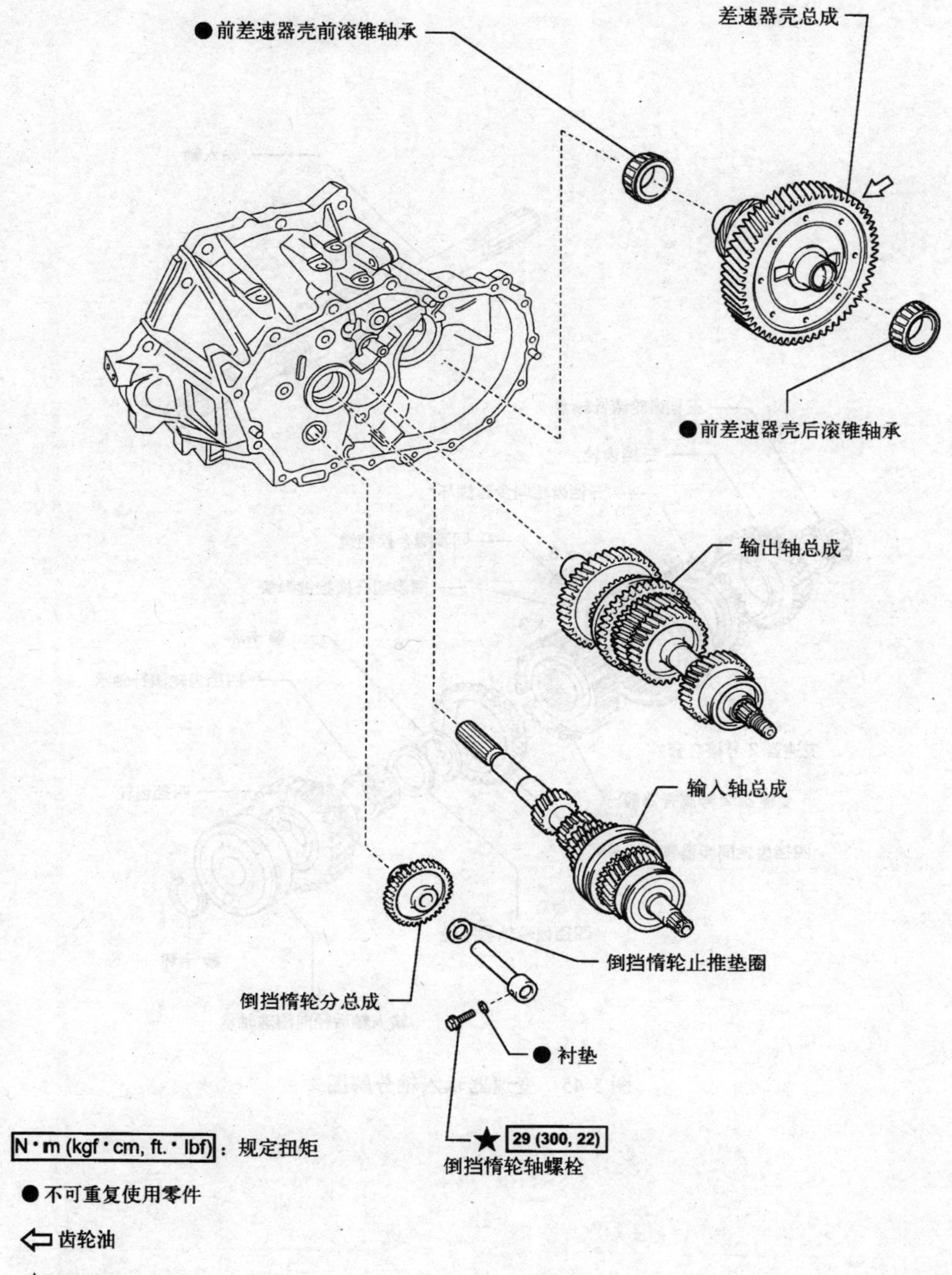

图 3-44　变速器结构图（六）

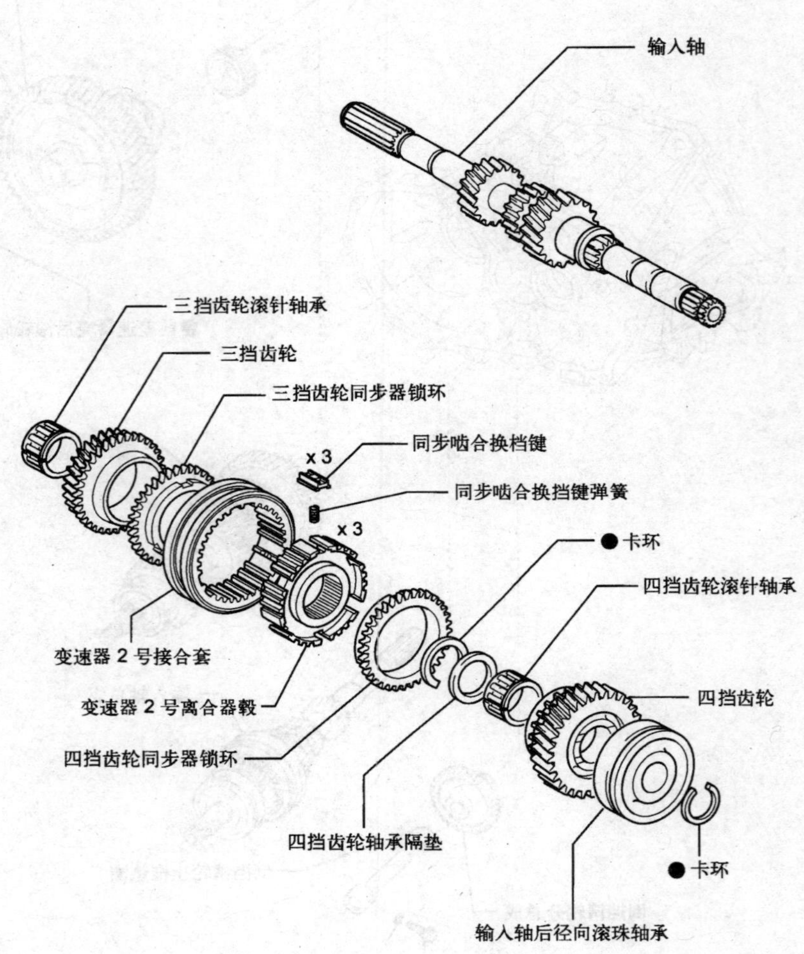

图 3-45　变速器输入轴分解图

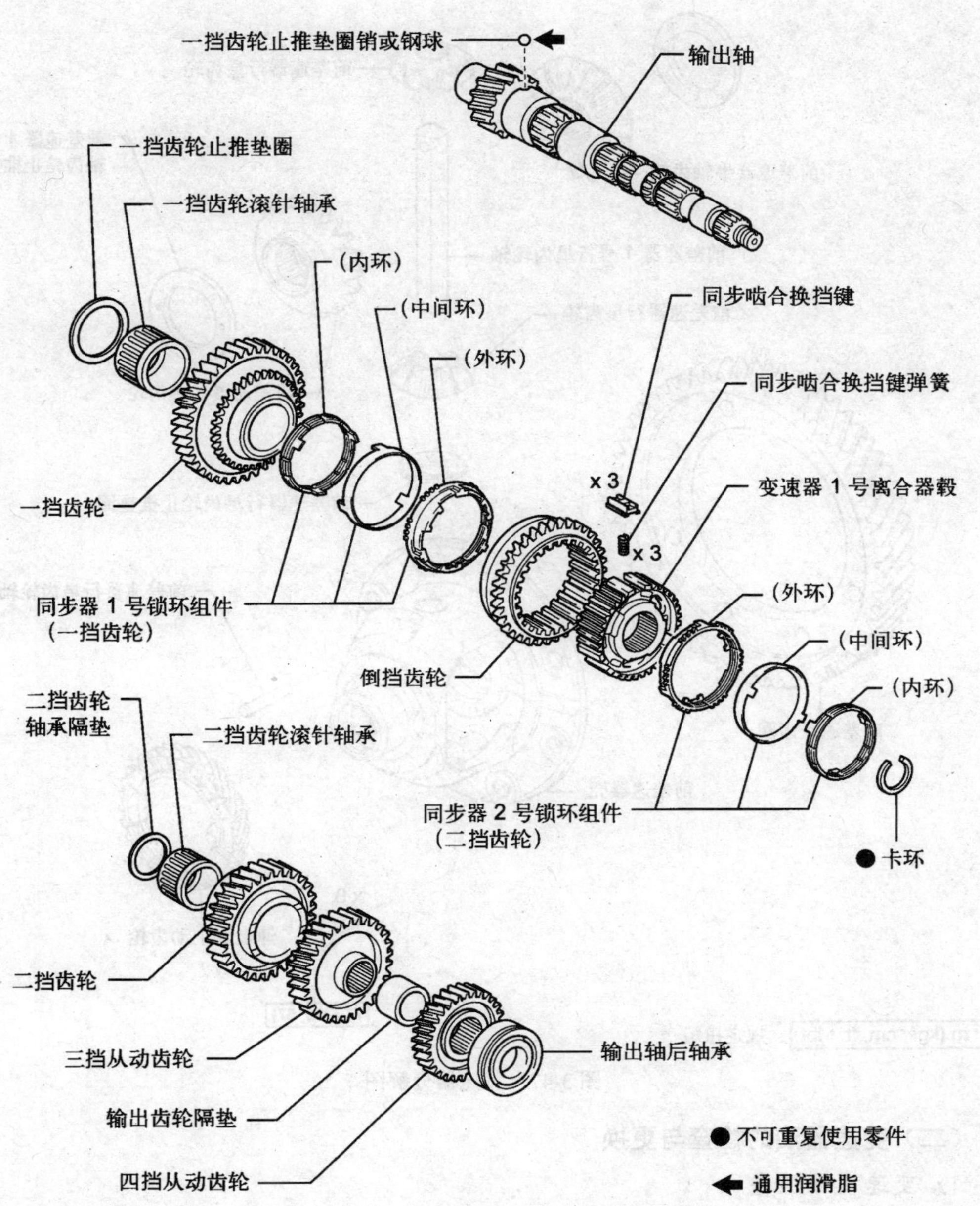

图 3-46 变速器输出轴分解图

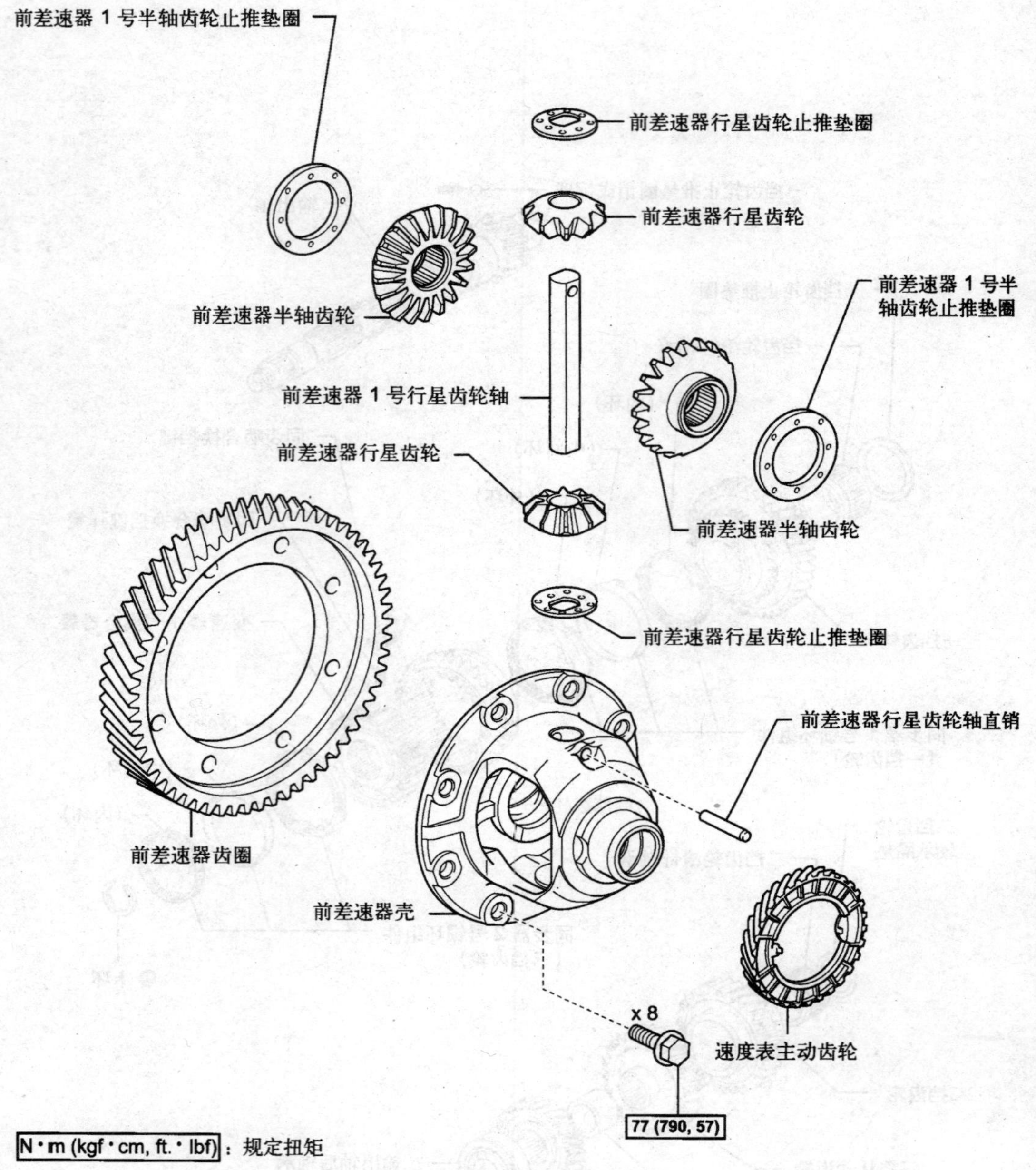

图 3-47　差速器分解图

（二）变速器油的检查与更换

1. 变速器油检查

（1）将车辆停放在平坦路面上；

（2）拆下变速器注油螺塞和衬垫；

（3）检查并确认油面在变速器注油螺塞开口最低点以下 5 mm 范围内，如图 3-38 所示；

注意：油液过多或过少都可能引起故障；更换机油后，驾驶车辆并再次检查油位。

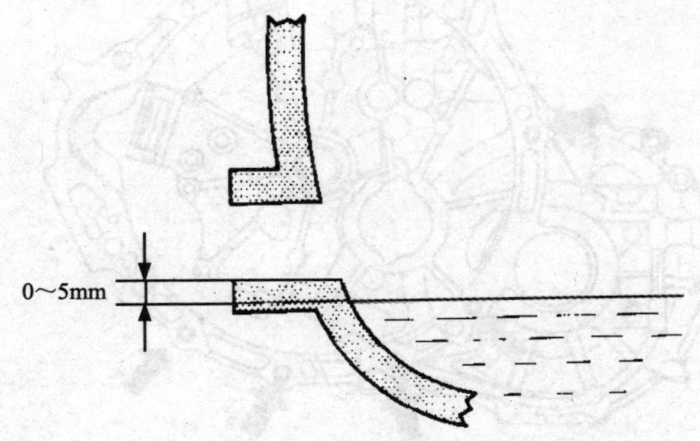

图 3-48　检查变速器油液面高度

（4）油位低时，检查机油是否泄漏；

（5）安装变速器注油螺塞和新衬垫（扭矩 39N・m）。

2. 变速器油更换

（1）排净手动传动桥油。

① 拆下注油螺塞和衬垫；

② 拆下放油螺塞和衬垫，排净手动传动桥油。

（2）添加手动传动桥油。

① 安装新衬垫和放油螺塞（扭矩：39N・m）；

② 添加手动传动桥油；

③ 安装变速器注油螺塞和新衬垫（扭矩：39N・m）。

（3）检查手动传动桥油。

（三）变速器总成的拆卸与安装

1. 变速器总成的拆卸

以丰田 1ZR-FE 型发动机配置的 C50 手动变速器为例。

（1）拆卸带传动桥的发动机总成。

（2）拆卸发动机后悬置隔振垫。

（3）安装发动机吊架。

（4）拆卸飞轮壳侧盖

（5）拆卸启动机总成。

（6）拆卸手动传动桥总成，即拆下 7 个螺栓和手动传动桥，如图 3-49 所示。

（7）拆卸线束卡夹支架，即拆下螺栓和线束卡夹支架，如图 3-50 所示。

（8）拆卸控制拉索支架，即拆下 2 个螺栓和控制拉索支架，如图 3-51 所示。

（9）拆卸发动机左侧悬置支架，即拆下 3 个螺栓和发动机左侧悬置支架，如图 3-52 所示。

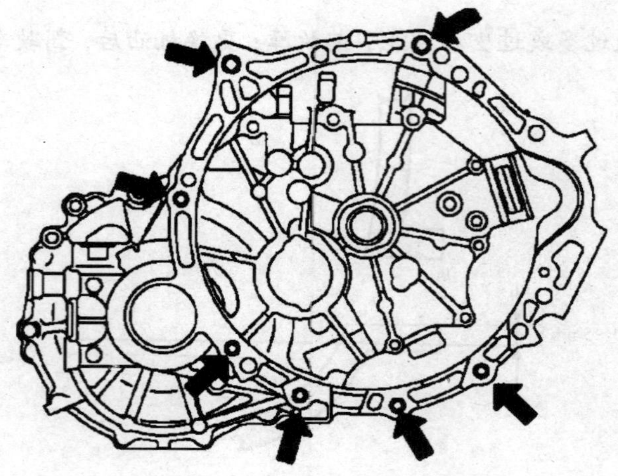
图 3-49　驱动桥总成连接螺栓

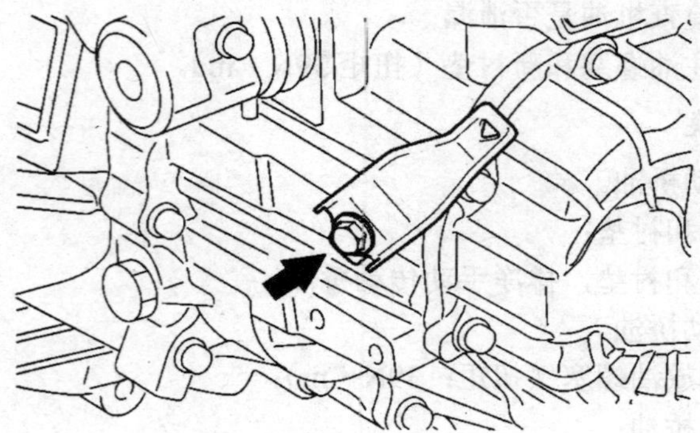
图 3-50　线束卡夹支架

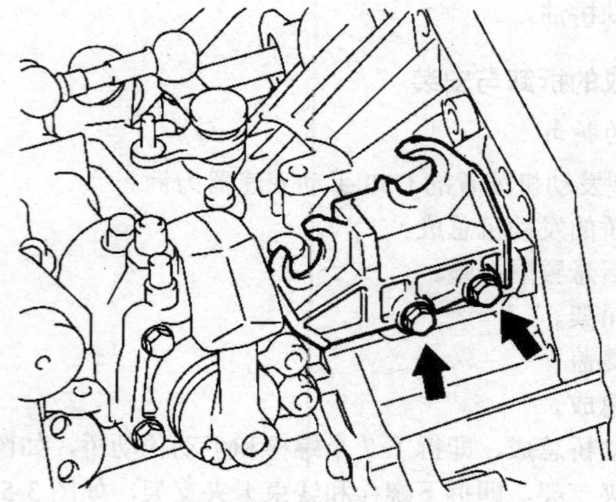
图 3-51　控制拉索支架

（10）拆卸发动机前悬置支架，即拆下 3 个螺栓和发动机前悬置支架，如图 3-53 所示。

（11）拆卸发动机后悬置支架，即拆下 3 个螺栓和发动机后悬置支架，如图 3-54 所示。

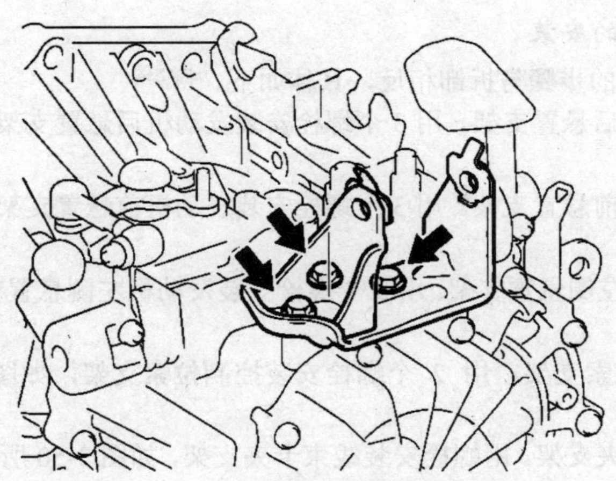

图 3-52　发动机左侧悬置支架固定螺栓

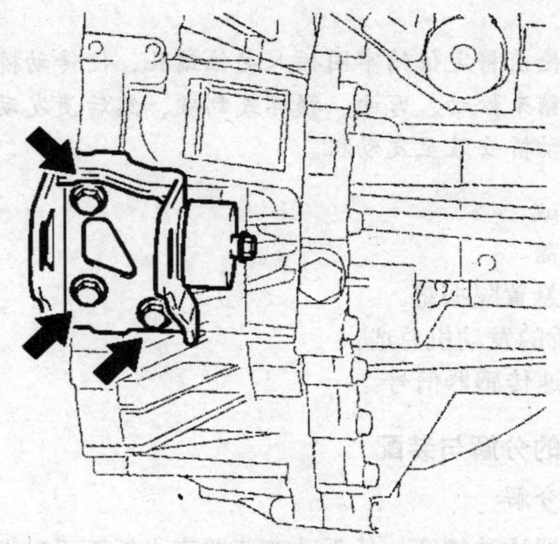

图 3-53　发动机前悬置支架固定螺栓

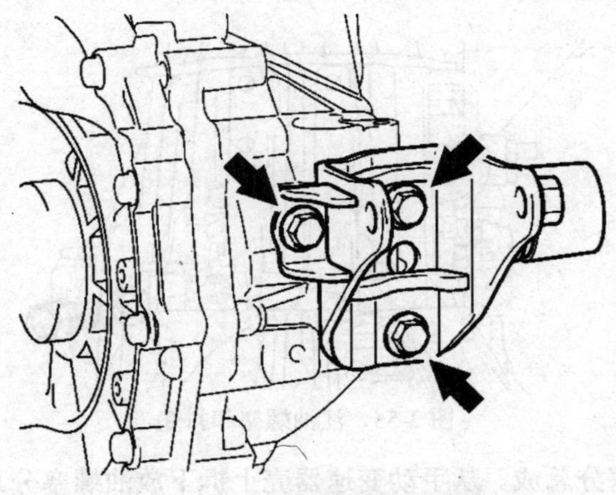

图 3-54　发动机后悬置支架固定螺栓

2. 变速器总成的安装

变速器总成安装的步骤与拆卸相反，具体如下。

（1）安装发动机后悬置支架。用3个螺栓安装发动机后悬置支架，如图3-54所示（扭矩为45 N·m）。

（2）安装发动机前悬置支架。用3个螺栓安装发动机前悬置支架，如图3-53所示（扭矩为64 N·m）。

（3）安装发动机左侧悬置支架。用3个螺栓安装发动机左侧悬置支架，如图3-52所示。（扭矩为64 N·m）。

（4）安装控制拉索支架。用2个螺栓安装控制拉索支架，如图3-51所示（扭矩为25N·m）。

（5）安装线束卡夹支架。用螺栓安装线束卡夹支架，如图3-50所示（扭矩为26N·m）。

（6）安装手动传动桥总成。使输入轴和离合器盘对齐，并将手动传动桥安装至发动机。安装7个螺栓，如图3-49所示（扭矩为33N·m）。

注意： 紧固螺栓前将定位销牢固插入定位销孔，使传动桥总成端面紧贴发动机总成；确保定位销未松动、弯曲、损坏或刮破，然后使发动机和传动桥的接触面相互接触，将传动桥安装至发动机。

（7）安装启动机总成。

（8）安装飞轮壳侧盖。

（9）安装发动机后悬置隔振垫。

（10）安装带传动桥的发动机总成。

（11）检查ABS转速传感器信号。

（四）变速器总成的分解与装配

1. 变速器总成的分解

（1）拆卸手动变速器注油螺塞。从手动变速器壳上拆下手动变速器注油螺塞和衬垫，如图3-55所示。

图3-55 注油螺塞和衬垫

（2）拆卸放油螺塞分总成。从手动变速器壳上拆下放油螺塞分总成和衬垫，如图3-56所示。

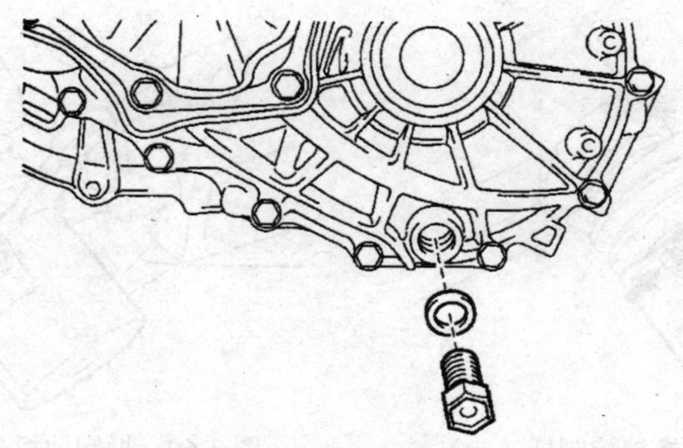

图 3-56　放油螺塞

（3）拆卸速度表从动齿轮孔盖分总成。从传动桥壳上拆下螺栓和速度表从动齿轮孔盖分总成。从速度表从动齿轮孔盖分总成上拆下 O 形圈。

（4）拆卸倒车灯开关总成。从 2 个卡夹上分离倒车灯开关线束，如图 3-57 所示。用 SST 从手动变速器壳上拆下倒车灯开关总成和衬垫。

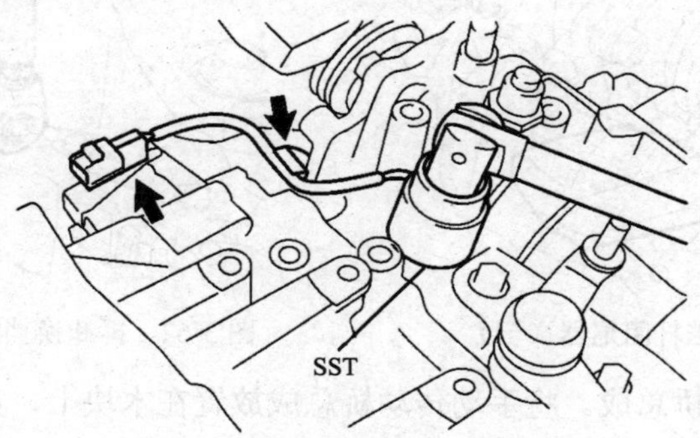

图 3-57　倒车灯开关线束

（5）拆卸选挡直角杠杆总成。从手动变速器壳上拆下 2 个螺栓、螺母和选挡直角杠杆总成，如图 3-58 所示。拆下控制直角杠杆防尘罩。

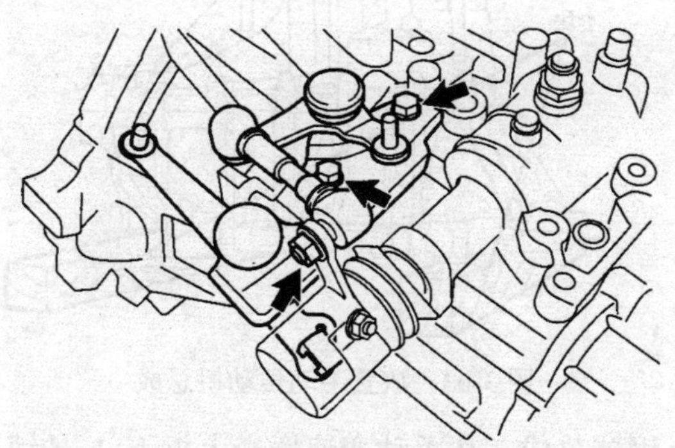

图 3-58　拆卸选挡直角杠杆总成

（6）拆卸地板式换挡控制杆。拆下螺母和垫圈，如图 3-59 所示。用铜棒和锤子拆下锁销，如图 3-60 所示。拆下地板式换挡控制杆和防尘罩。

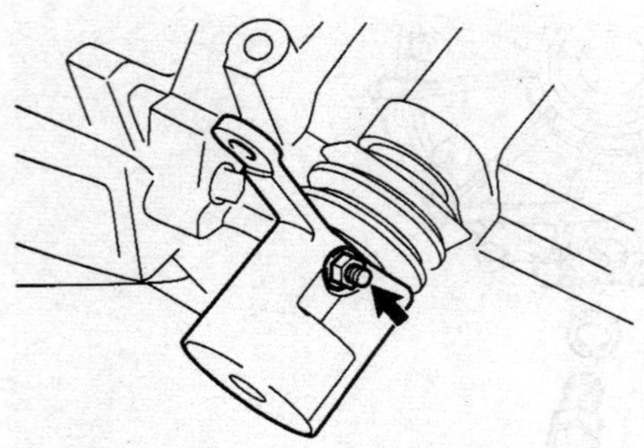

图 3-59　拆卸地板式换挡控制杆（一）

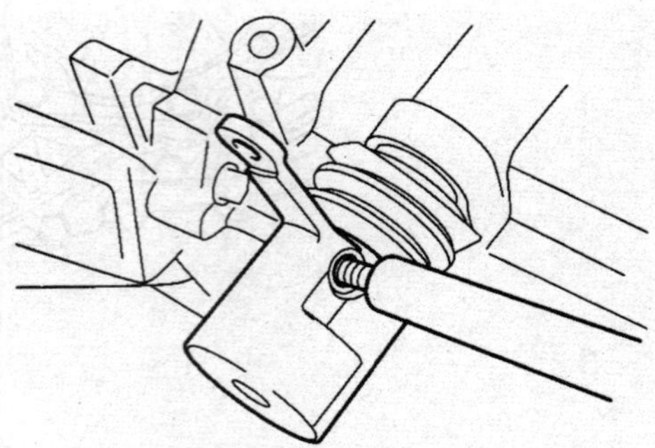

图 3-60　拆卸地板式换挡控制杆（二）

（7）拆卸换挡杆阻尼器。拆下螺母和垫圈，如图 3-61 所示。用铜棒和锤子拆下锁销。拆下换挡杆阻尼器和防尘罩，如图 3-62 所示。

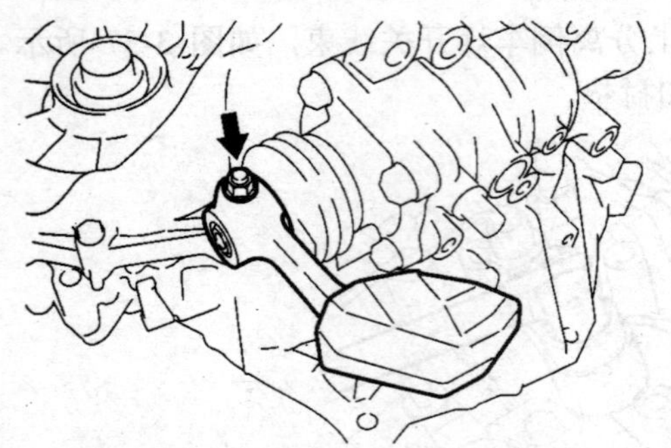

图 3-61　拆卸换挡杆阻尼器（一）

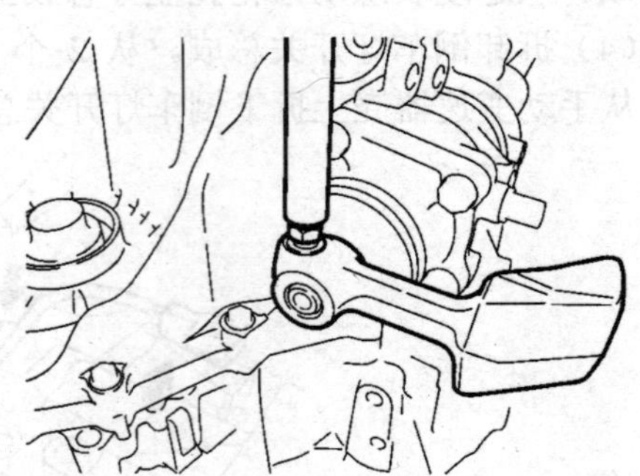

图 3-62　拆卸换挡杆阻尼器（二）

（8）准备手动传动桥总成。将手动传动桥总成放置在木块上，如图 3-63 所示。

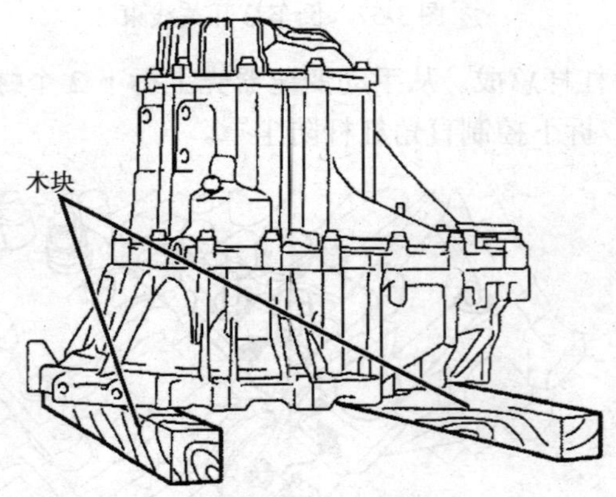

图 3-63　放置手动传动桥总成

（9）拆卸 1 号锁止钢球总成。从手动变速器壳上拆下 1 号锁止钢球总成，如图 3-64 所示。

（10）拆卸换挡导向销。从手动变速器壳上拆下换挡导向销和垫圈，如图 3-65 所示。

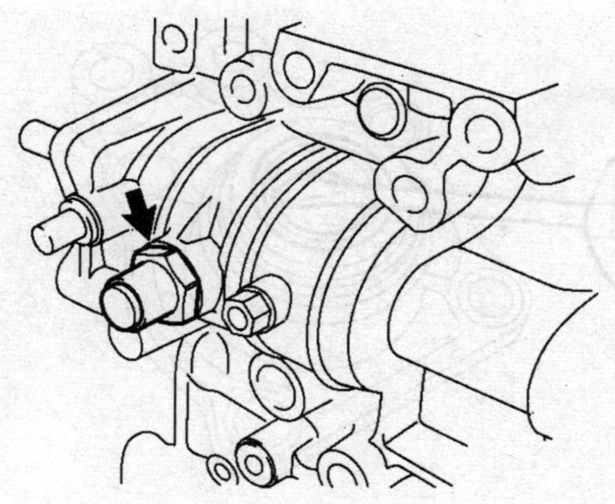

图 3-64 拆卸 1 号锁止钢球总成

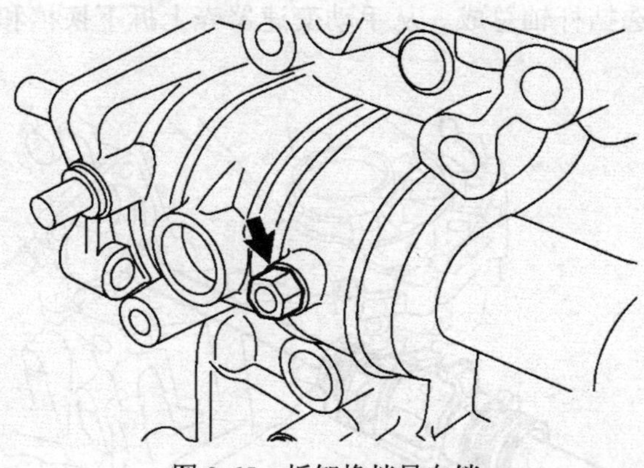

图 3-65 拆卸换挡导向销

（11）拆卸控制轴罩。从手动变速器壳上拆下 4 个螺栓、控制轴罩和衬垫，如图 3-66 所示。

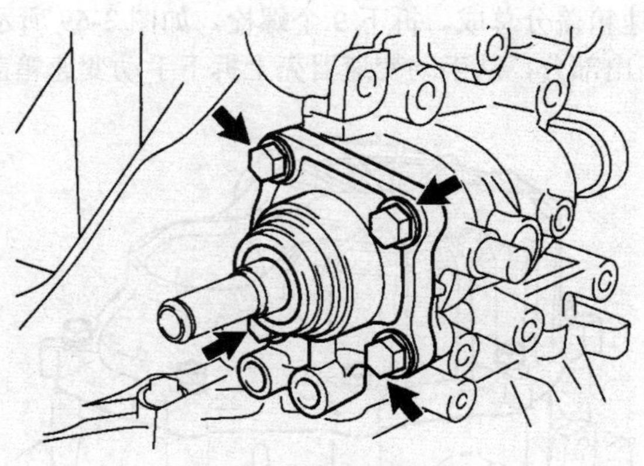

图 3-66 拆卸控制轴罩

（12）拆卸控制轴罩油封。用螺丝刀从控制轴罩上拆下控制轴罩油封，如图 3-67 所示。

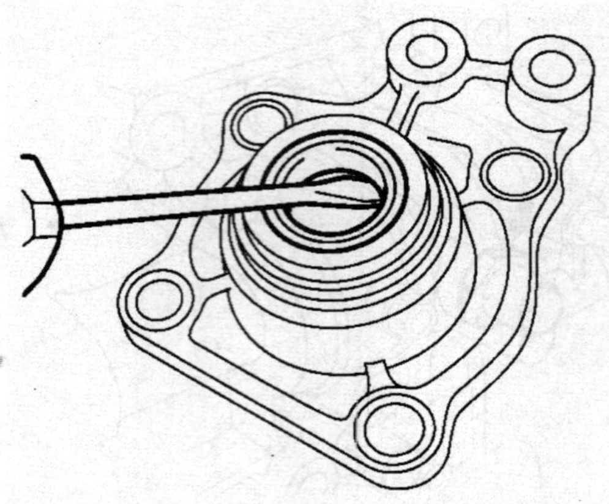

图 3-67　拆卸控制轴罩油封

（13）拆卸换挡和选挡杆轴总成。从手动变速器壳上拆下换挡和选挡杆轴总成，如图 3-68 所示。

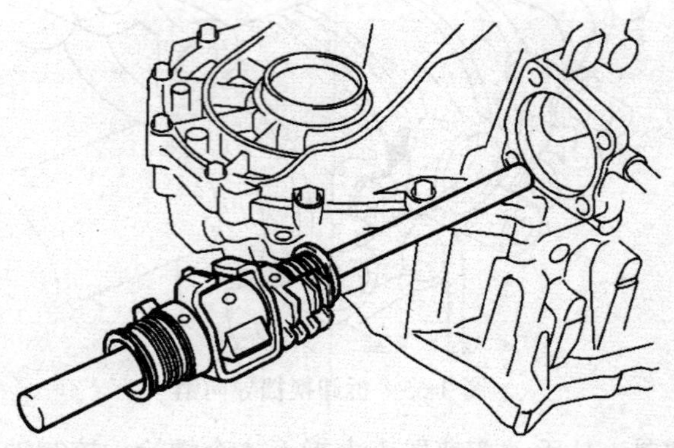

图 3-68　拆卸换挡和选挡杆轴总成

（14）拆卸手动变速箱盖分总成。拆下 9 个螺栓，如图 3-69 所示。用塑料锤小心敲击手动变速箱分总成的凸出部分，从手动变速器壳上拆下手动变速箱盖，如图 3-70 所示。

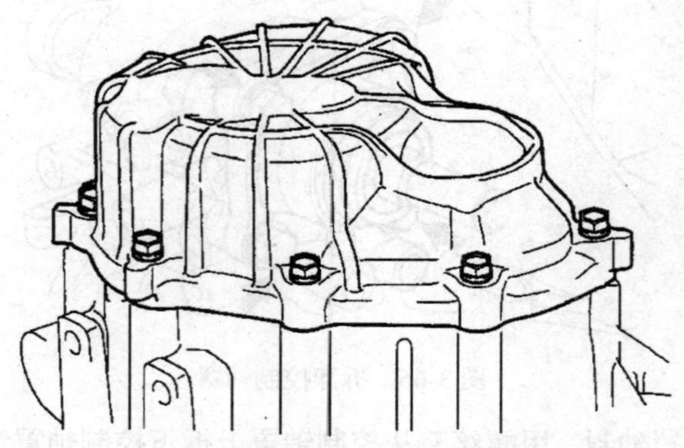

图 3-69　拆卸手动变速箱盖分总成

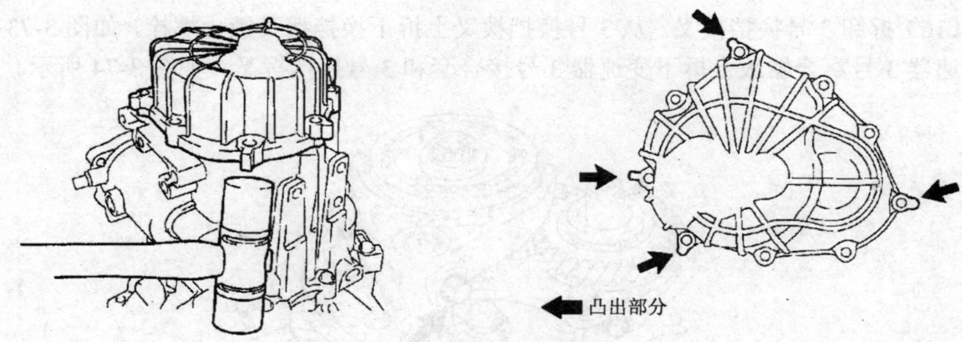

图 3-70　用塑料锤小心敲击

注意：不要损坏手动变速器壳。

（15）拆卸手动变速器输出轴后固定螺母。用冲子和锤子松开手动变速器输出轴后固定螺母的锁紧部件，如图 3-71 所示；使 2 个齿轮同步啮合以锁止变速器；拆下手动变速器输出轴后固定螺母，如图 3-72 所示；最后，分离 2 个齿轮。

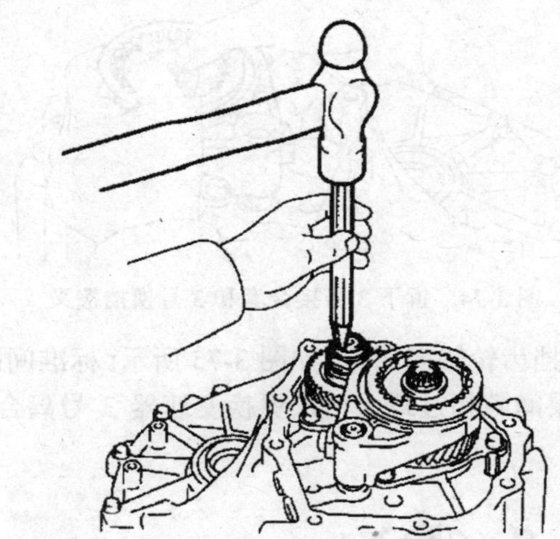

图 3-71　松开输出轴后固定螺母的锁紧部件

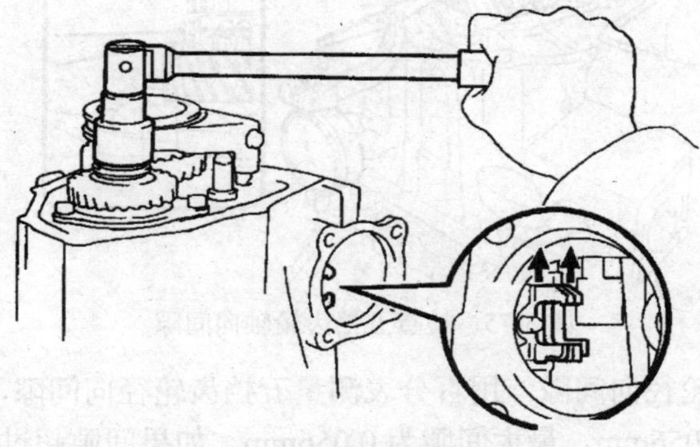

图 3-72　拆下输出轴后固定螺母

（16）拆卸 3 号换挡拨叉。从 3 号换挡拨叉上拆下换挡拨叉锁止螺栓，如图 3-73 所示。从变速器 3 号离合器毂上拆下变速器 3 号接合套和 3 号换挡拨叉，如图 3-74 所示。

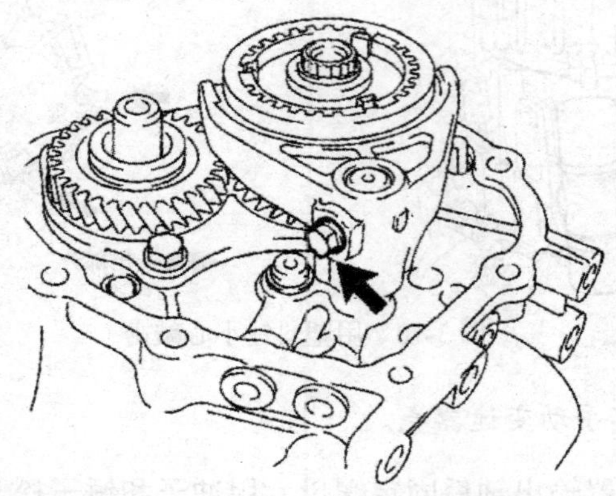

图 3-73　拆下换挡拨叉锁止螺栓

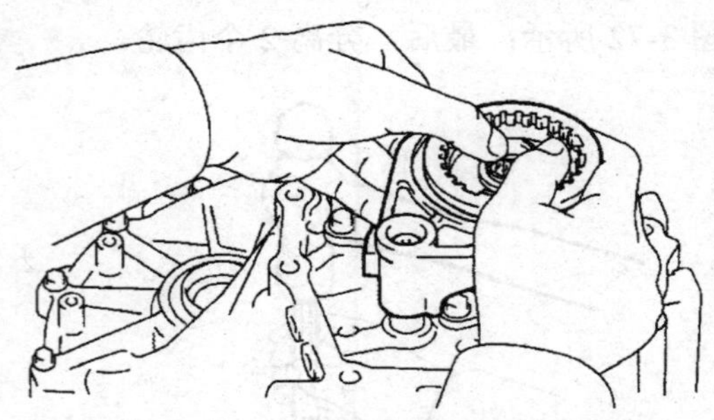

图 3-74　拆下 3 号接合套和 3 号换挡拨叉

（17）用百分表测量五挡齿轮轴向间隙，如图 3-75 所示。标准间隙为 0.10mm～0.55mm，最大间隙为 0.55mm。如果间隙超过最大值，更换变速器 3 号离合器毂、五挡齿轮或输入轴后径向滚珠轴承。

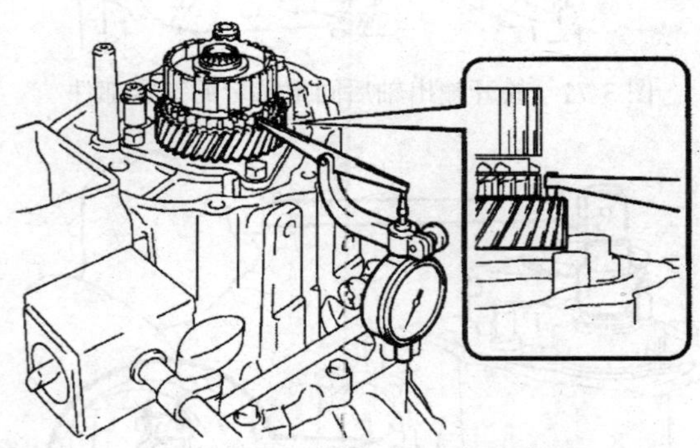

图 3-75　检查五挡齿轮轴向间隙

（18）检查五挡齿轮径向间隙。用百分表测量五挡齿轮径向间隙，如图 3-76 所示。标准间隙为 0.015mm～0.056mm，最大间隙为 0.056mm。如果间隙超过最大值，更换五挡齿轮、五挡齿轮滚针轴承或输入轴。

图 3-76　检查五挡齿轮径向间隙

（19）拆卸变速器 3 号离合器毂。用两把螺丝刀和锤子轻轻敲出卡环，如图 3-77 所示。

提示：用抹布或布条防止卡环飞出。

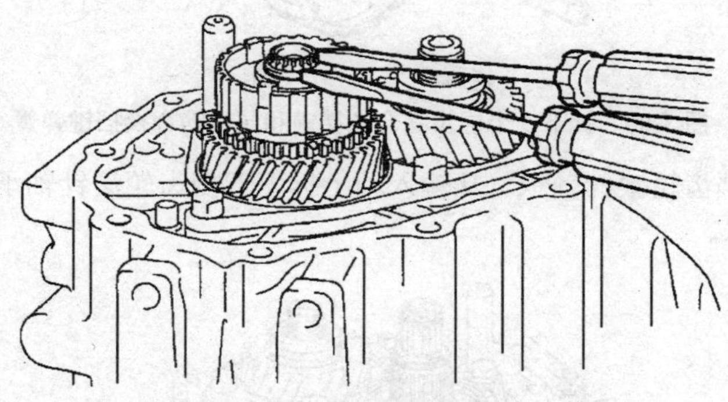

图 3-77　拆卸 3 号离合器毂

用螺丝刀从变速器 3 号离合器毂上拆下同步啮合换挡键弹簧，如图 3-78 所示。用 SST 从输入轴上拆下变速器 3 号离合器毂、五挡齿轮和同步器 3 号锁环，如图 3-79 所示。从变速器 3 号离合器毂上拆下 3 个同步啮合换挡键和同步啮合换挡键弹簧，如图 3-80 所示。

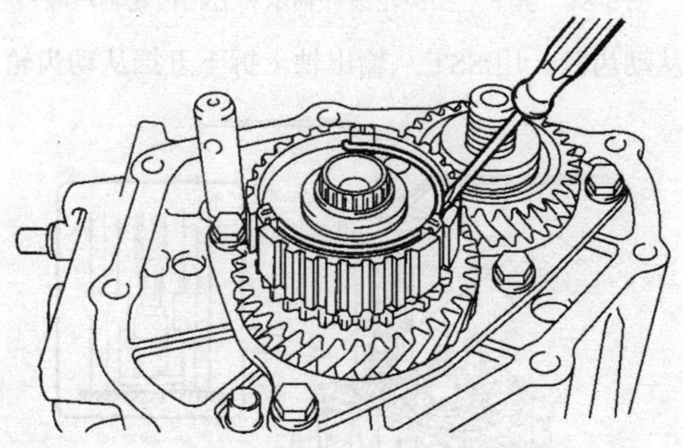

图 3-78　拆下同步啮合换挡键弹簧

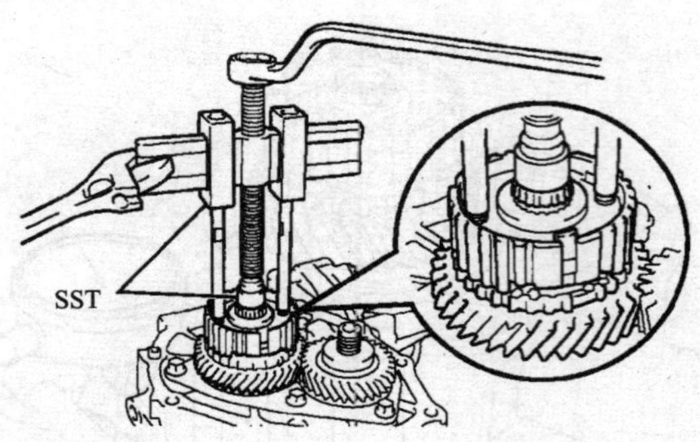

图 3-79　拆下变速器 3 号离合器毂、五挡齿轮和同步器 3 号锁环

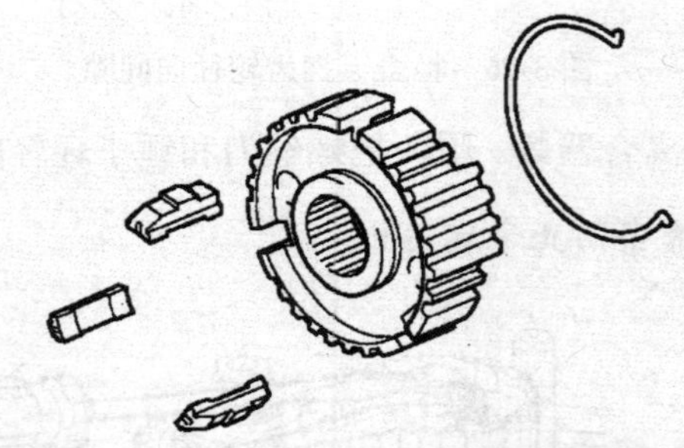

图 3-80　拆下 3 个同步啮合换挡键和同步啮合换挡键弹簧

（20）拆卸五挡齿轮滚针轴承。从输入轴上拆下五挡齿轮滚针轴承和五挡齿轮轴承隔垫，如图 3-81 所示。

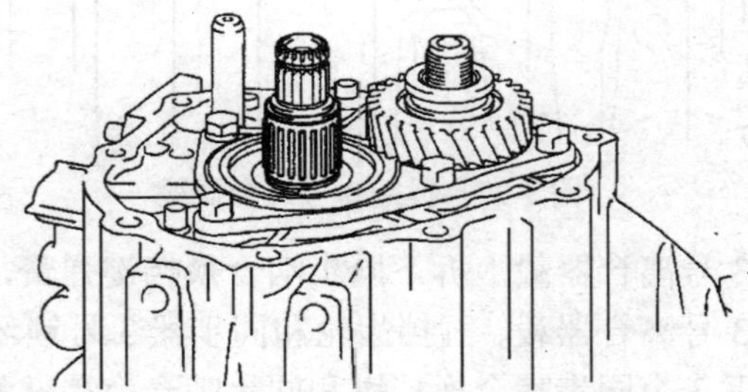

图 3-81　拆下五挡齿轮滚针轴承和五挡齿轮轴承隔垫

（21）拆卸五挡从动齿轮。用 SST 从输出轴上拆下五挡从动齿轮，如图 3-82 所示。

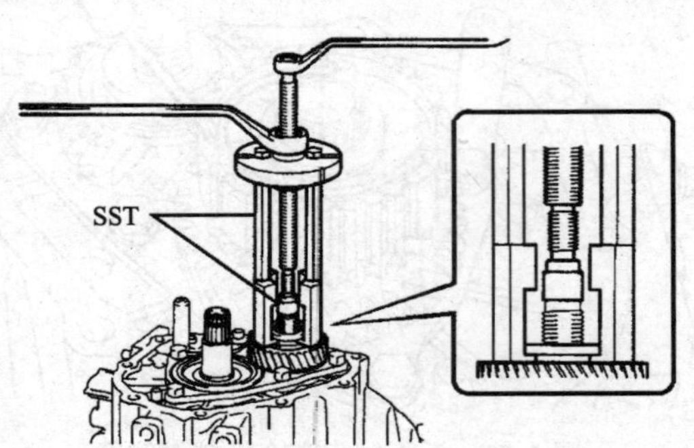

图 3-82　拆下五挡从动齿轮

（22）拆卸后轴承护圈。从手动变速器壳上拆下 5 个螺栓和后轴承护圈，如图 3-83 所示。

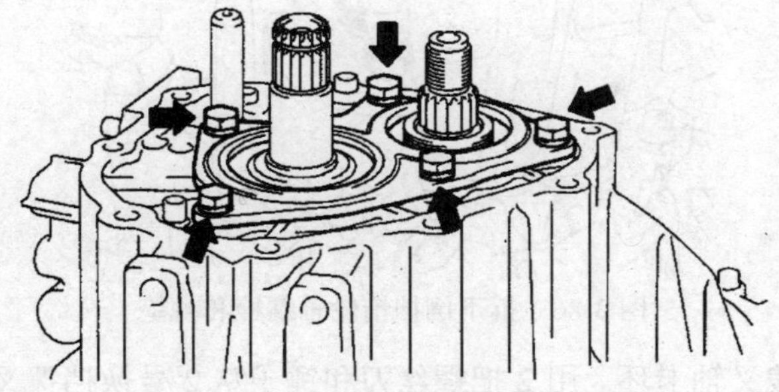

图 3-83　拆下 5 个螺栓和后轴承护圈

（23）拆卸输出轴后轴承孔卡环。用卡环扩张器从输出轴上拆下输出轴后轴承孔卡环，如图 3-84 所示。

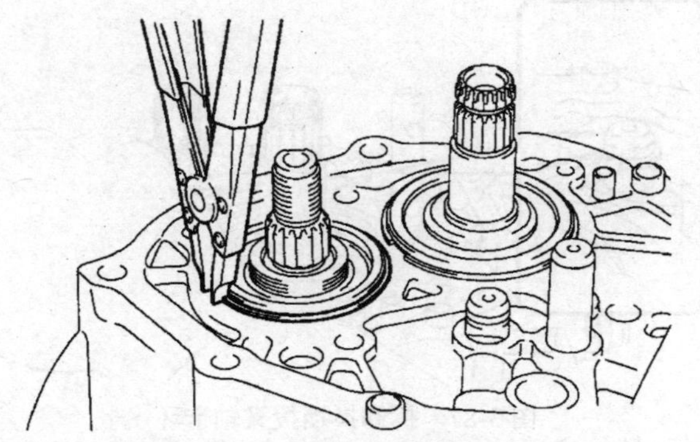

图 3-84　拆下输出轴后轴承孔卡环

（24）拆卸输入轴后轴承孔卡环。用卡环扩张器从输入轴上拆下输入轴后轴承孔卡环，如图 3-85 所示。

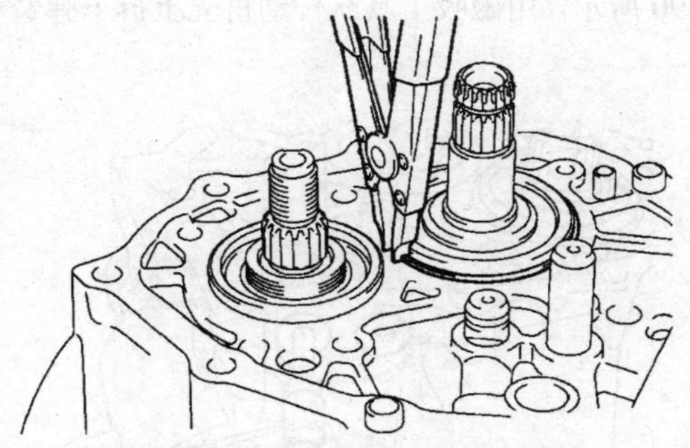

图 3-85　拆下输入轴后轴承孔卡环

（25）拆卸倒挡惰轮轴螺栓。从手动变速器壳上拆下倒挡轮轴螺栓和衬垫，如图 3-86 所示。

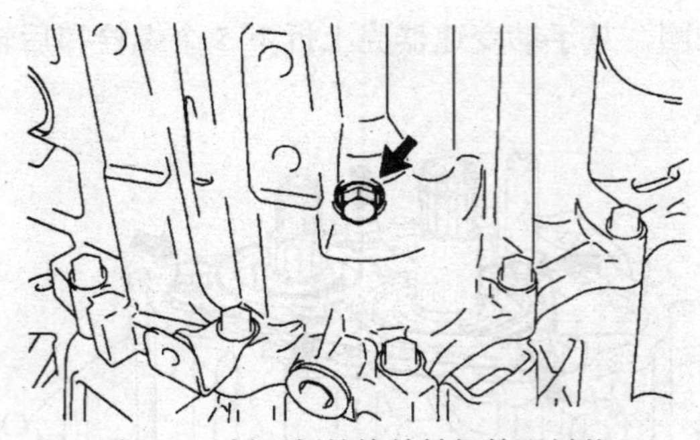

图 3-86 拆下倒挡惰轮轴螺栓和衬垫

（26）拆卸换挡拨叉轴卡环。用 2 把螺丝刀和锤子从 2 号换挡拨叉轴上轻轻敲出卡环，如图 3-87 所示。

注意：用抹布或布条防止卡环飞出。

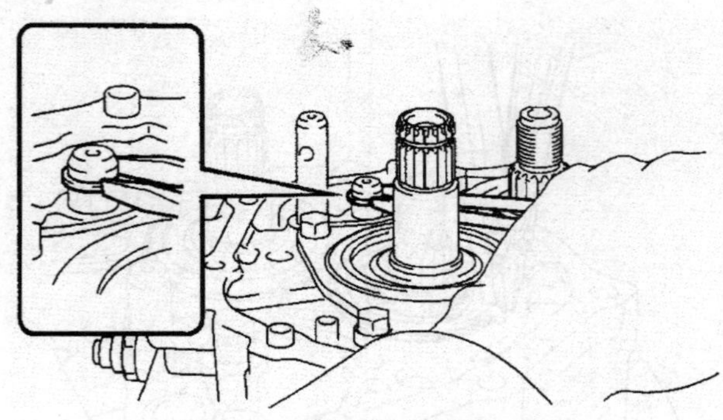

图 3-87 拆卸换挡拨叉轴卡环

（27）拆卸换挡锁止钢球。用六角扳手从手动变速器壳上拆下 2 号换挡锁止钢球螺塞，如图 3-88 所示。用磁吸工具从手动变速器壳上拆下 2 个换挡锁止钢球 1 号弹簧座、2 个换挡锁止钢球弹簧和 2 个换挡锁止钢球，如图 3-89 所示。用六角扳手从传动桥壳上拆下换挡锁止钢球螺塞，如图 3-90 所示。用磁吸工具从传动桥壳上拆下弹簧座、弹簧和钢球，如图 3-91 所示。

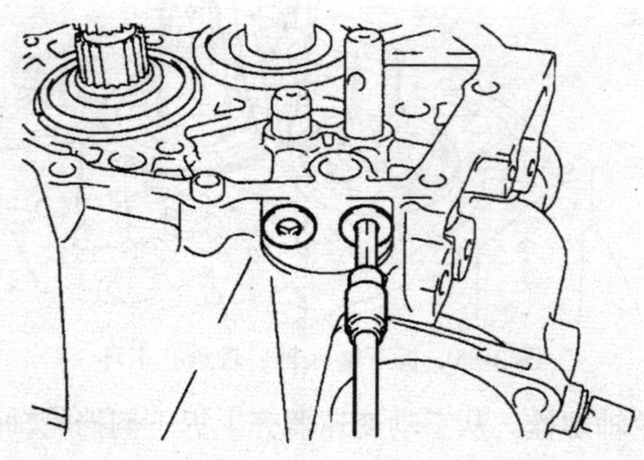

图 3-88 拆下 2 号换挡锁止钢球螺塞

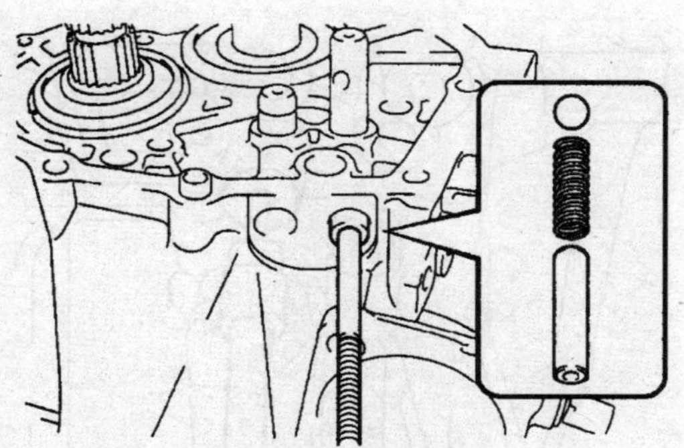
图 3-89　拆下换挡锁止钢球弹簧座和锁止钢球

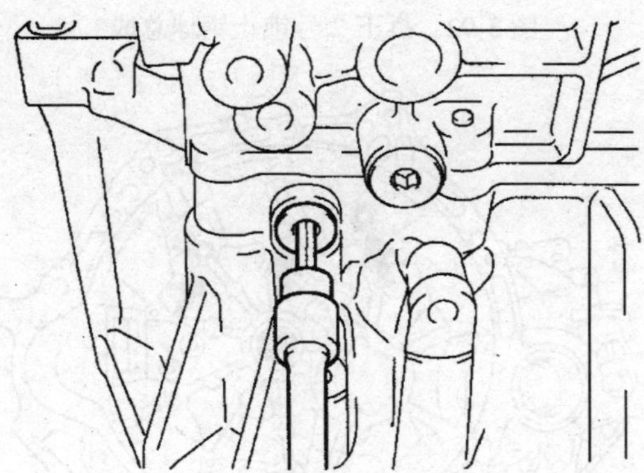
图 3-90　拆下换挡锁止钢球螺塞

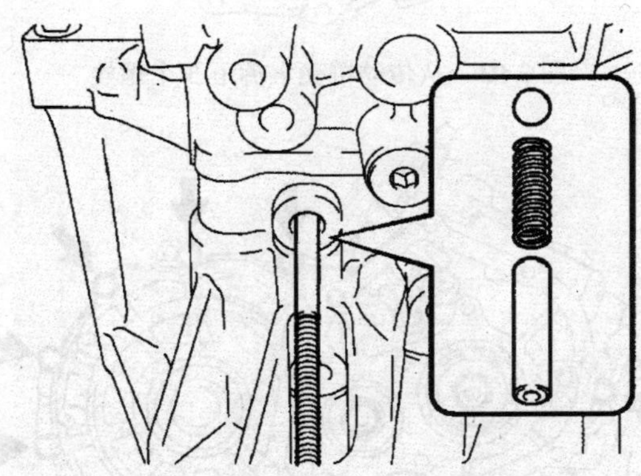
图 3-91　拆下弹簧座、弹簧和钢球

（28）拆卸 2 号锁止钢球总成用六角扳手从手动变速器壳上拆下 2 号锁止钢球总成，如图 3-92 所示。

（29）拆卸手动变速器壳。从传动桥壳上拆下 3 个螺栓，如图 3-93 所示。从手动变速器壳上拆下 13 个螺栓，如图 3-94 所示。用铜棒和锤子小心敲击手动变速器壳的凸出部分，从传动桥壳上拆下变速器壳，如图 3-95 所示。

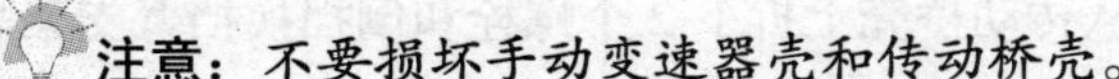

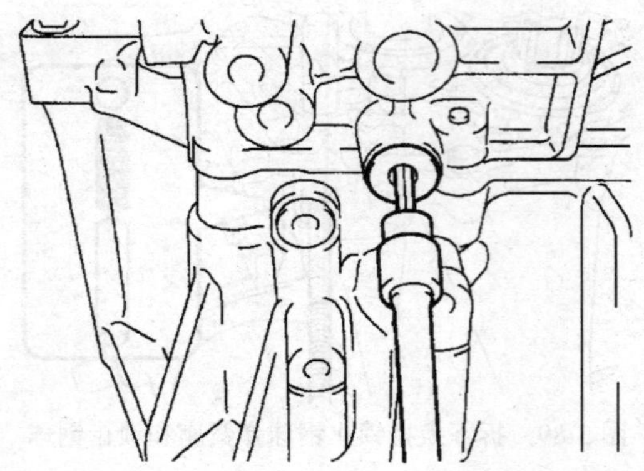

图 3-92　拆下 2 号锁止钢球总成

图 3-93　从传动桥壳上拆下 3 个螺栓

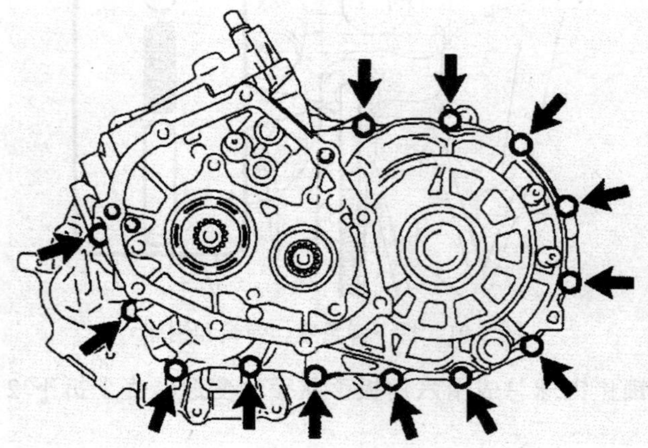

图 3-94　拆下 13 个螺栓

（30）拆卸倒挡惰轮分总成。从传动桥壳上拆下倒挡惰轮分总成、止推垫圈和倒挡惰轮轴，如图 3-96 所示。

（31）拆卸倒挡换挡臂支架总成。从传动桥壳上拆下 2 个螺栓和倒挡换挡臂支架总成，如图 3-97 所示。

图 3-95　敲击手动变速器壳的凸出部分

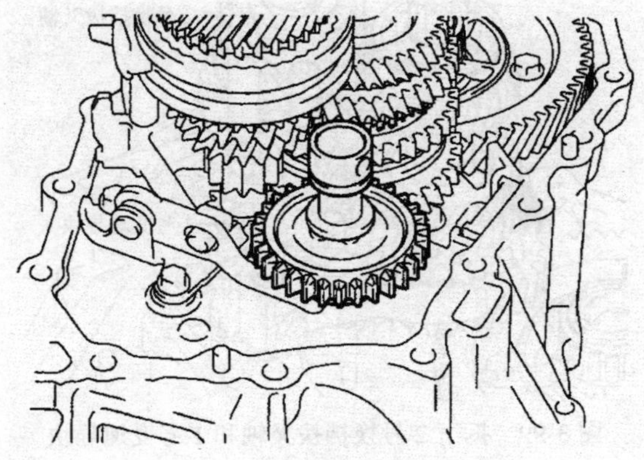

图 3-96　拆卸倒挡惰轮分总成

图 3-97　拆卸倒挡换挡臂支架总成

（32）拆卸 2 号换挡拨叉轴。从 2 号换挡拨叉和 1 号变速导块上拆下 2 个螺栓，如图 3-98 所示。从传动桥壳上拆下 2 号换挡拨叉轴和 1 号变速导块，如图 3-99 所示。

（33）拆卸 1 号换挡拨叉轴。用 2 把螺丝刀和锤子轻轻敲出卡环，如图 3-100 所示。从 1 号换挡拨叉上拆下换挡拨叉固定螺栓和 1 号换挡拨叉轴，如图 3-101 所示。拆下 1 号换挡拨叉，如图 3-102 所示。

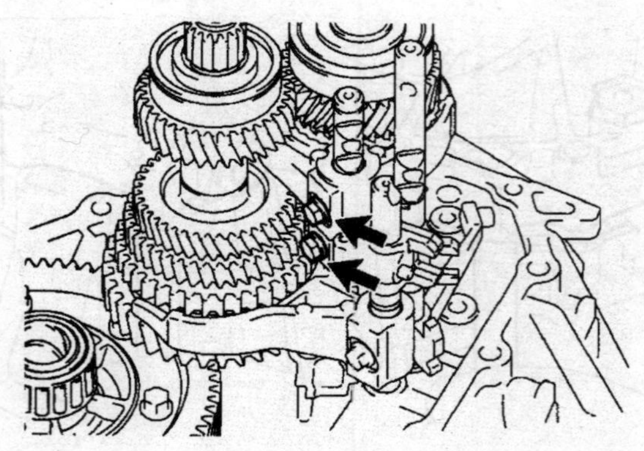

图 3-98　拆下 2 个螺栓

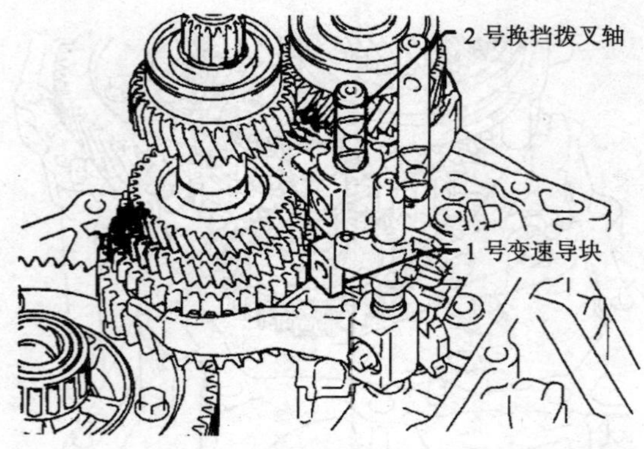

图 3-99　拆下 2 号换挡拨叉轴和 1 号变速导块

提示：用抹布或布条防止卡环飞出。

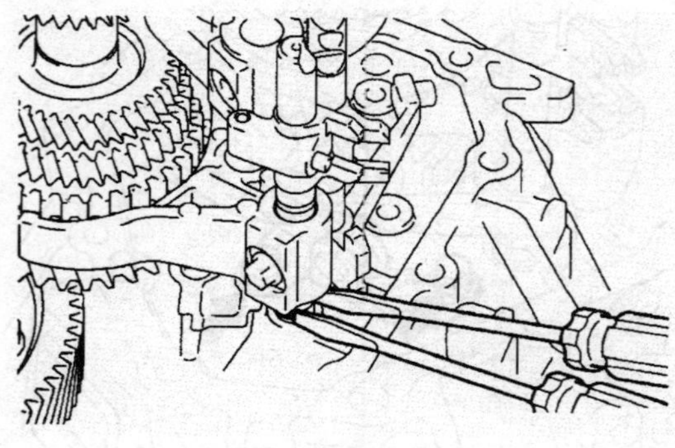

图 3-100　敲出卡环

（34）拆卸 3 号换挡拨叉轴。用 2 把螺丝刀和锤子从 3 号换挡拨叉轴上轻轻敲出卡环，如图 3-103 所示。从手动传动桥壳上将 3 号换挡拨叉轴、倒挡换挡拨叉和 2 号换挡拨叉一同拆下，如图 3-104 所示。用磁吸工具从倒挡换挡拨叉上拆下 2 个倒挡换挡拨叉钢球，如图 3-105 所示。用 2 把螺丝刀和锤子从 3 号换挡拨叉轴上轻轻敲出卡环，如图 3-106 所示。从 3 号换挡拨叉轴上拆下倒挡拨叉。

提示：用抹布或布条防止卡环飞出。

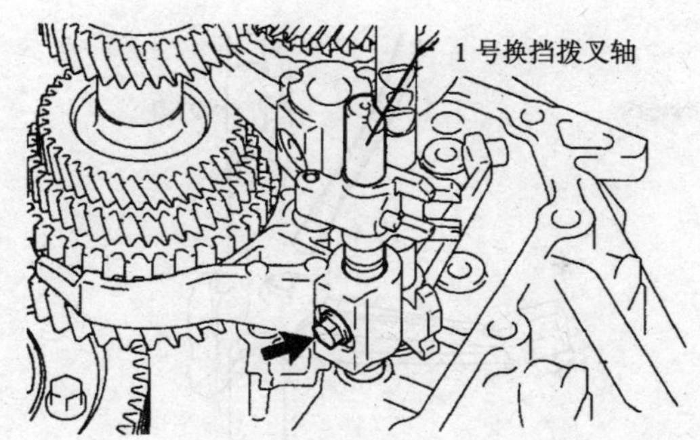

图 3-101 拆下换挡拨叉固定螺栓和 1 号换挡拨叉轴

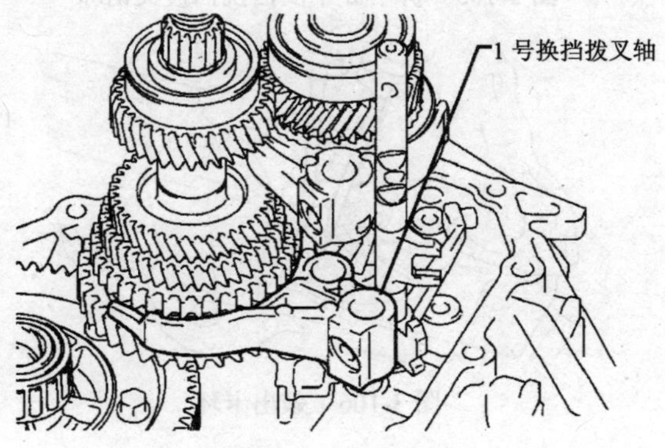

图 3-102 拆下 1 号换挡拨叉

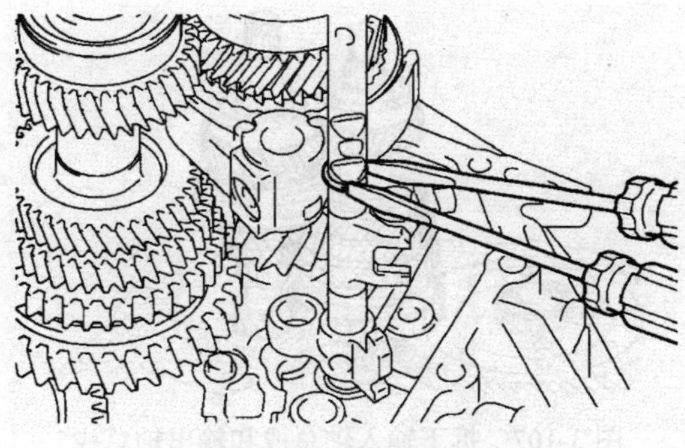

图 3-103 敲出卡环

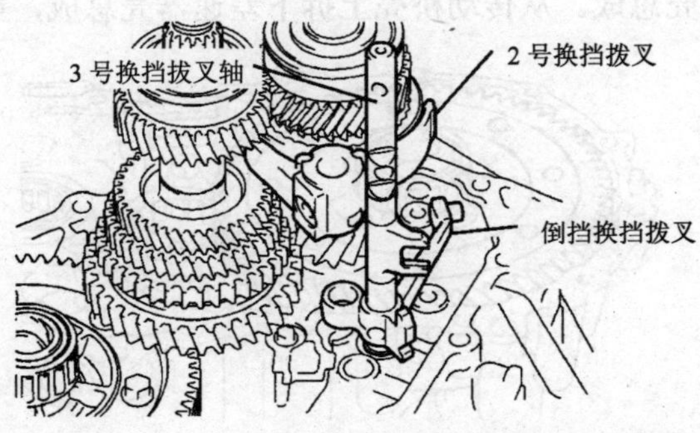

图 3-104 拆下 3 号换挡拨叉轴、倒挡换挡拨叉和 2 号换挡拨叉

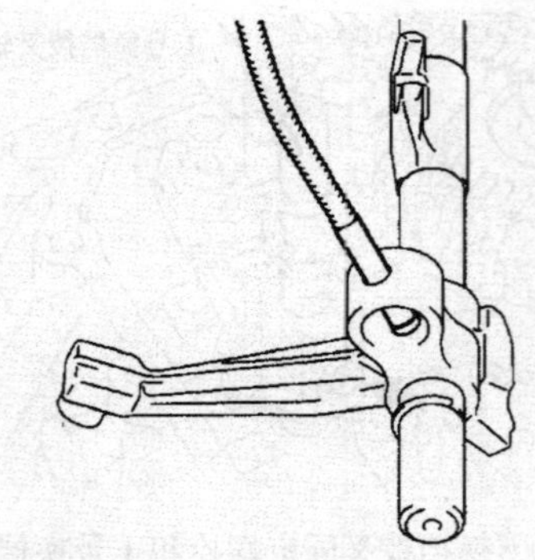

图 3-105　拆下 2 个倒挡换挡拨叉钢球

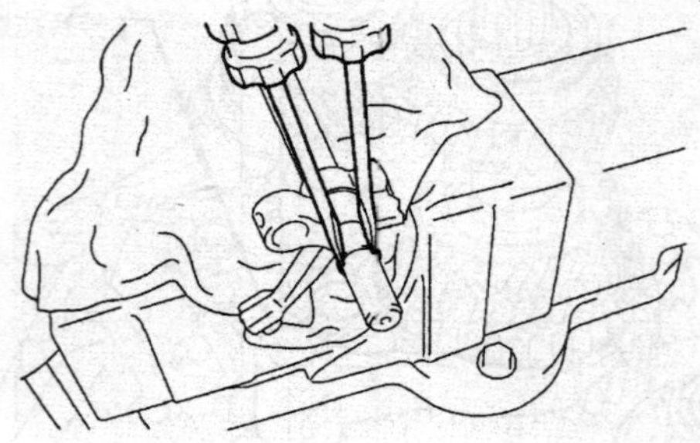

图 3-106　敲出卡环

（35）拆卸输入轴总成。从传动桥壳拆下输入轴总成和输出轴总成，如图 3-107 所示。

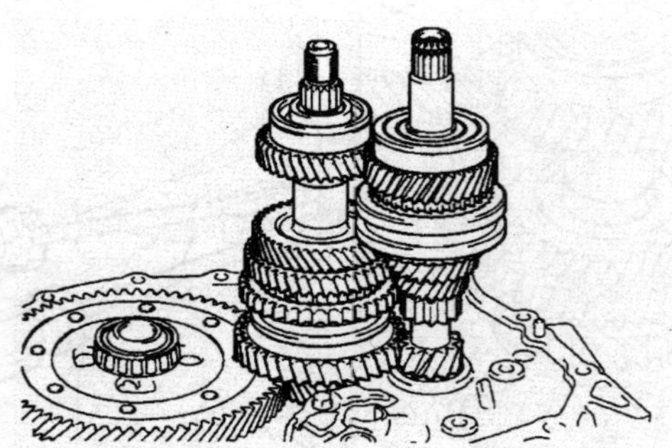

图 3-107　拆下输入轴总成和输出轴总成

（36）拆卸差速器壳总成。从传动桥壳上拆下差速器壳总成，如图 3-108 所示。

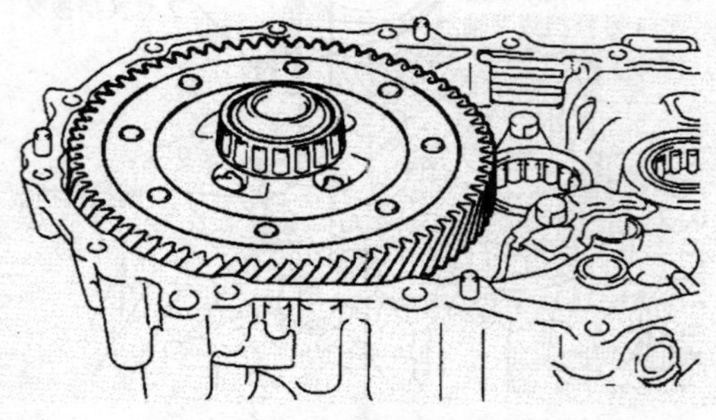

图 3-108　拆下差速器壳总成

（37）拆卸手动传动桥壳集油槽。从传动桥壳上拆下螺栓和手动传动桥壳集油槽，如图 3-109 所示。

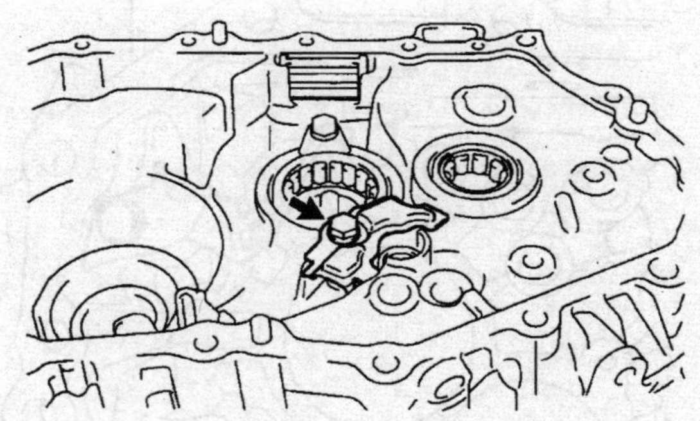

图 3-109 拆下螺栓和手动传动桥壳集油槽

（38）拆卸倒挡定位销总成。用六角扳手从手动变速器壳上拆下倒挡定位销螺塞，如图 3-110 所示。用尖冲头（直径 5 mm）和锤子从手动变速器壳上敲出开槽弹簧销，并拆下倒挡定位销总成，如图 3-111 所示。

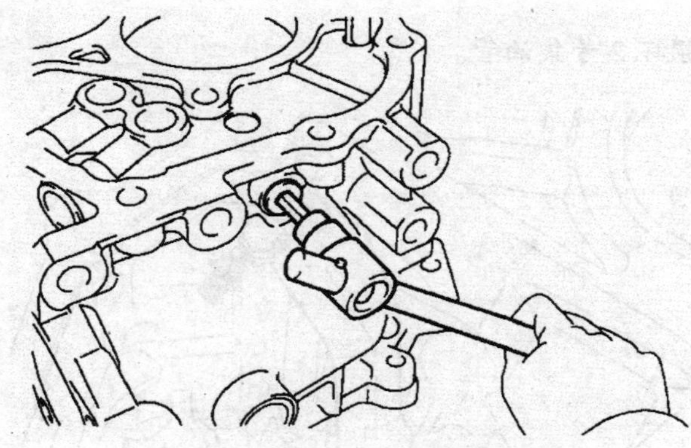

图 3-110 拆下倒挡定位销螺塞

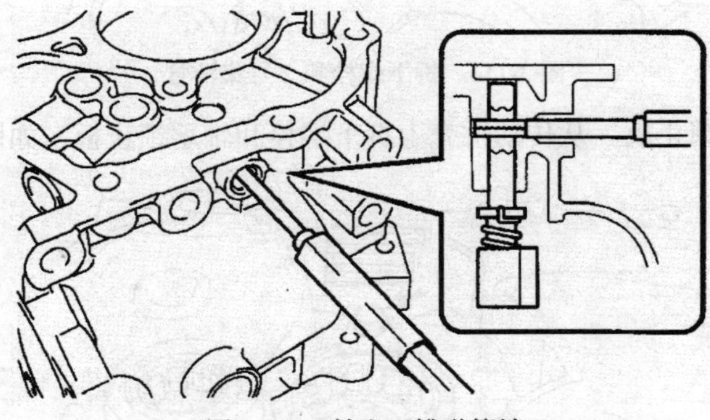

图 3-111 敲出开槽弹簧销

（39）拆卸 1 号集油管。从手动变速器壳上拆下螺栓和 1 号集油管，如图 3-112 所示。

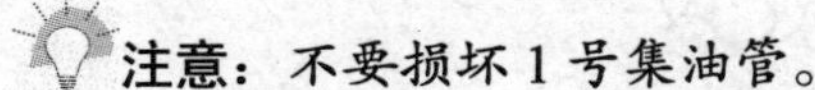

注意：不要损坏 1 号集油管。

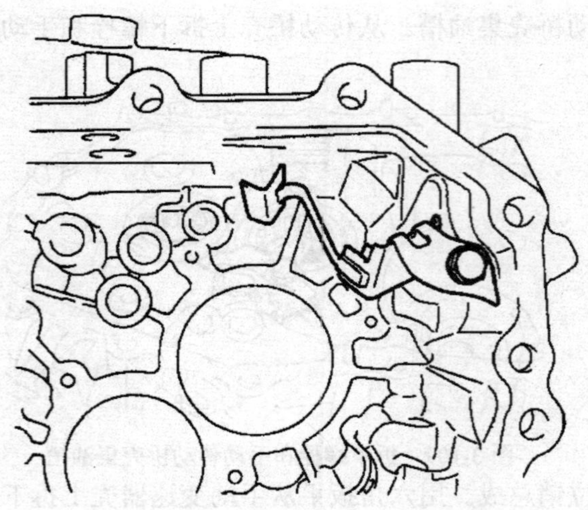

图 3-112　拆下螺栓和 1 号集油管

（40）拆卸 2 号集油管。从手动变速器壳上拆下螺栓和 2 号集油管，如图 3-113 所示。

注意：不要损坏 2 号集油管。

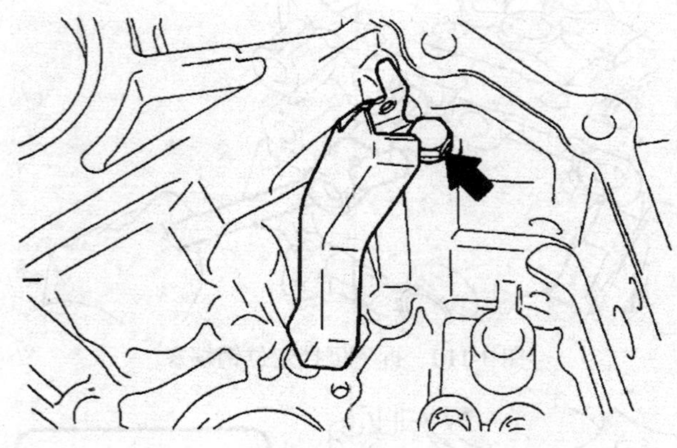

图 3-113　拆下螺栓和 2 号集油管

（41）拆卸轴承锁止板。从传动桥壳上拆下螺栓和轴承锁止板，如图 3-114 所示。

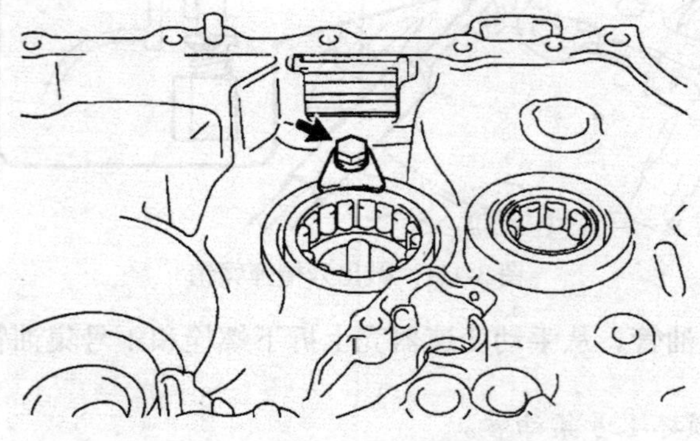

图 3-114　拆下螺栓和轴承锁止板

（42）拆卸变速器磁铁。从传动桥壳上拆下变速器磁铁，如图 3-115 所示。

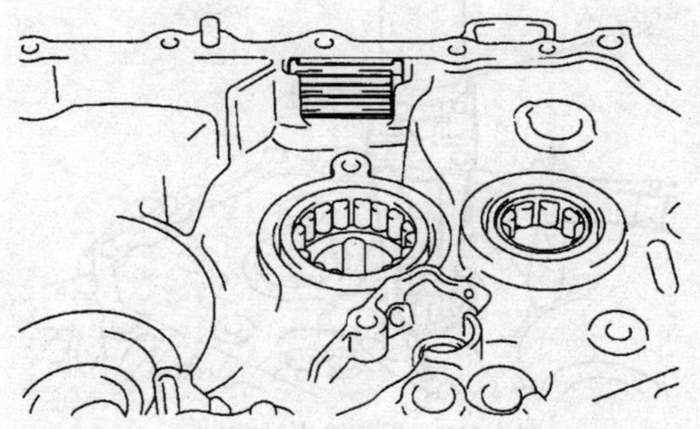

图 3-115 拆下变速器磁铁

（43）拆卸输入轴前轴承。用 SST 从传动桥壳上拆下输入轴前轴承，如图 3-116 所示。

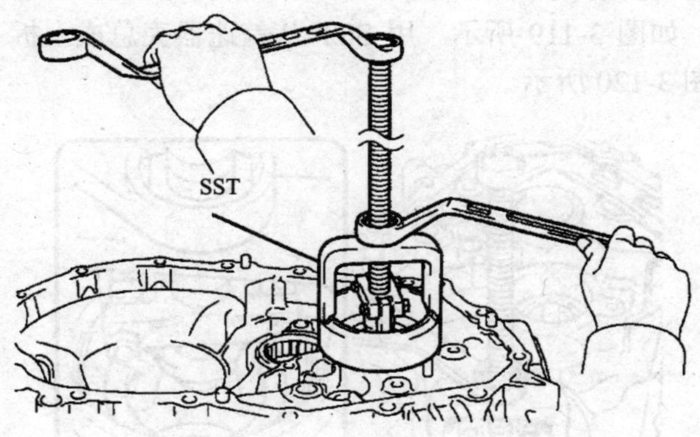

图 3-116 拆下输入轴前轴承

（44）拆卸前传动桥壳油封。用螺丝刀从传动桥壳拆下前传动桥壳油封，如图 3-117 所示。

（45）拆卸输出轴前轴承。用 SST 从传动桥壳拆下输出轴前轴承，如图 3-118 所示。

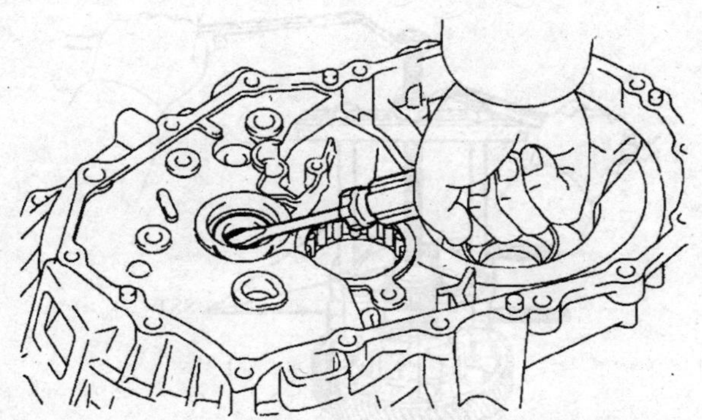

图 3-117 拆下前传动桥壳油封

注意：安装 SST 时不要对前传动桥壳过度用力。

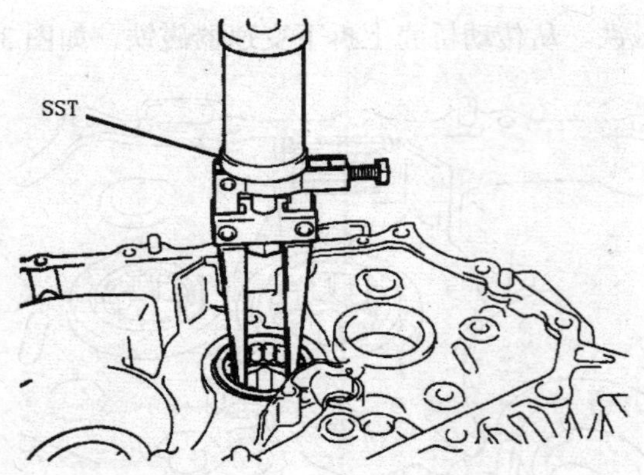

图 3-118　拆卸输出轴前轴承

（46）拆卸输出轴盖。从传动桥壳拆下输出轴盖。

（47）拆卸前差速器壳前滚锥轴承。用 SST 从传动桥壳上拆下前差速器壳前滚锥轴承（外座圈）和平垫圈，如图 3-119 所示。用 SST 从差速器壳总成上拆下前差速器壳前滚锥轴承（内座圈），如图 3-120 所示。

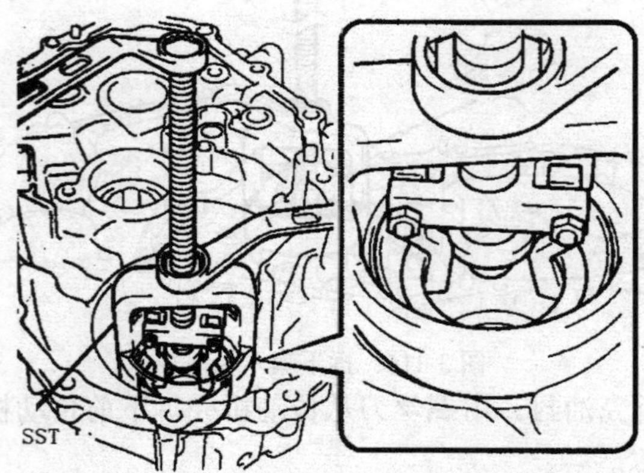

图 3-119　拆卸前差速器壳前滚锥轴承（外座圈）

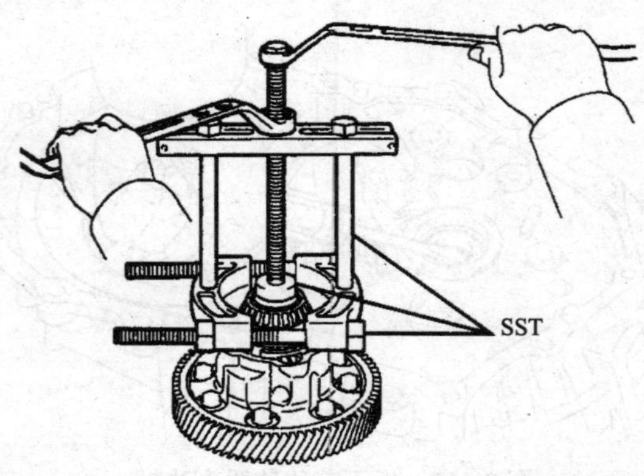

图 3-120　拆下前差速器壳前滚锥轴承（内座圈）

（48）拆卸传动桥壳油封。用 SST 和锤子从传动桥壳拆下传动桥壳油封，如图 3-121

所示。

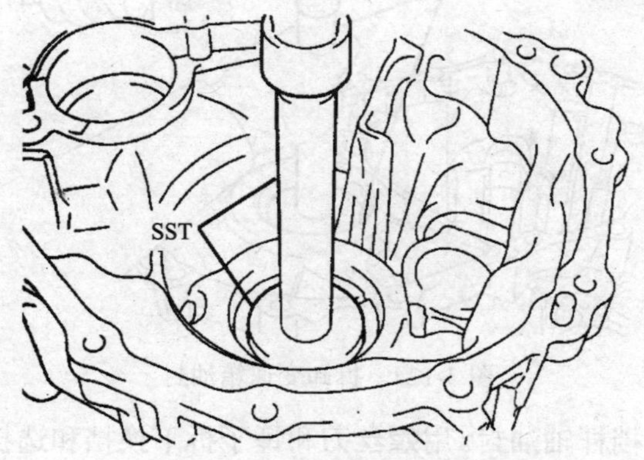

图 3-121 拆卸传动桥壳油封

（49）拆卸前差速器壳后滚锥轴承。用 SST 从变速器壳上拆下前差速器壳后滚锥轴承（外座圈）和平垫圈，如图 3-122 所示。用 SST 从前差速器壳上拆下前差速器壳后滚锥轴承（内座圈），如图 3-123 所示。

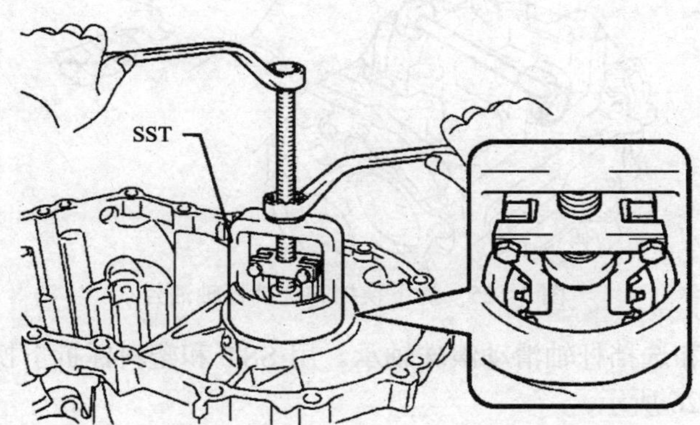

图 3-122 拆下前差速器壳后滚锥轴承（外座圈）

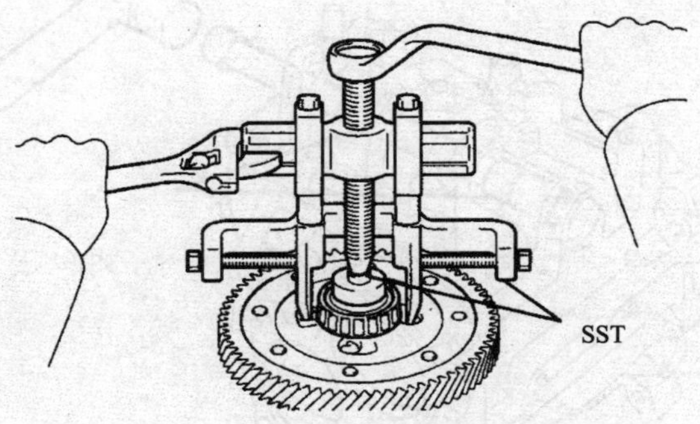

图 3-123 拆下前差速器壳后滚锥轴承（内座圈）

（50）拆卸变速箱油封。用 SST 和锤子从手动变速器壳上敲出变速箱油封，如图 3-124 所示。

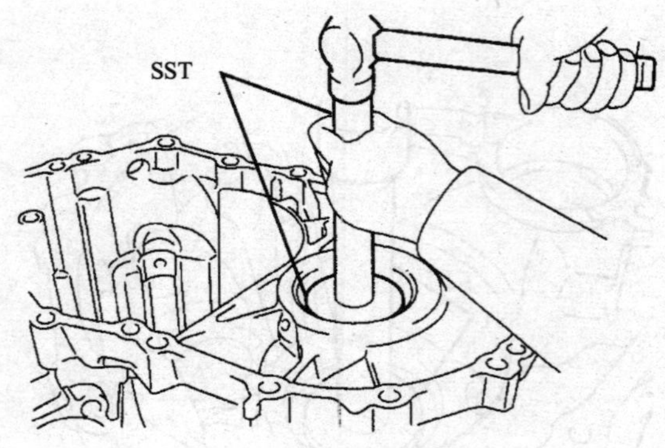

图 3-124　拆卸变速箱油封

（51）拆卸换挡和选挡杆轴油封。用螺丝刀和锤子拆下换挡和选挡杆轴油封，如图 3-125 所示。

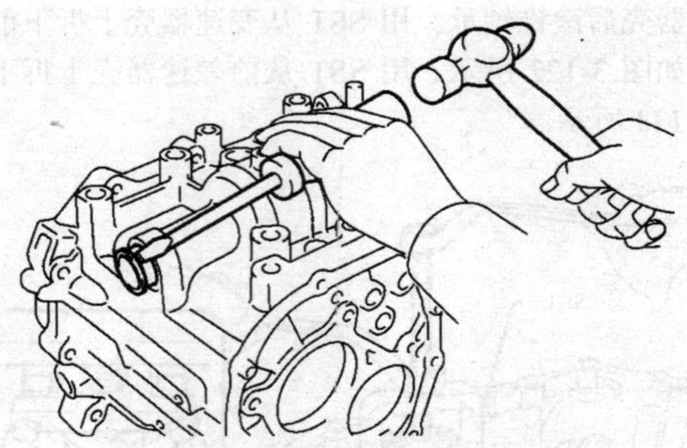

图 3-125　拆下换挡和选挡杆轴油封

（52）拆卸换挡和选挡杆轴滑动滚珠轴承。用 SST 和塑料锤拆下换挡和选挡杆轴滑动滚珠轴承，如图 3-126 所示。

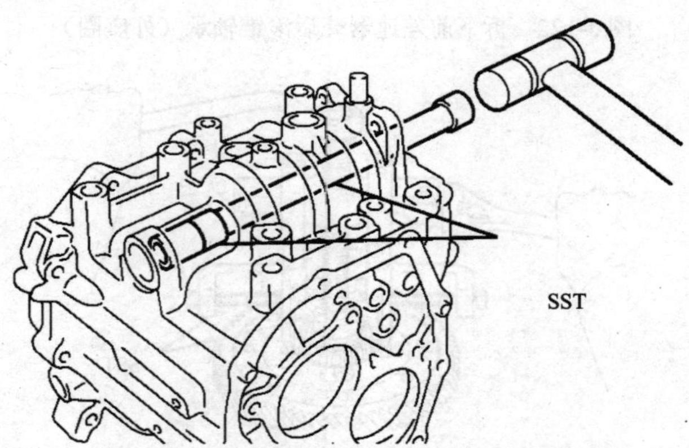

图 3-126　拆下换挡和选挡杆轴滑动滚珠轴承

2. 变速器总成的装配

（1）安装输出轴盖。在输出轴盖上涂抹通用润滑脂，并将其安装至传动桥壳，如图 3-127

所示。

注意：将输出轴盖键插入壳槽。

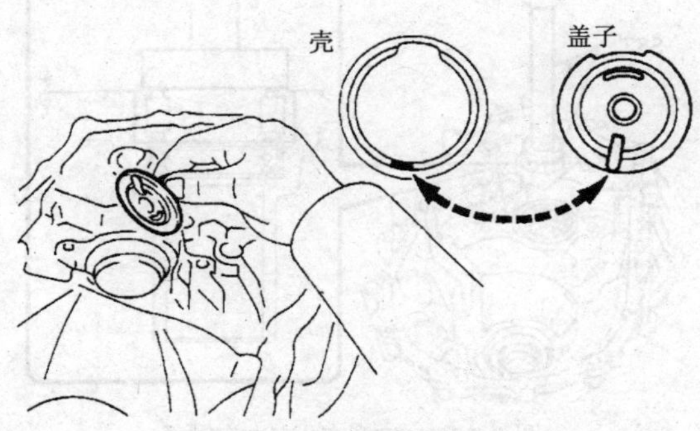

图 3-127　安装输出轴盖

（2）安装输出轴前轴承。在新输出轴前轴承上涂抹齿轮油。用 SST 和压力机将其安装至传动桥壳，如图 3-128 所示。

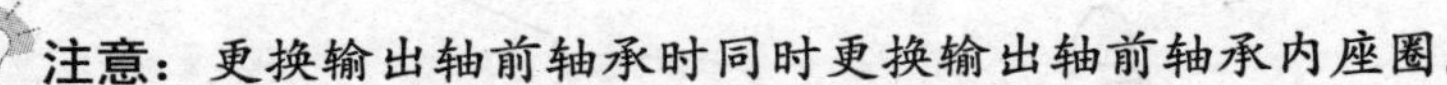

注意：更换输出轴前轴承时同时更换输出轴前轴承内座圈。

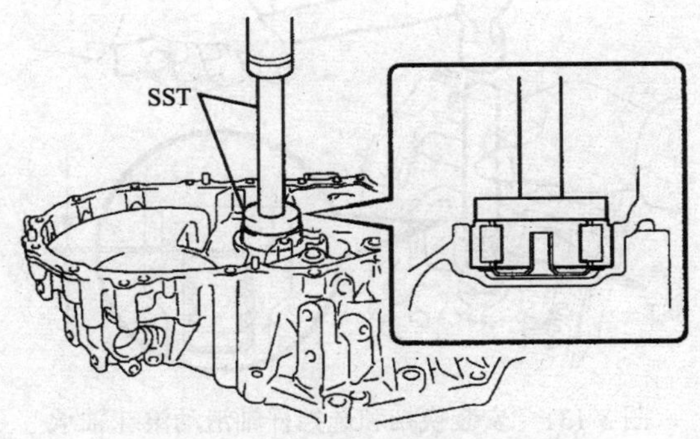

图 3-128　安装输出轴前轴承

（3）安装前传动桥壳油封。用 SST 和锤子将新的前传动桥壳油封安装至传动桥壳，如图 3-129 所示。嵌入深度为 15.6mm～16.0mm。在前传动桥壳油封唇口上涂抹通用润滑脂。

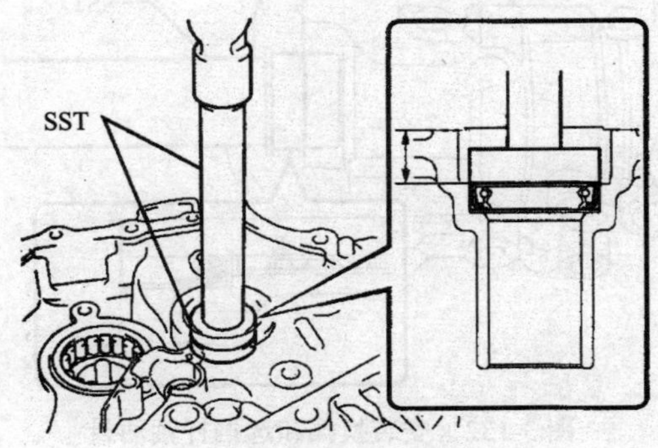

图 3-129　安装前传动桥壳油封

（4）安装输入轴前轴承。在新的输入轴前轴承上涂抹齿轮油，并用 SST 和压力机将其安装至传动桥壳，如图 3-130 所示。嵌入深度为 0～0.3mm。

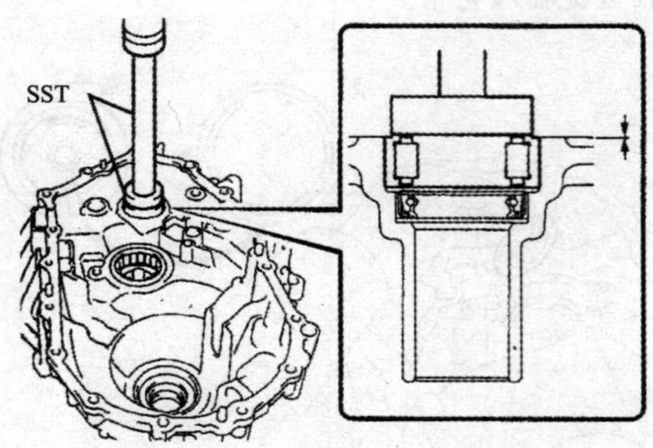

图 3-130 安装输入轴前轴承

（5）安装换挡和选挡杆轴滑动滚珠轴承。用 SST 和锤子将新的换挡和选挡杆轴滑动滚珠轴承安装至手动变速器壳，如图 3-131 所示。嵌入深度为 0～0.5 mm。

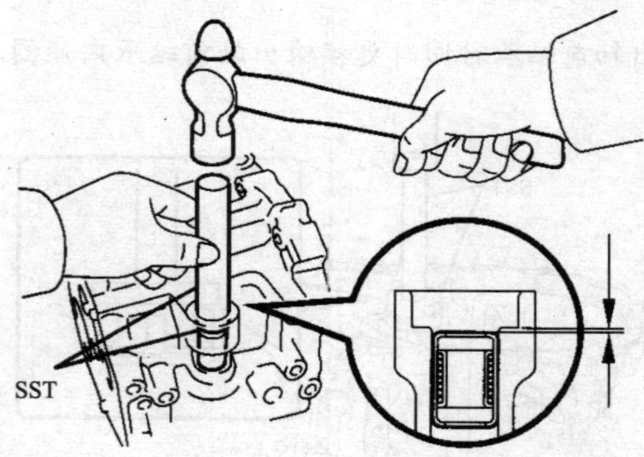

图 3-131 安装换挡和选挡杆轴滑动滚珠轴承

（6）安装换挡和选挡杆轴油封。用 SST 将新的换挡和选挡杆轴油封安装至手动变速器壳，如图 3-132 所示。嵌入深度为 9.7mm～10.3mm。

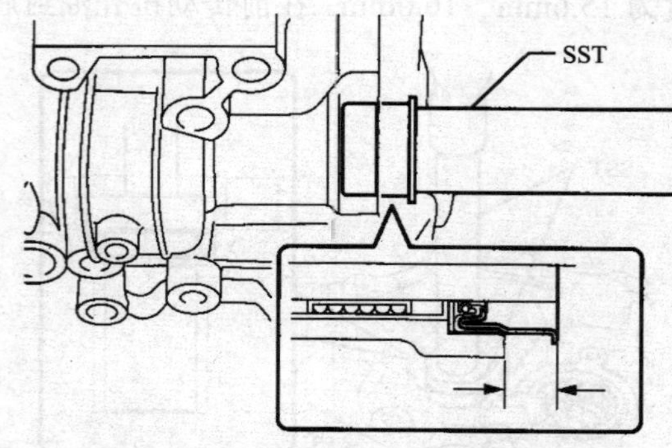

图 3-132 安装换挡和选挡杆轴油封

（7）安装前差速器壳前滚锥轴承。用 SST 和压力机将新的前差速器壳前滚锥轴承（内座圈）安装至前差速器壳，如图 3-133 所示。用 SST 和压力机将前差速器壳前滚锥轴承（外座圈）和平垫圈一同安装至传动桥壳，如图 3-134 所示。

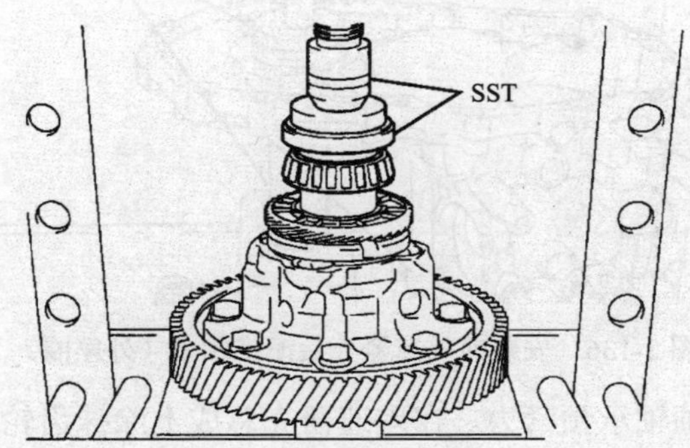

图 3-133 安装前差速器壳前滚锥轴承（内座圈）

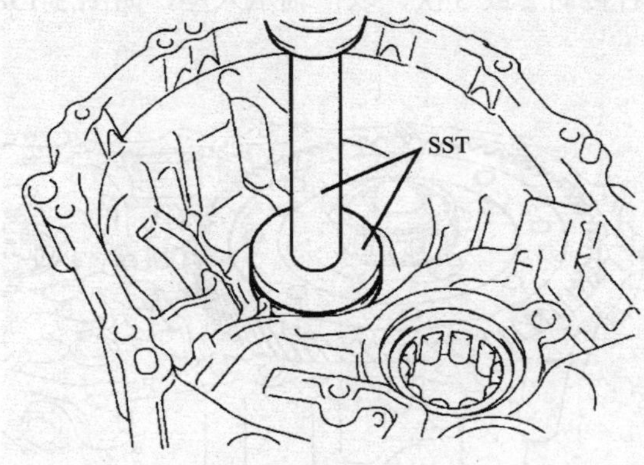

图 3-134 安装前差速器壳前滚锥轴承（外座圈）

（8）安装前差速器壳后滚锥轴承。用 SST 和压力机将新的前差速器壳后滚锥轴承（内座圈）安装至差速器壳，如图 3-135 所示。用 SST 和压力机将前差速器壳后滚锥轴承（外座圈）和平垫圈一同安装至手动变速器壳，如图 3-136 所示。

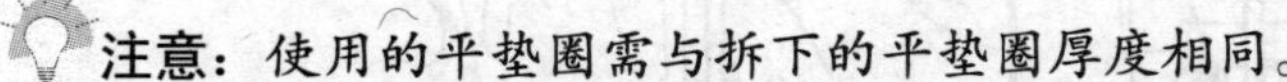
注意：使用的平垫圈需与拆下的平垫圈厚度相同。

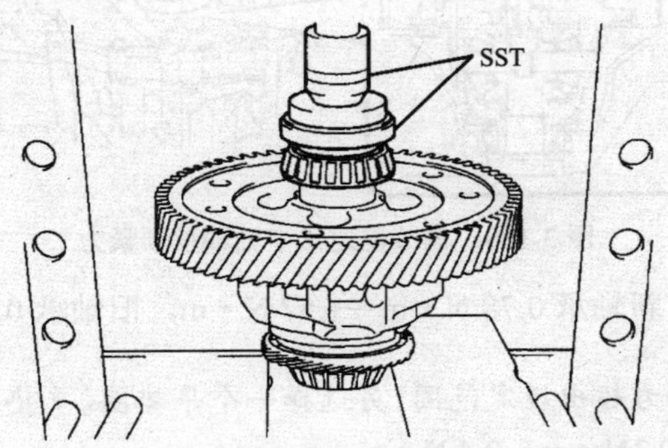

图 3-135 安装前差速器壳后滚锥轴承（内座圈）

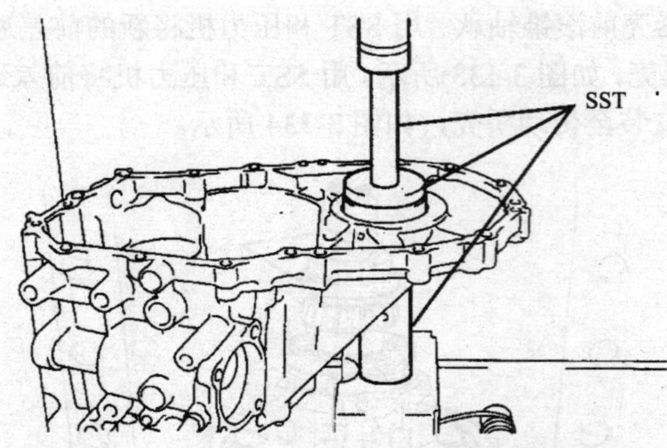

图 3-136　安装前差速器壳后滚锥轴承（外座圈）

（9）调节差速器半轴轴承预紧力。在差速器壳总成上涂抹齿轮油，并将其安装至传动桥壳，用 16 个螺栓安装手动变速器壳，如图 3-137 所示。扭矩为 29N · m。用 SST 和扭矩扳手将差速器壳总成左右转动 2 或 3 次，以使轴承入座，如图 3-138 所示。用 SST 和扭矩扳手测量预紧力。

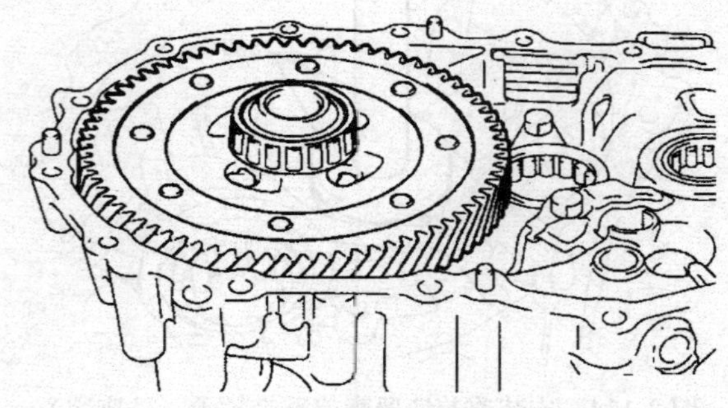

图 3-137　安装差速器壳总成

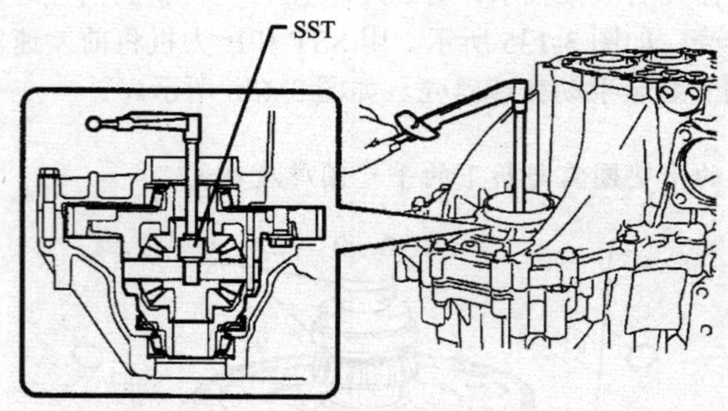

图 3-138　调节差速器半轴轴承预紧力

预紧力（启动时）：新轴承 0.78 N · m～1.57 N · m，旧轴承 0.49 N · m～0.98 N · m。

注意：如果预紧力超出规定范围，另选择一个平垫圈。平垫圈厚度每变化 0.05 mm，预紧力约变化 0.3N · m～0.4 N · m。

预紧力调好后，拆下 16 个螺栓和手动变速器壳。从传动桥壳上拆下差速器壳总成。

（10）安装变速箱油封。用 SST 和锤子将新的变速箱油封安装至手动变速器壳，如图 3-139 所示。嵌入深度为 9.6mm～10.2 mm。在前变速箱油封油封唇口上涂抹通用润滑脂。

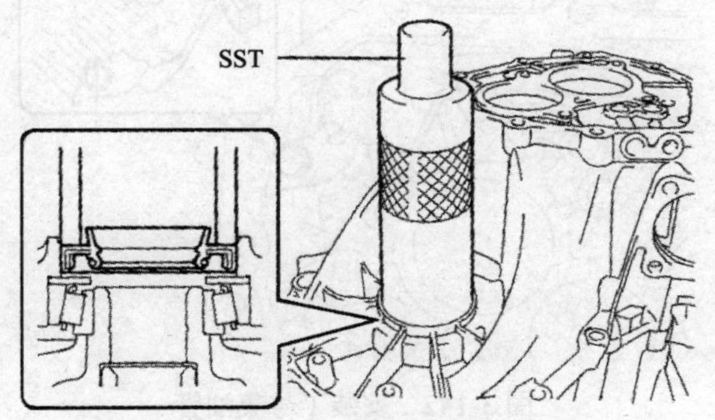

图 3-139　安装变速箱油封

（11）安装传动桥壳油封。用 SST 和锤子将新的传动桥壳油封安装至传动桥壳，如图 3-140 所示。嵌入深度为 1.6mm～2.2mm。在传动桥壳油封唇口上涂抹通用润滑脂。

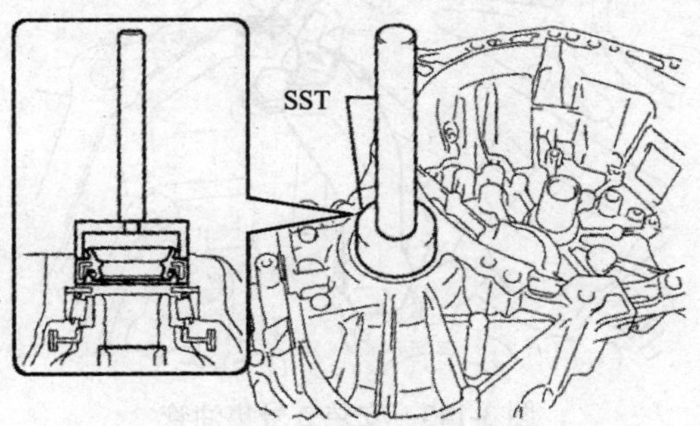

图 3-140　安装传动桥壳油封

（12）安装变速器磁铁。清洁变速器磁铁并将其安装至传动桥壳。

（13）安装轴承锁止板。用螺栓将轴承锁止板安装至传动桥壳，如图 3-141 所示。扭矩为 11N • m。

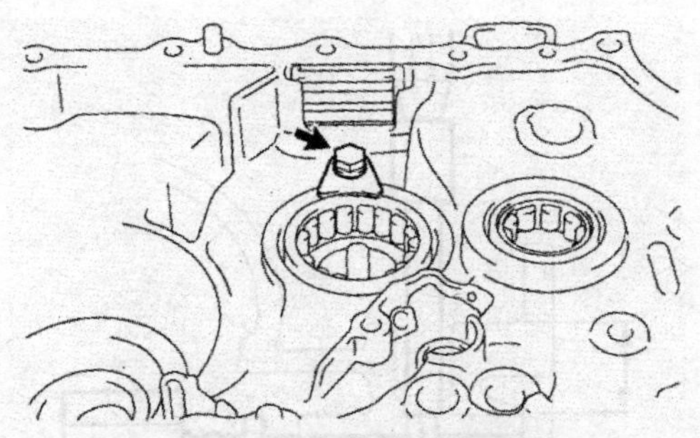

图 3-141　安装轴承锁止板

（14）安装 1 号集油管。用螺栓将 1 号集油管安装至手动变速器壳，如图 3-142 所示。扭矩为 17 N • m。

注意：不要使1号集油管变形。

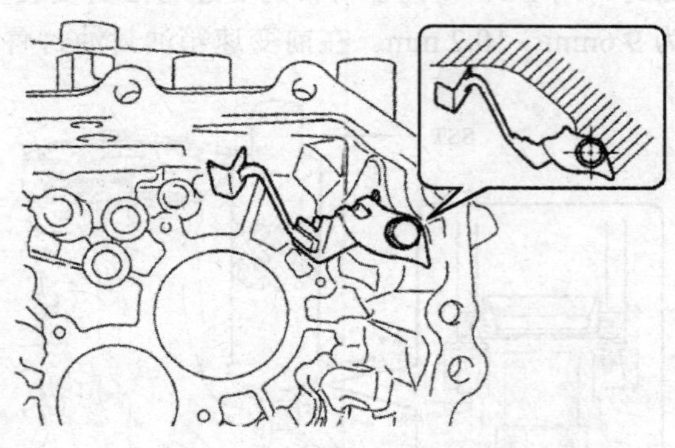

图3-142 安装1号集油管

（15）安装2号集油管。用螺栓将2号集油管安装至手动变速器壳，如图3-143所示。扭矩为17 N・m。

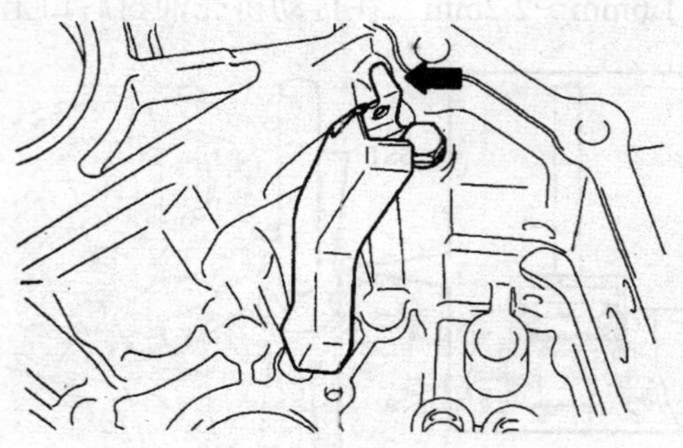

图3-143 安装2号集油管

（16）安装倒挡定位销总成。将倒挡定位销总成安装至手动变速器壳。用尖冲头（中5 mm）和锤子将开槽弹簧销安装至倒挡定位销总成，如图3-144所示。嵌入深度为15.5 mm～16.5 mm。在倒挡定位销螺塞上涂抹密封胶。用六角扳手和扭矩扳手将倒挡定位销螺塞安装至手动变速器壳，如图3-145所示。扭矩为13 N・m。

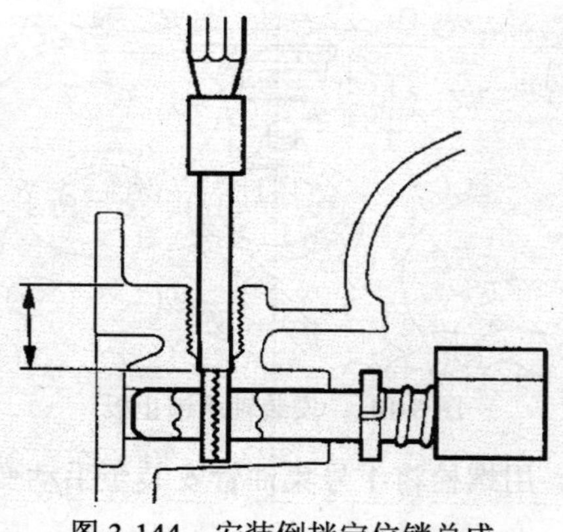

图3-144 安装倒挡定位销总成

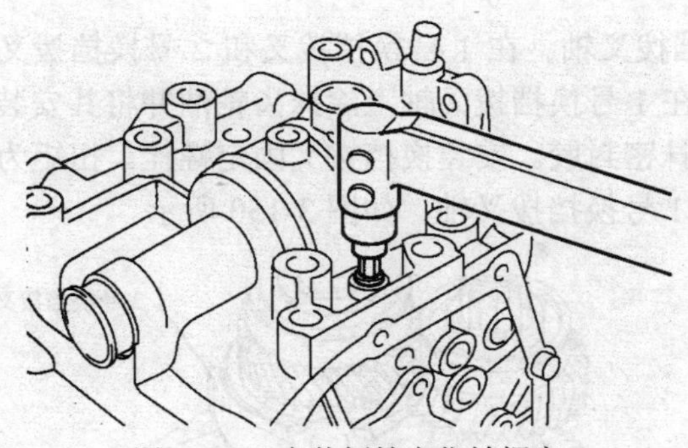

图 3-145　安装倒挡定位销螺塞

（17）安装手动传动桥壳集油槽。用螺栓将手动传动桥壳集油槽安装至传动桥壳，如图 3-146 所示。扭矩为 11 N·m。

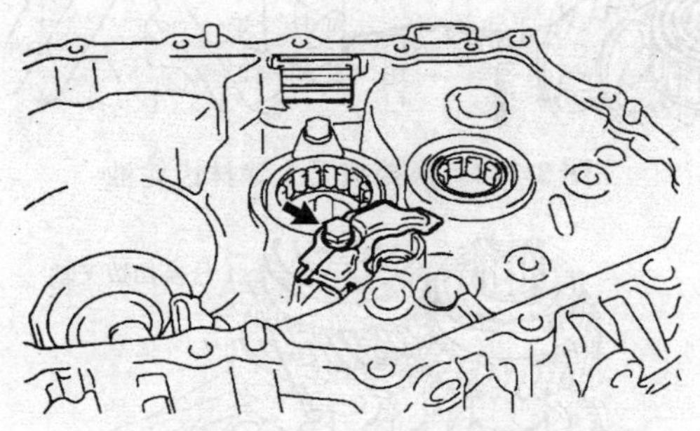

图 3-146　安装手动传动桥壳集油槽

（18）安装差速器壳总成。在差速器壳滚锥轴承上涂抹齿轮油，并将差速器壳总成安装至传动桥壳。

（19）安装输入轴总成。在输入轴和输出轴的滑动面和旋转面上涂抹齿轮油，并将其安装至传动桥壳。

（20）安装倒挡惰轮分总成。在倒挡惰轮分总成、止推垫圈和倒挡惰轮轴上涂抹齿轮油，并依图进行安装，如图 3-147 所示。

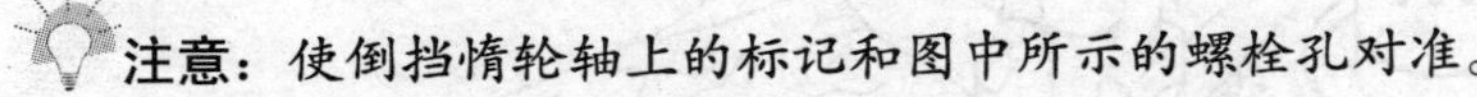

注意：使倒挡惰轮轴上的标记和图中所示的螺栓孔对准。

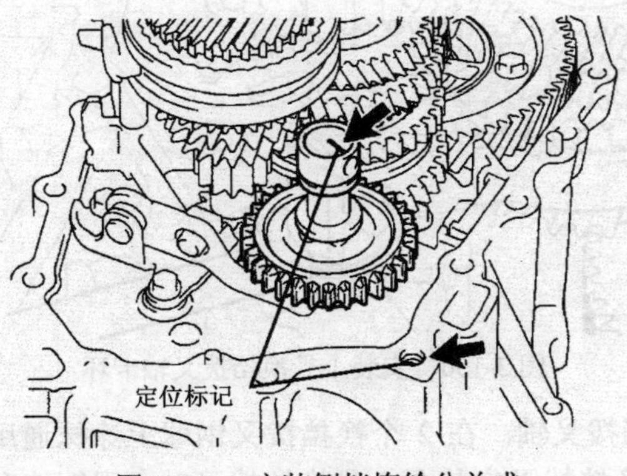

图 3-147　安装倒挡惰轮分总成

（21）安装 1 号换挡拨叉轴。在 1 号换挡拨叉和 2 号换挡拨叉上涂抹齿轮油并将其安装，如图 3-148 所示。在 1 号换挡拨叉轴上涂抹齿轮油并将其安装，如图 3-149 所示。在换挡拨叉固定螺栓上涂抹密封胶。安装换挡拨叉固定螺栓。扭矩为 16 N·m。用铜棒和锤子将新的轴卡环安装至 1 号换挡拨叉轴，如图 3-150 所示。

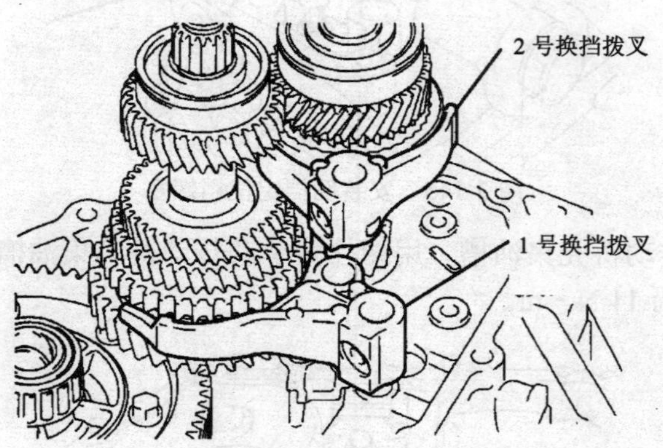

图 3-148　换挡拨叉上涂抹齿轮油

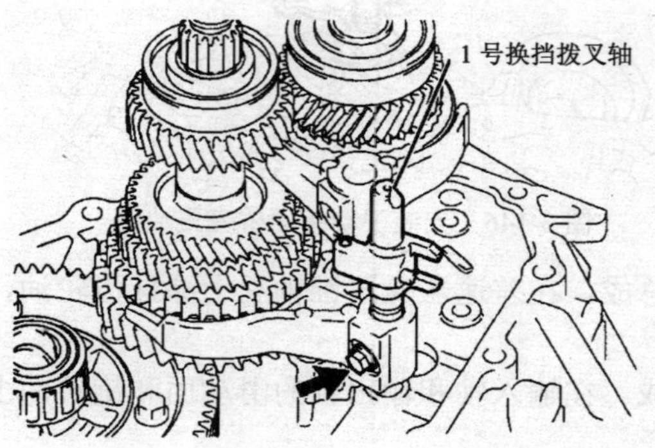

图 3-149　1 号换挡拨叉轴上涂抹齿轮油

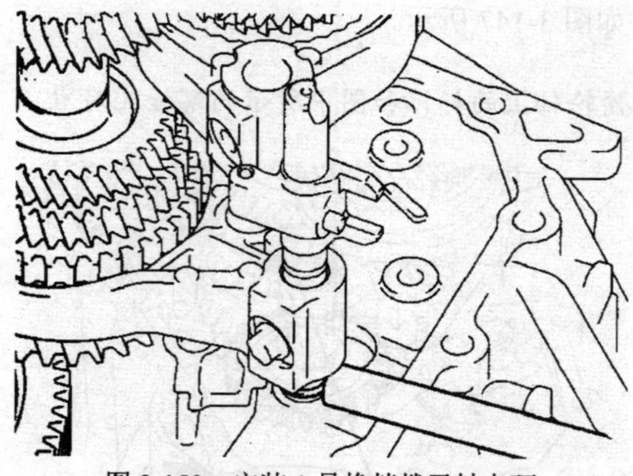
图 3-150　安装 1 号换挡拨叉轴卡环

（22）安装 3 号换挡拨叉轴。在 2 个换挡拨叉钢球上涂抹通用润滑脂，并将其安装至倒挡换挡拨叉。将倒挡换挡拨叉安装至 3 号换挡拨叉轴。用铜棒和锤子将 2 个新的换挡拨叉轴卡环安装至 3 号换挡拨叉轴，如图 3-151 所示。在 3 号换挡拨叉轴上涂抹齿轮油并将其安装，如图 3-152 所示。

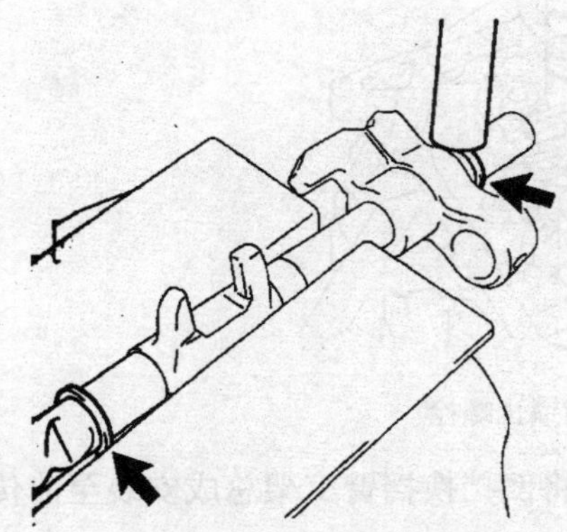

图 3-151　安装 3 号换挡拨叉轴卡环

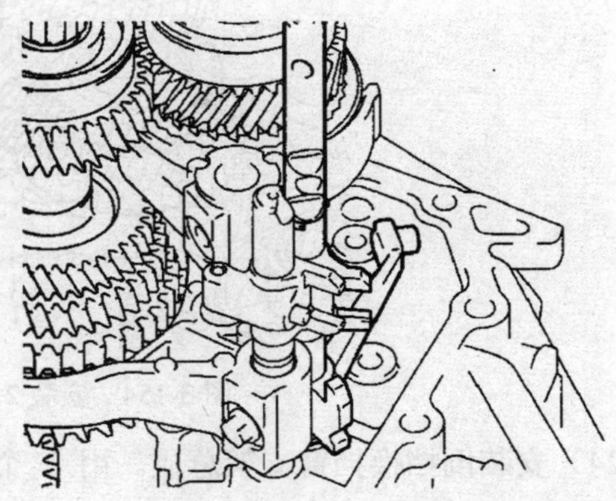

图 3-152　安装 3 号换挡拨叉轴

（23）安装 2 号换挡拨叉轴。在 1 号变速导块和 2 号换挡拨叉轴上涂抹齿轮油并将其安装，如图 3-153 所示。

注意：为避免 2 个换挡拨叉钢球互相干扰，举升 3 号换挡拨叉轴到如图 3-153 所示的位置。

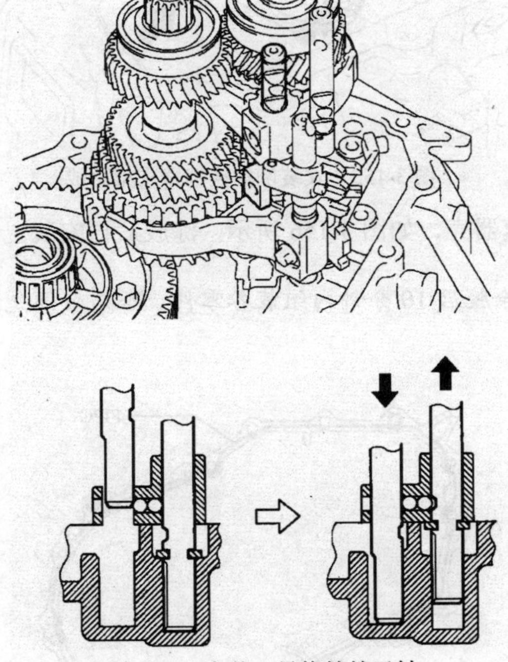

图 3-153　安装 2 号换挡拨叉轴

在 2 个换挡锁止螺栓上涂抹封胶，并将其安装至 2 号换挡拨叉和 1 号变速导块，如图 3-154 所示。扭矩为 16 N·m。

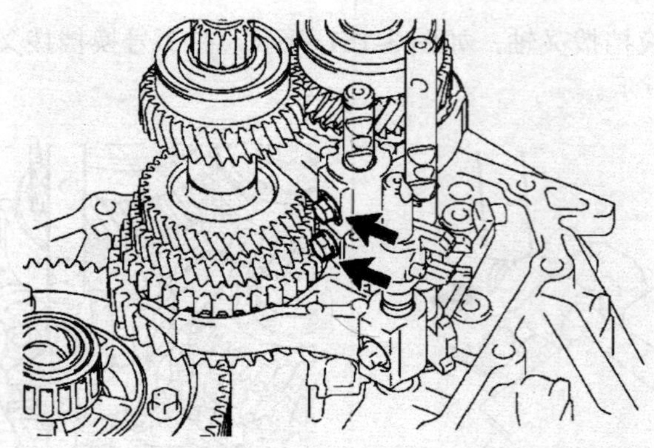

图 3-154　安装 2 个换挡锁止螺栓

（24）安装倒挡换挡臂支架总成。用 2 个螺栓将倒挡换挡臂支架总成安装至前传动桥壳，如图 3-155 所示。扭矩为 17 N·m。

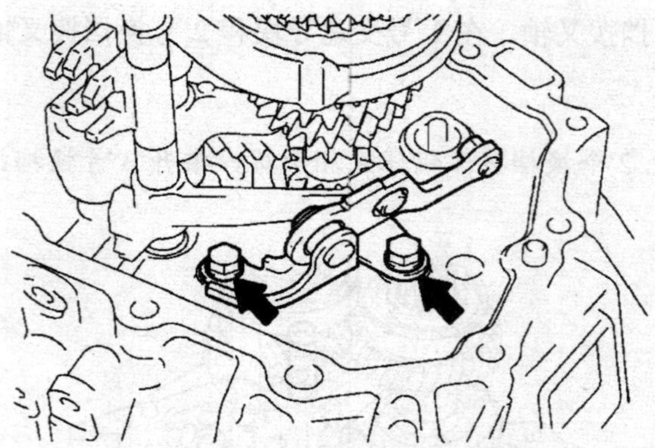

图 3-155　安装倒挡换挡臂支架总成

（25）安装手动变速器壳，如图 3-156 所示，涂胶后再安装。

注意：必须在涂胶后 10 分钟内组装各零件，否则必须先清除填料（FIPG），然后重新涂抹。

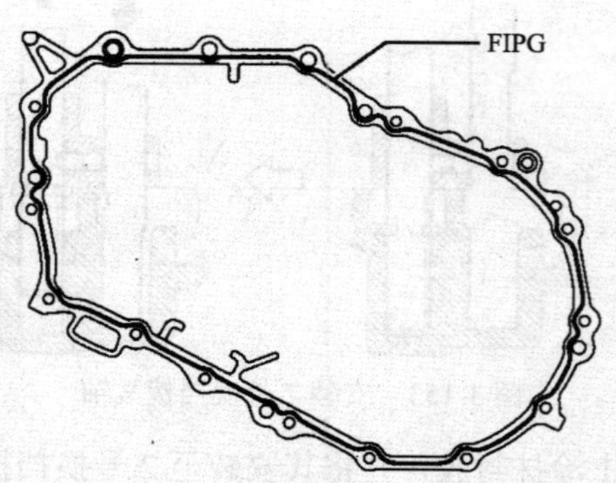

图 3-156　手动变速器壳涂胶

将 13 个螺栓安装至手动变速器侧，如图 3-157 所示。扭矩为 29N·m。在 3 个螺栓上涂抹密封胶，并将其安装至手动传动桥侧，如图 3-158 所示。扭矩为 29N·m。

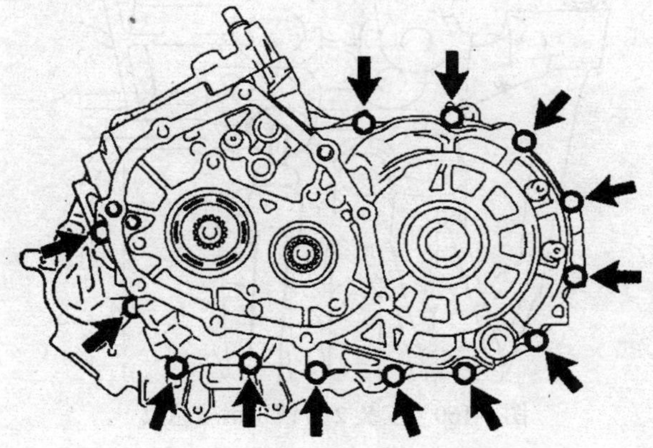

图 3-157 安装手动变速器 13 个螺栓

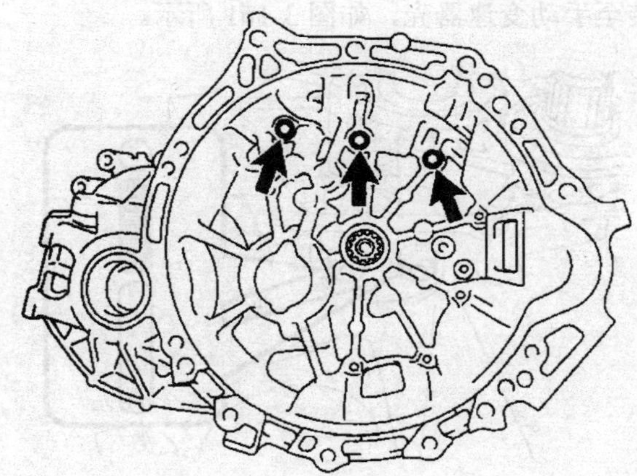

图 3-158 安装手动传动桥侧 3 个螺栓

（26）安装倒挡惰轮轴螺栓。在倒挡惰轮轴螺栓上涂抹密封剂，并用新衬垫进行安装，如图 3-159 所示。扭矩为 29N·m。

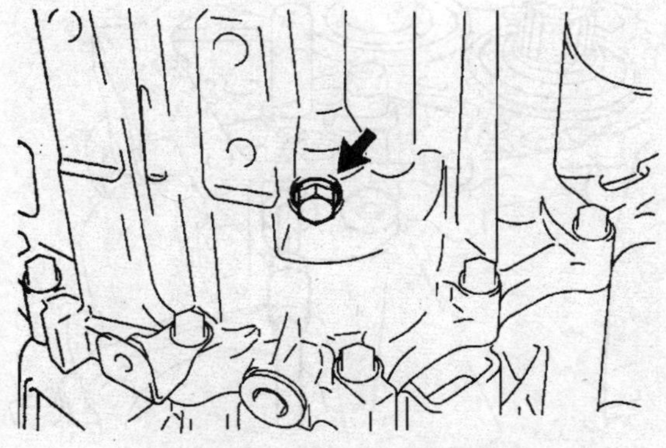

图 3-159 安装倒挡惰轮轴螺栓

（27）安装 2 号锁止钢球总成。在 2 号锁止钢球总成上涂抹密封胶，并用六角扳手进行安装，如图 3-160 所示。扭矩为 29 N・m。

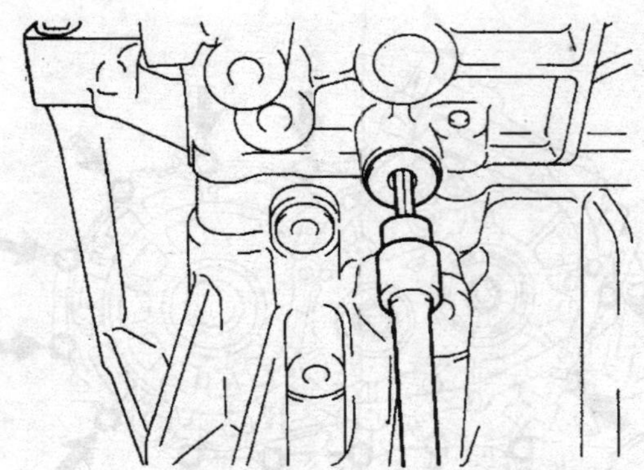

图 3-160　安装 2 号锁止钢球总成

（28）安装换挡锁止钢球。将 2 个换挡锁止钢球、2 个换挡锁止钢球弹簧和 2 个 1 号换挡锁止钢球弹簧座安装至手动变速器壳，如图 3-161 所示。

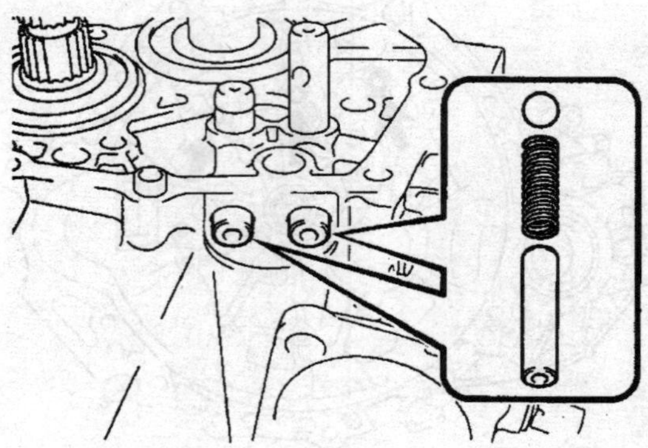

图 3-161　安装换挡锁止钢球

在 2 个换挡锁止钢球螺塞上涂抹密封胶，并用六角扳手进行安装，如图 3-162 所示。扭矩为 22N・m。

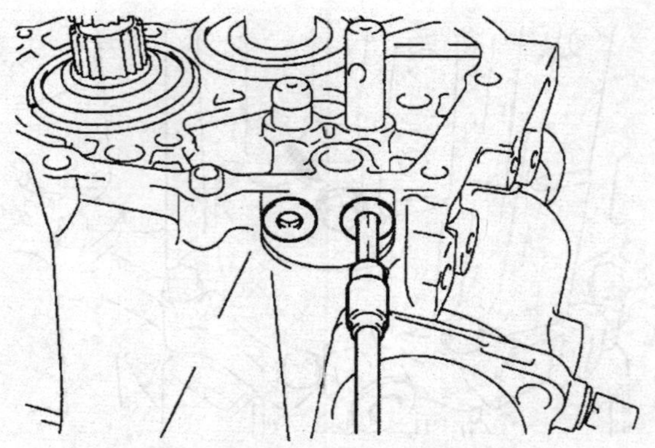

图 3-162　安装换挡锁止钢球螺塞

将换挡锁止钢球、换挡锁止钢球压缩弹簧和 1 号换挡锁止钢球弹簧座安装至传动桥壳，如图 3-163 所示。在换挡锁止钢球螺塞上涂抹密封胶，并用六角扳手进行安装，如图 3-164 所示。扭矩为 22 N·m。

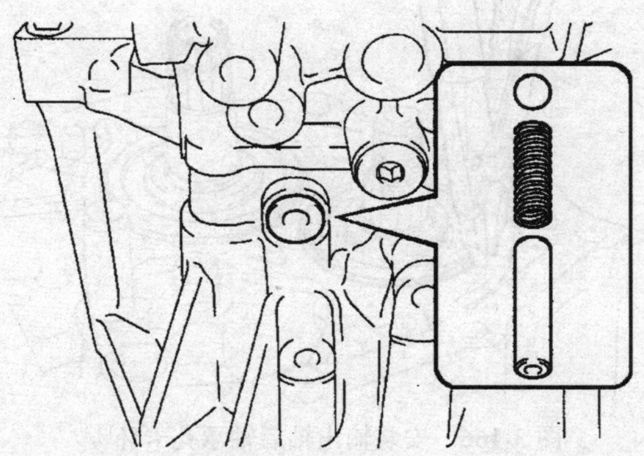

图 3-163　安装换挡锁止钢球、压缩弹簧和弹簧座

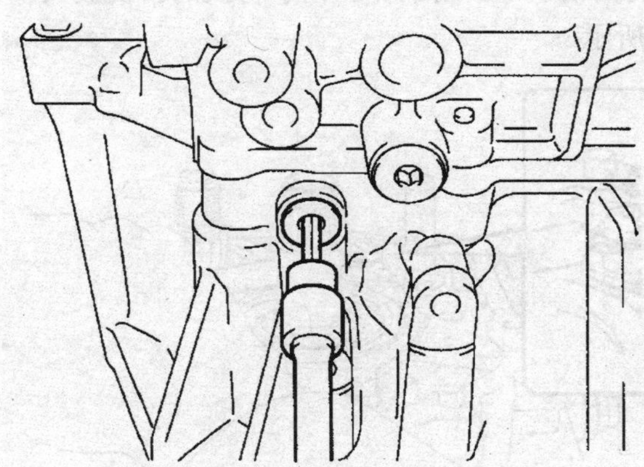

图 3-164　安装换挡锁止钢球螺塞

（29）安装输入轴后轴承孔卡环。用卡环扩张器将新的输入轴后轴承孔卡环安装至输入轴，如图 3-165 所示。

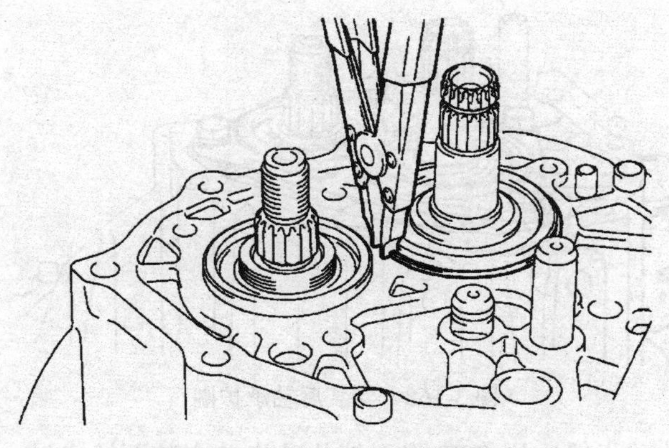

图 3-165　安装输入轴后轴承孔卡环

（30）安装输出轴后轴承孔卡环。用卡环扩张器将新的输出轴后轴承孔卡环安装至输出轴，如图 3-166 所示。

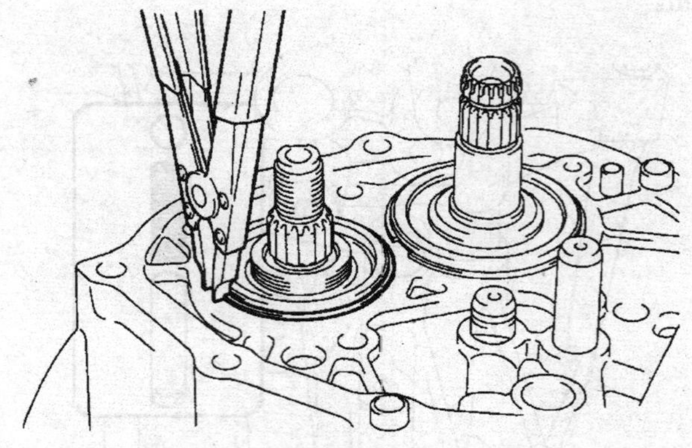

图 3-166　安装输出轴后轴承孔卡环

（31）安装换挡拨叉轴轴卡环。用铜棒和锤子将换的新挡拨叉轴轴卡环安装至 2 号换挡拨叉轴，如图 3-167 所示。

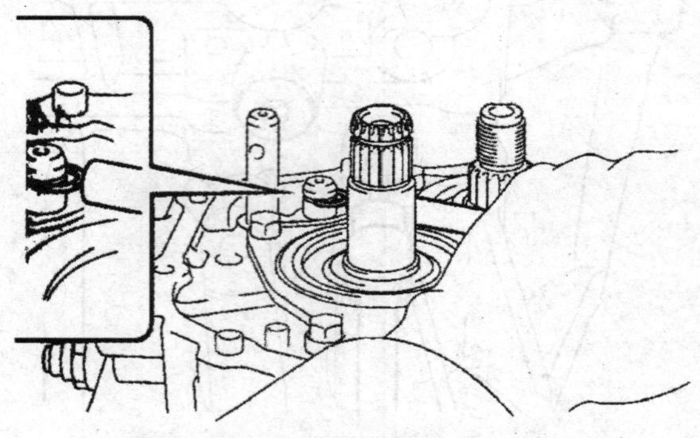

图 3-167　安装换挡拨叉轴轴卡环

（32）安装后轴承护圈。在 5 个螺栓上涂抹密封胶，并用这 5 个螺栓将后轴承护圈安装至手动变速器壳，如图 3-168 所示。扭矩为 27 N · m。

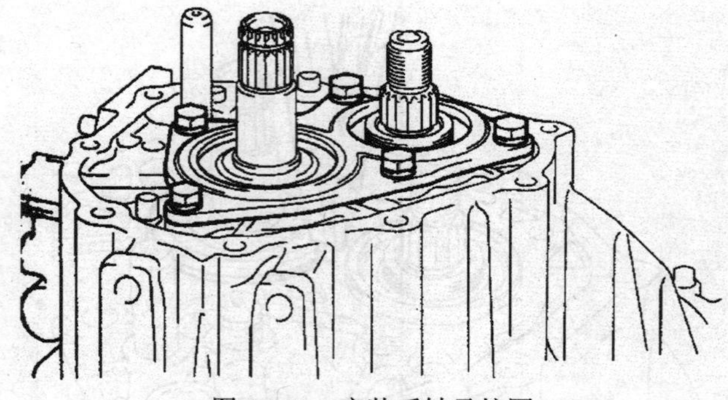

图 3-168　安装后轴承护圈

（33）安装五挡从动齿轮。用 SST 将五挡从动齿轮安装至输出轴，如图 3-169 所示。

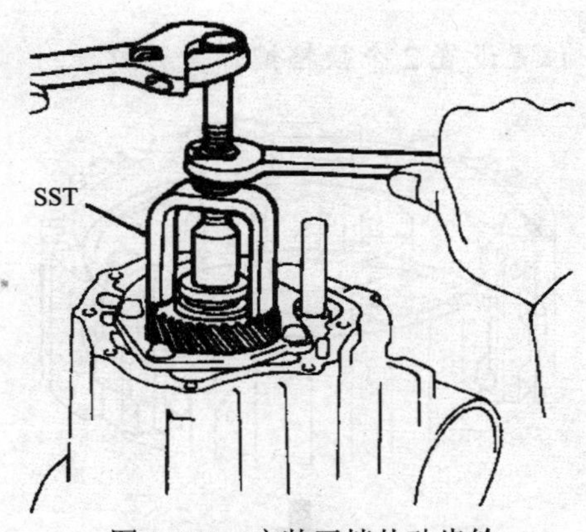

图 3-169　安装五挡从动齿轮

（34）安装五挡齿轮滚针轴承。在五挡齿轮滚针轴承和五挡齿轮轴承隔垫上涂抹齿轮油，并将其安装至输入轴。

（35）安装五挡齿轮。在五挡齿轮上涂抹齿轮油，并将其安装至输入轴，如图 3-170 所示。

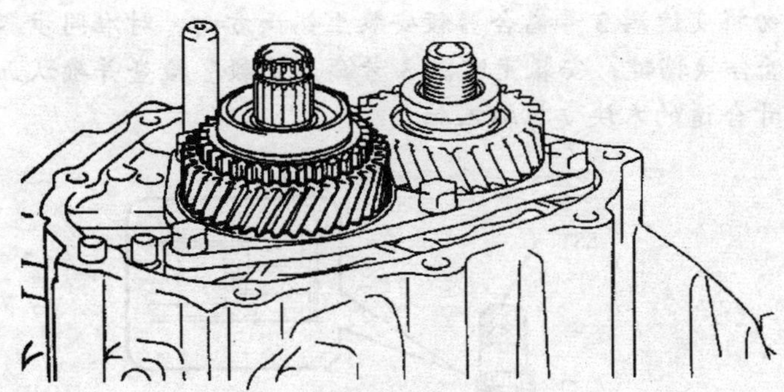
图 3-170　安装五挡齿轮

（36）安装同步器 3 号锁环。在同步器 3 号锁环上涂抹齿轮油，并将其安装至五挡齿轮，如图 3-171 所示。

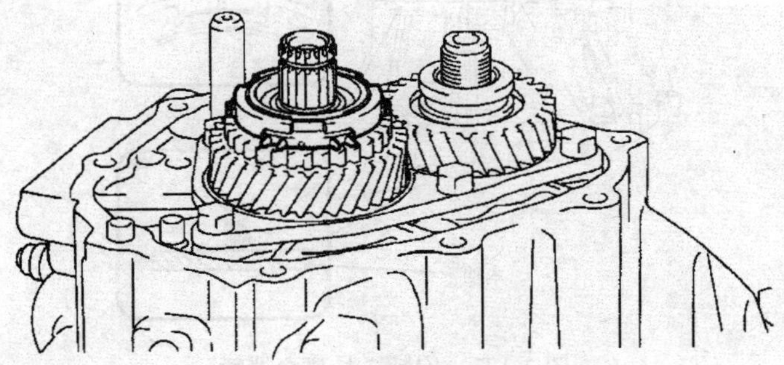
图 3-171　安装同步器 3 号锁环

（37）安装变速器 3 号离合器毂。将 3 个同步啮合换挡健和 2 个同步啮合换挡键弹簧安装至变速器 3 号离合器毂，如图 3-172 所示。

注意：不要在同一位置设置 2 个换挡键弹簧开口。

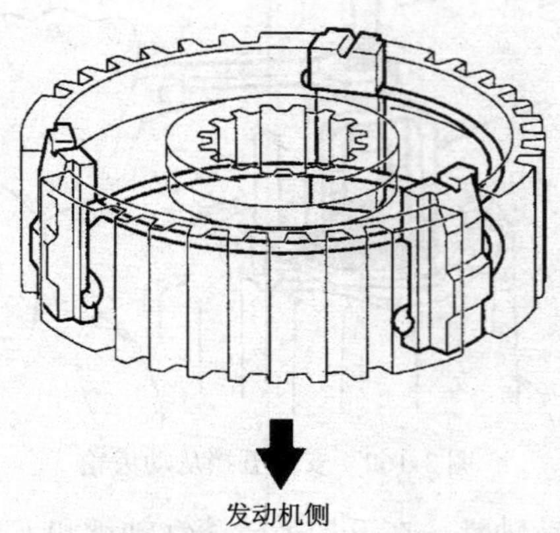

图 3-172　安装变速器 3 号离合器毂

用 SST 和锤子将变速器 3 号离合器毂安装至输入轴，如图 3-173 所示。

注意：切勿将变速器 3 号离合器毂安装至错误方向。对准同步器 3 号锁环键槽和 3 号同步啮合换挡键，安装变速器 3 号离合器毂。检查并确认五挡齿轮旋转。放置一个尺寸合适的木块支撑输入轴。

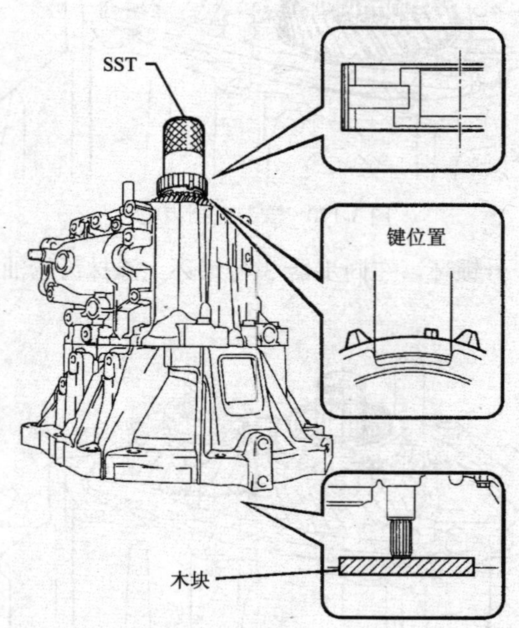

图 3-173　安装 3 号离合器毂

选择一个可使轴向间隙最小的卡环。间隙为 0.1 mm 或更小。用铜棒和锤子将新卡环安装至输入轴，如图 3-174 所示。

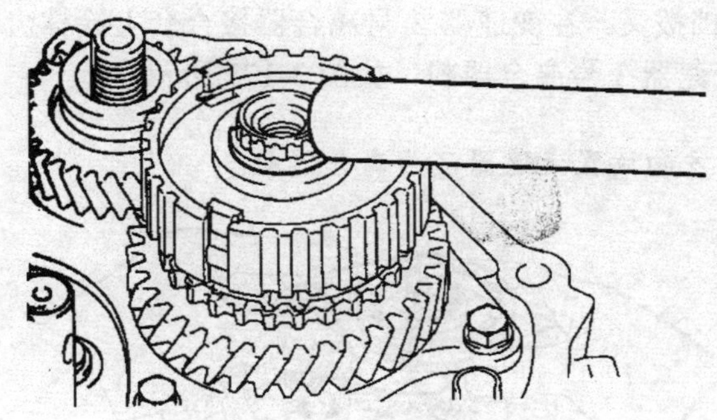

图 3-174 安装新卡环

（38）检查五挡齿轮轴向间隙。用百分表测量五挡齿轮轴向间隙，如图 3-175 所示。标准间隙为 0.10 mm～0.55mm，最大间隙为 0.55mm。如果间隙超过最大值，更换变速器 3 号离合器毂、五挡齿轮或输入轴后径向滚珠轴承。

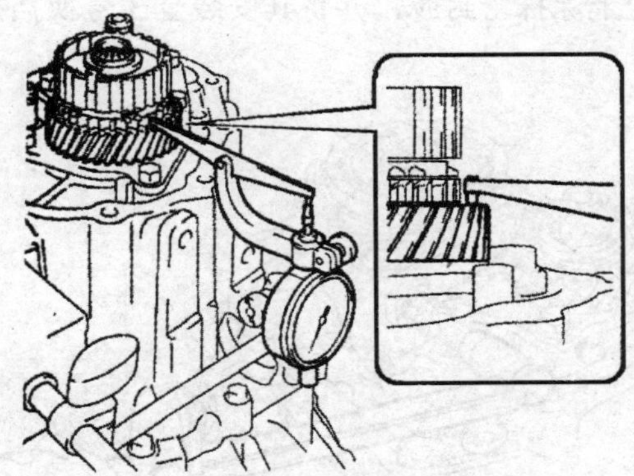

图 3-175 检查五挡齿轮轴向间隙

（39）检查五挡齿轮径向间隙。用百分表测量五挡齿轮径向间隙，如图 3-176 所示。

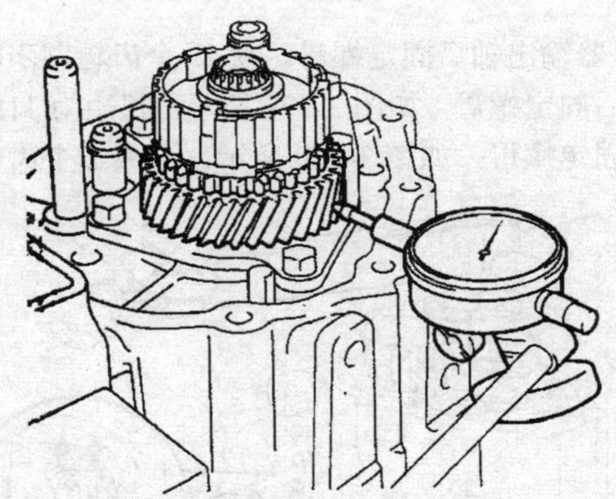

图 3-176 检查五挡齿轮径向间隙

标准间隙为 0.015mm～0.056 mm，最大间隙为 0.056 mm。

如果间隙超过最大值，更换五挡齿轮、五挡齿轮滚针轴承或输入轴。

（40）安装 3 号换挡拨叉。在变速器 3 号离合器接合套上涂抹齿轮油，并将其与 3 号换挡拨叉一同安装至变速器 3 号离合器毂，如图 3-177 所示。

注意：按正确方向放置变速器 3 号离合器毂。

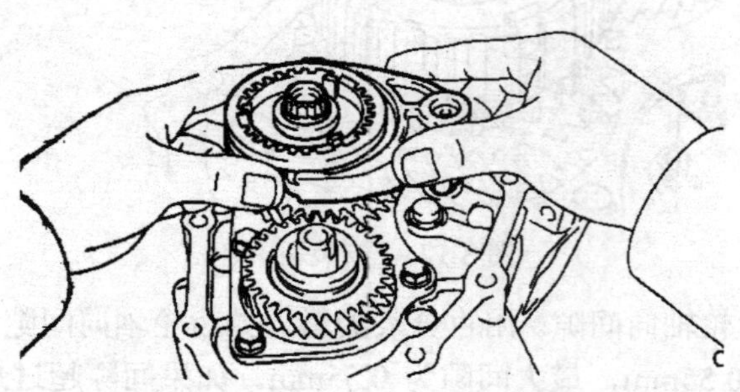

图 3-177　安装 3 号换挡拨叉

在换挡拨叉锁止螺栓上涂抹密封胶，并将其安装至 3 号换挡拨叉，如图 3-178 所示。扭矩为 16 N·m。

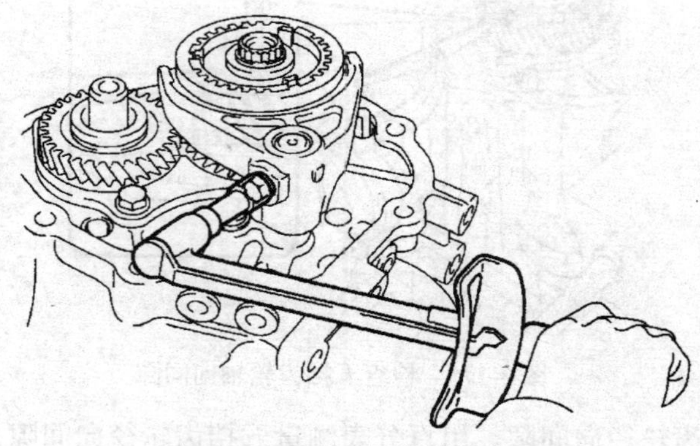

图 3-178　安装至 3 号换挡拨叉

（41）安装手动变速器输出轴后固定螺母。使 2 个齿轮同步啮合以锁止变速器，安装新的手动变速器输出轴后固定螺母，如图 3-179 所示。扭矩为 118 N·m。用冲子和锤子锁紧手动变速器输出轴后固定螺母，如图 3-180 所示。分离 2 个齿轮。

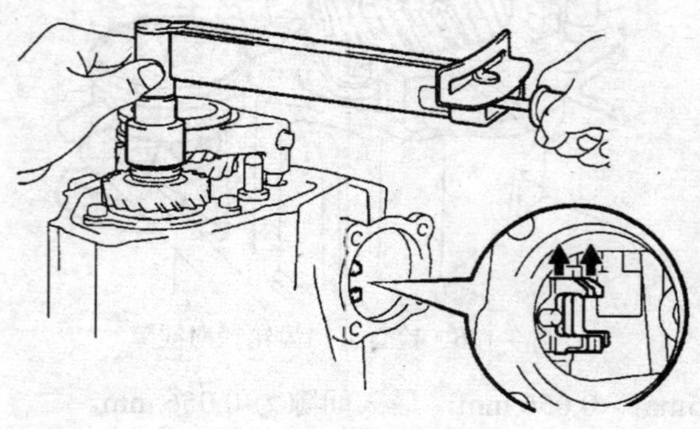

图 3-179　锁止变速器

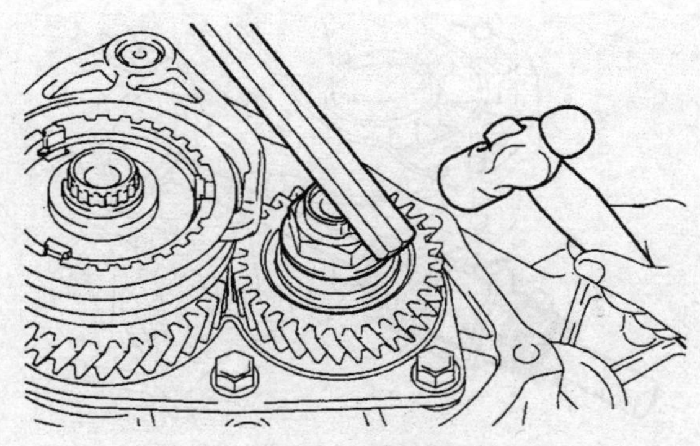

图 3-180　锁紧固定螺母

（42）安装手动变速箱盖分总成。在手动变速箱盖分总成上涂抹 FIPG，如图 3-181 所示。

注意：必须在涂胶后 10 分钟内组装各零件，否则必须先清除填料（FIPG），然后重新涂抹。

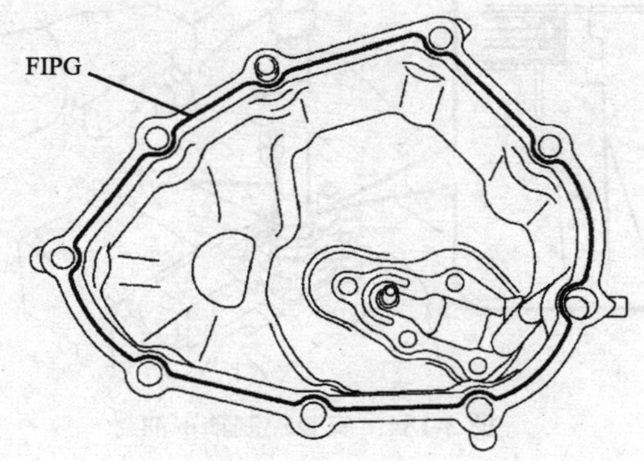

图 3-181　涂抹 FIPG

用 9 个螺栓将手动变速箱盖分总成安装至手动变速器壳，如图 3-182 所示。扭矩为 18N·m。

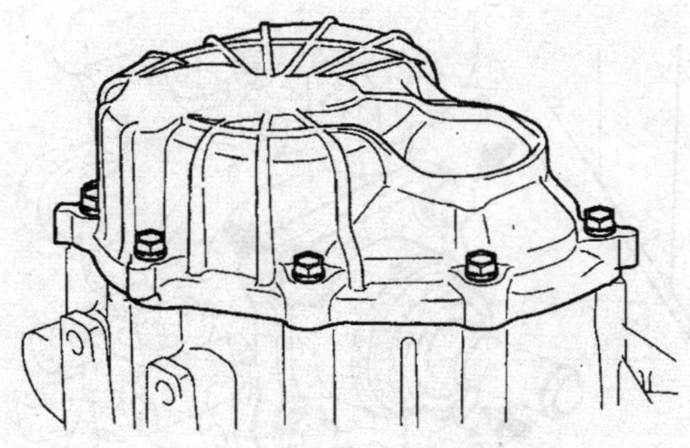

图 3-182　安装手动变速器壳

（43）安装换挡和选挡杆轴总成。在换挡和选挡杆轴总成上涂抹齿轮油，并将其安装至变速器壳，如图 3-183 所示。

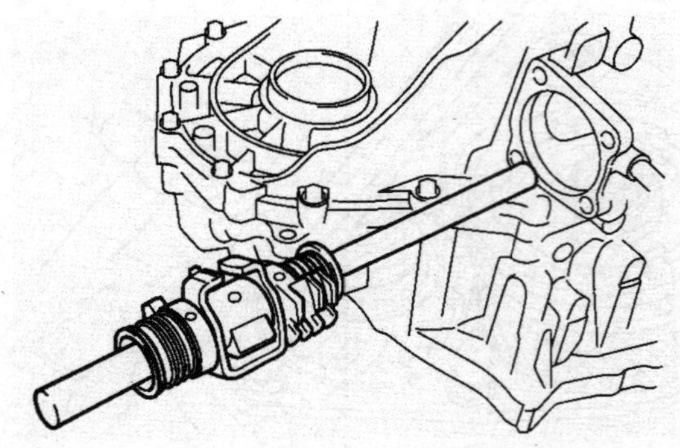

图 3-183　安装换挡和选挡杆轴总成

（44）安装控制轴罩油封。用 SST 和锤子将新的控制轴罩油封安装至控制轴罩，如图 3-184 所示。嵌入深度为 0.2mm～1.2 mm。在控制轴罩油封上涂沫通用润滑脂。

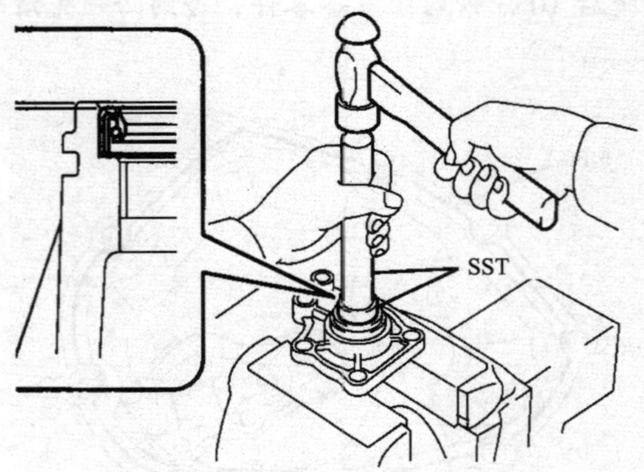

图 3-184　安装控制轴罩油封

（45）安装控制轴罩。在 4 个螺栓上涂抹密封胶。用这 4 个螺栓将新衬垫和控制轴罩安装至手动变速器壳，如图 3-185 所示。扭矩为 20N·m。

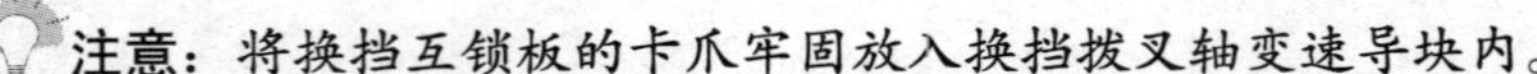

注意：将换挡互锁板的卡爪牢固放入换挡拨叉轴变速导块内。

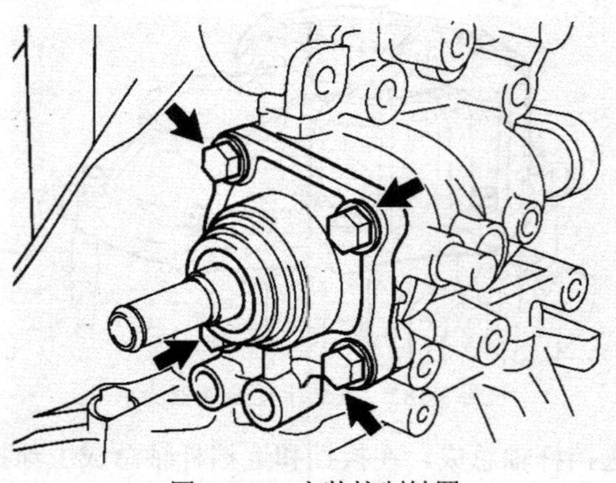

图 3-185　安装控制轴罩

（46）安装换挡导向销。在换挡导向销上涂抹密封胶，安装垫圈和换挡导向销，如图 3-186 所示。扭矩为 11 N • m。

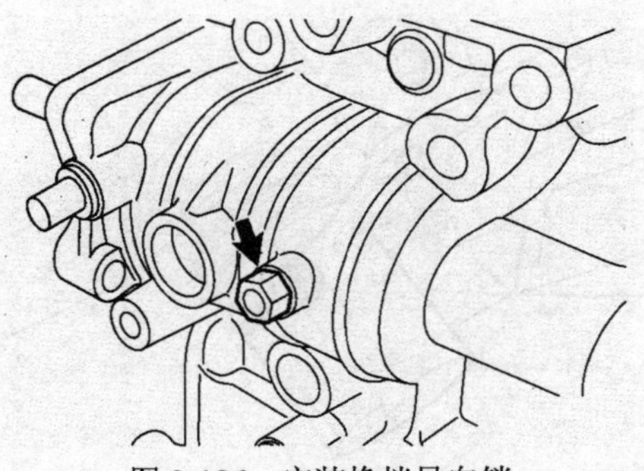

图 3-186 安装换挡导向销

（47）安装 1 号锁止钢球总成。在 1 号锁止钢球总成上涂抹密封胶，并将其安装至手动变速器壳，如图 3-187 所示。扭矩为 29 N • m。

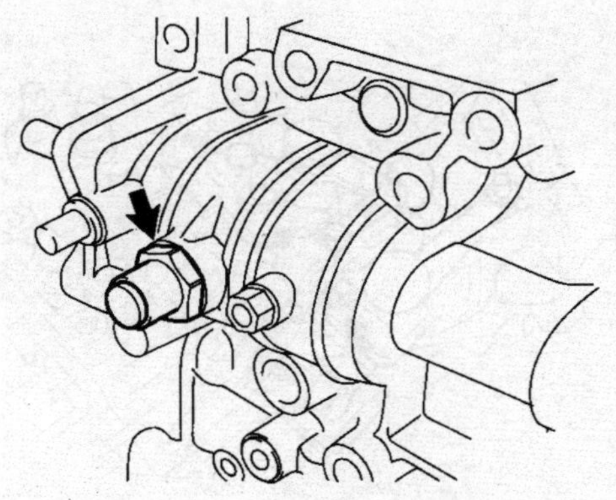

图 3-187 安装 1 号锁止钢球总成

（48）安装换挡杆阻尼器。将防尘套安装至控制轴罩，将换挡杆阻尼器和锁销一同安装至换挡和选挡杆轴总成，如图 3-188 所示。用螺母安装垫圈。扭矩为 12 N • m。

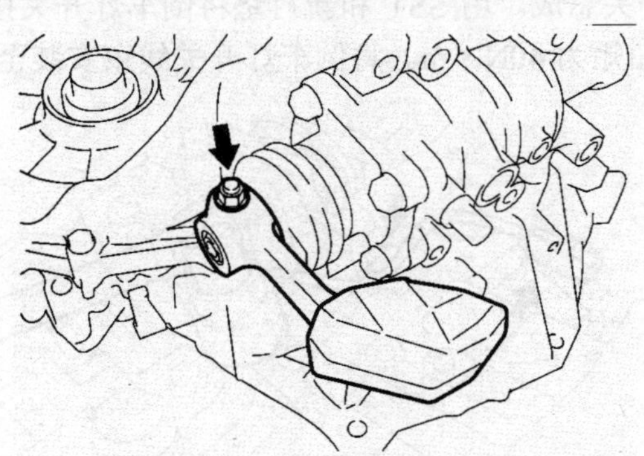

图 3-188 安装换挡杆阻尼器

（49）安装地板式换挡控制杆。将防尘罩安装至换挡和选挡杆轴油封，将地板式换挡控制杆和锁销一同安装至换挡和选挡杆轴总成，如图 3-189 所示。用螺母安装垫圈。扭矩为 12 N • m。

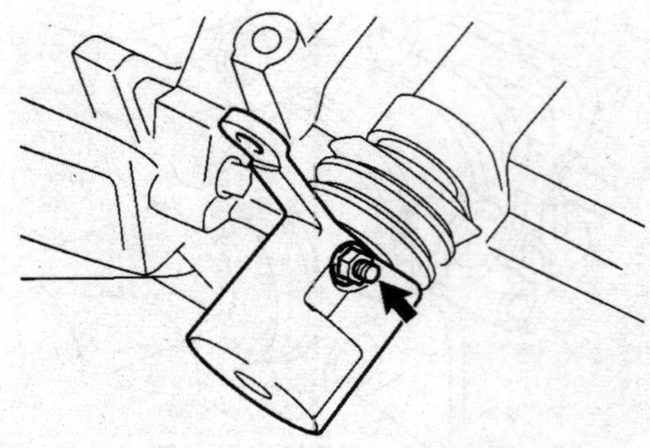

图 3-189　安装地板式换挡控制杆

（50）安装选挡直角杠杆总成。用 2 个螺栓和螺母将选挡直角杠杆总成和控制直角杠杆防尘罩一同安装至手动变速器壳，如图 3-190 所示。扭矩：螺栓为 25 N • m；螺母为 12 N • m。

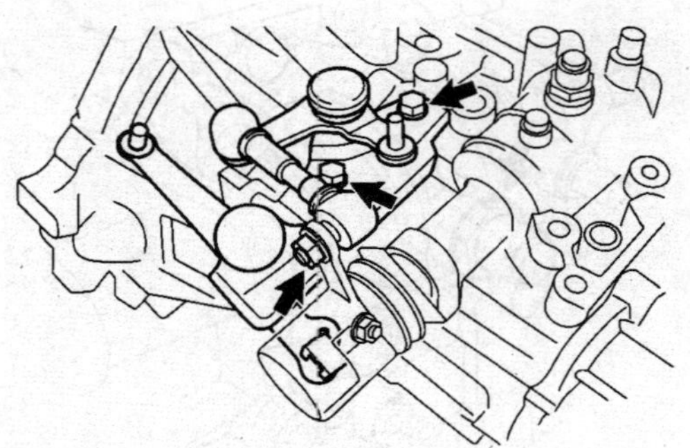

图 3-190　安装选挡直角杠杆总成

注意：在换挡控制杆衬套内环面上涂抹通用润滑脂。

（51）安装倒车灯开关总成。用 SST 和新衬垫将倒车灯开关接总成安装至手动变速器壳，如图 3-191 所示。扭矩为 40N • m。将倒车灯开关线束安装至 2 个卡夹。

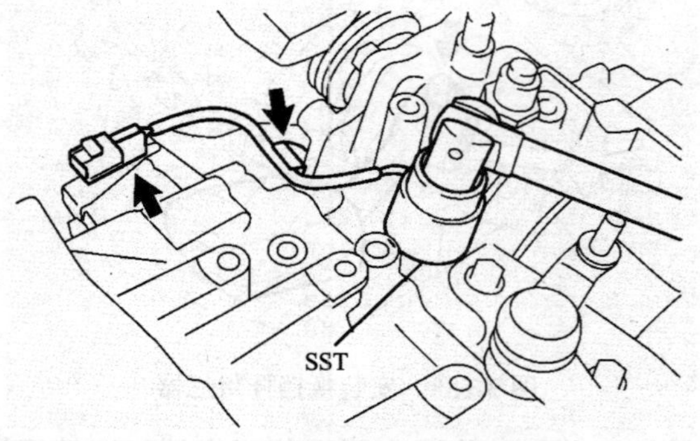

图 3-191　安装倒车灯开关总成

（52）安装速度表从动齿轮孔盖分总成。将新 O 形圈安装至速度表从动齿轮孔盖分总成。用螺栓将速度表从动齿轮孔盖分总成安装至手动传动桥壳。扭矩为 11 N • m。

（53）安装手动变速器注油螺塞。用新衬垫将手动变速器注油螺塞安装至手动变速器上。扭矩为 39 N • m。

（54）安装放油螺塞分总成。用新衬垫将放油螺塞安装至手动变速器壳。扭矩为 39N •m。

（五）输入轴总成的分解与检查

1. 输入轴的分解

（1）检查四挡齿轮轴向间隙。用测隙规测量四挡齿轮轴向间隙，如图 3-192 所示。

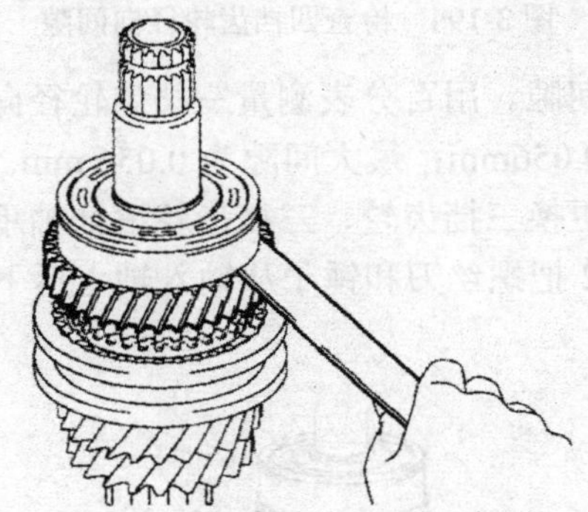

图 3-192　检查四挡齿轮轴向间隙

标准间隙为 0.10mm～0.55mm；最大间隙为 0.55mm。

如果间隙超过最大值，更换变速器 2 号离合器毂、四挡齿轮或输入轴后径向滚珠轴承。

（2）检查三挡齿轮轴向间隙。用百分表测量三挡齿轮轴向间隙，如图 3-193 所示。

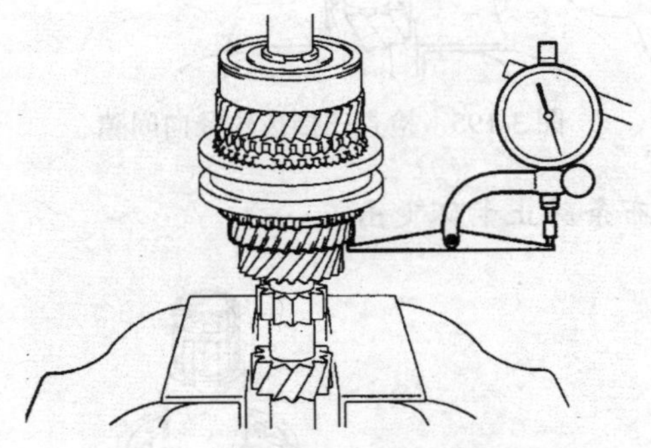

图 3-193　检查三挡齿轮轴向间隙

标准间隙为 0.10mm～0.35mm；最大间隙为 0.35 mm。

如果间隙超过最大值，更换变速器 2 号离合器毂、三挡齿轮或输入轴。

（3）检查四挡齿轮径向间隙。用百分表在齿轮和轴之间测量四挡齿轮径向间隙，如图 3-194 所示。

标准间隙为 0.009 mm～0.050 mm；最大间隙为 0.050 mm。

如果间隙超过最大值，更换四挡齿轮、四挡齿轮滚针轴承或输入轴。

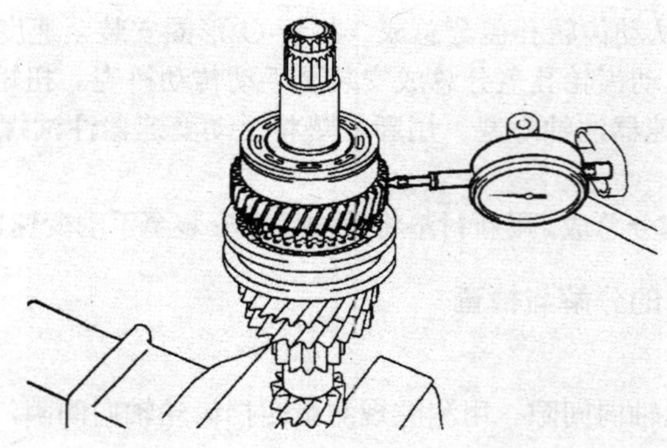
图 3-194　检查四挡齿轮径向间隙

（4）检查三挡齿轮径向间隙。用百分表测量三挡齿轮径向间隙，如图 3-195 所示。

标准间隙为 0.015mm～0.056mm；最大间隙为 0.056 mm。

如果间隙超过最大值，更换三挡齿轮、三挡齿轮滚针轴承或输入轴。

（5）拆卸四挡齿轮。用 2 把螺丝刀和锤子从输入轴上拆下输入轴后轴承轴卡环，如图 3-196 所示。

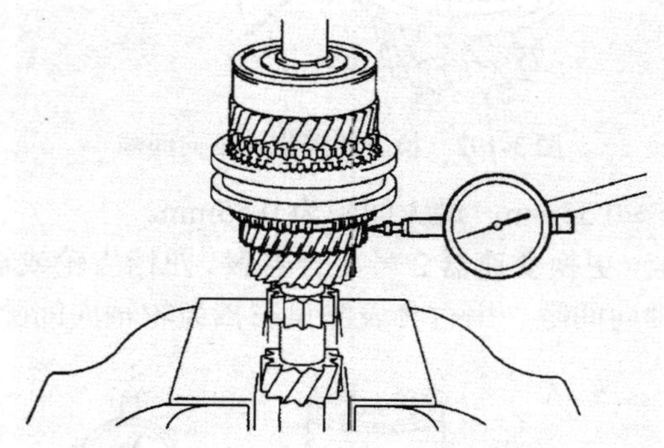
图 3-195　检查三挡齿轮径向间隙

注意：用抹布或布条防止卡环飞出。

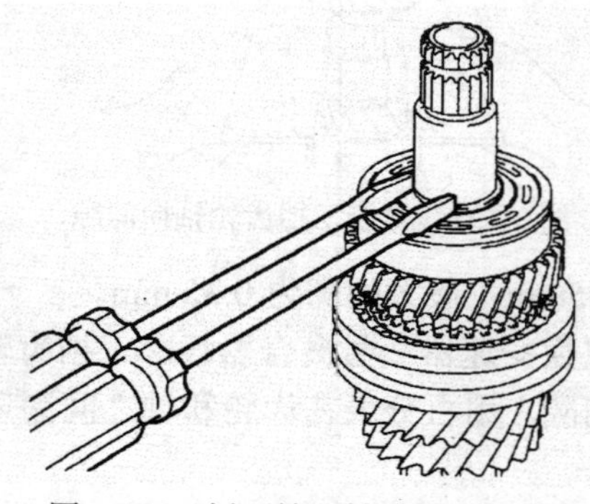
图 3-196　拆下输入轴后轴承轴卡环

用 SST 和压力机从输入轴上拆下输入轴后径向滚珠轴承和四挡齿轮，如图 3-197 所示。

注意：不要过度紧固 SST。用手支撑输入轴总成以防其掉落。

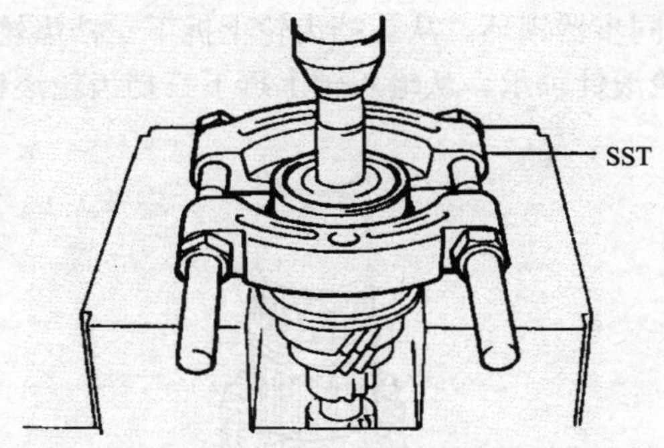

图 3-197　拆下输入轴后径向滚珠轴承和四挡齿轮

(6)拆卸四挡齿轮滚针轴承。从输入轴上拆下四挡齿轮滚针轴承和四挡齿轮轴承隔垫。

(7) 拆卸四挡齿轮同步器锁环。从变速器 2 号离合器毂上拆下四挡齿轮同步器锁环。

(8) 拆卸三挡齿轮。用 2 把螺丝刀和锤子从输入轴上拆下 2 号离合器毂调节轴卡环，如图 3-198 所示。

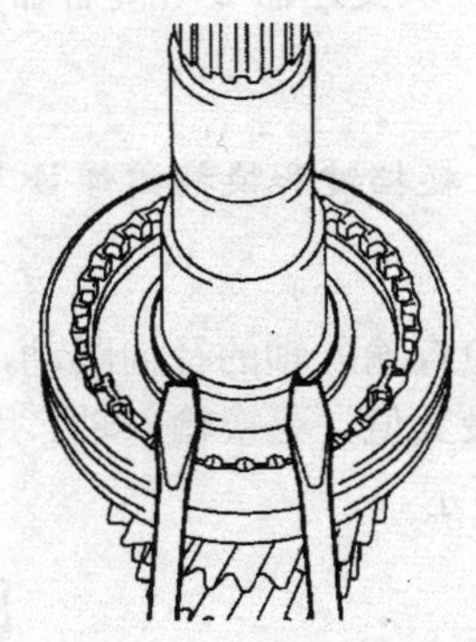

图 3-198　拆下 2 号离合器毂调节轴卡环

注意：用抹布或布条防止卡环飞出。

用 SST 和压力机从输出轴上拆下变速器 2 号离合器毂和三挡齿轮，如图 3-199 所示。

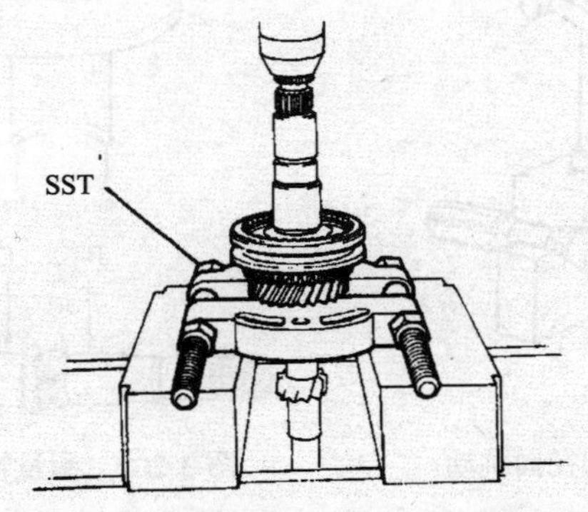

图 3-199　拆下变速器 2 号离合器毂和三挡齿轮

注意：不要过度紧固 SST。用手支撑输入轴以防其掉落。

(9) 拆卸三挡齿轮同步器锁环。从三挡齿轮上拆下三挡齿轮同步器锁环。

(10) 拆下三挡齿轮滚针轴承。从输入轴上拆下三挡齿轮滚针轴承，如图 3-200 所示。

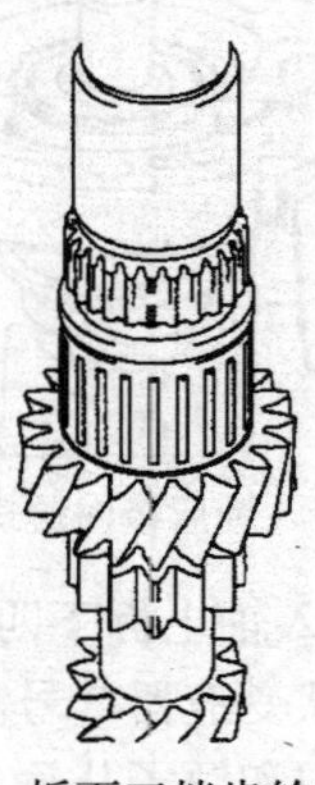

图 3-200　拆下三挡齿轮滚针轴承

(11) 拆卸变速器 2 号接合套。从变速器 2 号离合器毂上拆下变速器 2 号接合套、3 个换挡键和 3 个换挡键弹簧。

注意：用抹布或布条防止换挡键和换挡键弹簧飞出。

2. 输入轴检查

(1) 检查输入轴。用百分表检查输入轴的径向跳动，如图 3-201 所示。最大径向跳动为 0.015mm。如果径向跳动超过最大值，更换输入轴。用螺旋测微器在所示位置测量输入轴轴颈表面的外径，如图 3-202 所示。

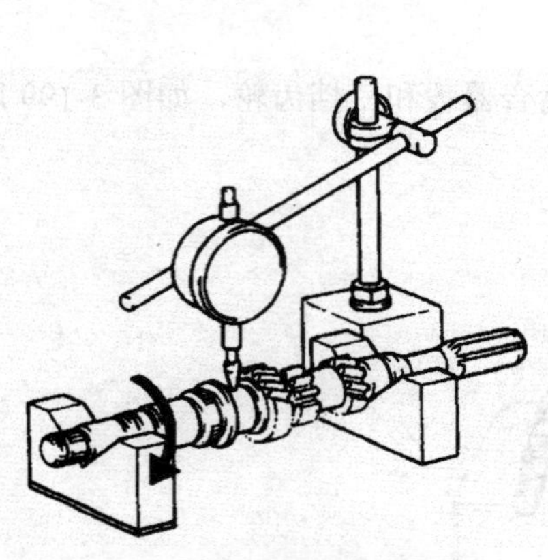

图 3-201　检查输入轴的径向跳动

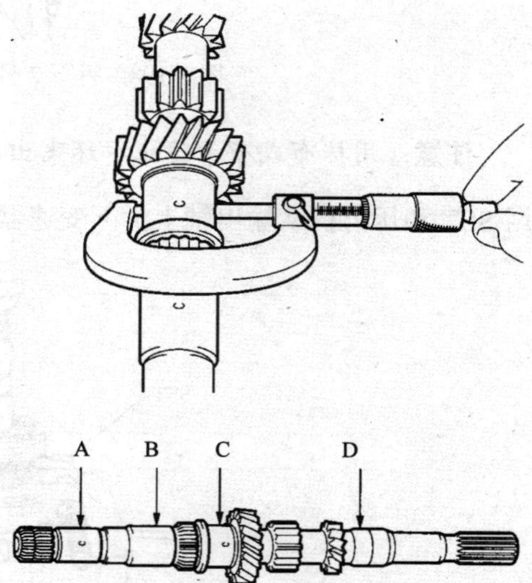

图 3-202　测量输入轴轴颈表面的外径

标准外径：部位 A 为 24.885mm～24.900 mm；部位 B 为 28.991mm～29.006 mm；部位 C 为 30.985mm～31.000 mm；部位 D 为 24.985mm～25.000 mm。

最小外径：部位 A 为 24.885 mm；部位 B 为 28.991 mm；部位 C 为 30.985 mm；部位 D 为 24.985 mm。

如果任一外径小于最小值，更换输入轴。

（2）检查四挡齿轮。用量缸表测量四挡齿轮的内径，如图 3-203 所示。

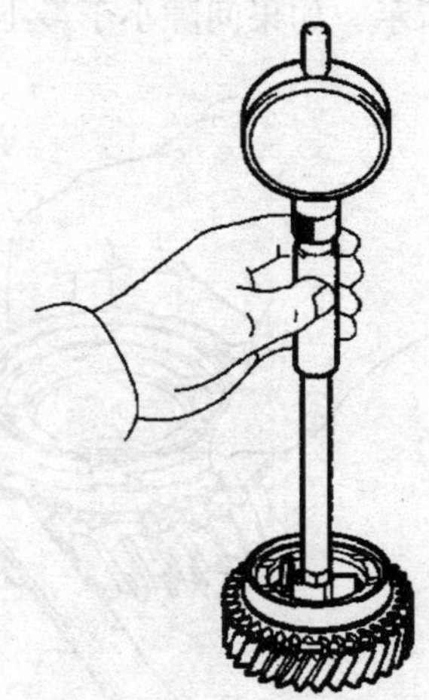

图 3-203　测量四挡齿轮的内径

标准内径为 34.015mm～34.031 mm；最大内径为 34.031 mm。

如果内径超过最大值，更换四挡齿轮。

（3）检查三挡齿轮。用量缸表测量三挡齿轮的内径。如果内径超过最大值，更换三挡齿轮。

标准内径为 36.015mm～36.031 mm；最大内径：36.031 mm。

（4）检查四挡齿轮同步器锁环。检查磨损和损坏情况。在四挡齿轮锥上涂抹齿轮油。将同步器锁环推向四挡齿轮锥的同时使其沿一个方向转动，如图 3-204 所示。检查并确认锁环锁止。如果同步器锁环未锁止，更换同步器锁环。

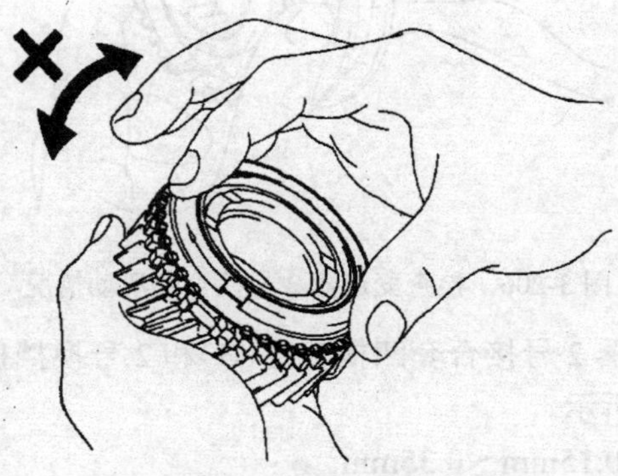

图 3-204　检查磨损和损坏情况

用测隙规测量同步器锁环和花键齿轮端部之间的间隙，如图 3-205 所示。如果间隙小于最小值，更换同步器锁环。

标准间隙为 0.75 mm～1.65 mm；最小间隙为 0.75mm。

（5）检查三挡齿轮同步器锁环。检查磨损和损坏情况。在三挡齿轮锥上涂抹齿轮油。将同步器锁环推向三挡齿轮锥的同时使其沿一个方向转动，如图 3-204 所示。检查并确认锁环锁止。如果同步器锁环未锁止，更换同步器锁环。用测隙规测量同步器锁环和花键齿轮端部之间的间隙，如图 3-205 所示。如果间隙小于最小值，更换同步器锁环。

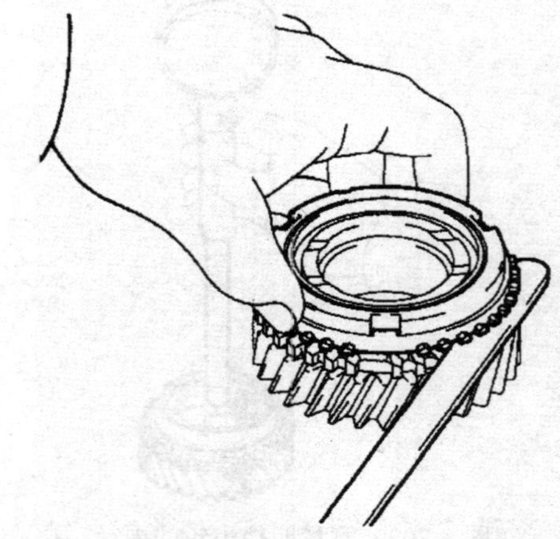

图 3-205　测量同步器锁环和花键齿轮端部之间的间隙

标准间隙为 0.75 mm～1.65 mm；最小间隙为 0.75 mm。

（6）检查变速器 2 号接合套。检查变速器 2 号接合套和变速器 2 号离合器毂之间的滑动情况，如图 3-206 所示。检查并确认变速器 2 号接合套的花键齿轮边缘未磨掉。

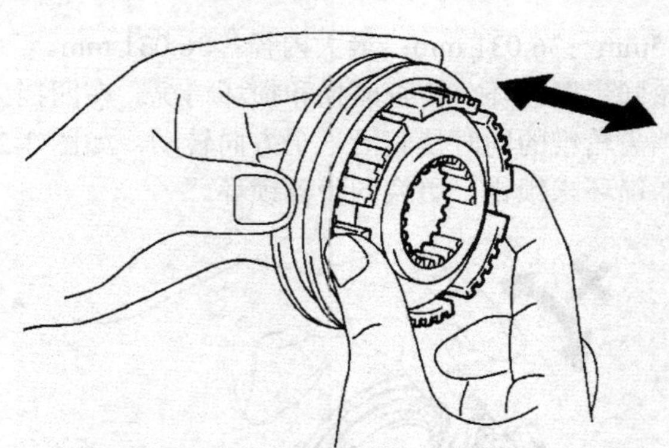

图 3-206　检查变速器 2 号接合套滑动情况

用游标卡尺测量变速器 2 号接合套凹槽宽度(B)和 2 号换挡拨叉卡爪部分的厚度(A)，并计算间隙，如图 3-207 所示。

标准间隙（B–A）为 0.15mm～0.35mm。

如果间隙超出规定范围，更换变速器 2 号接合套和 2 号换挡拨叉。

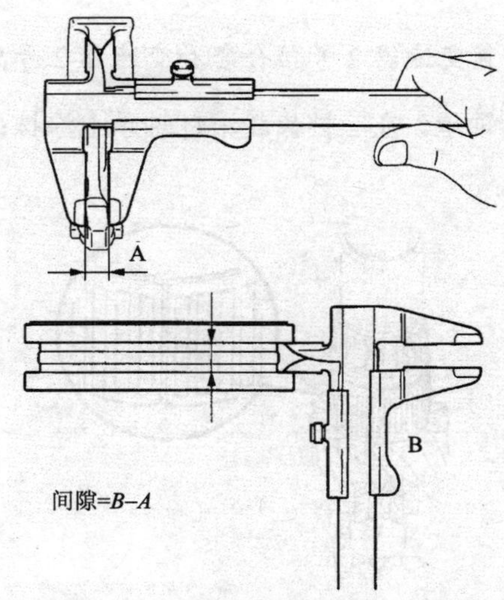

图 3-207　测量接合套与拨叉间隙

3. 输入轴装配

（1）安装变速器 2 号接合套。在变速器 2 号接合套上涂抹齿轮油。将 3 个同步啮合换挡键弹簧和 3 个同步啮合键安装至变速器 2 号离合器毂，如图 3-208 所示。

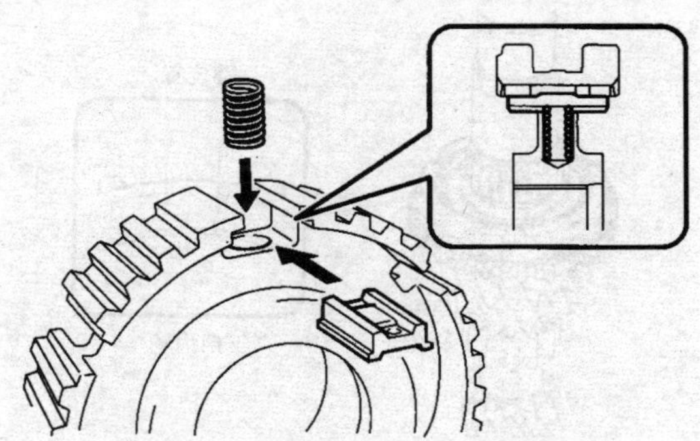

图 3-208　安装换挡键弹簧和啮合键

将变速器 2 号离合器毂安装至变速器 2 号接合套，如图 3-209 所示。

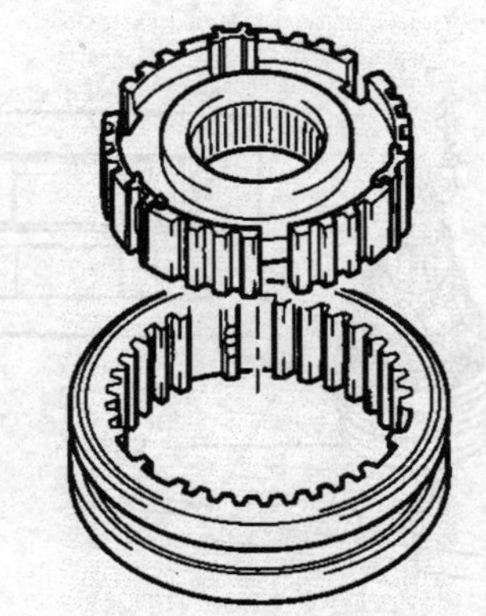

图 3-209　安装接合套和离合器毂

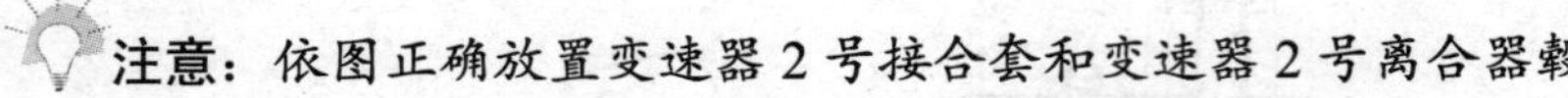

注意：依图正确放置变速器 2 号接合套和变速器 2 号离合器毂。

（2）安装三挡齿轮滚针轴承。在三挡齿轮滚针轴承上涂抹齿轮油，并将其安装至输入轴，如图 3-210 所示。

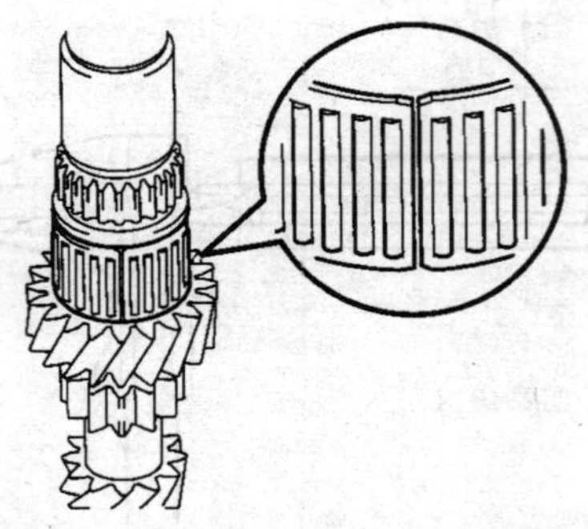

图 3-210　安装三挡齿轮滚针轴承

（3）安装三挡齿轮。在三挡齿轮上涂抹齿轮油，并将其安装至输入轴。

（4）安装三挡齿轮同步器锁环。在三挡齿轮同步器锁环上涂抹齿轮油，并将其安装至三挡齿轮，如图 3-211 所示。

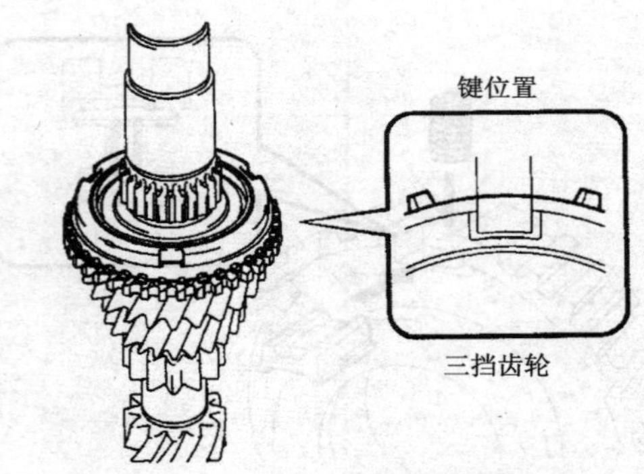

图 3-211　安装三挡齿轮同步器锁环

（5）安装变速器 2 号离合器毂。用 SST 和压力机将变速器 2 号离合器毂安装至输入轴，如图 3-212 所示。

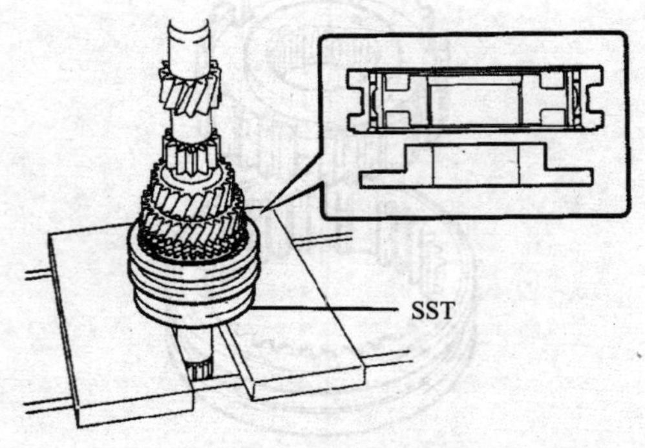

图 3-212　安装变速器 2 号离合器毂

注意：将同步啮合换挡键正确装配到同步器锁环的凹槽中。

选择一个可使轴向间隙最小的卡环，用铜棒和锤子将卡环安装至输入轴，如图 3-213 所示。标准间隙为 0.1mm 或更小。

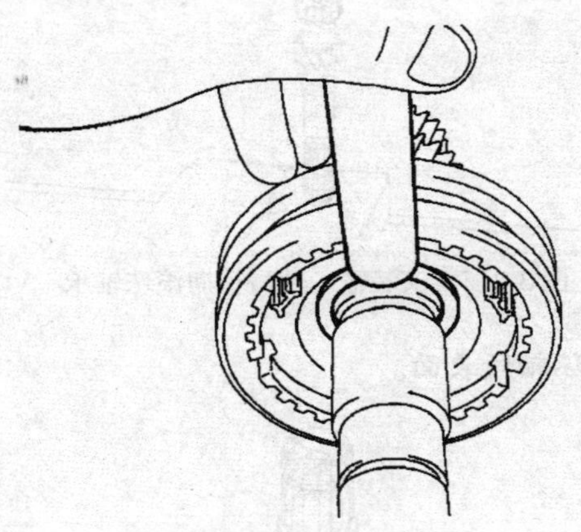

图 3-213 安装卡环

（6）安装四挡齿轮同步器锁环。在四挡齿轮同步器锁环上涂抹齿轮油，并将其安装至变速器 2 号离合器毂。

（7）安装四挡齿轮滚针轴承。在四挡齿轮滚针轴承和四挡齿轮轴承隔垫上涂抹齿轮油，并将其安装至变速器 2 号离合器毂。

（8）在四挡齿轮上涂抹齿轮油，并将其安装至输入轴，如图 3-214 所示。

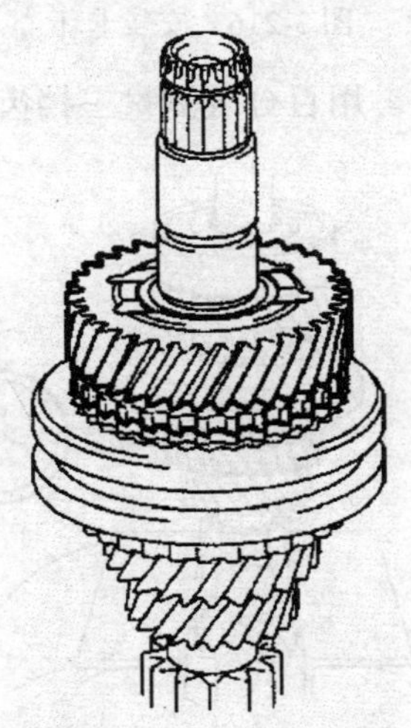

图 3-214 安装四挡齿轮

（9）安装输入轴后径向滚珠轴承。用 SST 和压力机将输入轴后径向滚珠轴承安装至输入轴，如图 3-215 所示。

选择一个可使轴向间隙最小的卡环。标准间隙为 0.1mm 或更小。用铜棒和锤子将卡环安装至输入轴，如图 3-216 所示。

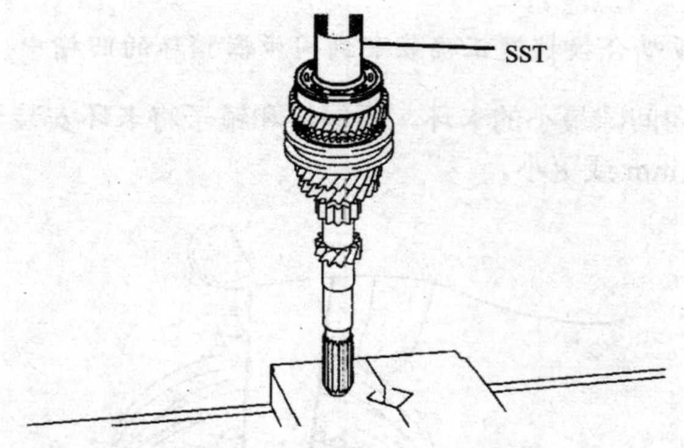

图 3-215　安装输入轴后径向滚珠轴承

注意：不要损坏卡环轴颈表面。

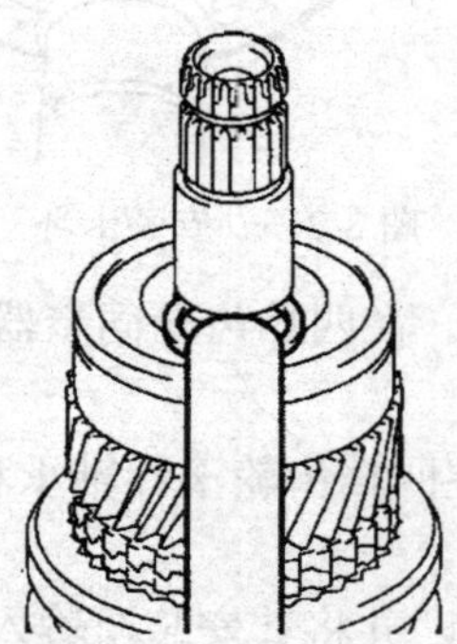

图 3-216　安装卡环

（10）检查三挡齿轮径向间隙。用百分表测量三挡齿轮径向间隙，如图 3-217 所示。

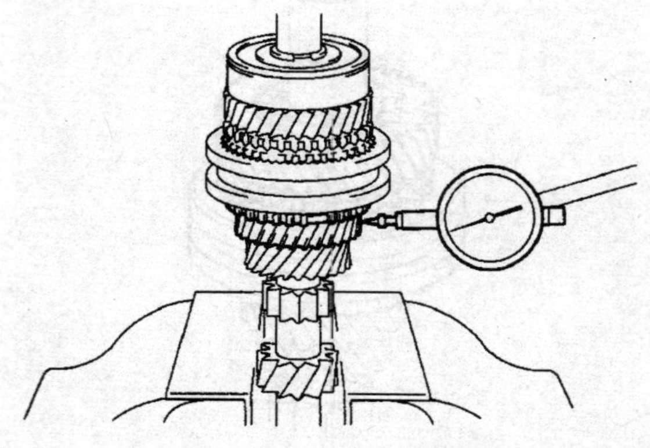

图 3-217　检查三挡齿轮径向间隙

标准间隙为 0.015mm～0.056mm；最大间隙为 0.056 mm。

如果间隙超过最大值，更换三挡齿轮、三挡齿轮滚针轴承或输入轴。

（11）检查四挡齿轮径向间隙。用百分表在齿轮和轴之间测量四挡齿轮径向间隙，如图 3-218 所示。

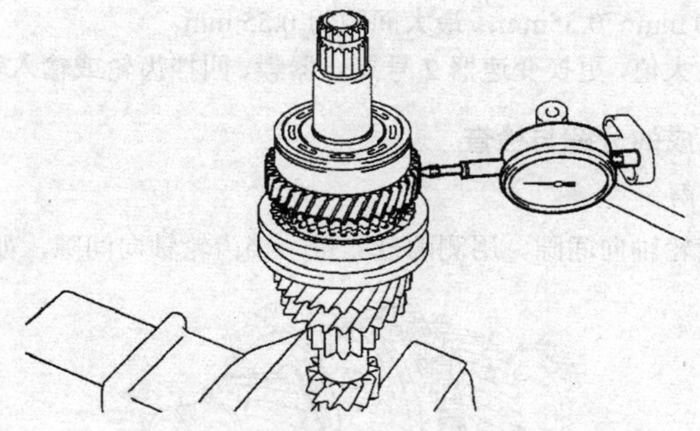

图 3-218　检查四挡齿轮径向间隙

标准间隙为 0.009 mm～0.050 mm；最大间隙为 0.050 mm。

如果间隙超过最大值，更换四挡齿轮、四挡齿轮滚针轴承或输入轴。

（12）检查三挡齿轮轴向间隙。用百分表测量三挡轴向间隙，如图 3-219 所示。

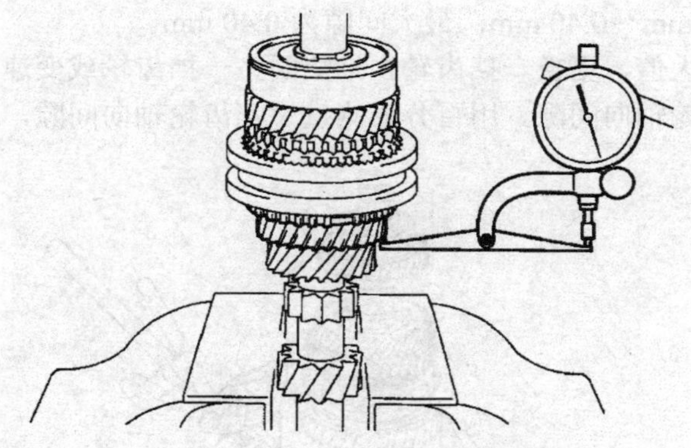

图 3-219　检查三挡齿轮轴向间隙

标准间隙为 0.10 mm～0.35 mm；最大间隙为 0.35 mm。

如果间隙超过最大值，更换变速器 2 号离合器毂、三挡齿轮或输入轴。

（13）检查四挡齿轮轴向间隙。用测隙规测量四挡轴向间隙，如图 3-220 所示。

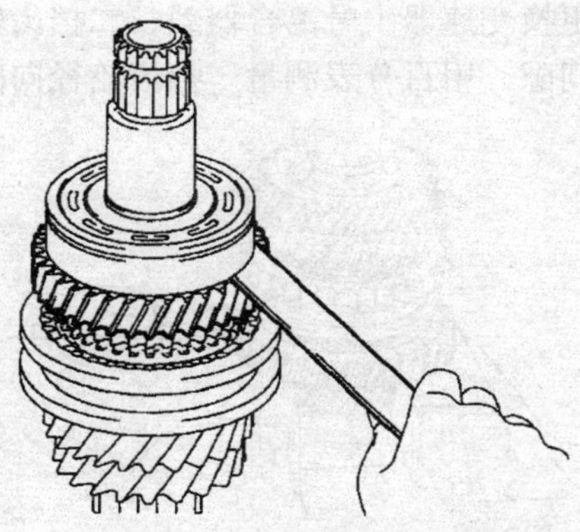

图 3-220　检查四挡齿轮轴向间隙

标准间隙为 0.10 mm～0.55mm；最大间隙为 0.55 mm。

如果间隙超过最大值，更换变速器 2 号离合器毂、四挡齿轮或输入轴后径向滚珠轴承。

（六）输出轴总成的分解与检查

1. 输出轴的分解

（1）检查一挡齿轮轴向间隙。用测隙规测量一挡齿轮轴向间隙，如图 3-221 所示。

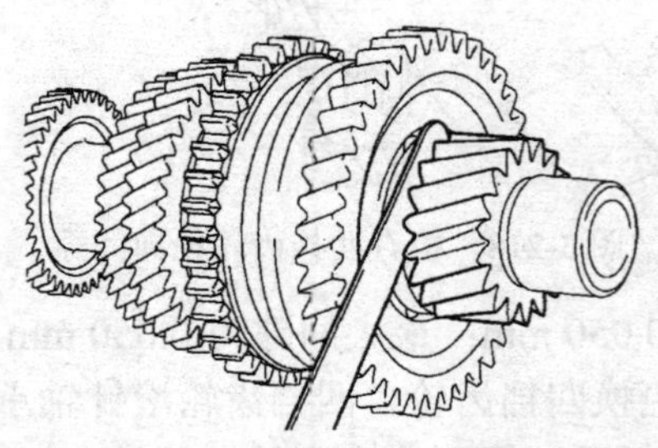

图 3-221　测量一挡齿轮轴向间隙

标准间隙为 0.10 mm～0.40 mm；最大间隙为 0.40 mm。

如果间隙超过最大值，更换一挡齿轮止推垫圈、一挡齿轮或变速器 1 号离合器毂。

（2）检查二挡齿轮轴向间隙。用百分表测量二挡齿轮轴向间隙，如图 3-222 所示。

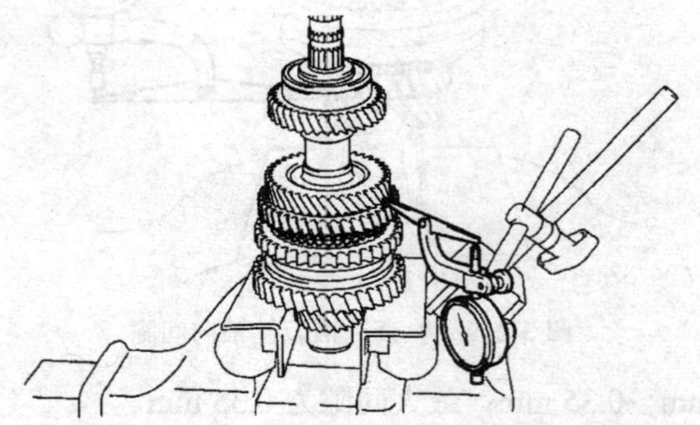

图 3-222　测量二挡齿轮轴向间隙

标准间隙为 0.10mm～0.55 mm；最大间隙为 0.55 mm。

如果间隙超过最大值，更换变速器 1 号离合器毂、二挡齿轮或三挡从动齿轮。

（3）检查一挡齿轮径向间隙。用百分表测量一挡齿轮径向间隙，如图 3-223 所示。

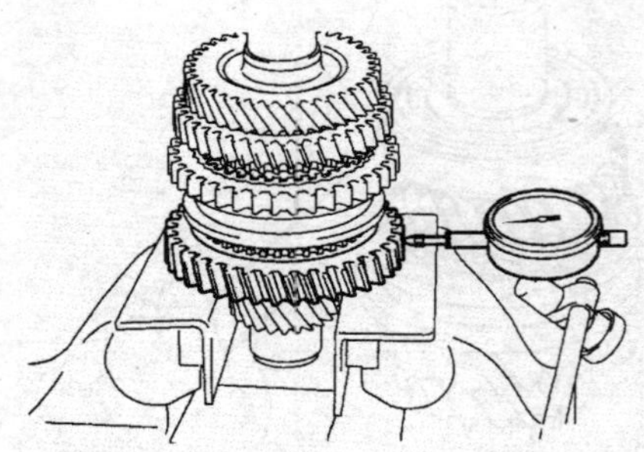

图 3-223　测量一挡齿轮径向间隙

标准间隙为 0.01 5 mm～0.056 mm；最大间隙为 0.056 mm。

如果间隙超过最大值，更换一挡齿轮、一挡齿轮滚针轴承或输入轴。

（4）检查二挡齿轮径向间隙。用百分表测量二挡齿轮径向间隙，如图 3-224 所示。

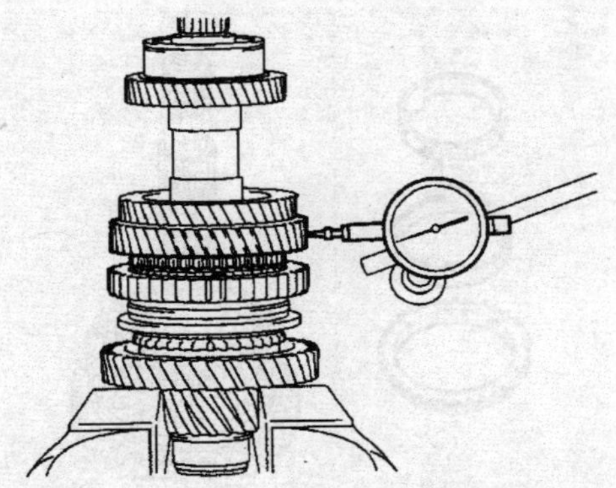

图 3-224 测量二挡齿轮径向间隙

标准间隙为 0.01 5 mm～0.056 mm；最大间隙为 0.056 mm。

如果间隙超过最大值，更换二挡齿轮、二挡齿轮滚针轴承或输入轴。

（5）拆卸四挡从动齿轮。用 SST 和压力机从输出轴上拆下输出轴后轴承和四挡从动齿轮，如图 3-225 所示。从输出轴上拆下输出齿轮隔垫。

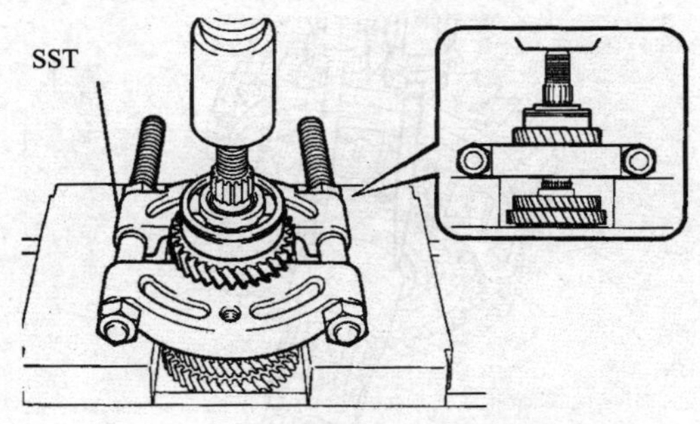

图 3-225 拆卸四挡从动齿轮

（7）拆卸二挡齿轮。用 SST 和压力机从输出轴上拆下三挡从动齿轮和二挡齿轮，如图 3-226 所示。

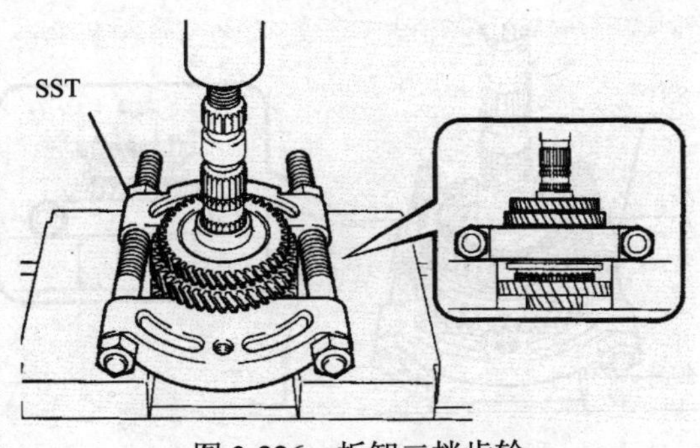

图 3-226 拆卸二挡齿轮

（8）拆卸二挡齿轮滚针轴承。从输出轴上拆下二挡齿轮滚针轴承和二挡齿轮轴承隔垫。

（9）拆卸同步器 2 号锁环组件（二挡齿轮）。从输出轴上拆下同步器 2 号锁环组件，如图 3-227 所示。

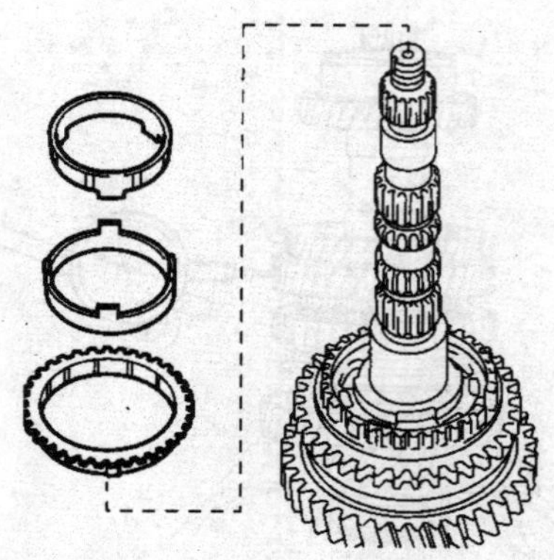

图 3-227　拆卸同步器 2 号锁环组件

（10）拆卸一挡齿轮。用 2 把螺丝刀和锤子从输出轴上拆下 1 号离合器毂轴卡环，如图 3-228 所示。

**注意：**用抹布或布条防止轴卡环飞出。

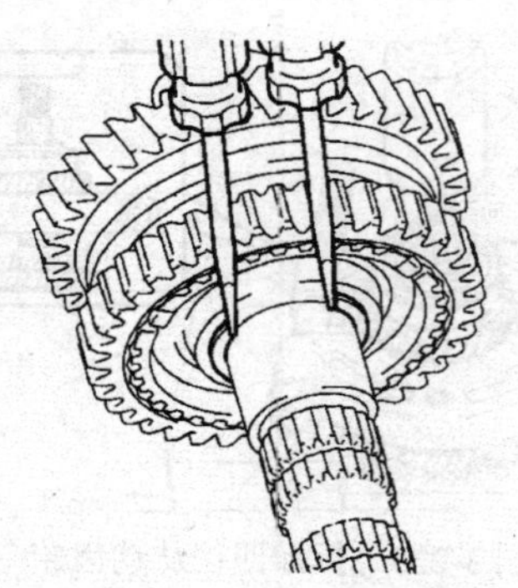

图 3-228　拆下 1 号离合器毂轴卡环

用 SST 和压力机从输出轴上拆下 1 号离合器毂总成和一挡齿轮，如图 3-229 所示。

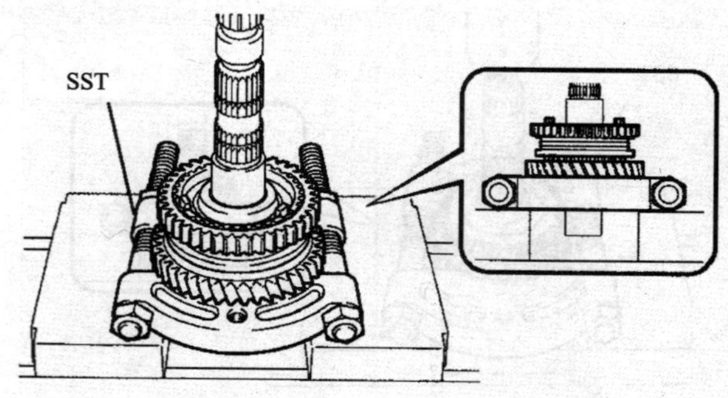

图 3-229　拆下 1 号离合器毂总成和一挡齿轮

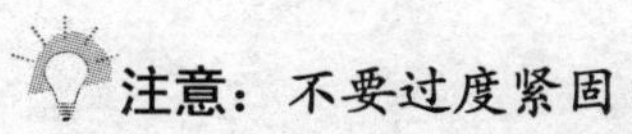注意：不要过度紧固 SST。用手支撑输入轴以防其掉落。

（11）拆卸同步器 1 号锁环组件（一挡齿轮）。从一挡齿轮上拆下同步器 1 号锁环组件，如图 3-230 所示。

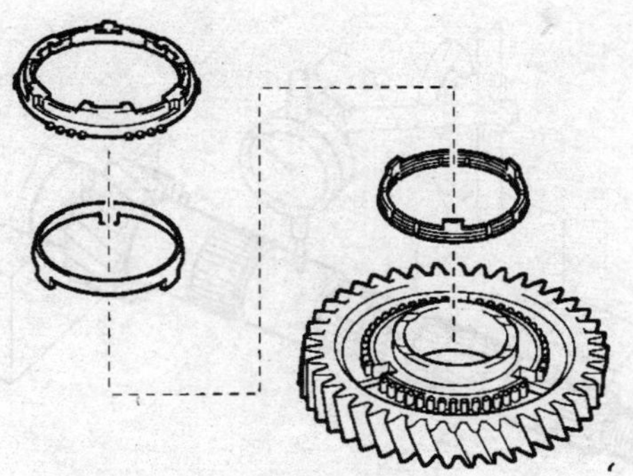

图 3-230　拆卸同步器 1 号锁环组件

（12）拆卸一挡齿轮滚针轴承。从输出轴上拆下一挡齿轮滚针轴承。

（13）拆卸一挡齿轮止推垫圈。从输出轴上拆下一挡齿轮止推垫圈，如图 3-231 所示。

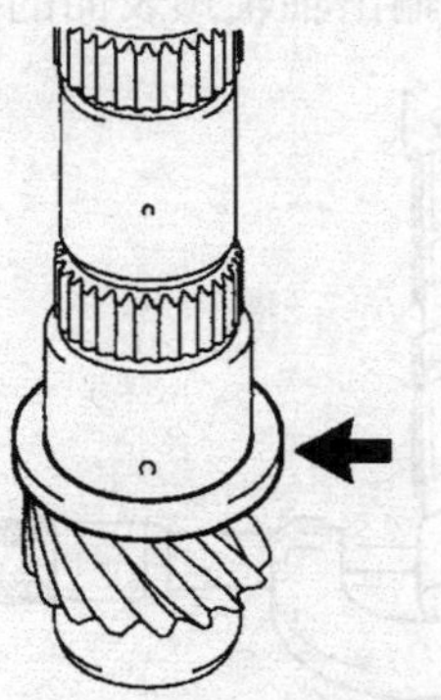

图 3-231　拆卸一挡齿轮止推垫圈

（14）拆卸一挡齿轮止推垫圈销或钢球。从输出轴上拆下一挡齿轮止推垫圈销或钢球。

（15）拆卸倒挡齿轮。从变速器 1 号离合器毂上拆下倒挡齿轮、3 个同步啮合换挡键和 3 个同步啮合换挡键弹簧，如图 3-232 所示。

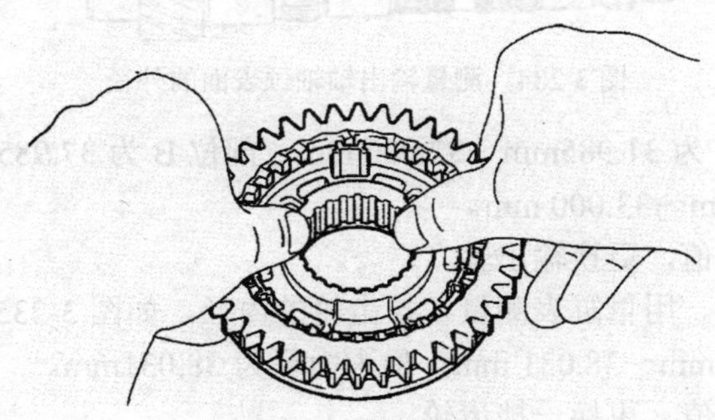

图 3-232　拆卸倒挡齿轮

注意：用抹布或布条防止换挡键和换挡键弹簧飞出。

2. 输出轴的检查

（1）检查输出轴。用百分表和 2 个 V 形块检查输出轴径向跳动，如图 3-233 所示。

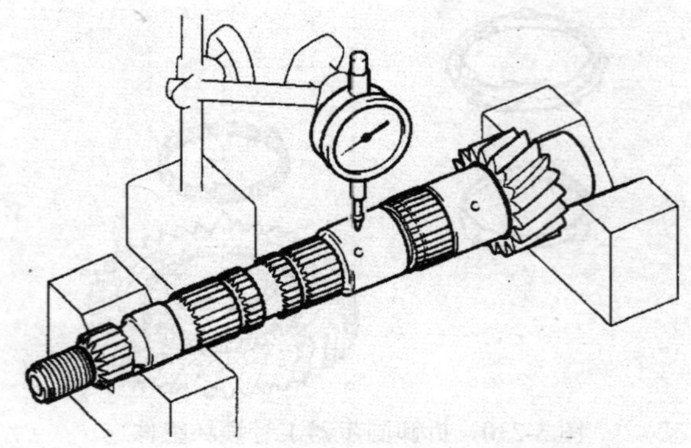

图 3-233　检查输出轴径向跳动

最大径向跳动为 0.015 mm。如果径向跳动超过最大值，更换输出轴。

用螺旋测微器在所示位置测量输出轴轴颈表面的外径，如图 3-234 所示。

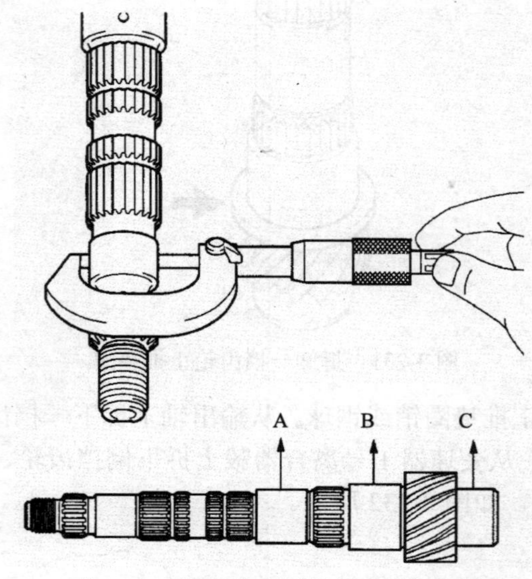

图 3-234　测量输出轴轴颈表面的外径

标准外径：部位 A 为 31.985mm～32.000 mm；部位 B 为 37.985mm～38.000 mm；部位 C 为 32.985mm～33.000 mm。

如果外径小于最小值，更换输出轴。

（2）检查二挡齿轮。用量缸表测量二挡齿轮的内径，如图 3-235 所示。

标准内径为 38.015mm～38.031 mm；最大内径为 38.031mm。

如果内径超过最大值，更换一挡齿轮。

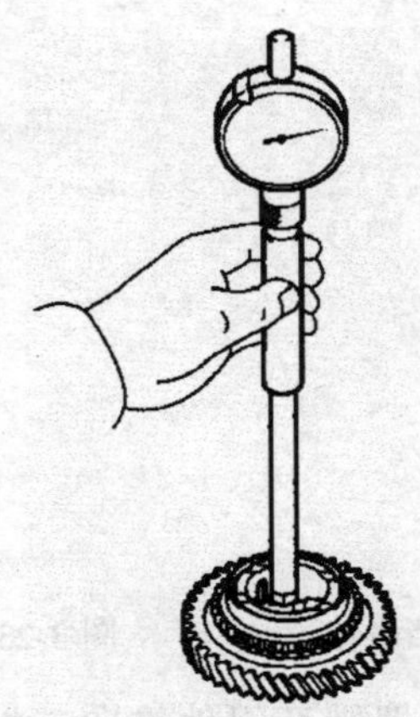

图 3-235 测量二挡齿轮的内径

（3）检查一挡齿轮。用量缸表测量一挡齿轮的内径，如图 3-235 所示。

标准内径为 44.015 mm～44.031mm；最大内径为 44.031 mm。

如果内径超过最大值，更换一挡齿轮。

（4）检查一挡齿轮止推垫圈。用螺旋测微器测量一挡齿轮止推垫圈，如图 3-236 所示。

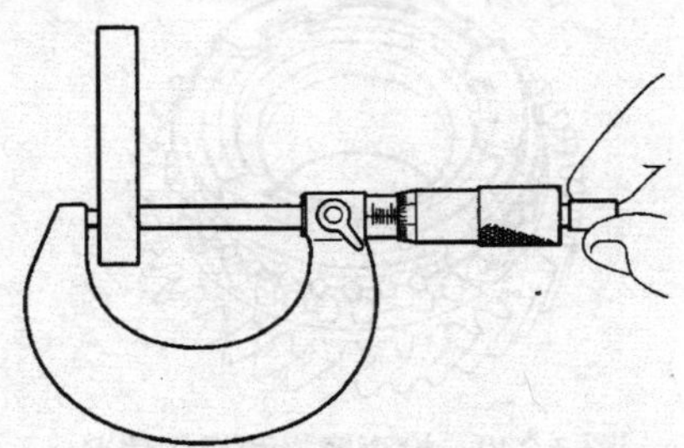

图 3-236 测量一挡齿轮止推垫圈

标准厚度为 5.975mm～6.025 mm；最小厚度为 5.975 mm。

如果厚度小于最小值，更换一挡齿轮止推垫圈。

（5）检查同步器 2 号锁环组件（二挡齿轮）。在二挡齿轮锥和同步器 2 号锁环组件（内环、中环和外环）上涂抹齿轮油。将内环安装至二挡齿轮，如图 3-237 所示；将中环安装至二挡齿轮，如图 3-238 所示；将外环安装至二挡齿轮，如图 3-239 所示。

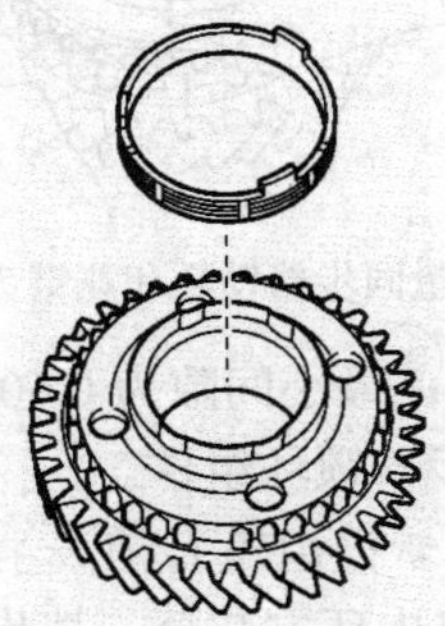

图 3-237 将内环安装至二挡齿轮

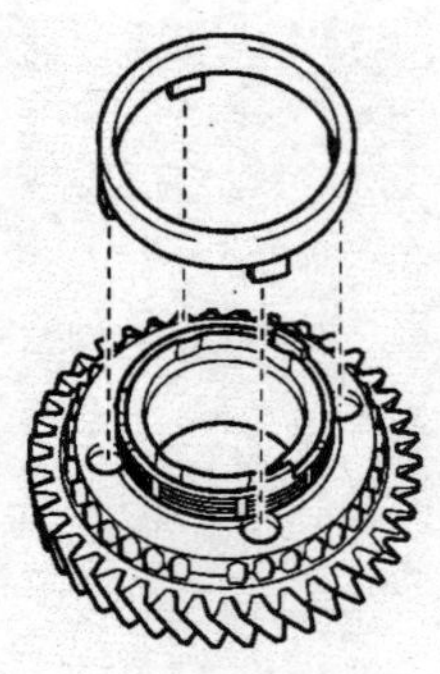
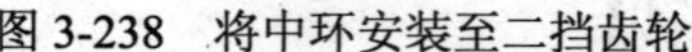

图 3-238　将中环安装至二挡齿轮

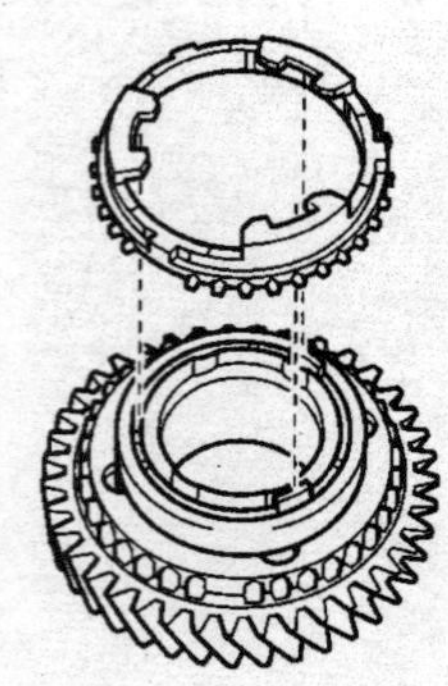

图 3-239　将外环安装至二挡齿轮

检查磨损和损坏情况。将同步器锁环组件推向二挡齿轮锥的同时使其沿一个方向转动，检查并确认锁环组件锁止，如图 3-240 所示。如果同步器锁环组件未锁止，更换同步器锁环组件。

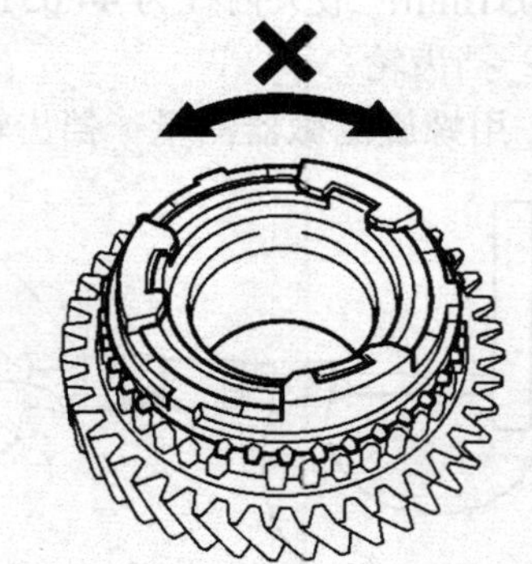

图 3-240　检查磨损和损坏情况

用测隙规测量同步器锁环和花键齿轮端部之间的间隙，如图 3-241 所示。

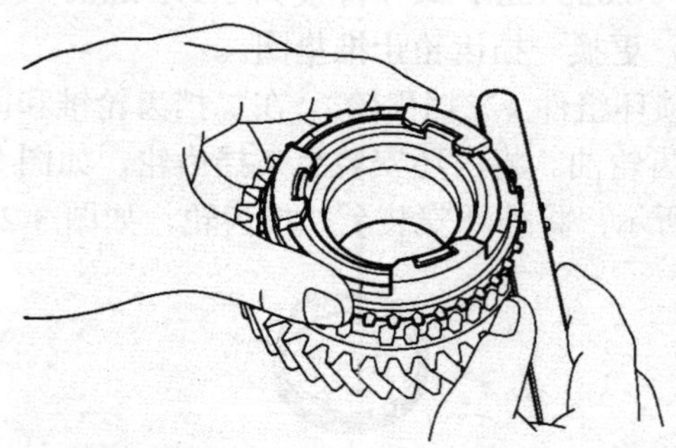

图 3-241　测隙规测量同步器锁环和花键齿轮端部之间的间隙

标准间隙为 0.60 mm～1.40 mm；最小间隙为 0.60 mm。

如果间隙小于最小值，更换同步器锁环组件。

（6）检查同步器 1 号锁环组件（一挡齿轮）。在一挡齿轮锥和同步器 1 号锁环组件（内环、中环和外环）上涂抹齿轮油。将内环安装至一挡齿轮，将中环安装至一挡齿轮，将外环安装至一挡齿轮。

检查磨损和损坏情况。将同步器锁环组件推向一挡齿轮锥的同时使其沿一个方向转动。检查并确认锁环组件锁止，如图 3-240 所示。如果同步器锁环组件未锁止，更换同步器锁环组件。用测隙规测量同步器锁环和花键齿轮端部之间的间隙，如图 3-241 所示。

标准间隙为 0.60mm～1.40 mm；最小间隙为 0.60 mm。

如果间隙小于最小值，更换同步器锁环组件。

（7）检查倒挡齿轮。用游标卡尺测量倒挡齿轮凹槽宽度（*A*）和倒挡拨叉卡爪部分的厚度（*B*），并计算间隙，如图 3-242 所示。

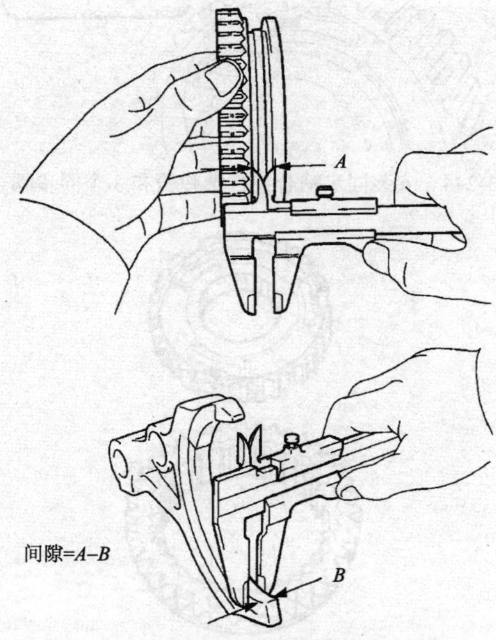

图 3-242　检查倒挡齿轮和倒挡拨叉间隙

标准间隙（*A–B*）为 0.15 mm～至 0.35 mm

如果间隙超出规定范围，更换倒挡齿轮和倒挡换挡拨叉。

（8）检查变速器 1 号离合器毂。检查并确认变速器 1 号离合器毂和倒挡齿轮滑动平稳，检查并确认倒挡花键齿轮边缘没有被磨掉，如图 3-243 所示。

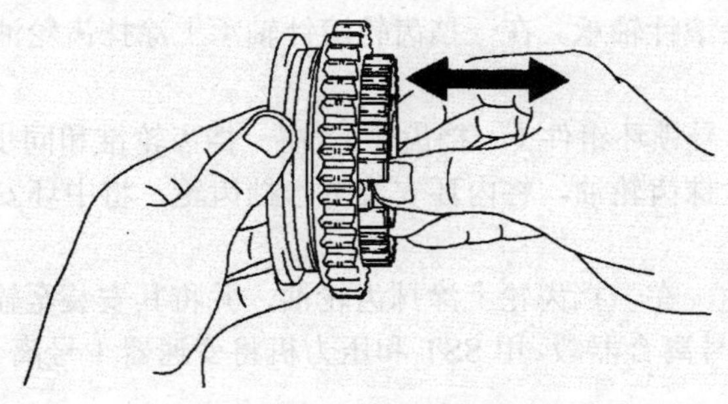

图 3-243　检查变速器 1 号离合器毂

3. 输出轴装配

（1）安装倒挡齿轮。在倒挡齿轮和变速器 1 号离合器毂上涂抹齿轮油，将 3 个同步啮合换挡键弹簧和 3 个同步啮合键安装至变速器 1 号离合器毂，如图 3-244 所示，将倒挡齿轮安装至变速器 1 号离合器毂总成，如图 3-245 所示。

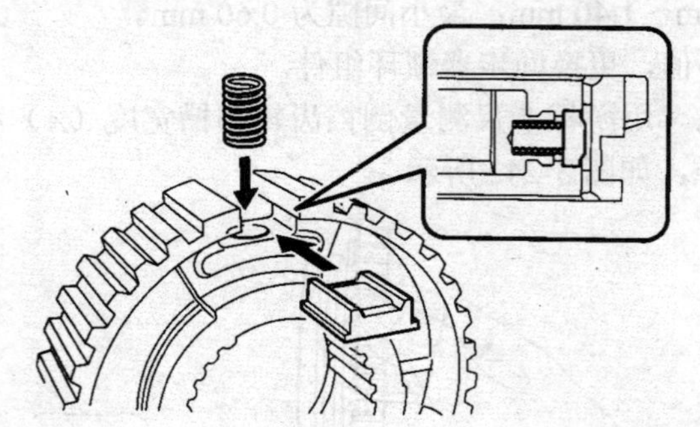

图 3-244　安装同步啮合换挡键弹簧和 3 个同步啮合键

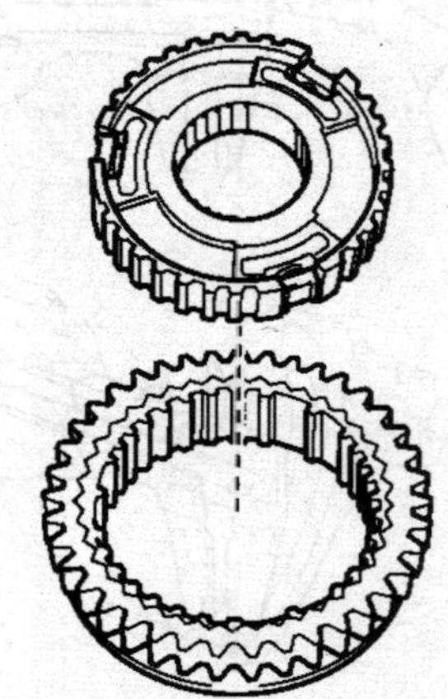

图 3-245　将倒挡齿轮安装至变速器 1 号离合器毂总成

（2）安装一挡齿轮止推垫圈销或钢球。在一挡齿轮止推垫圈销或钢球上涂抹通用润滑脂，并将其安装至输出轴。

（3）安装一挡齿轮止推垫圈。在一挡齿轮止推垫圈上涂抹齿轮油，并将其安装至输出轴。

（4）安装一挡齿轮滚针轴承。在一挡齿轮滚针轴承上涂抹齿轮油，并将其安装至输出轴。

（5）安装同步器 1 号锁环组件（一挡齿轮）。在一挡齿轮锥和同步器 1 号锁环组件（内环、中环和外环）上涂抹齿轮油。将内环安装至一挡齿轮，将中环安装至一挡齿轮，将外环安装至一挡齿轮。

（6）安装一挡齿轮。在一挡齿轮上涂抹齿轮油，并将其安装至输出轴。

（7）安装变速器 1 号离合器毂。用 SST 和压力机将变速器 1 号离合器毂安装至输出轴，如图 3-246 所示。

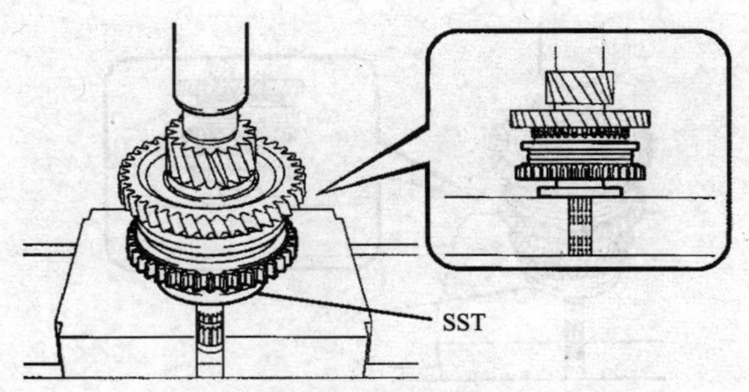

图 3-246　安装变速器 1 号离合器毂

注意：一挡齿轮可转动。在检查并确认一挡齿轮止推垫圈销或球插入一挡齿轮止推垫圈销的凹槽。

选择一个可使轴向间隙最小的卡环。用铜棒和锤子将卡环安装至输出轴，如图 3-247 所示。

标准间隙为 0.1 mm 或更小

注意：不要损坏输出轴轴颈表面。

(8) 安装二挡齿轮滚针轴承。在二挡齿轮滚针轴承和二挡齿轮轴承隔垫上涂抹齿轮油，并将其安装至输出轴。

(9) 安装同步器 2 号锁环组件（二挡齿轮）。在二挡齿轮锥和同步器 2 号锁环组件（内环、中环和外环）上涂抹齿轮油。将内环安装至二挡齿轮，将中环安装至二挡齿轮，将外环安装至二挡齿轮。

(10) 安装二挡齿轮。在二挡齿轮上涂抹齿轮油，并将其安装至输出轴，如图 3-248 所示。

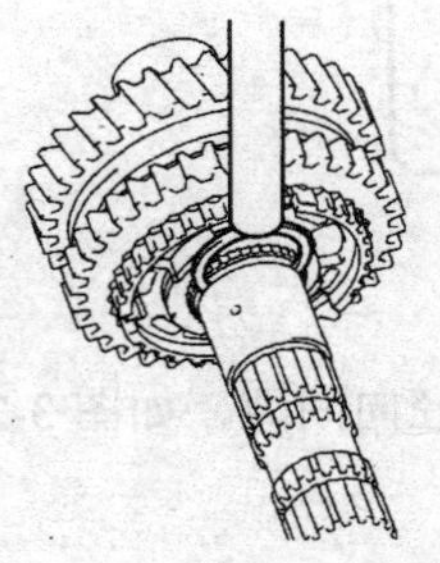

图 3-247　用铜棒和锤子将卡环安装至输出轴

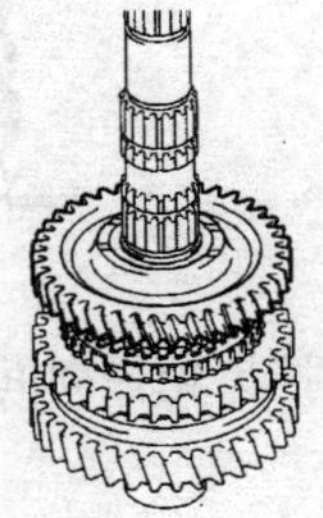

图 3-248　安装二挡齿轮

(11) 安装三挡从动齿轮。用 SST 和压力机将三挡从动齿轮安装至输出轴，如图 3-249 所示。

(12) 安装输出齿轮隔垫。将输出齿轮隔垫安装至输出轴。

(13) 安装四挡从动齿轮。用 SST 和压力机将四挡从动齿轮安装至输出轴，如图 3-250 所示。

(14) 安装输出轴后轴承。用 SST 和压力机将输出轴后轴承安装至输出轴，如图 3-251 所示。

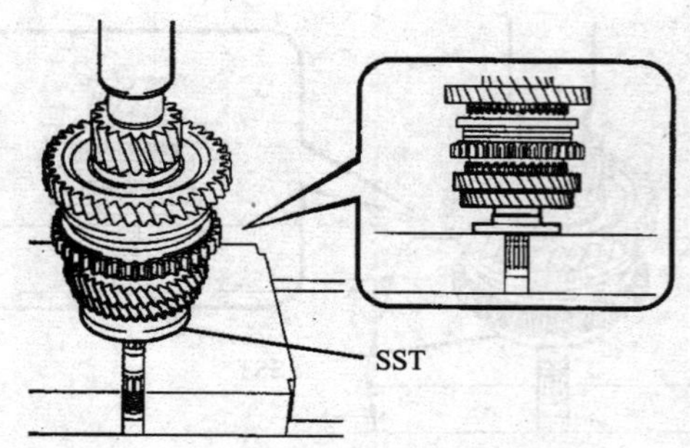

图 3-249　安装三挡从动齿轮

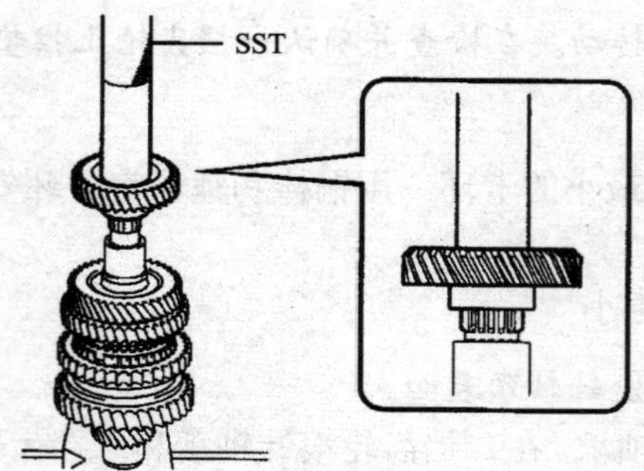

图 3-250　安装四挡从动齿轮

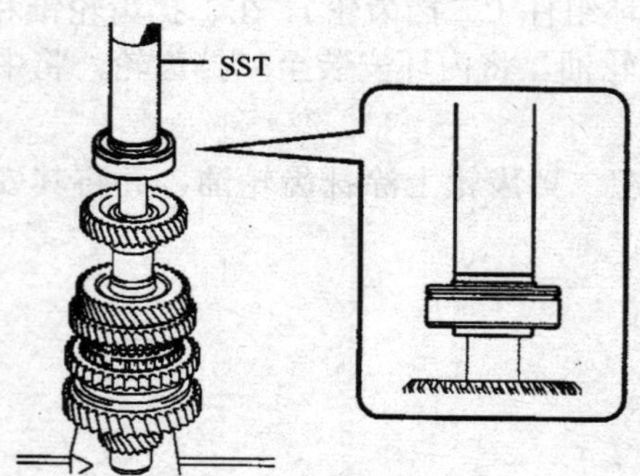

图 3-251　安装输出轴后轴承

（15）检查二挡齿轮径向间隙。用百分表测量二挡齿轮径向间隙，如图 3-252 所示。

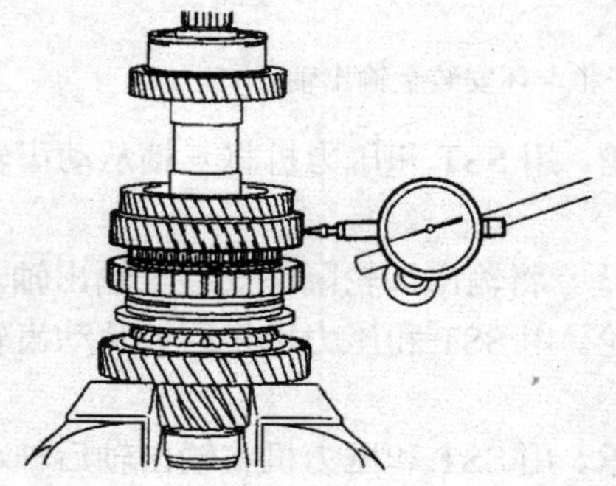

图 3-252　测量二挡齿轮径向间隙

标准间隙为 0.01 5 mm～0.056 mm；最大间隙为 0.056 mm。

如果间隙超过最大值，更换二挡齿轮、二挡齿轮滚针轴承或输入轴。

（16）检查一挡齿轮径向间隙。用百分表测量一挡齿轮径向间隙，如图 3-253 所示。

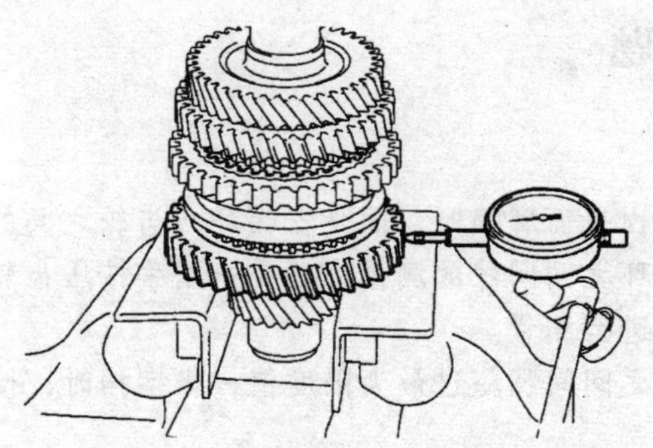

图 3-253　测量一挡齿轮径向间隙

标准间隙为 0.01 5 mm～0.056 mm；最大间隙为 0.056 mm。

如果间隙超过最大值，更换一挡齿轮、一挡齿轮滚针轴承或输入轴。

（17）检查二挡齿轮轴向间隙。用百分表测量二挡齿轮轴向间隙，如图 3-254 所示。

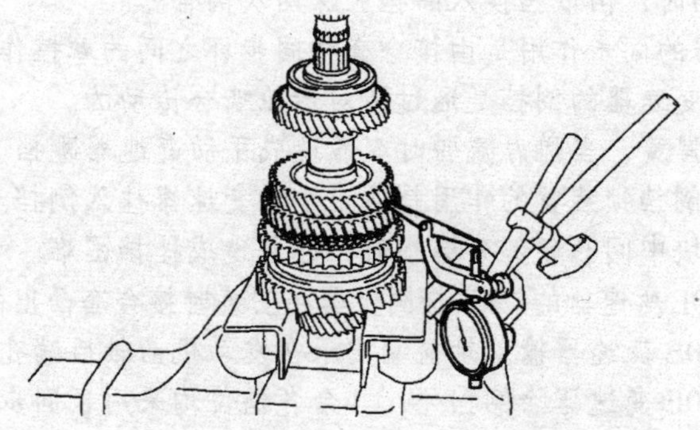

图 3-254　测量二挡齿轮轴向间隙

标准间隙为 0.10 mm～0.55 mm；最大间隙为 0.55 mm。

如果间隙超过最大值，更换变速器 1 号离合器毂、二挡齿轮或三挡从动齿轮。

（18）检查一挡齿轮轴向间隙。用测隙规测量一挡齿轮轴向间隙，如图 3-255 所示。

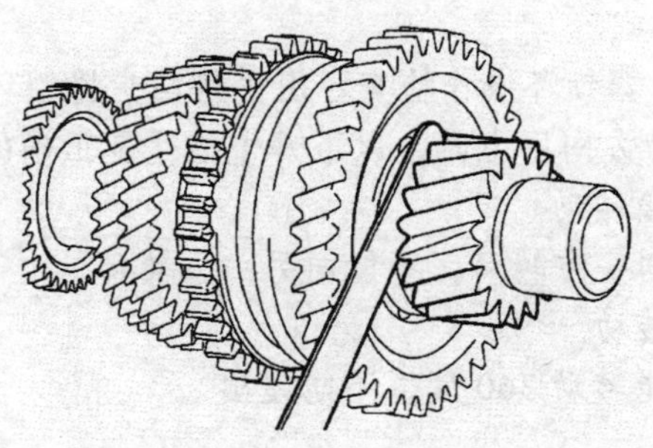

图 3-255　测量一挡齿轮轴向间隙

标准间隙为 0.10 mm～0.40 mm；最大间隙为 0.40 mm。

如果间隙超过最大值，更换一挡齿轮止推垫圈、一挡齿轮或变速器 1 号离合器毂。

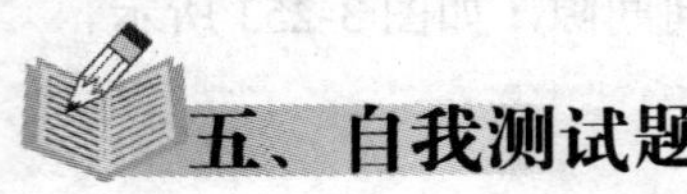

五、自我测试题

1. 判断题

（1）当同步器锁环的内表面磨损时，同步器锁环与齿轮之间的间隙变小。

（2）齿轮与同步器锁环之间间隙的测量方法是：用手按压齿轮与同步器锁环的同时，使用厚度规，在若干位置进行测量。

（3）当接合套和拨叉之间间隙超过最大限度值，当换挡时，接合套行程小，可能造成难以接合挡位接合齿圈。

（4）测量输出轴圆跳动时，将轴放在 V 形块上，用千分尺测量轴颈。

（5）驾驶时，可使用传动比小的挡以便于提高燃油经济性。

（6）驾驶时，可使用传动比大的挡以便于得到更好的动力性。

（7）同步器的作用是使变速器输入轴与输出轴转速同步后才能挂上挡。

（8）无同步器换挡时，由低挡换入高挡应踩两次离合器。

（9）锁环式同步器的同步作用是由接合套和同步环之间的摩擦作用来实现的。

（10）两轴式手动变速器的倒挡是通过 3 对齿轮啮合传动的。

（11）自锁装置的弹簧，当弹力减弱时容易造成手动变速器跳挡。

（12）手动变速器倒挡锁装置的作用是防止手动变速器挂入倒挡。

（13）当同步器滑块中间凸起部分磨损时，容易造成挂挡困难。

（14）东风 EQ1090E 变速器的二/三挡同步器在安装时接合套凸出的一面应朝面向三挡。

（15）东风 EQ1090E 变速器输入轴前端支承在发动机曲轴后端孔内。

（16）东风 EQ1090E 变速器除倒挡外，其余各铛位均采用了同步器换挡装置。

（17）东风 EQ1090E 变速器输出轴上除了一/倒挡齿轮外，其他齿轮都可以在轴上空转。

（18）捷达 020 型变速器在拆卸五挡齿轮固定螺栓时，必须同时挂入两个铛位。

（19）在车辆未行驶时，捷达 020 型变速器的输入轴处于静止状态。

（20）换油时，手动变速器油一般应加至加油螺塞孔下沿处。

2. 选择题

（1）图 3-256 说明同步器锁环操作检查。用手将同步器锁环按压在接合齿圈的外锥面上，同时向同步器锁环转动方向用力时，以下哪个描述是正确的？

A．同步器锁环平稳转动

B．同步器锁环只向一方转动，不能向另一方转动

C．同步器锁环不转动

D．同步器锁环只能转动 360 度，不能超出

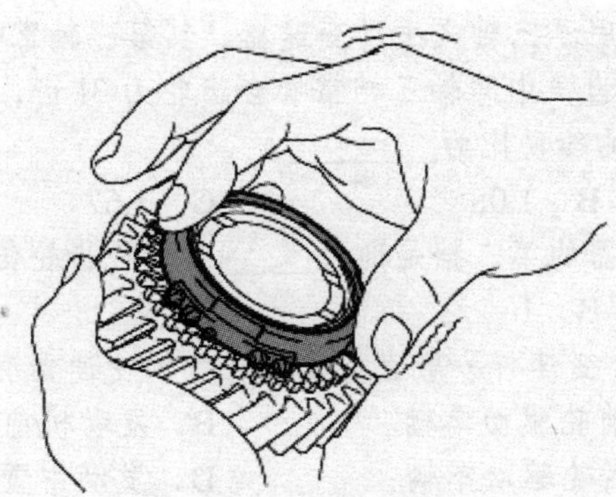
图 3-256　同步器锁环检查

(2) 惯性式同步器在待结合齿圈未同步前可防止挂入挡是由于（　　）。
A．拨环力矩过小　　B．惯性力矩的作用
C．变速杆上推力不够　　D．以上答案都有可能

(3) 变速器在从高挡换低挡过程中加一脚空油门是为了（　　）。
A．提高输入轴及相关齿轮转速　　B．提高输出轴及相关齿轮转速
C．加快同步时间　　D．缩短换挡时间

(4) 对于锁环式同步器，下列哪个说法错误？
A．若锥面螺纹磨损，将导致同步时间加长
B．若锁环倒角磨损，将导致同步前无法锁止接合套
C．车速越高，同步时间越长
D．同步前，接合套和待接合齿圈不会接触

(5) 对于东风 EQ1090E 手动变速器的定位锁止机构，下列哪些说法正确？
A．自锁凹槽的间距可以保证全齿宽啮合
B．如果互锁销未安装，则可以同时挂上两个铛位
C．互锁凹槽可以使驾驶员在换挡时获得手感
D．互锁凹槽和自锁凹槽均朝向正上方

(6) 下列哪个齿轮传动比表示超速？
A．2.15:1　　B．1:1　　C．0.85:1　　D．以上都不表示超速

(7) 在现代手动变速器中，直齿滑动式换挡装置一般只在______挡使用。
A．倒挡和一挡　　B．一挡和二挡
C．倒挡和二挡　　D．前进挡和倒挡

(8) 三轴式手动变速器中间轴齿轮的旋转入向，________。
A．在汽车前进时与第一轴相同
B．在汽车例退时与第一轴相同
C．在汽车前进时与第一轴相反，倒退时与第一轴相同
D 在汽车前进时和倒退时都与第一轴相反

(9) 一对啮合齿轮的传动比是其从动齿轮与主动齿轮的______之比。
A 齿数　　B．转速　　C．角速度　　D．圆周速度

（10）一辆载货汽车采用了三轴式手动变速器，其第一轴常啮合传动齿轮为23齿，中间轴常呐合传动齿轮为41齿，中间轴三挡常啮合齿轮为31齿，第二轴3挡常啮合齿轮为33齿。该手功变速器3挡的传动比为________。

A．0.92　　B．1.08　　C．1.67　　D．1.90

（11）三轴式手动变速器的第二挡是通过_____对啮合齿轮传递动力的。

A．0　　B．1　　C．2　　D．3

（12）大多数_______，变速杆一般直接安装在手动变速器壳体上。

A．发动机前置前轮驱动车辆　　B．发动机前置后轮驱动车辆

C．发动机后置后轮驱动车辆　　D．发动中置机后轮驱动车辆

（13）当互锁装置失效时，手动变速器容易造成____故障。

A．乱挡　　B．跳挡　　C．异响　　D．挂挡后不能退回空挡

（14）造成汽车手动变速器换挡困难的主要原因是_____。

A．手动变速器操纵杆自锁弹簧折断　　B．手动变速器齿轮磨损严重

C．离合器踏板自由行程过小　　D．离合器分离不彻底

（15）汽车转弯时，差速器内的行星齿轮______。

A．不转动　　B．只随齿轮轴公转

C．既公转又自转　　D．仅自转

（16）离合器分离不彻底会出现哪些个正常现象______。

A．脱挡　　B．挂挡困难　　C．跳挡　　D．乱挡

（17）手动变速器上采用了______等换挡啮合方式。

A．离合器式　　B．直齿滑动式　　C．接合套式 D．同步器式

（18）手动变速器装配的正确注意事项为______等。

A．装配程序与分解程序相同

B．所存零件应彻底清洗干净，并用压缩空气吹干

C．各部位轴承及键槽在安装前，应涂以齿轮油或机油

D．安装滚针、滚珠等小零件时，可使用凡士林粘住

（19）手动变速器不能挂进某个铛位的故障原因可能是______等。

A．离合器分离不彻底　　B．操纵机构调整不当

C．该铛位自锁弹簧太软　　D．该铛位同步器锁环磨损

（20）关于手动变速器的操纵机构，下列说法正确的是______。

A．变速杆可以直接布置在变速器盖上

B．一个拨叉可以控制两个铛位，也可以只控制一个铛位

C．接合套与拨叉之间的间隙若过大，将可能造成变速器自动脱挡

D．东风EQ1090E每根拨叉轴上的都有两个互锁凹槽和三个自锁凹槽

3．填空题

（1）普通齿轮式变速器是利用________________________________来实现转速和转矩的改变，其传动比可用转速比、齿数比和转矩比表示为 i＝____________＝

________=________。

（2）普通齿轮式变速器的换挡装置常见的结构形式有________、接合套式和________。

（3）为防止变速器换入某挡后出现自动脱挡现象，通常对接合套和花键毂的齿形进行修整，主要的结构有________和________两种

（4）三轴式普通齿轮变速器要实现倒车，在传动过程中一般要经过________对齿轮副；两轴式则一般要经过________对齿轮副。

（5）图 3-257 所示为解放 CA1092 型汽车六挡变速器操纵机构示意图。件号 1、2、5、6 称为________，件号 7、8、9、10 称为________，件号 15、16 的属于________装置，件号 17 的属于________装置。

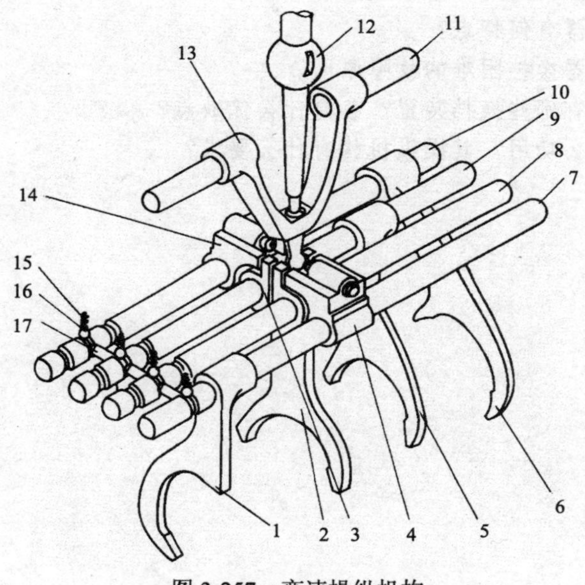

图 3-257　变速操纵机构

（6）图 3-258 所示是互锁装置工作示意图，此时处于挂挡状态的拨叉轴是________。

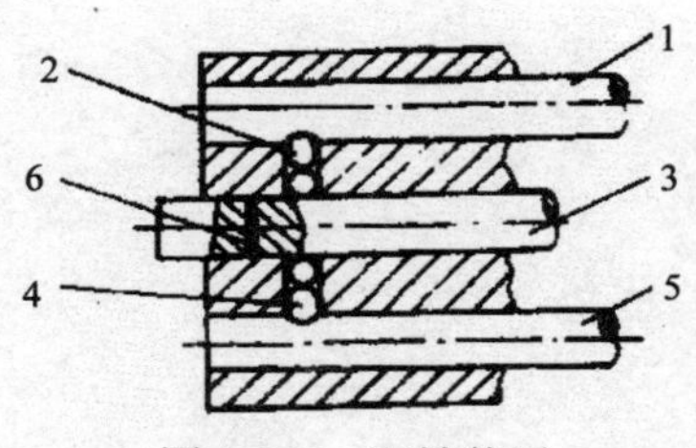

图 3-258　互锁装置

（7）普通桑塔纳传动系统布置形式为________，其变速器采用的是________（两/三）轴式变速器，其主减速器传动齿轮为________（圆柱/锥）齿轮副。

（8）MT 操纵机构定位锁止机构包括________、________和倒挡锁装置。

(9）手动变速器的基本构造包括________机构和__________机构两部分。

(10）汽车手动变速器操纵机构，按变速杆与变速器的相互位置的不同，可分为________式和________式两种类型。轿车一般采用________式操纵机构。

(11）写出下列英文的中文含义：

MT（Manual Transmission）____________________

AT（Automatic Transmission）____________________

CVT（Continuously Variable Transmission）____________________

4．简答题

(1）根据图 3-17，简述锁环式同步器的工作原理。

(2）变速器操纵机构的定位锁止装置有哪些？各起什么作用？

(3）两轴式变速器有何特点？

(4）试分析变速器换挡困难的故障原因。

(5）手动变速器有哪些换挡装置？各有什么优缺点？

(6）分动器有什么功用？其操纵机构有什么要求？

项目四

万向传动装置维修

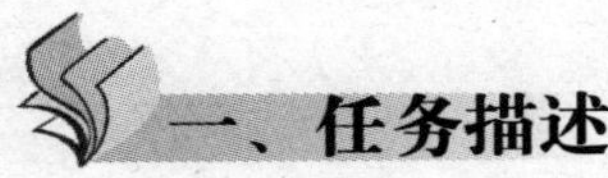

一、任务描述

万向传动装置在底盘中能保证变速器所输出的动力顺利地传到驱动轮上，使车辆在受到高低不平的路面冲击时，或受到转向离心力、道路横向力，以及受到加速或制动产生惯性力的作用时能够正常行驶。通过本项目的学习，应能达到以下目的。

1. 知识要求

（1）掌握万向传动装置的作用及应用；

（2）掌握万向节的类型及应用；

（3）熟悉各种万向节的结构及原理；

（4）了解万向传动装置常见故障的诊断与排除方法。

2. 技能要求

（1）能按正确方法对万向传动装置进行拆卸与装配；

（2）能按正确方法对万向节进行分解与组装；

（3）能够按正确方法对万向传动装置进行检查与维护。

3. 素质要求

（1）能按照5S要求，对工具和场地进行整理；

（2）选择和使用工具合理规范；

（3）拆装工艺合理，操作规范；

（4）技术要求符合维修手册；

（5）安全文明生产，保证工具、设备和自身安全；

（6）与同学精诚合作，相互帮助，共同进步。

二、任务实施

任务一　万向传动装置拆装与认识

1. 训练内容

（1）从东风货车上拆卸和装配传动轴总成；

（2）从菲亚特派力奥轿车上拆卸和装配半轴总成；

（3）在台架上对传动轴总成和半轴总成进行分解及组装；

（4）对实车和散件进行元件认识；

（5）完成并填写任务工单的相关项目；

（6）学习汽车万向传动装置结构与原理的相关知识。

2. 训练目标

（1）熟悉传动轴总成的拆装与特点；

（2）熟悉半轴总成的拆装与特点；

（3）掌握传动轴、半轴、各种万向节的结构及原理。

3. 训练设备

（1）菲亚特派力奥轿车四部；

（2）解放货车底盘台架四部；

（3）轿车半轴总成若干；

（4）常用工具六套；

（5）专用工具若干。

4. 训练步骤

1）相关知识学习

通过课堂教学和学生课外自学，学习汽车万向传动装置结构与原理的相关知识。

2）解放货车传动轴的拆卸与装配

从解放 CA1092 型货车底盘台架上拆卸和装配传动轴总成，结构如图 4-1 所示。

（1）拆卸传动轴。

认识各部件，熟悉其结构特点，注意操作安全，具体步骤参见维修手册。

① 传动轴拆卸前，应先将汽车前后车轮楔住。

② 先拆下传动轴万向节与后桥主减速器的凸缘相连接的 4 个螺栓，并使其分离。再拆下传动轴前端凸缘叉与中间传动轴凸缘相连接的 4 个螺栓：用手托住滑动叉，用手锤轻轻向后敲打滑动叉，即可拆下传动轴。

③ 拆掉中间传动轴与变速器输出轴凸缘的连接螺母，再拆下中间传动轴支架与车架中横梁连接的两个螺栓，将中间传动轴连同中间轴承一起拆下。

（2）传动轴的装配。

传动轴的装配顺序与拆卸顺序相反。

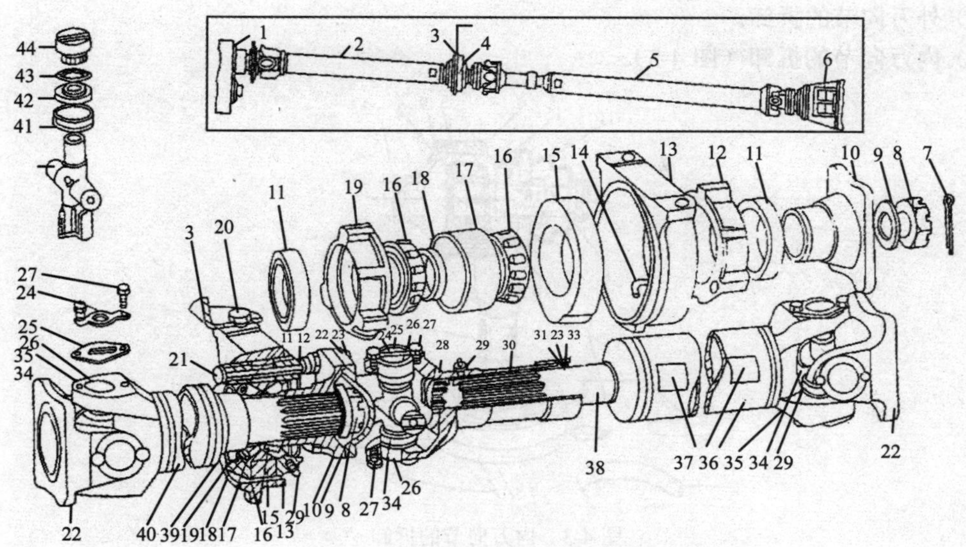

图 4-1　解放 CA1091 型汽车传动轴

1—变速器总成；2—中间传动轴总成；3—车架中横梁；4—中间支承总成；5—传动轴及万向节总成；6—后桥总成；7—开口销；8—螺母；9—垫圈；10—中间轴凸缘；11—中间轴轴承油封；12—中间轴轴承后盖；13—中间轴轴承支架；14—定位键；15—垫环及隔套总成；16—中间支承轴承内圈；17—中间支承轴承外圈；18—隔圈；19—前圈；20—支架螺栓；21—轴承盖螺栓；22—凸缘叉；23—万向节凸缘螺栓；24—锁片；25—支承片；26—滚针轴承总成；27—支承片螺栓；28—滑动叉堵盖；29—润滑脂加油嘴；30—滑动叉；31—滑动叉油封填密圈；32—滑动叉油封开口垫圈；33—油封盖；34—万向节十字轴；35—焊接叉；36—轴管；37—平衡片；38—传动轴花键轴；39—中间轴花键轴；40—中间轴轴管；41—滚针轴承盖；42—橡胶油封；43—垫圈；44—滚针轴承。

3）桑塔纳轿车半轴总成的分解与组装

在台架上对半轴总成进行分解与组装，认识半轴万向节的类型及特点。

下面以上海桑塔纳轿车为例，简要说明万向传动装置的分解与组装。

（1）万向传动装置的分解（图 4-2）。

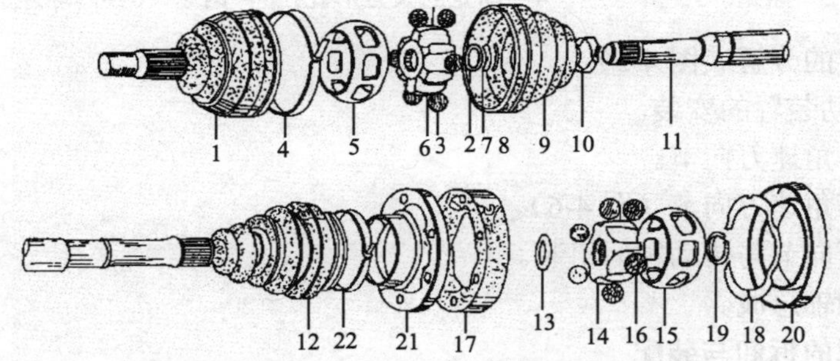

图 4-2　桑塔纳轿车万向传动装置分解图

1—外等速万向节外球座；2、19—卡环；3、16—钢球；4、10、22—卡箍；5—外等速万向节球笼；6—外等速万向节内球座；7—止推垫圈；8、13—蝶形弹簧；9、12—防尘套；11—万向节轴；14—内等速万向节球毂；15—内等速万向节球笼；17—内等速万向节外球座；18—密封垫圈；20—塑料罩；21—内等速万向节护盖。

① 外万向节的拆卸。

② 内万向节的拆卸（图 4-3）。

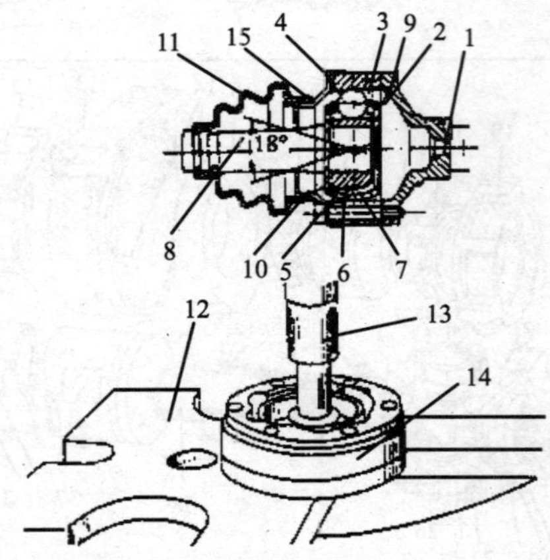

图 4-3 内万向节的拆卸

1—驱动凸缘；2—挡圈；3—内等速万向节外球座；4—钢球；5—螺栓；6—内球座；7—球笼；8—万向节轴；9—密封垫圈；10—蝶形弹簧；11—防尘套；12、13—工具；14—内等速万向节；15—卡箍。

③ 外万向节的分解（图 4-4）。

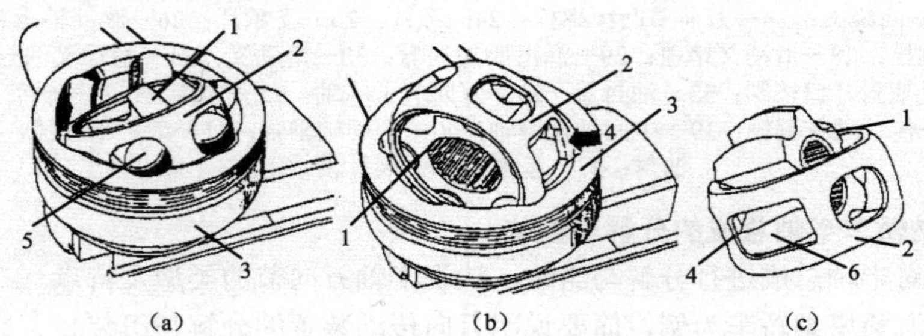

图 4-4 外万向节的分解

1—内球座；2—球笼；3—外球座；4—球笼的长方形孔；5—钢球；6—内球座的扇形片。

④ 内万向节的分解（图 4-5）。

（2）万向传动装置的安装。

① 安装外等角速万向节。

② 安装内等角速万向节（图 4-6）。

③ 内、外万向节与传动轴的组装。

④ 安装传动轴总成。

4）半轴总成的拆卸与装配

从菲亚特派力奥轿车上拆卸和装配半轴总成，认识各部件，熟悉其结构特点，注意操作安全，具体步骤参见维修手册。

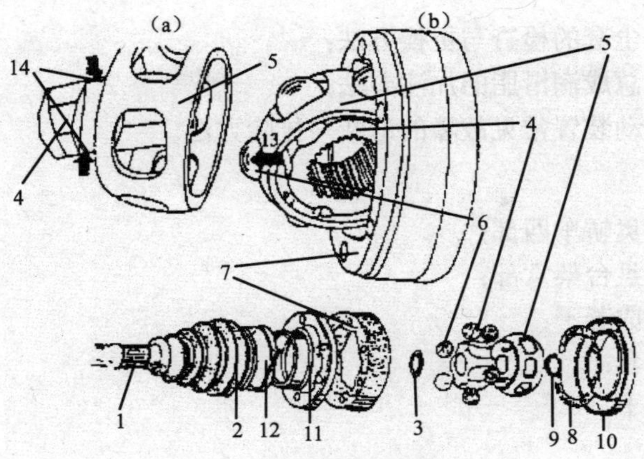

图 4-5 内万向节的分解

1—万向节轴；2—防尘套；3—蝶形弹簧；4—内球座；5—球笼；6—钢球；7—外球座；8—密封垫圈；9—挡圈；10—塑料罩；11—防护盖；12—卡箍；13—钢球的压出方向；14—内球座钢球的运行轨道。

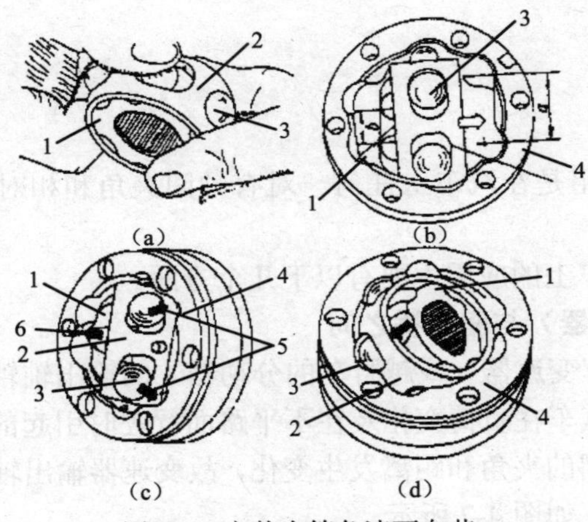

图 4-6 安装内等角速万向节

1—内球座；2—球笼；3—钢球；4—外球座；5—球笼转动方向；6—内球座转动方向。

任务二 万向传动装置维护

1. 训练内容

(1) 在车上对传动轴总成进行维护作业；

(2) 在车上对半轴总成进行维护作业；

(3) 在台架上对半轴进行防尘套更换作业；

(4) 完成并填写任务工单的相关项目；

(5) 学习汽车万向传动装置维修的相关知识。

2. 训练目标

(1) 熟悉传动轴总成、半轴总成的检查方法；

（2）掌握半轴防尘套的检查与更换方法；
（3）熟悉传动轴总成润滑脂的加注方法；
（4）了解万向传动装置常见故障的诊断与排除方法。

3. 训练设备

（1）菲亚特派力奥轿车四部；
（2）东风货车底盘台架六部；
（3）轿车半轴总成若干；
（4）常用工具六套；
（5）专用工具若干。

4. 训练步骤

（1）学习汽车万向传动装置维修的相关知识。
（2）对传动轴各部件进行检查，并对其万向节加注润滑脂，具体步骤参见维修手册。
（3）对半轴各部件进行检查，检查并更换球笼防尘套，具体步骤参见维修手册。

三、相关知识

万向传动装置的功用是在汽车上任何一对有轴间夹角和相对位置经常发生变化的两转轴之间传递动力。

万向传动装置在汽车上的应用主要有以下几个方面。

1）变速器（或分动器）与驱动桥之间

由于一般 FR 型汽车变速器（或越野车的分动器）的输出轴轴线与驱动桥的输入轴轴线难以布置重合，并且汽车在负荷变化及在不平路面行驶时引起的跳动，也会使驱动桥输入轴与变速器输出轴之间的夹角和距离发生变化，故变速器输出轴与驱动桥输入轴之间必须用万向传动装置连接，如图 4-7 所示。

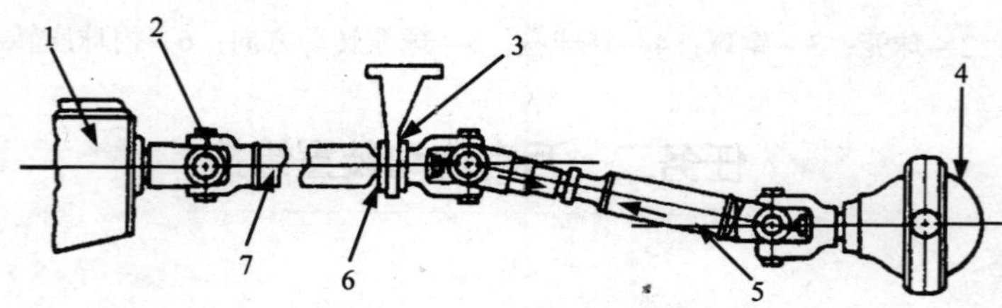

图 4-7 装于变速器与驱动桥之间

1—变速器；2—万向节；3—中间支承；4—驱动桥；5、7—传动轴；6—球轴承。

2）变速器与离合器或与分动器之间

虽然变速器、离合器、分动器等都支承在车架上，且它们的轴线也可以设计重合，但为消除车架变形及制造、装配误差等引起的轴线同轴度误差对动力传递的影响，其间也常装有万向传动装置。

3）转向驱动桥和断开式驱动桥中

汽车的转向驱动桥需满足转向和驱动的功能，所以其半轴是分段的，转向时两段半轴轴线相交且夹角变化，因此要用万向传动装置。在断开式驱动桥中，主减速器壳在车架上是固定的，桥壳上下摆动，半轴是分段的，也须用万向传动装置，如图 4-8 所示。

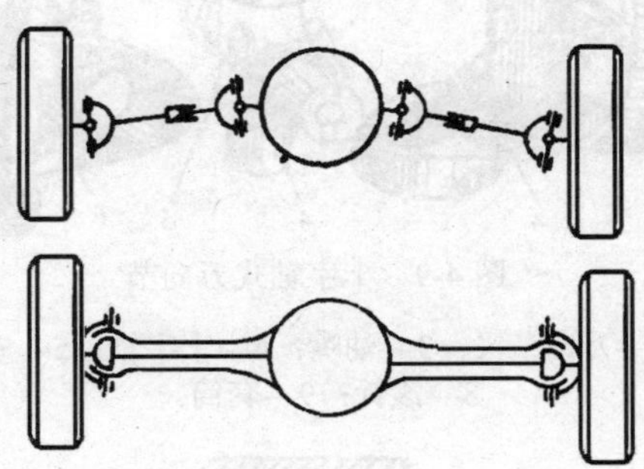

图 4-8　装于半轴上

4）转向操纵机构中

某些汽车的转向操纵机构受整体布置的限制，转向盘轴线与转向器输入轴线不重合，因此在转向操纵机构中装有万向传动装置。

万向传动装置一般由万向节和传动轴组成，对于传动距离较远的分段式传动轴，还需设置中间支承。

（一）万向节

万向节按其刚度大小，可分为刚性万向节和柔性万向节。刚性万向节按其速度特性又可分为不等速万向节（普通万向节）、准等速万向节和等速万向节。

1. 普通万向节

普通万向节又称十字轴式刚性万向节，其允许相邻两轴的最大夹角为 15°～20°，在汽车上应用最广。

1）基本构造

如图 4-9 所示为十字轴式万向节的结构图。十字轴式万向节主要由万向节叉 2、6 和十字轴 4 及轴承等组成。两个万向节叉分别与主、从动轴相连，其叉形上的孔分别套在十字轴的四个轴颈上。在十字轴轴颈与万向节叉孔之间装有滚针 8 和套筒 9，用带有锁片的螺钉和轴承盖 1 来使之轴向定位。为了润滑轴承，十字轴内钻有油道，且与滑脂嘴、安全阀相通，如图 4-10 所示。

为避免润滑油流出及尘垢进入轴承，十字轴轴颈的内端套装带金属壳的毛毡油封（或橡胶油封）。安全阀的功用是当十字轴内润滑脂压力超过允许值时阀打开，润滑脂外溢，使油封不会因油压过高而损坏。现代汽车多采用橡胶油封，多余的润滑油从油封内圆表面与十字轴轴颈接触处溢出，故无须安装安全阀。

为防止轴承在离心力作用下从万向节叉内脱出，轴承应进行轴向定位。常见的定位方式除上述盖板式外，还有瓦盖式、U 形螺栓式和弹性卡圈固定等。

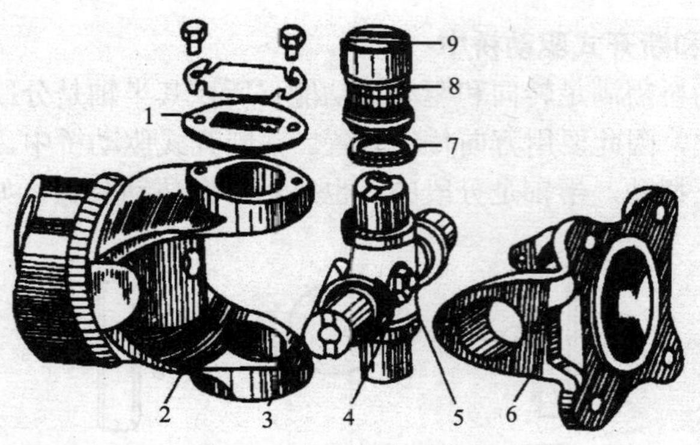

图 4-9　十字轴式万向节

1—轴承盖；2、6—万向节叉；3—油嘴；4—十字轴；5—安全阀；7—油封；8—滚针；9—套筒。

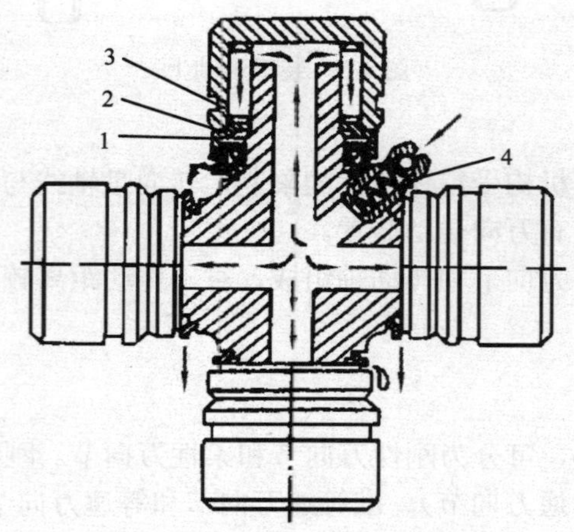

图 4-10　润滑油道及密封装置

1—油封挡盘；2—油封；3—油封座；4—润滑油脂。

2）速度特性

十字轴式万向节在其运动中具有不等速特性，即当十字轴式万向节的主动叉是等角速转动时，从动叉是不等角速转动的，其运动情况如图 4-11 所示。

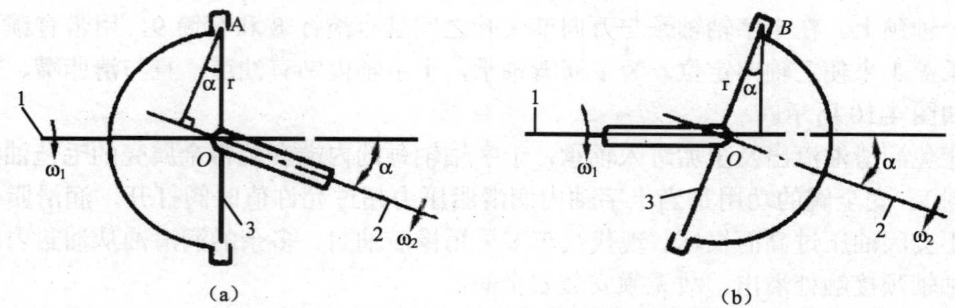

图 4-11　十字轴式万向节的速度特性分析

1—主动叉轴；2—从动叉轴；3—十字轴。

设主动叉轴 1 以等角速度 ω_1 旋转，从动叉轴 2 与主动叉轴 1 有一夹角 α，其角速度为 ω_2，十字轴旋转半径 $OA=OB=r$。

当万向节处于如图 4-11（a）所示的位置时，由于主、从动叉轴在十字轴上 A 点的瞬时线速度相等，为

$$v_A=\omega_1 r=\omega_2 r\cos\alpha$$

所以

$$\omega_2=\omega_1/\cos\alpha$$

此时

$$\omega_2>\omega_1$$

当主动叉轴转过 90°至如图 4-11（b）所示位置时，主、从动叉轴在十字轴上 B 点的瞬时线速度相等，为

$$v_B=\omega_1 r\cos\alpha=\omega_2 r$$

所以

$$\omega_2=\omega_1\cos\alpha$$

此时

$$\omega_2<\omega_1$$

综上所述，当主动叉轴以等角速旋转时，从动叉轴是不等角速旋转的，从图 4-11（a）转到图 4-11（b）位置，从动叉轴的角速度由最大值 $\omega_1/\cos\alpha$ 变至最小值 $\omega_1\cos\alpha$。主动叉轴再转 90°，从动叉轴的角速度又由最小值变至最大值。可见从动叉轴角速度变化的周期为 180°，且从动叉轴不等速程度随轴间夹角的加大而加大。但主、从动轴的平均转速是相等的，即主动轴转一圈，从动轴也转一圈。所谓不等速特性是指从动轴在转动一周内其角速度时而大于主动轴的角速度，时而小于主动轴的角速度的现象。

3）等速条件

单个十字轴万向节的不等速特性会使从动轴及与其相连的传动部件产生扭转振动，产生附加的交变载荷及振动噪声，影响零部件使用寿命。为避免这一缺陷，在汽车上均采用两个普通万向节，且中间以传动轴相连，利用第二个万向节的不等速效应来抵消第一个万向节的不等速效应，从而实现输入轴与输出轴等角速度传动，但要达到这一目的，还必须满足以下两个条件：

① 第一个万向节的从动叉和第二个万向节的主动叉应在同一平面内，即传动轴两端的万向节叉在同一平面内；

② 输入轴、输出轴与传动轴的夹角相等，即 $\alpha_1=\alpha_2$，如图 4-12 所示。

满足上述两条件的等速传动有两种排列方式：平行排列，如图 4-12（a）所示；等腰三角形排列，如图 4-12（b）所示。

上述条件① 通过正确的装配工艺可以保证与传动轴两端相连接的万向节叉在同一平面内。但条件② 只有采用驱动轮独立悬架时，才有可能通过整车的总体布置来实现。若驱动轮采用非独立悬架时，由于弹性悬架的振动，主减速器输入轴与变速器输出轴的相对位置不断变化，不可能在任何情况下都保证 $\alpha_1=\alpha_2$，此时万向传动装置只能做到使传动的不等速尽可能小。

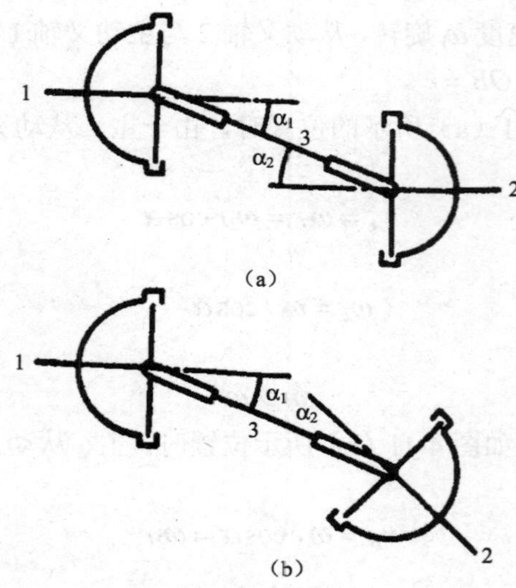

图 4-12　双万向节等速排列方式

（a）平行排列；（b）等腰式排列。

所谓等速传动是指传动轴两端的输入轴和输出轴而言。对传动轴来说，只要传动轴两端的输入轴和输出轴的夹角不为零，就是不等角速转动，与传动轴的排列方式无关。

4）优缺点

十字轴式万向节结构简单，工作可靠，但因受轴向尺寸及轴间夹角的限制，难以实现转向驱动桥和断开式驱动桥的要求，在转向驱动桥和断开式驱动桥上多采用准等速万向节和等速万向节。

2. 准等速万向节

准等角速万向节是根据两个普通万向节实现等速传动的原理制成的，只能近似实现等角速传动。常见的有三销轴式和双联式万向节，下面仅介绍三销轴式万向节。

图 4-13 所示为三销轴式万向节的结构图。三销轴式万向节主要由两个偏心轴叉 1、3，两个三销轴 2、4，六个滑动轴承和密封件等组成。每一偏心轴叉的两叉孔通过轴承和一个三销轴大端的两轴颈配合，两个三销轴的小端轴互相插入对方的大端轴承孔内，形成了 Q_1-Q_1'、Q_2-Q_2' 和 $R-R'$ 三根轴线。传递转矩时，由主动偏心轴叉 1 经轴 Q_1-Q_1'、Q_2-Q_2' 和 $R-R'$ 传到从动偏心轴叉 3。

与主动偏心轴叉相连的三销轴的两个轴颈端面和轴承座之间装有推力垫片 10。其余轴颈端面均无推力垫片，且端面与轴承座之间留有较大的空隙，保证转向时三销轴式万向节无运动干涉现象。

三销轴式万向节的最大特点是允许相邻两轴有较大的夹角，最大可达 45°。采用此万向节的转向驱动桥可使汽车获得较小的转弯半径，提高了汽车的机动性。

3. 等速万向节

等速万向节的基本原理是，从结构上保证万向节在工作过程中其传力点始终位于两轴交点的平分面上。这一原理可用一对大小相同的锥齿轮传动来说明，如图 4-14 所示。两个大小相同锥齿轮的接触点 P 位于两齿轮轴线夹角 α 的平分面上，由 P 点到两轴的垂直距离都等于r。P点处两齿轮的圆周速度相等，因此两齿轮的角速度也相等。可见，若万向节的传力点在其夹角变化时，始终位于两轴夹角的平分面上，就能保证等角速度传动。

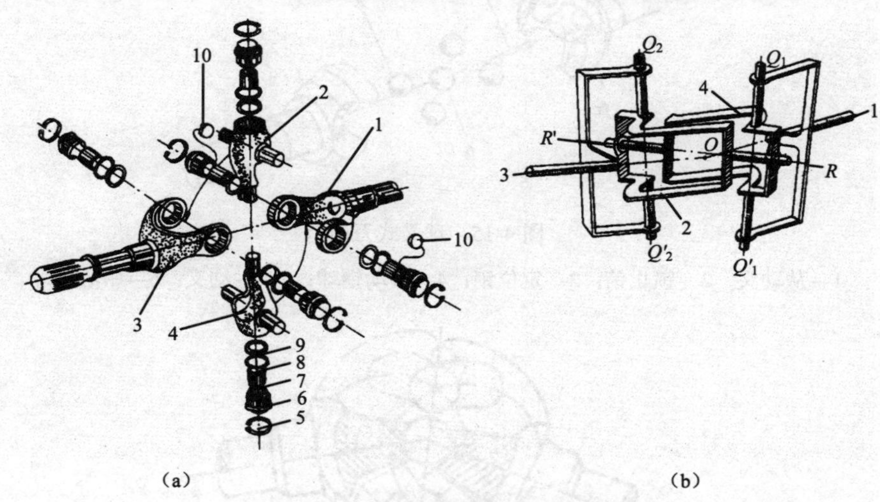

图 4-13　三销轴式准等速万向节

（a）零件分解图；（b）装配示意图。

1—主动偏心轴叉；2、4—三销轴；3—从动偏心轴叉；5—卡环；6—轴承座；7—衬套；8—毛毡圈；9—密封罩；10—推力垫片。

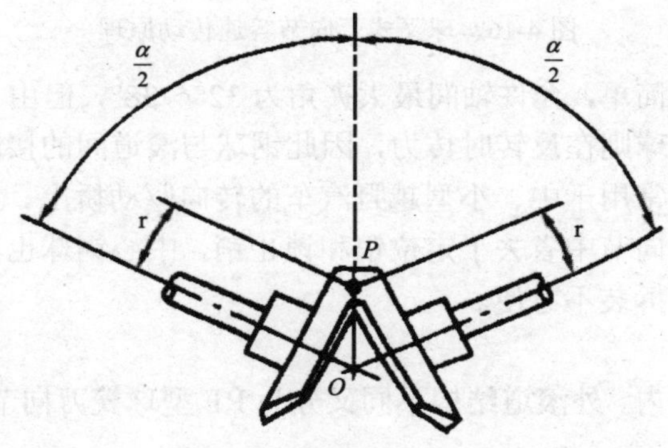

图 4-14　等速万向节工作原理

等速万向节的常见类型有球叉式、球笼式和三叉式等。

1）球叉式

图 4-15 所示为球叉式万向节的结构图。球叉式万向节主要由主动叉 5、从动叉 1、四个传动钢球 4、定心钢球 6、定位销 3、锁止销 2 组成。主、从动叉分别与内、外半轴制成一体，叉内各有四条曲面凹槽，装合后形成两条相交的环槽，作为钢球 4 的滚道，定心钢球 6 装在两叉中心凹槽内，以定中心。球叉式万向节等速传动的原理如图 4-16 所示，主、从动叉曲面凹槽的中心线分别是以O_1、O_2为圆心的两个半径相等的圆，且圆心O_1、O_2到万向节中心O的距离相等，这样无论主、从动轴以任何角度相交，传动钢球中心都位于两圆的交点上，从而保证传动钢球始终位于两轴夹角α的平分面上，因而保证了等速传动。

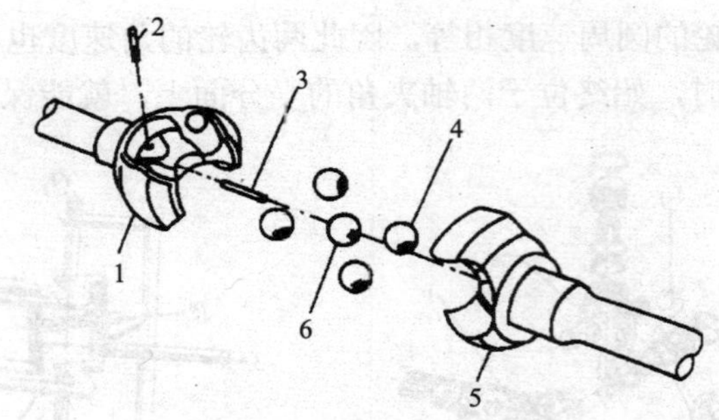

图 4-15　球叉式万向节

1—从动叉；2—锁止销；3—定位销；4—传动钢球；5—主动叉；6—中心钢球。

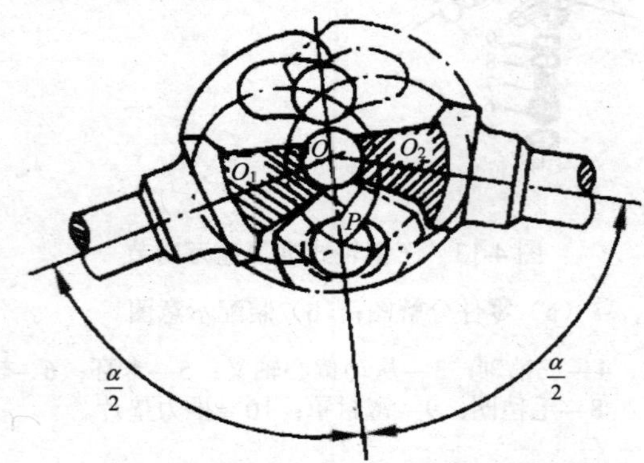

图 4-16　球叉式万向节等速传动原理

球叉式万向节结构简单，允许轴间最大夹角为 32°～38°，但由于工作时只有两个传动钢球传力，而另两个钢球则在反转时传力，因此钢球与滚道间的接触压力大，磨损快，影响其使用寿命，所以通常用于中、小型越野汽车的转向驱动桥上。

目前有些球叉式万向节中省去了定位销和锁止销，中心钢球也不铣凹面，而靠压力装配，这样结构简单，但拆装不方便。

2）球笼式

球笼式万向节按其内、外滚道结构不同又分为 RF 型球笼万向节、VL 型球笼万向节及球笼式双补偿万向节。

（1）RF 型球笼万向节。

图4-17所示为奥迪100型和上海桑塔纳轿车半轴外万向节所采用的RF型球笼万向节。它主要由内球座 7、球笼 4、外球座 8 及钢球 6 等组成。内球座通过花键与中段半轴相连。内球座的外表面有六条曲面凹槽，形成内滚道。外球座与带外花键的外半轴制成一体，内表面制有相应的六条曲面凹槽，形成外滚道。六个钢球分别装于六条凹槽中，并用球笼使之保持在一个平面内。

动力由中段半轴 1 传至内球座 7，经六个钢球 6、外球座 8 输出。当中段半轴 1（主动轴）和外球座轴 8（从动轴）之间夹角 α 发生变化时，传力钢球中心始终位于两轴夹角的平分面上，并且到两轴线的距离相等（图 4-18），从而保证了主、从动轴以相等的角速度旋转。

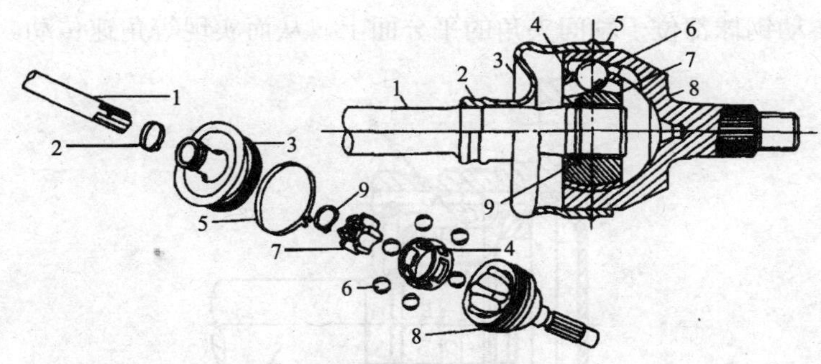

图 4-17　RF 型球笼万向节

1—中段半轴；2、5—钢带箍；3—外罩；4—球笼（钢球保持架）；6—钢球；7—内球座（内滚道）；8—外球座（外滚道）；9—卡环。

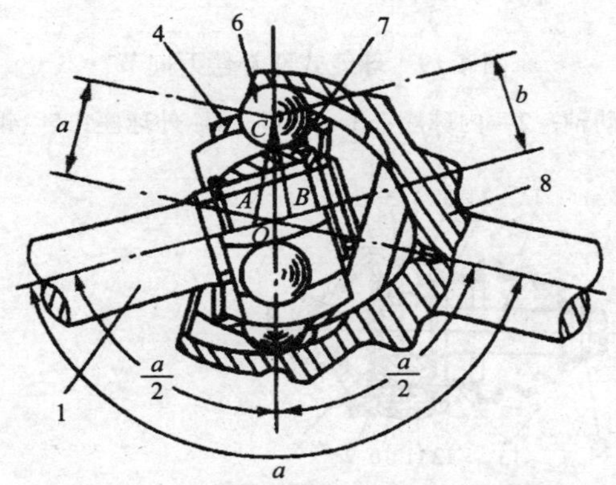

图 4-18　RF 型球笼万向节等速原理

（图注同图 4-17）

RF 型球笼式万向节工作时，六个钢球全部参加工作，因而磨损小、寿命长、承载能力强。此外，它允许的两轴相夹角较大（42°～47°），灵活性好，故应用越来越广泛。

（2）球笼式双补偿万向节。

如图 4-19 所示为球笼式双补偿万向节。球笼式双补偿万向节又称为球笼式万向节的滑动式，其外球座 4 为圆筒形，内、外滚道是与轴线平行的直线凹槽（即圆筒形）。在传递转矩过程中，内球座 2 与外球座 4 可以相对轴向移动，因此称为滑动式等速万向节。球笼 3 的内外球面在轴线方向是偏心的，内球面中心 B 与外球面中心 A 分别位于万向节中心 O 的两边，且 $OA=OB$。同样，钢球中心 C 到 A、B 的距离相等，以保证万向节做等角速传动。

（3）VL 型球笼式万向节。

图 4-20 所示为奥迪 100 型和上海桑塔纳轿车转向驱动桥半轴内万向节（靠近主减速器处）所采用的 VL 型球笼式万向节。VL 型球笼式万向节也属于滑动式等速万向节，其结构与球笼式双补偿万向节类似，其内、外滚道为圆筒形，但内、外滚道不与轴线平行，而是以相同的角度相对于轴线倾斜着。装合后，同一周向位置内、外滚道的倾斜方向刚好相反，即对称交叉，而钢球则处于内外滚道的交叉部位。当内半轴 7 与中半轴 1 以任意夹角

相交时，所有传动钢球都位于轴间夹角的平分面上，从而实现等角速传动。

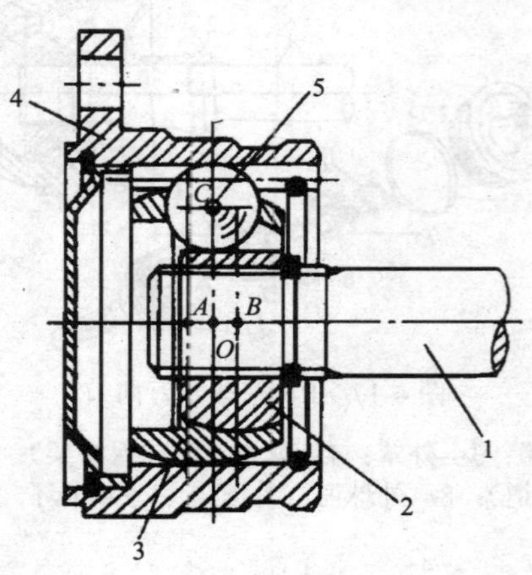

图 4-19　球笼式双补偿万向节

1—主动轴；2—内球座；3—球笼；4—外球座；5—钢球。

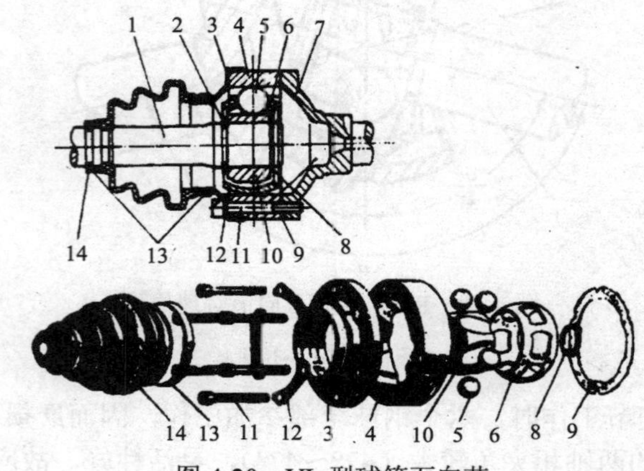

图 4-20　VL 型球笼万向节

1—中半轴；2—挡圈；3—外罩；4—外球座；5—钢球；6—球笼；7—内半轴；8—卡环；9—密封垫；10—内球座；11—圆头内六角螺栓；12—锁片；13—箍带；14—防尘套。

VL 型球笼式万向节允许两轴最大夹角为 15°～21°，且具有轴向滑动的特性（轴向伸缩量可达 45mm），寿命长，强度高，不但满足了车轮转向性能的要求，还具有结构简单、尺寸小、质量轻等优点。

滑动式等速万向节由于能轴向相对移动，因此可省去万向传动装置中的滑动花键等伸缩机构，使结构简化，且轴向位移是通过钢球沿内、外滚道的滚动来实现，与滑动花键相比，滚动阻力小，磨损轻，寿命长，故适用于断开式驱动桥。

3）三叉式

如图 4-21 所示为三叉式等速万向节（也称三角式万向节）。它主要由三销总成 11 和万向节套 5 组成。三销总成的花键孔与传动轴内花键配合，三个销轴上均装有轴承，以减小磨损。万向节套的凸缘用螺栓连接，为防止润滑脂外露，万向节由防尘套 3、7 封护，并用卡箍 8、10、12 紧固。

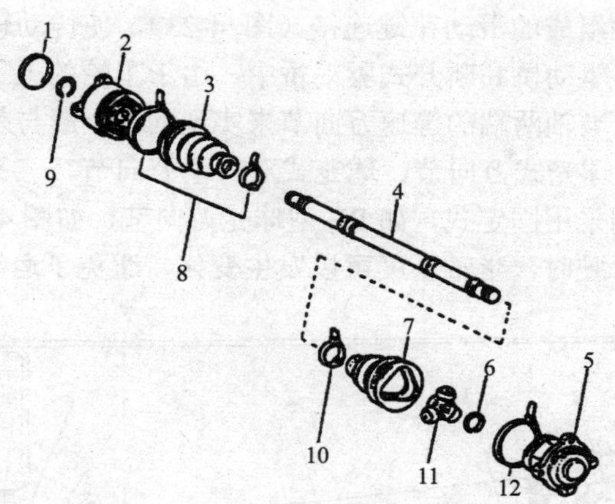

图 4-21　三叉式等速万向节

1—端盖；2—外万向节；3—外万向节防护罩；4—传动轴；5—内万向节套；6、9—卡环；7—内万向节防尘套；8、10、12—卡箍；11—三销总成。

三叉式等速万向节结构简单，磨损小，并且可以轴向伸缩（因此也属于滑动式等速万向节），在轿车中的应用也逐渐增多。

（二）传动轴与中间支承

1. 传动轴

传动轴是万向传动装置中的主要传力部件。传动轴的功用是用来连接变速器（或分动器）和驱动桥（图 4-7），在转向驱动桥和断开式驱动桥中，则用来连接差速器和驱动轮（图 4-22），此时，传动轴分成左右两半，因此也称为半轴。

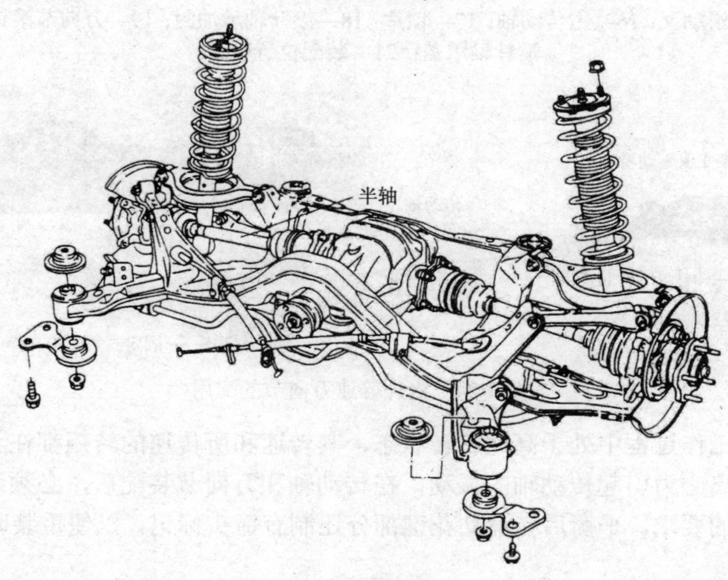

图 4-22　半轴

汽车行驶过程中，变速器与驱动桥的相对位置经常变化，为避免运动干涉，传动轴上设有由滑动叉和花键轴组成的滑动花键连接（图 4-23），使传动轴的长度能随传动距离的变化而伸缩。而在转向驱动桥和断开式驱动桥中，由于车轮的上下跳动，半轴的长度也必须能够变化，这是通过半轴两端的等速万向节来实现的。一般与差速器相连的等速万向节采用滑动式，如 VL 型球笼式万向节、球笼式双补偿万向节、三叉式等速万向节，而与车轮相连的等速万向节则采用固定式，如 RF 型球笼万向节，如图 4-24 所示。这样，当车辆在坎坷不平的道路上行驶时，半轴长度可以发生变化，避免了运动干涉。

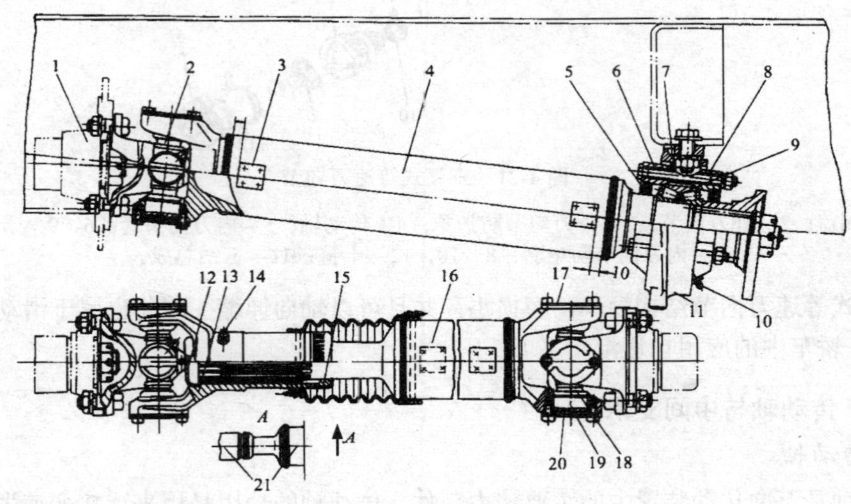

图 4-23　传动轴和中间支承

1—凸缘叉；2—万向节；3—平衡片；4—中间传动轴；5、15—油封；6—中间支承前盖；7—橡胶垫环；8—中间支承后盖；9—双列圆锥滚子轴承；10、14—注油嘴；11—支架；12—堵盖；13—万向节滑动叉；16—主传动轴；17—锁片；18—滚针轴承油封；19—万向节滚针轴承；20—滚针轴承盖；21—装配位置标记。

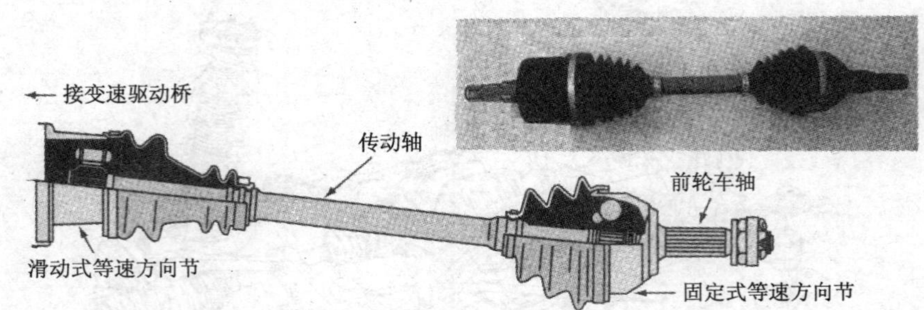

图 4-24　内外等速万向节的配用

传动轴在工作过程中处于高速旋转状态，其转速和所传递的转矩都在不断发生变化。为了避免由于离心力引起传动轴的振动，在传动轴和万向节装配后，必须进行平衡试验，以满足动平衡的要求。平衡后在滑动花键部分还制有箭头标记，以便重装时保证二者的相对位置不变。

传动轴有实心轴和空心轴之分。为了减轻传动轴的质量，节省材料，提高轴的强度、刚度及临界转速，传动轴多为空心轴，一般用厚度为1.5mm～3.0mm且厚薄均匀的钢板卷焊而成，超重型货车则直接采用无缝钢管。而转向驱动桥、断开式驱动桥及微型汽车的传动轴通常制成实心轴。

当传动距离较远时，为了避免因传动轴过长而使自振频率降低，高速时产生共振，将传动轴分为两段：前段称为中间传动轴，其后端部设有中间支承；后段称为主传动轴，都用薄钢板卷焊而成。中间传动轴的两端用止口定位，分别焊有万向节叉和带花键的轴头，花键轴头与凸缘连接，并用螺母紧固。主传动轴前端用花键轴头与万向节滑动叉套合形成滑动连接，使主传动轴可以轴向伸缩。

由于万向传动装置中润滑脂嘴较多，为了加注方便，装配时应保证所有润滑脂嘴处于同一条直线上，且十字轴上的润滑脂嘴朝向传动轴。

2. 中间支承

传动轴分段时须加设中间支承，通常将其安装在车架横梁上。中间支承除对传动轴起支承作用外，还应能补偿传动轴轴向和角度方向的安装误差，以及汽车行驶过程中由于发动机窜动或车架变形等引起的位移。

普通中间支承通常用弹性元件来满足上述要求，主要由轴承、带油封的轴承盖、支架和使轴承与支架间成弹性连接的弹性元件所组成。图4-23中所采用的双列圆锥滚子轴承式中间支承，这种支承的特点是承载能力大，轴承轴向间隙可调（磨削轴承内圈之间的隔圈），使用寿命长。

此外，常用的中间支承还有蜂窝软垫式中间支承、摆动中间支承以及轴式中间支承等多种形式。

（三）基本维护与检修

1. 主要元件检修

1）传动轴

传动轴的主要损伤形式有弯曲、凹陷或裂纹等，主要检修以下几个方面。

（1）传动轴轴管不得有裂纹及严重的凹瘪，否则应更换传动轴。

（2）检查传动轴弯曲程度。用V形铁架起传动轴，使其水平，而后旋转，用百分表在轴的中间部位测量。径向圆跳动公差应符合规定，否则应更换或校正传动轴。或者目视传动轴，如发现明显变形，更换新件。

（3）检查中间传动轴支承轴颈的径向圆跳动公差不应超过0.10mm，否则应更换或镀铬修复。

（4）检查传动轴花键与滑动叉花键、凸缘叉与所配合花键的间隙：轿车应不大于0.15mm，其他类型的汽车应不大于0.30mm，装配后应能滑动自如。若超过极限值，则应更换传动轴或滑动叉。

2）万向节叉、十字轴及轴承

（1）检查万向节叉和十字轴不得有裂纹，否则应更换。

（2）检查十字轴轴颈表面，若有疲劳剥落、磨损沟槽或滚针压痕深度在0.10mm以上时，应换新件。

（3）检查出滚针轴承的油封失效、滚针断裂、轴承内圈有疲劳剥落时，应换新件。

（4）检查十字轴与轴承的最小配合间隙应符合原厂规定，最大配合间隙应符合原厂规定。

（5）检查十字轴及轴承装入万向节叉后的轴向间隙，剖分式轴承孔为 0.10mm～0.50mm，整体式轴承孔 0.02mm～0.25mm，轿车为 0～0.05mm。

3）中间支承

中间支承的常见故障是橡胶老化和轴承磨损所引起的振动和异响等。

检查中间支承轴承的旋转是否灵活，油封和橡胶衬垫是否损坏，否则应更换；拆下中间支承前，可以在中间支承周围摇动传动轴，检查中间支承轴承的松旷程度，分解后可进一步检查轴承的轴向和径向间隙应符合原厂规定；中间支承经使用磨损后，需及时检查和调整，以恢复其良好的技术状况。

4）传动轴管焊接组合件

传动轴管焊接组合件经修理后，原有的动平衡已不复存在。因此，传动轴管焊接组合件（包括滑动套）应重新进行动平衡试验，传动轴两端任一端的动不平衡量——轿车应不大于 10g·cm。传动轴管焊接组合件的平衡可在轴管的两端加焊平衡片，每端最多不得多于 3 片。

5）等速万向节

等速万向节失效形式有内外球座滚道、球笼、钢球发生异常磨损。

检修时，首先要检视球笼防尘套是否破裂，如破裂，必须更换；同时拆检万向节，检视球座滚道、钢球、球笼是否磨损严重，必要时更换新件。

2. 维护

一级维护时，应进行润滑和紧固作业。对万向节的十字轴、传动轴滑动叉、中间支承轴承等加注润滑脂（通常为锂基 2 号润滑脂）：检查传动轴各部螺栓和螺母的紧固情况，特别是万向节叉凸缘连接螺栓和中间支承支架的固定螺栓等，应按规定的力矩拧紧。

二级维护时，应按图 4-25 所示的方法检查十字轴轴承的间隙。十字轴轴承的配合应用手不能感觉出轴向移动量。对传动轴中间支承轴承，应检查其是否松旷及运转中有无异响，当其径向松旷超过规定或拆检轴承出现黏着磨损时，应更换中间支承轴承。

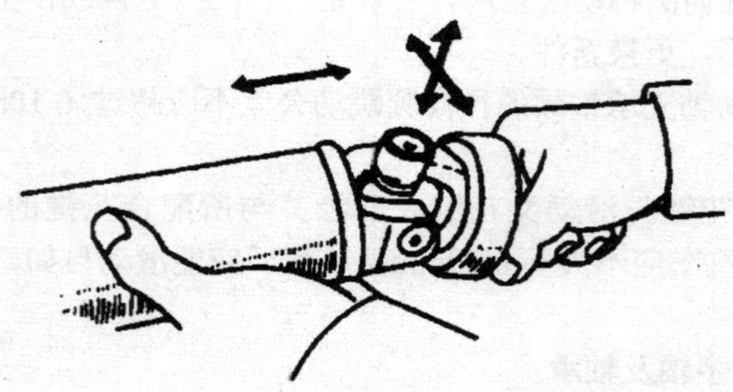

图 4-25　十字轴轴承配合间隙的检查

拆卸传动轴前，车辆应停放在水平的路面上，楔住汽车的前后轮，防止拆卸传动轴时汽车移动造成事故。同时应在每个万向节叉的凸缘上做好标记，以确保作业后的原位装复，否则极易破坏万向传动装置的平衡性，造成运转噪声和强烈振动。

拆卸传动轴时，应从传动轴后端与驱动桥连接处开始，先将与后桥凸缘连接的螺栓拧松取下，然后将与中间传动轴凸缘连接的螺栓拧下，拆下传动轴总成。接着，松开中间支承支架与车架的连接螺栓，最后松下前端凸缘盘，拆下中间传动轴。

维护后的传动轴按记号原位装复。

3. 装配

万向传动装配时，应注意以下问题。

（1）清洁零件。待装零件应彻底清洗，特别是十字轴的油道、轴颈和滚针轴承，最好用清洁的煤油清洗后，再用压缩空气吹干。装配时，在轴颈和轴承上涂适量的润滑脂；应避免磕碰，并注意传动轴管两端点焊的平衡片是否脱落。

（2）核对零件的装配标记。应认真校对十字轴及万向节叉、十字轴及短传动轴和滑动叉及花键轴管等的装配标记，按原标记装配。在安装滑动叉时，特别要保证传动轴两端万向节叉的轴承孔轴线位于同一平面上，其位置误差应符合原厂规定。

（3）十字轴的安装。十字轴上的润滑脂嘴要朝向传动轴以便注油；两偏置油嘴应间隔180°，以保持传动轴的平衡。剖分式承孔的U形固定螺栓的力矩严格执行原厂规定。

（4）中间支承的安装。将中间支承轴承对正后压入中间传动轴的花键凸缘内。压入时，不允许用手锤敲打轴承，以防止轴承内圈挡边破裂。紧固中间支承的前后轴盖上的三个紧固螺栓时，应支起后轮，边转动驱动轮边紧固，以便自动找正中心；也可以先不拧紧到规定力矩，待走合一段时间，自动找正中心后再按规定力矩拧紧。但在走合中，一定要注意紧固螺栓的松脱。

（5）加注润滑脂。用油枪加注汽车通用的锂基2号或二硫化钼锂基脂。注油时，既要充分又不过量，以从油封刃口处或中间支承的气孔能看到有少量新润滑脂被挤出为宜。

（四）常见故障诊断

万向传动装置由于经常受汽车在复杂道路上行驶的影响，使传动轴在其角度和长度不断变化的情况下传递转矩，因此常出现传动轴动不平衡、万向节与中间支承松旷、发响等故障。

1. 传动轴动不平衡与异响

1）故障现象

在万向节和伸缩叉技术状况良好时，汽车行驶中发出周期性的响声；速度越高响声越大，甚至伴随有车身振动，握转向盘的手感觉麻木。

2）故障原因

① 传动轴上的平衡块脱落。

② 传动轴弯曲或传动轴管凹陷。

③ 传动轴管与万向节叉焊接不正或传动轴未进行过动平衡试验和校准。

④ 伸缩叉安装错位，造成传动轴两端的万向节叉不在同一平面内，不满足等角速传

动条件。

⑤ 中间支承吊架固定螺栓松动或万向节凸缘盘连接螺栓松动，使传动轴偏斜。

3）故障诊断与排除

① 检查传动轴管是否凹陷，若有凹陷，则故障由此引起；无凹陷，则继续检查。

② 检查传动轴管上的平衡片是否脱落，如脱落，则故障由此引起；否则，继续检查。

③ 检查伸缩叉安装是否正确，若不正确，则故障由此引起；否则，继续检查。

④ 拆下传动轴进行动平衡试验，若动不平衡，则应校准以消除故障。弯曲应校直。

⑤ 检查中间支承吊架固定螺栓和万向节凸缘盘连接螺栓是否松动，若有松动，则异响由此引起，应紧固。

2. 万向节、伸缩叉松旷及异响

1）故障现象

在汽车起步和突然改变车速时，传动轴发出“吭”的响声；在汽车缓行时，发出“咣当、咣当”的响声。

2）故障原因

① 万向节凸缘盘连接螺栓松动。

② 万向节主、从动部分游动角度太大。

③ 万向节轴承、十字轴磨损严重。

④ 万向节、伸缩叉磨损松旷。

3）故障诊断与排除

① 用榔头轻轻敲击各万向节凸缘盘连接处，检查其松紧度。太松旷则故障由连接螺栓松动引起，否则继续检查。

② 用双手分别握住万向节、伸缩叉的主、从动部分转动，检查游动角度。万向节游动角度太大，则异响由此引起；伸缩叉游动角度太大，则异响由此引起。

3. 中间支承松旷

1）故障现象

汽车运行中出现一种连续的“呜呜”响声，车速越高响声越大。

2）故障原因

① 滚动轴承缺油烧蚀或磨损严重。

② 中间支承安装方法不当，造成附加载荷而产生异常磨损。

③ 橡胶圆环损坏。

④ 车架变形，造成前后连接部分的轴线在水平面内的投影不同线而产生异常磨损。

3）故障诊断与排除

① 给中间支承轴承加注润滑脂，响声消失，则故障由缺油引起；否则继续检查。

② 松开夹紧橡胶圆环的所有螺钉，待传动轴转动数圈后再拧紧，若响声消失，则故障由中间支承安装方法不当引起。否则故障可能是橡胶圆环损坏，或滚动轴承技术状况不佳，或车架变形等引起。

四、知识链接：半轴拆装与检查

下面以丰田 COROLLA 轿车配置 C50 手动变速器为例，介绍半轴拆装与检查的具体步骤。

（一）前桥半轴结构

前桥半轴结构如图 4-26～图 4-28 所示。

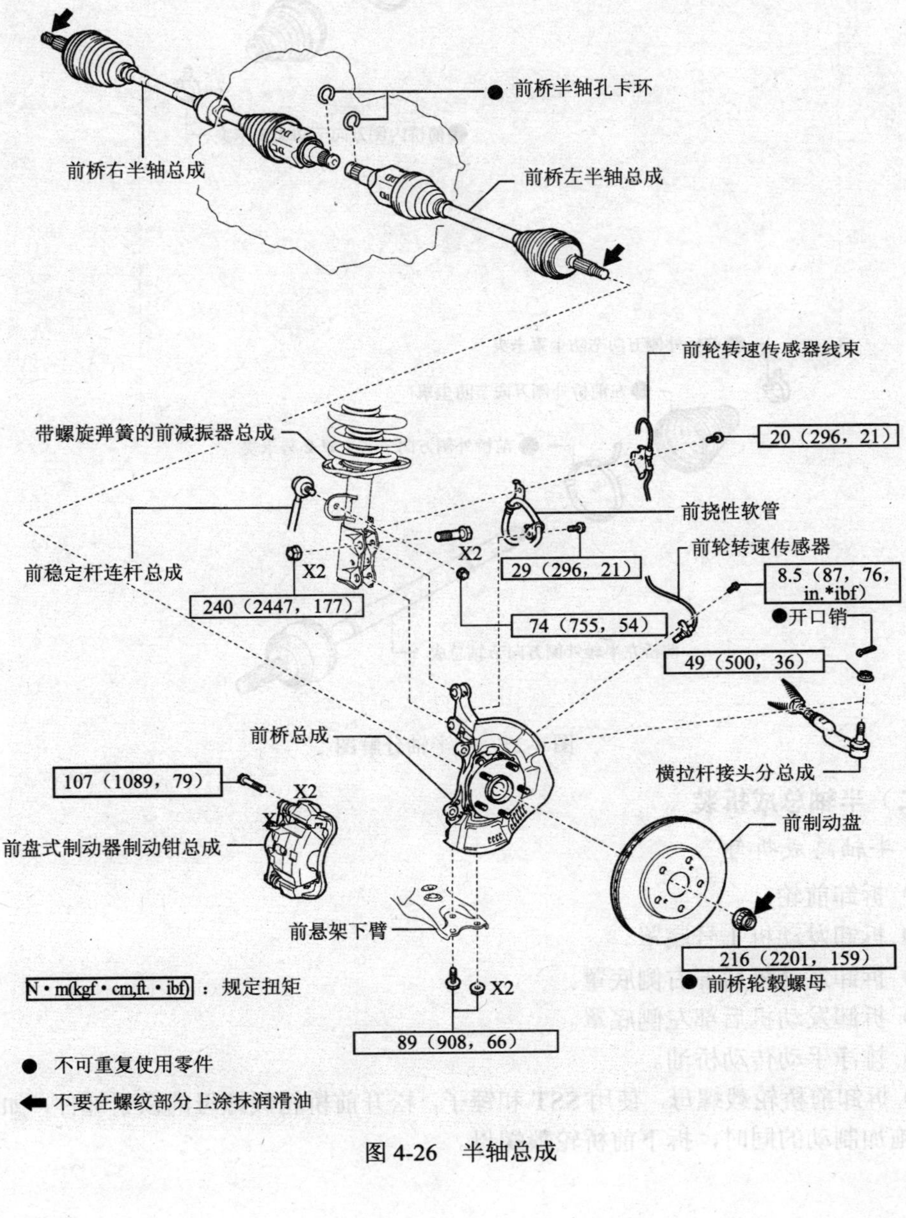

图 4-26 半轴总成

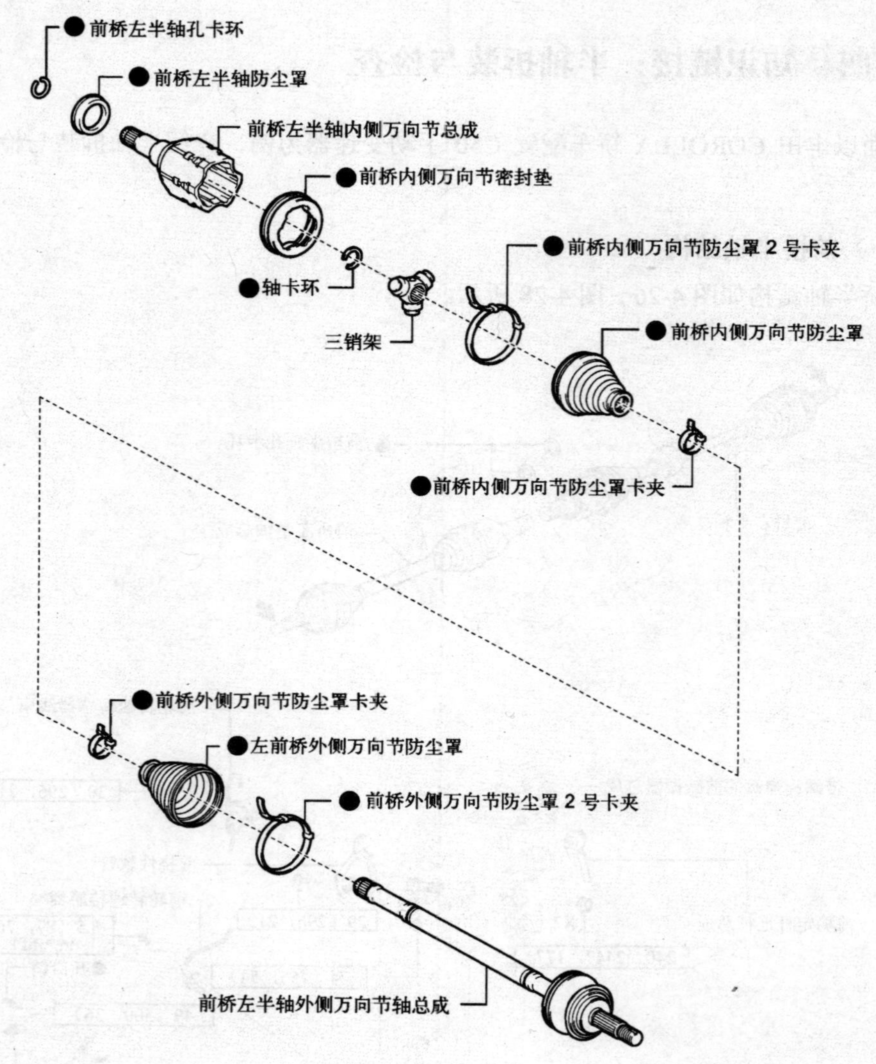

图 4-27　左半轴分解图

（二）半轴总成拆装

1. 半轴总成拆卸

（1）拆卸前轮。

（2）拆卸发动机 1 号底罩。

（3）拆卸发动机后部右侧底罩。

（4）拆卸发动机后部左侧底罩。

（5）排净手动传动桥油。

（6）拆卸前桥轮毂螺母。使用 SST 和锤子，松开前桥轮毂螺母的锁紧部件，如图 4-29 所示。施加制动的同时，拆下前桥轮毂螺母。

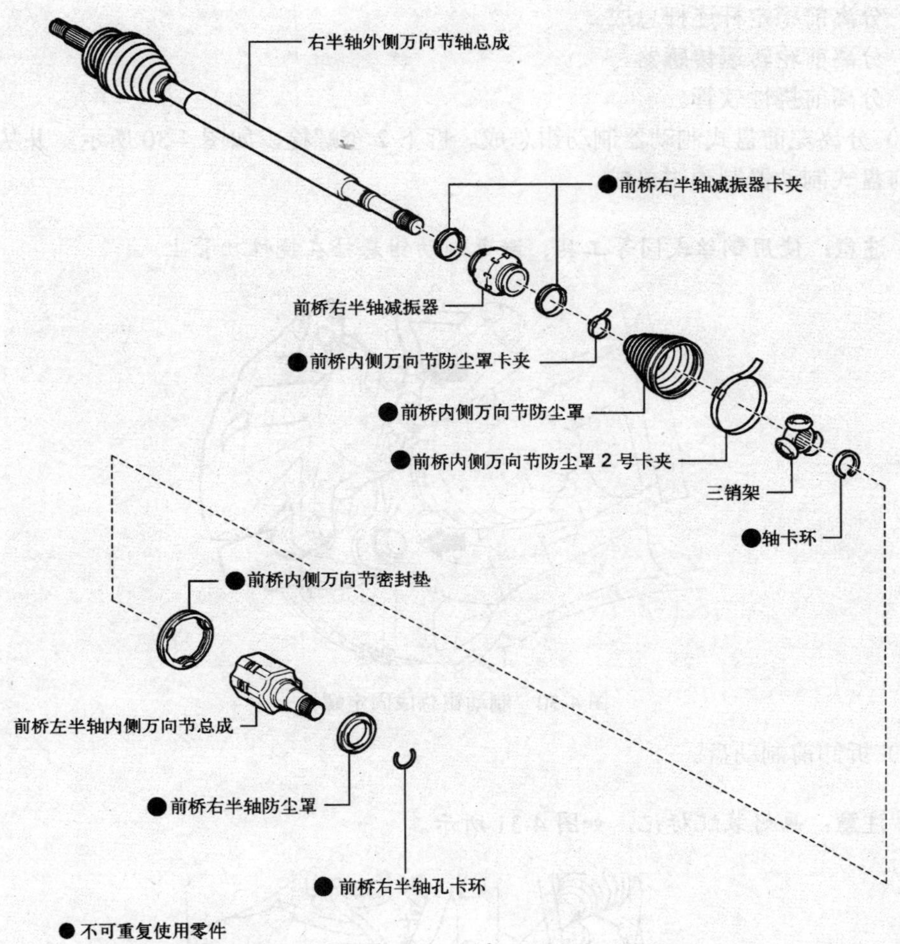

图 4-28 右半轴分解图

注意：完全松开前桥轮毂螺母的锁紧部分，否则会损坏驱动轴的螺纹。

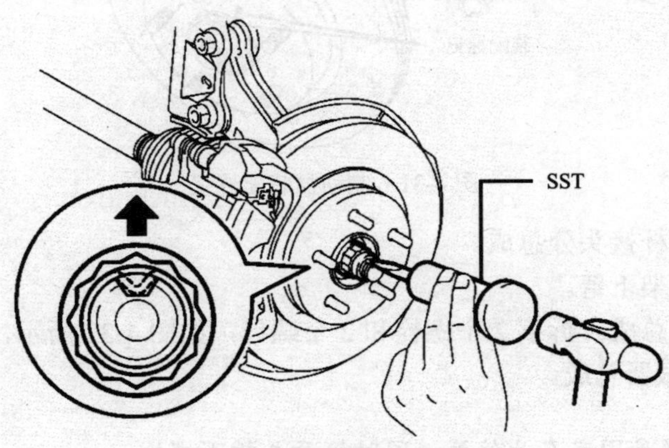

图 4-29 松开轮毂螺母紧锁部件

（7）分离前稳定杆连杆总成。

（8）分离前轮转速传感器。

（9）分离前挠性软管。

（10）分离左前盘式制动器制动钳总成。拆下 2 个螺栓，如图 4-30 所示，并从转向节上分离前盘式制动器制动钳总成。

注意：使用钢丝或同等工具，避免制动钳悬挂在挠性软管上。

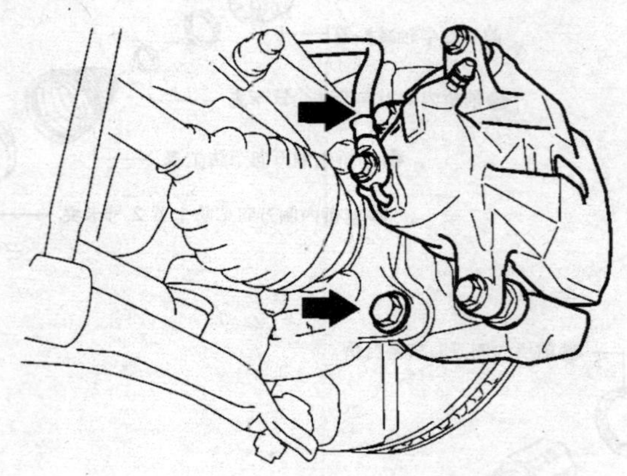

图 4-30　制动钳总成固定螺栓

（11）拆卸前制动盘。

注意：画好装配标记，如图 4-31 所示。

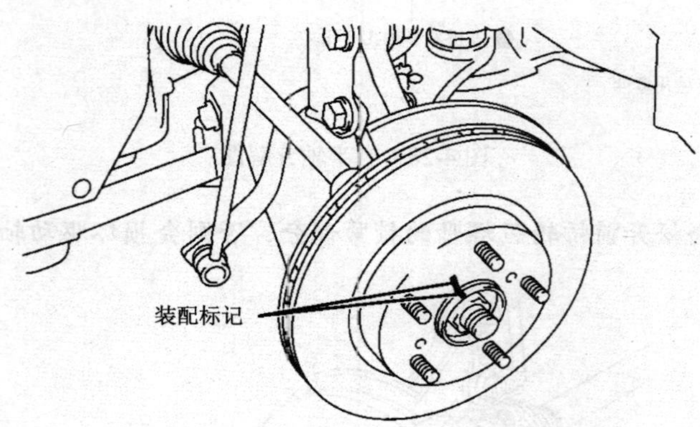

图 4-31　制动盘装配标记

（12）分离横拉杆接头分总成。

（13）分离前悬架下臂。

（14）拆卸前桥总成。拆下 2 个螺栓和 2 个螺母，如图 4-32 所示，并从转向节上断开带螺旋弹簧的前减振器总成。

注意：将螺母固定在此位置，同时松开并拆下螺栓。

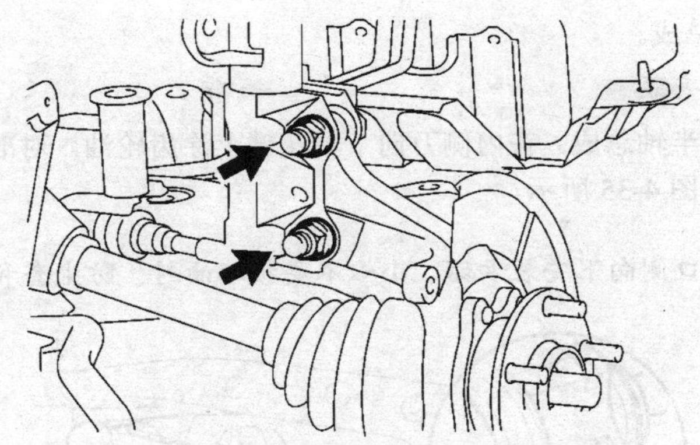

图 4-32　拆卸减振器与转向节连接螺栓

（15）拆卸前桥左半轴总成。使用 SST，拆下前桥左半轴，如图 4-33 所示。

注意：小心不要损坏传动桥壳油封，内侧万向节防尘套及驱动轴防尘罩。小心不要掉落驱动轴。

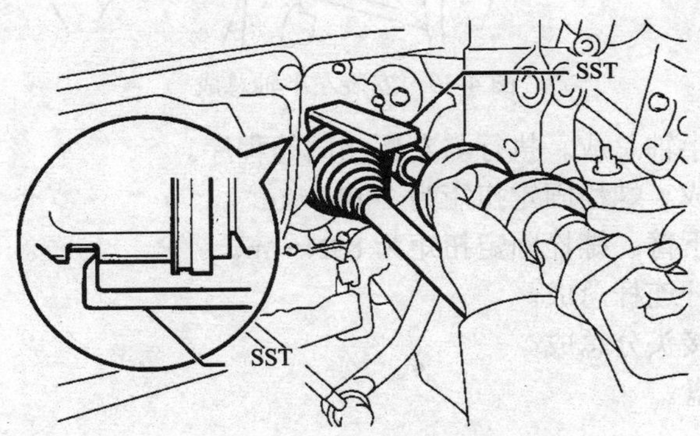

图 4-33　用专用工具拆卸半轴

（16）拆卸前桥右半轴总成。用螺丝刀和锤子，拆下前桥右半轴，如图 4-34 所示。

注意：小心不要损坏传动桥壳油封、内侧万向节防尘套及驱动轴防尘罩。小心不要掉落驱动轴。

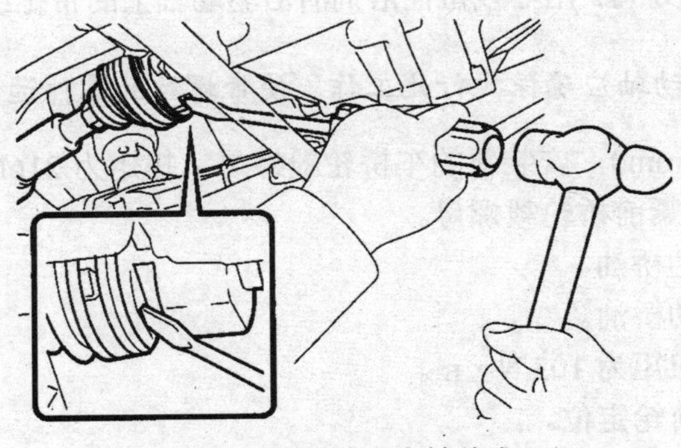

图 4-34　拆卸右半轴总成

（17）安装前桥总成。

2. 半轴总成的安装

（1）安装前桥左半轴总成。在内侧万向节轴花键上涂齿轮油。对准轴花键，用铜棒和锤子敲进驱动轴，如图 4-35 所示。

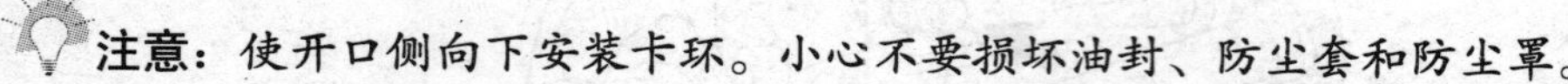

注意：使开口侧向下安装卡环。小心不要损坏油封、防尘套和防尘罩。

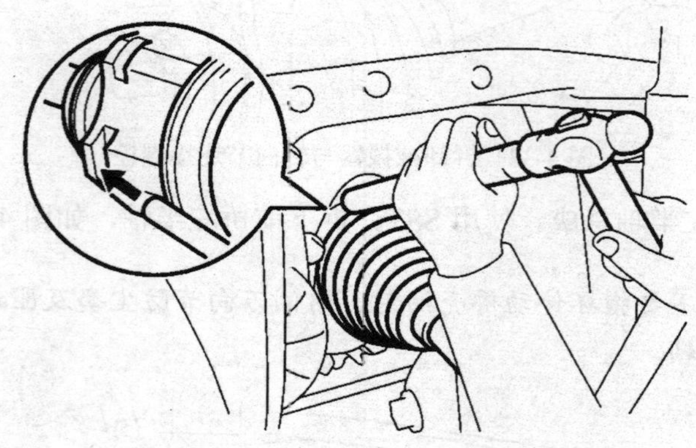

图 4-35　安装左半轴总成

（2）安装前桥右半轴总成。执行与左侧相同的程序。

（3）安装前桥总成。螺栓固定扭矩为 240N·m。

（4）安装前悬架下臂。螺栓固定扭矩为 89N·m。

（5）安装前稳定杆连杆总成。

（6）连接横拉杆接头分总成。

（7）安装前制动盘。

注意：对齐装配标记，如图 4-35 所示。

（8）安装前盘式制动器制动钳总成，螺栓固定扭矩为 107N·m。

（9）安装前挠性软管。

（10）安装前轮转速传感器。

（11）安装前桥轮毂螺母。用非残留性溶剂清洁驱动轴上的带螺纹零件和车桥轮毂螺母。

注意：新的驱动轴应确保执行此工作。使带螺纹的零件远离油液和异物。

使用套筒扳手（30mm），安装新的车桥轮毂螺母。扭矩为 216N·m。

用冲子和锤子，锁紧前桥轮毂螺母。

（12）加注手动传动桥油。

（13）检查手动传动桥油。

（14）安装前轮。扭矩为 103 N·m。

（15）检查并调整前轮定位。

（三）半轴总成的分解与装配

1．半轴总成的分解

（1）拆卸前桥内侧万向节防尘罩 2 号卡夹。用螺丝刀，松开防尘套卡夹的锁紧部件并分离防尘套卡夹，如图 4-36 所示。

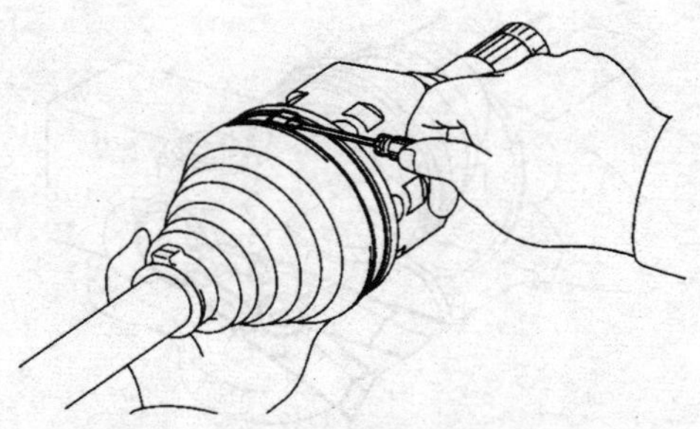

图 4-36　拆卸内侧防尘套卡夹（一）

（2）拆卸前桥内侧万向节防尘套卡夹。用螺丝刀，松开防尘套卡夹的锁紧部件并分离防尘套卡夹，如图 4-37 所示。

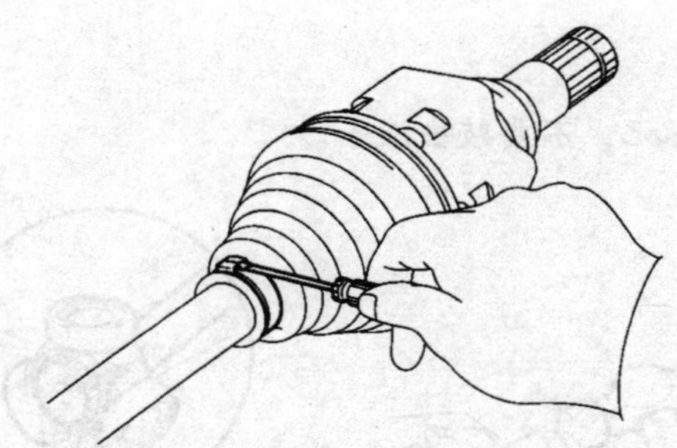

图 4-37　拆卸内侧防尘套卡夹（二）

（3）分离前桥内侧万向节防尘套。将内侧万向节防尘套从内侧万向节密封垫上分离。

（4）拆卸前桥左半轴内侧万向节总成。清除内侧万向节上的所有旧润滑脂。在内侧万向节和外侧万向节轴上做好装配标记，如图 4-38 所示。

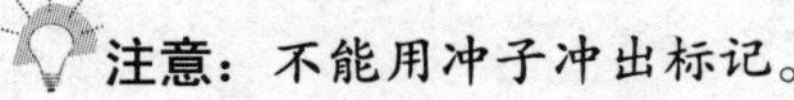注意：不能用冲子冲出标记。

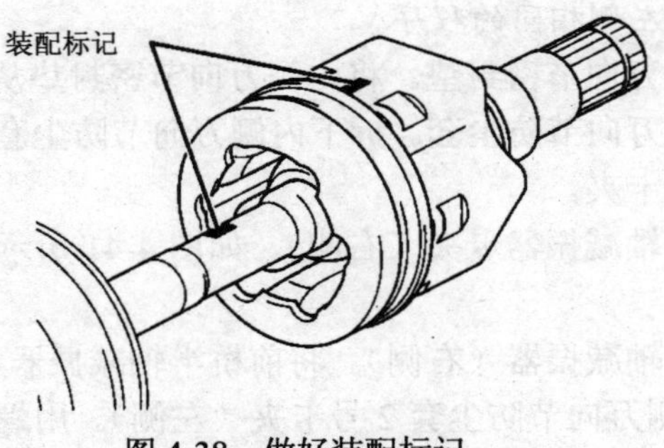

图 4-38　做好装配标记

将内侧万向节从外侧万向节轴上拆下。在台钳上的两个铝板之间夹住外侧万向节轴。

注意：不要过度紧固台钳。

使用卡环扩张器，拆下轴卡环，如图 4-39 所示。

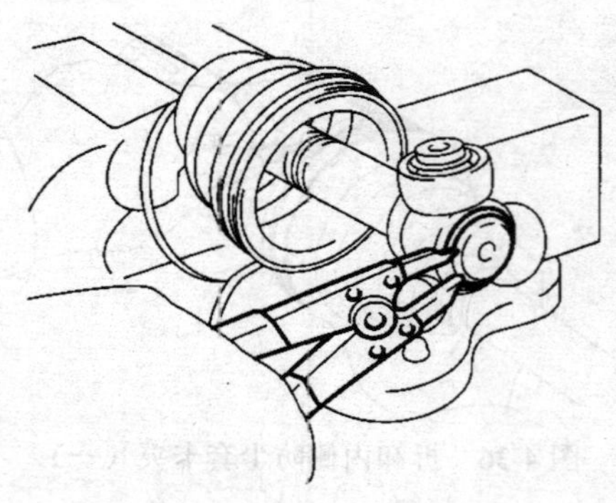

图 4-39 拆下卡环

在外侧万向节轴和三销架上设置装配标记，用铜棒和锤子从外侧万向节轴上敲出三销架，如图 4-40 所示。

注意：不要冲出标记，不要敲击滚子。

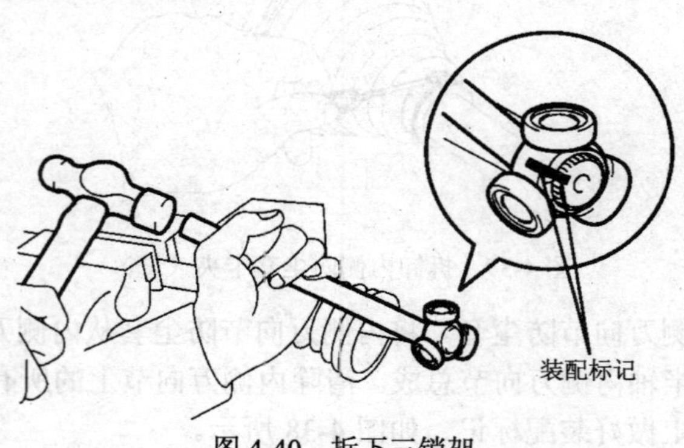

图 4-40 拆下三销架

（5）拆卸前桥右半轴内侧万向节总成。

注意：执行与左侧相同的程序。

（6）拆卸前桥内侧万向节密封垫。将内侧万向节密封垫从内侧万向节上拆下。

（7）拆卸前桥内侧万向节防尘套。拆下内侧万向节防尘套，内侧万向节防尘套 2 号卡夹和内侧万向节防尘套卡夹。

（8）拆卸前桥右半轴减振器卡夹（右侧）。如图 4-41 所示，用尖嘴钳拆下 2 个驱动轴减振器卡夹。

（9）拆卸前桥右半轴减振器（右侧）。将前桥半轴减振器从外侧万向节轴上拆下。

（10）拆卸前桥外侧万向节防尘套 2 号卡夹（左侧）。用螺丝刀，松开防尘套卡夹的锁紧部件并拆下防尘套卡夹。

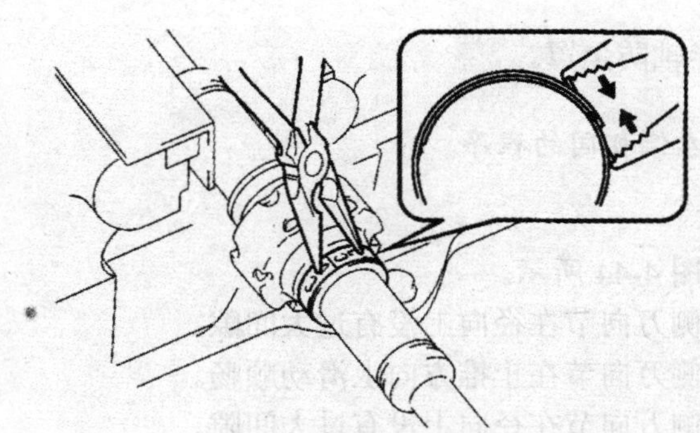

图 4-41　拆下减振器卡夹

（11）拆卸前桥外侧万向节防尘套卡夹（左侧）。用螺丝刀，松开防尘套卡夹的锁紧部件并拆下防尘套卡夹。

（12）拆卸左前桥外侧万向节防尘套（左侧）。从外侧万向节轴上拆下外侧万向节防尘套。清除外侧万向节上的所有旧润滑脂。

（13）拆卸前桥左半轴孔卡环。用螺丝刀拆下孔卡环，如图 4-42 所示。

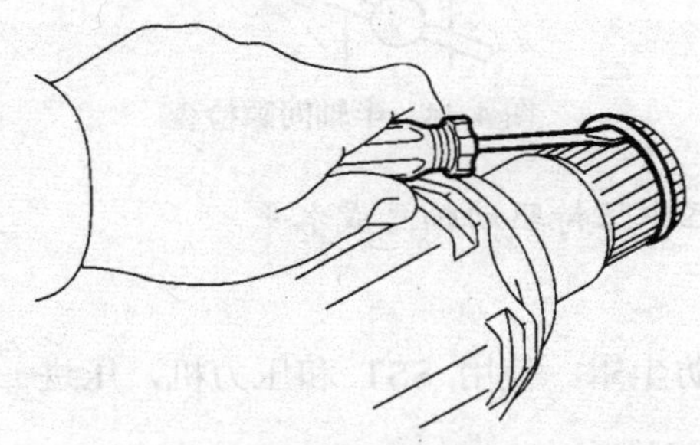

图 4-42　拆卸左半轴孔卡环

（14）拆卸前桥右半轴孔卡环。

注意：执行与左侧相同的程序。

（15）拆卸前桥左半轴防尘罩。使用 SST 和压力机，压出半轴防尘罩，如图 4-43 所示。

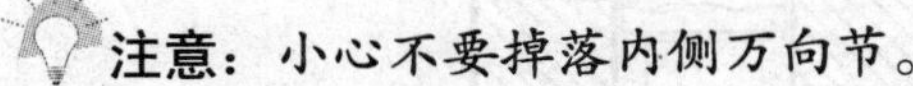

注意：小心不要掉落内侧万向节。

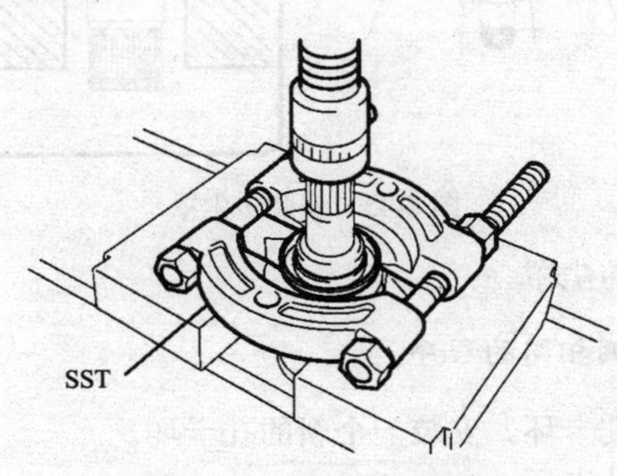

图 4-43　拆卸半轴防尘套

（16）拆卸前桥右半轴防尘罩。

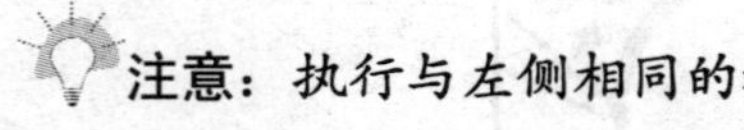
注意：执行与左侧相同的程序。

2. 半轴检查

检查前桥半轴，如图 4-44 所示。

（1）检查并确定外侧万向节在径向上没有过大间隙。

（2）检查并确定内侧万向节在止推方向上滑动顺畅。

（3）检查并确定内侧万向节在径向上没有过大间隙。

（4）检查防尘套是否损坏。

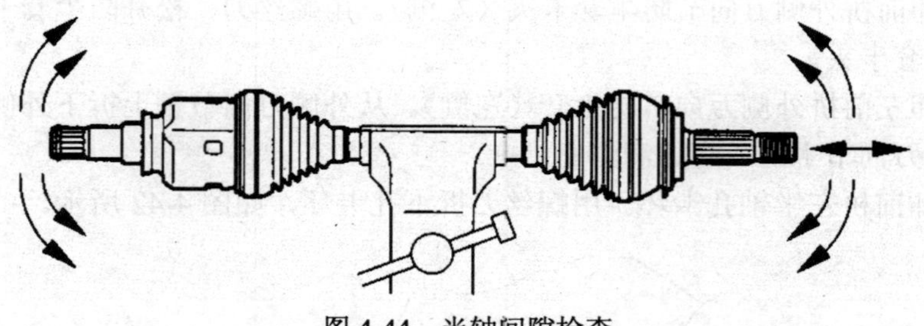

图 4-44　半轴间隙检查

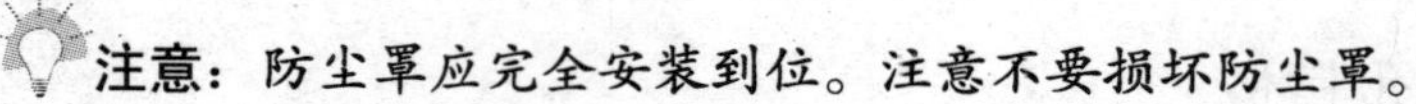
注意：在检查过程中保持驱动轴总成水平。

3. 半轴总成的装配

（1）安装前桥左半轴防尘罩。使用 SST 和压力机，压进一个新的半轴防尘罩，如图 4-45 所示。

注意：防尘罩应完全安装到位。注意不要损坏防尘罩。

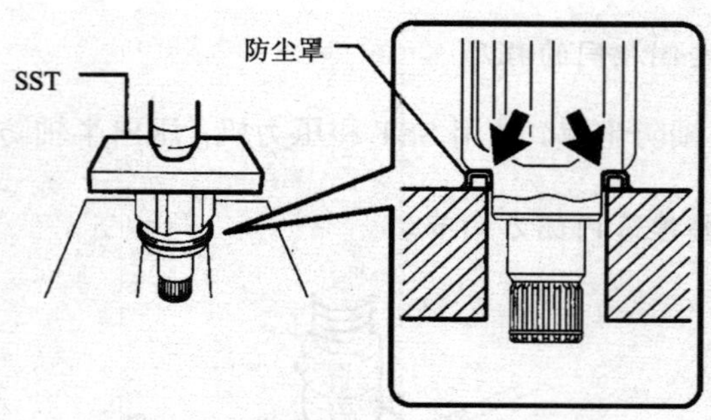

图 4-45　安装防尘罩

（2）安装前桥右半轴防尘罩。

提示：执行与左侧相同的程序。

（3）安装前桥左半轴孔卡环。安装一个新的孔卡环。

（4）安装前桥右半轴孔卡环。

提示：执行与左侧相同的程序。

（5）安装左前桥外侧万向节防尘套（左侧）。

提示：在安装防尘套之前，请用塑料带缠绕驱动轴外侧万向节轴的花键，以防止防尘套损坏，如图 4-46 所示。

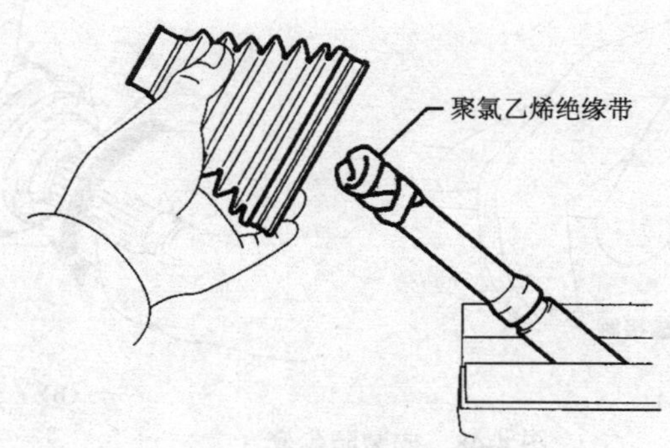

图 4-46　安装外侧防尘套

按以下顺序，将新零件安装到外侧万向节轴上。

a. 2 号外侧万向节防尘套卡夹。

b. 外侧万向节防尘套。

c. 外侧万向节防尘套卡夹。

d. 用防尘套维修组件中的润滑脂涂抹外侧万向节轴和防尘套。

e. 标准润滑脂容量为 135g～145g。

f. 将外侧万向节防尘套安装在外侧万向节轴槽上。

提示：槽里不能有润滑脂。

（6）安装前桥外侧万向节防尘套 2 号卡夹（左侧）。

注意：佩戴保护手套以防伤手。

将防尘套卡夹安装到外侧万向节防尘套上并暂时将杆折回，如图 4-47 所示。

注意：将杆正确地安装至导槽，将卡夹安装至车辆内侧尽可能远处。将杆折回前，检查箍带和杆没有变形。

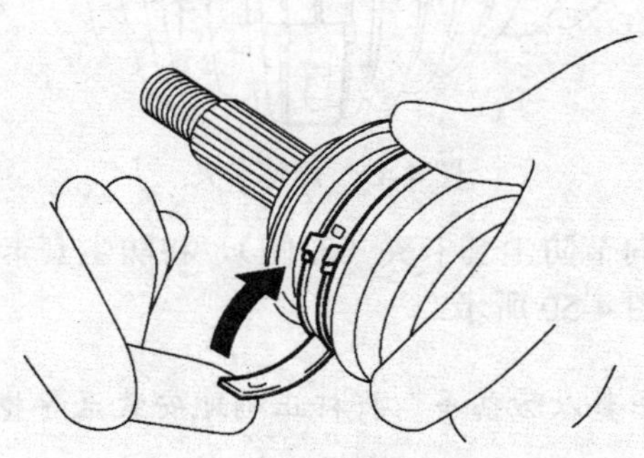

图 4-47　安装防尘套（一）

朝工作面按压外侧万向节，同时把身体重量倚靠到手上并向前转动外侧万向节。转动外侧万向节并折叠杆直至听到咔嗒声，如图 4-48 所示。

注意：不要损坏导流板。确保外侧万向节与工作面直接接触。

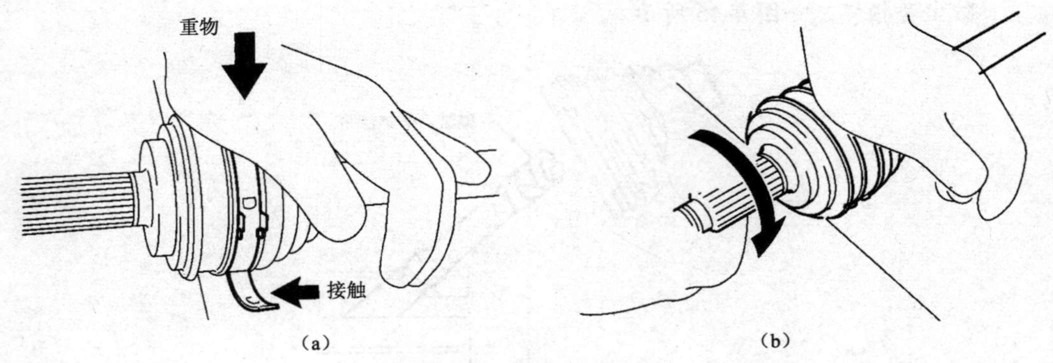

图 4-48　安装防尘套（二）

调整杆和槽之间的间隙以使锁扣边缘和杆端之间的间隙均匀，同时用塑料锤敲击锁扣将其固定，如图 4-49 所示。

注意：不要损坏外侧万向节防尘套。

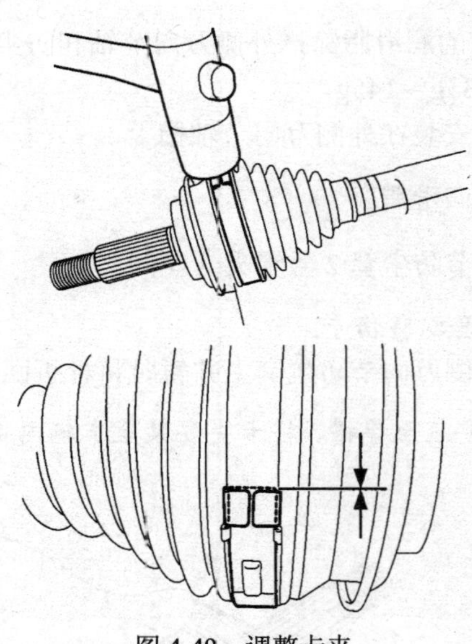

图 4-49　调整卡夹

（7）安装前桥外侧万向节防尘套卡夹（左侧）。将防尘套卡夹安装到外侧万向节防尘套上并暂时将杆折回，如图 4-50 所示。

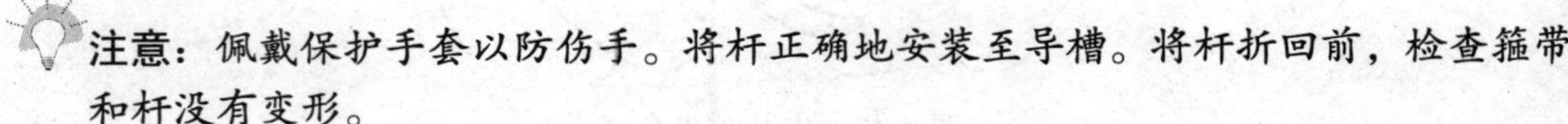

注意：佩戴保护手套以防伤手。将杆正确地安装至导槽。将杆折回前，检查箍带和杆没有变形。

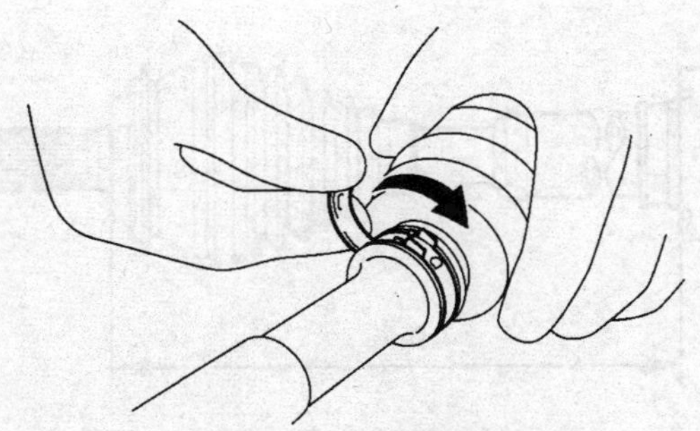

图 4-50　安装防尘套卡夹

用水泵钳子，捏住防尘套卡夹，暂时将其固定，如图 4-51 所示。

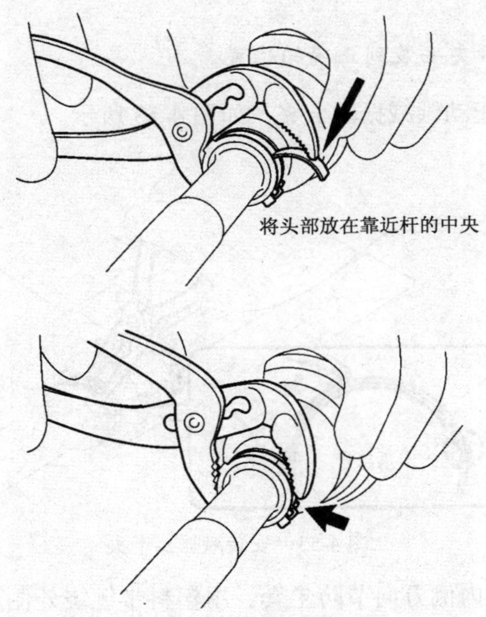

图 4-51　安装防尘套卡夹

调整杆和槽之间的间隙以使锁扣边缘和杆端之间的间隙均匀，同时用塑料锤敲击锁扣将其固定，如图 4-29 所示。

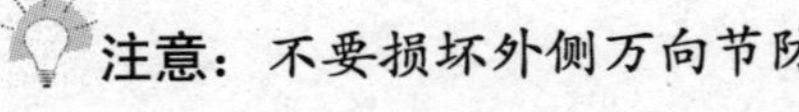

注意：不要损坏外侧万向节防尘套。

（8）安装前桥右半轴减振器（右侧）。

按以下顺序，将零件安装到外侧万向节轴上。

① 驱动轴减振器卡夹；

② 驱动轴减振器；

③ 驱动轴减振器卡夹。

确保减振器在轴的凹槽上。按下述规定设置距离。

标准距离为 458.0mm～462.0mm，如图 4-52 所示。

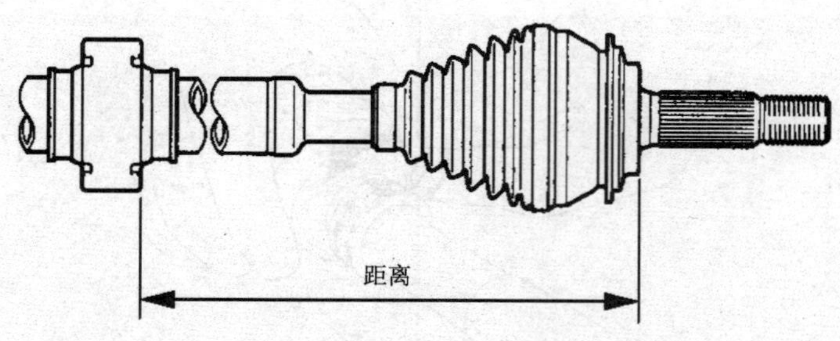

图 4-52 半轴距离

（9）安装前桥右半轴减振器卡夹（右侧）。在台钳上的两个铝板之间夹住前桥半轴。将驱动轴减振器卡夹安装至减振器。

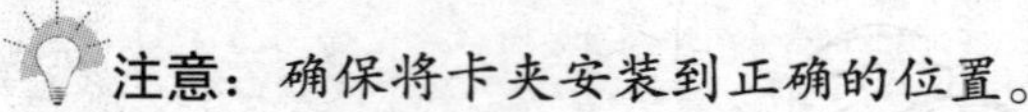

注意：确保将卡夹安装到正确的位置。

用尖嘴钳安装 2 个驱动轴减振器卡夹，如图 4-53 所示。

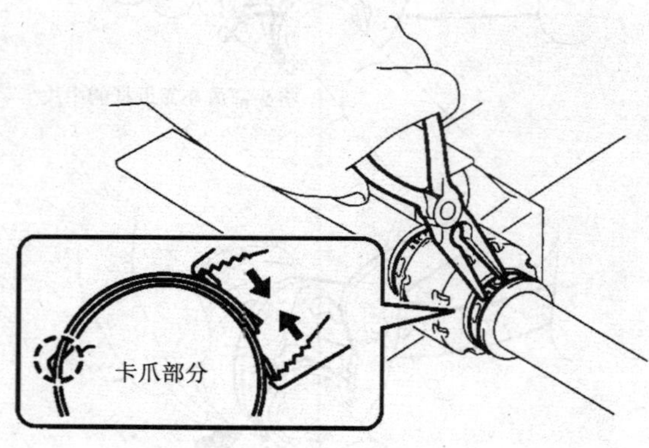

图 4-53 安装减振器卡夹

（10）暂时安装前桥内侧万向节防尘套。用塑料带缠绕外侧万向节轴的花键，以防止防尘套损坏，如图 4-46。

提示：在安装防尘套之前，请用塑料带缠绕驱动轴的花键，以防止防尘套损坏。

按以下顺序，将新零件安装到外侧万向节轴上。

① 内侧万向节防尘套卡夹；

② 内侧万向节防尘套；

③ 2 号内侧万向节防尘套卡夹。

（11）安装前桥内侧万向节密封垫。将一个新的内侧万向节密封垫安装到内侧万向节槽上，如图 4-54 所示。

注意：将内侧万向节密封垫上的凸出部分牢固地安装至内侧万向节槽。

（12）安装前桥左半轴内侧万向节总成。使三销架轴向花键的斜面朝向外侧万向节。

在装配之前，对准做好的装配标记，如图 4-55 所示。

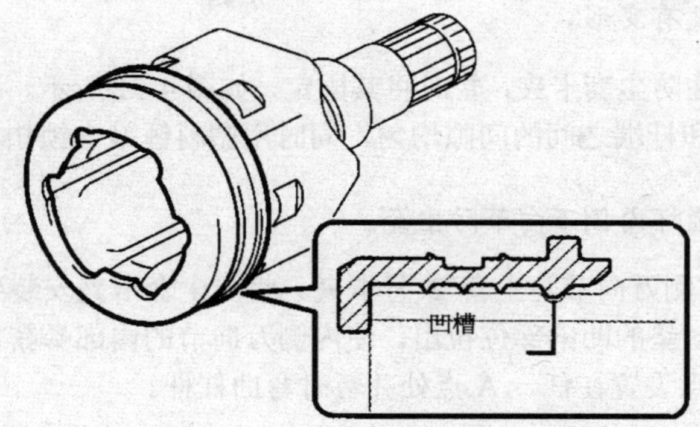

图 4-54 安装内侧万向节密封垫

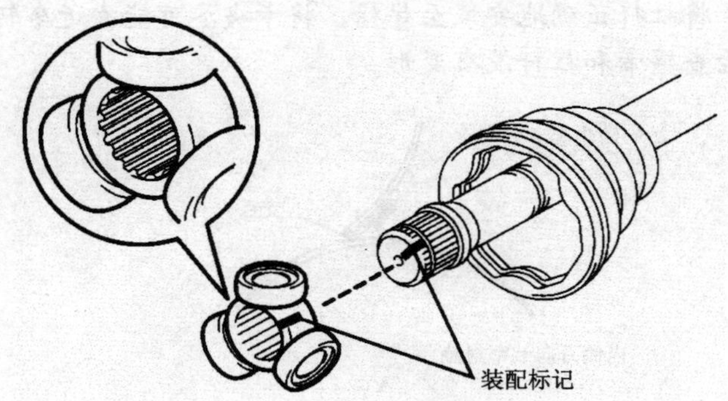

图 4-55 三销架装配标记

用铜棒和锤子，把三销式万向节敲进驱动轴。

注意：不要敲击滚子。确保以正确方向安装三销架。

用防尘套维修组件中的润滑脂涂抹内侧万向节轴和防尘套。标准润滑脂容量为 175g～185g。使用卡环扩张器，安装一个新的半轴卡环，。对准装配标记，将内侧万向节安装至外侧万向节轴。

（13）安装前桥右半轴内侧万向节总成。

提示：执行与左侧相同的程序。

（14）安装前桥内侧万向节防尘套。将内侧万向节防尘套安装至内侧万向节密封垫和外侧万向节轴的槽中。

注意：槽里不能有润滑脂。

（15）安装前桥内侧万向节防尘套卡夹。将防尘套卡夹安装到内侧万向节防尘套上并暂时将杠杆折回，如图 4-30 所示。

注意：佩戴保护手套以防伤手。将杠杆正确地安装至导槽。将杠杆折回前，检查箍带和杠杆没有变形。

用水泵钳子，捏住防尘套卡夹，暂时将其固定，如图 4-51 所示。调整杠杆和槽口之间的间隙以使锁扣边缘和杆端之间的间隙均匀，同时用塑料锤敲击锁扣将其固定。

注意：不要损坏内侧万向节防尘套。

（16）安装前桥内侧万向节防尘套 2 号卡夹。将防尘套卡夹安装到内侧万向节防尘套上。将内侧万向节密封垫的凹陷部位拉出，使内侧万向节的内部暴露在大气压力下。如图 4-56 所示，将杠杆支点设置在任一 A 点处并暂时弯曲杠杆。

注意：佩戴保护手套以防伤手。执行该操作时，内侧万向节的内部必须保持在大气压力下。将杠杆正确地安装至导槽，将卡夹尽可能靠近车辆内侧安装。将杠杆折回前，检查箍带和杠杆没有变形。

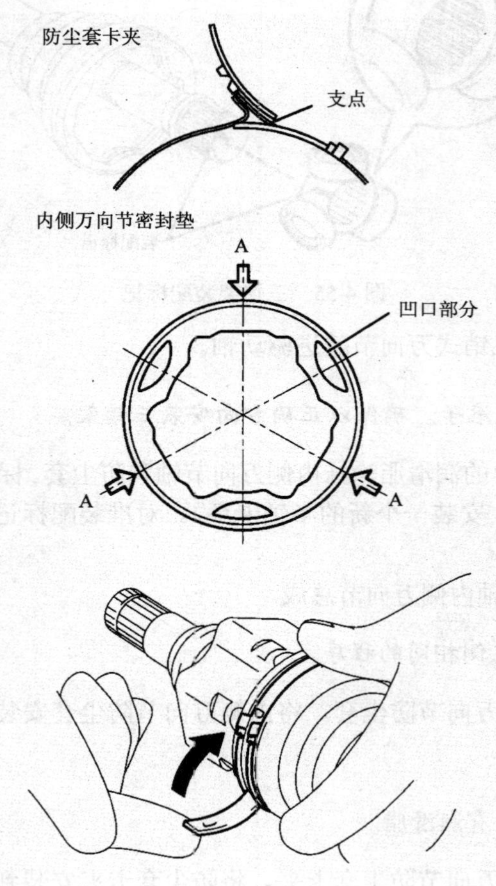

图 4-56　安装卡箍

朝工作面按压内侧万向节，同时把身体重量集中到手上并向前转动内侧万向节。转动内侧万向节并折起杠杆直至听到咔嗒声。

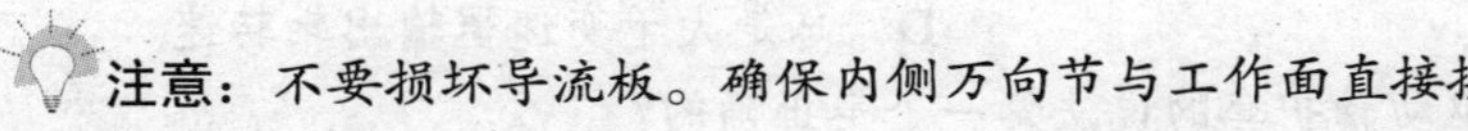
注意：不要损坏导流板。确保内侧万向节与工作面直接接触。

调整杆和槽之间的间隙以使锁扣边缘和杆端之间的间隙均匀，同时用塑料锤敲击锁扣将其固定。

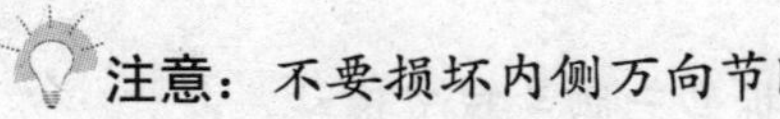
注意：不要损坏内侧万向节防尘套。

（17）检查前桥半轴。

五、自我测试题

1. 判断题

（1）半轴两端的等速万向节一般都采用固定式，以防止车轮产生侧滑。

（2）球笼式万向节在传动时只有一半钢球参与传力。

（3）EQ1090E 传动轴上伸缩节的作用是防止传动轴在后轮跳动时发生轴向窜动。

（4）十字轴式万向节的主动叉和从动叉的转速在一周内其平均速度相等。

（5）传动时，球笼式万向节的传力点始终处于两轴夹角的平分面上。

（6）RF 型球笼式万向节一般用于半轴的驱动轮侧。

（7）VL 型球笼式万向节一般用于半轴的差速器侧。

（8）VL 型球笼式万向节的内外球座之间可以作轴向滑动。

（9）维护时，球笼式万向节内的润滑脂只要没变质，仍可以继续使用。

（10）拆卸时，三叉式万向节的三销总成与轴之间必须做好装配标记。

2. 选择题

（1）用两个万向节加一根传动轴实现等速传动时，必须满足的条件是（　　）。

A．传动轴与输入/输出轴夹角不等，且传动轴两端万向节叉不在同一平面

B．传动轴与输入/输出轴夹角不等，且传动轴两端万向节叉在同一平面

C．传动轴与输入/输出轴夹角相等，且传动轴两端万向节叉不在同一平面

D．传动轴与输入/输出轴夹角相等，且传动轴两端万向节叉在同一平面

（2）球叉式万向节在传递动力时，无论正反向，总有几个钢球参与传力？

A．2　　B．3　　C．4　　D．5

（3）下面哪些万向节，可以实现伸缩节的作用？

A．球叉式　　B．RF 型　　C．VL 型　　D．三叉式

（4）下列哪些万向节属于等速万向节？

A．十字轴式　　B．球叉式　　C．三叉式　　D．三销轴式

（5）当东风 EQ1090E 在路上匀速直线行驶时，其传动轴的转速（　　）。

A．与主减速器输入轴等速　　B．与变速器输出轴等速

C．时快时慢　　D．总是大于变速器输出轴转速

（6）下列有关更换驱动轴护套的说法哪一个是正确的？

A．当把横拉杆端头从转向节分离时，通过用锤子敲击横拉杆端头将其分离。

B．当把驱动轴从传动桥上拆下时，一个人支撑驱动轴另外一个人用 SST 拆卸驱动轴。

C．当拆卸三脚头球节时，通过敲击滚柱而拆卸三脚头球节滚柱。

D．当把润滑脂涂到外侧球节时，将新的润滑油涂到旧的润滑油上即可。

（7）下列关于十字轴式万向节的叙述，哪个是错误的？

A．主动叉与从动叉的角速度可以不相等

B．每旋转一周，主动叉与从动叉的平均转速相等

C．主动叉与从动叉之间的夹角可以变化

D．主动叉与从动叉之间的距离可以变化

（8）关于等速万向节的叙述，哪项是错误的？

A．等速万向节的传力点始终处于两周夹角的平分面上

B．半轴内端一般均采用滑动式等速万向节

C．球叉式等速万向节的传力钢球一般有 4 个

D．球笼式等速万向节的内外滚道都采用了曲面凹槽

3．填空题

（1）万向传动装置的功用是在具有__________和__________的两转轴之间传递动力。

（2）十字轴式万向节的不等速特性是____________________。

4．简答题

简述更换半轴球笼防尘套的简要步骤，并说明有哪些注意事项。

项目五 驱动桥维修

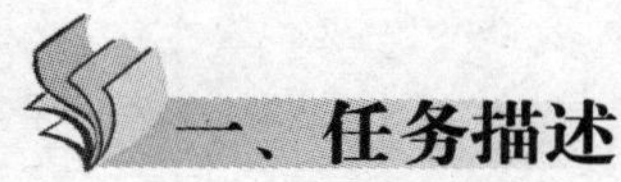

一、任务描述

汽车行驶过程中，驱动桥能对变速器输出的动力进一步实现减速增扭，并能使左右车轮差速运转，使车辆在经过高低不平的路面时、经过弯道转向时保证两侧的驱动轮能够正常运转。为了使驱动桥保持良好的工作状态，就必须对其定期进行维护保养及检修。通过本项目的学习，应能达到以下目的。

1. 知识要求

（1）掌握驱动桥的作用、类型及特点；
（2）掌握主减速器、差速器的结构及原理；
（3）熟悉半轴的支承形式及结构特点；
（4）了解后驱动桥常见故障的诊断与排除方法。

2. 技能要求

（1）会按正确方法对后驱动桥的油液进行检查；
（2）能按正确方法对驱动桥进行分解与组装；
（3）能够按正确方法对主减速器、差速器进行检查与调整。

3. 素质要求

（1）能按照 5S 要求，对工具和场地进行整理；
（2）选择和使用工具合理规范；
（3）拆装工艺合理，操作规范；
（4）技术要求符合维修手册；
（5）安全文明生产，保证工具、设备和自身安全；
（6）与同学精诚合作，相互帮助，共同进步。

二、任务实施

任务一　驱动桥拆装与认识

1. 训练内容

（1）在台架上对驱动桥总成进行分解及组装；

（2）对实车和散件进行元件认识；

（3）完成并填写任务工单的相关项目；

（4）学习汽车驱动桥结构与原理的相关知识。

2. 训练目标

（1）熟悉后轮驱动的拆装方法与结构特点；

（2）熟悉驱动桥主要零部件的名称、作用及相互装配关系；

（3）掌握主减速器、差速器的结构及原理；

（4）熟悉半轴的结构。

3. 训练设备

（1）后驱动桥总成台架六台；

（2）常用工具六套；

（3）专用工具若干。

4. 训练步骤

1）相关知识学习

通过课堂教学和学生课外自学，学习汽车主减速器、差速器、半轴的结构与原理的相关知识。

2）驱动桥总成的分解与组装

驱动桥总成分解与组装的步骤，下面以上海桑塔纳为例加以说明。

（1）差速器的解体。

桑塔纳属于前轮驱动，因此差速器的解体与变速器的解体是同时进行的，如图 5-1 所示。

分解后，认识驱动桥各部件名称，熟悉其结构及工作原理。

（2）主减速器和差速器的检修。

（3）差速器的装配（图 5-2）。

行星齿轮的安装。

从动锥齿轮的安装。

差速器轴承和车速表主动齿轮的安装。

轴承外圈的压入。

差速器总成的安装。

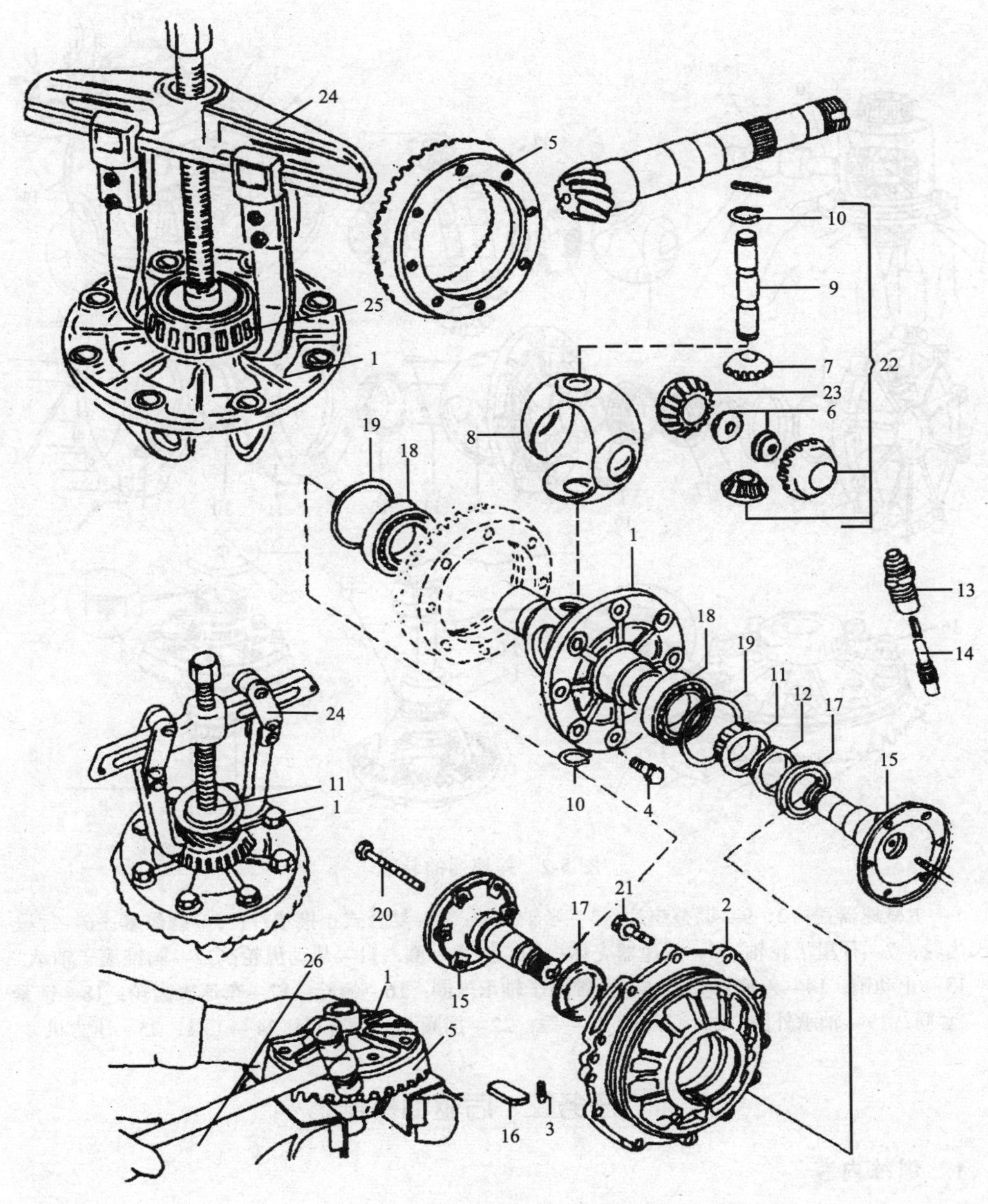

图 5-1　差速器的解体

1—差速器壳；2—主减速器盖；3—弹性销；4、20、21—螺栓；5—从动齿轮；6—螺纹套；7—行星齿轮；8—复合式止推垫片；9—行星齿轮轴；10—挡圈；11—车速表齿轮；12—锁紧套筒；13—车速表被动齿轮套筒；14—车速表被动齿轮；15—半轴；16—磁铁；17—油封；18—圆锥滚子轴承；19—调整垫片；22—差速器总成；23—半轴齿轮；24—工具；25—圆锥滚子轴承内圈；26—软锤。

注意操作安全，具体步骤参见维修手册。

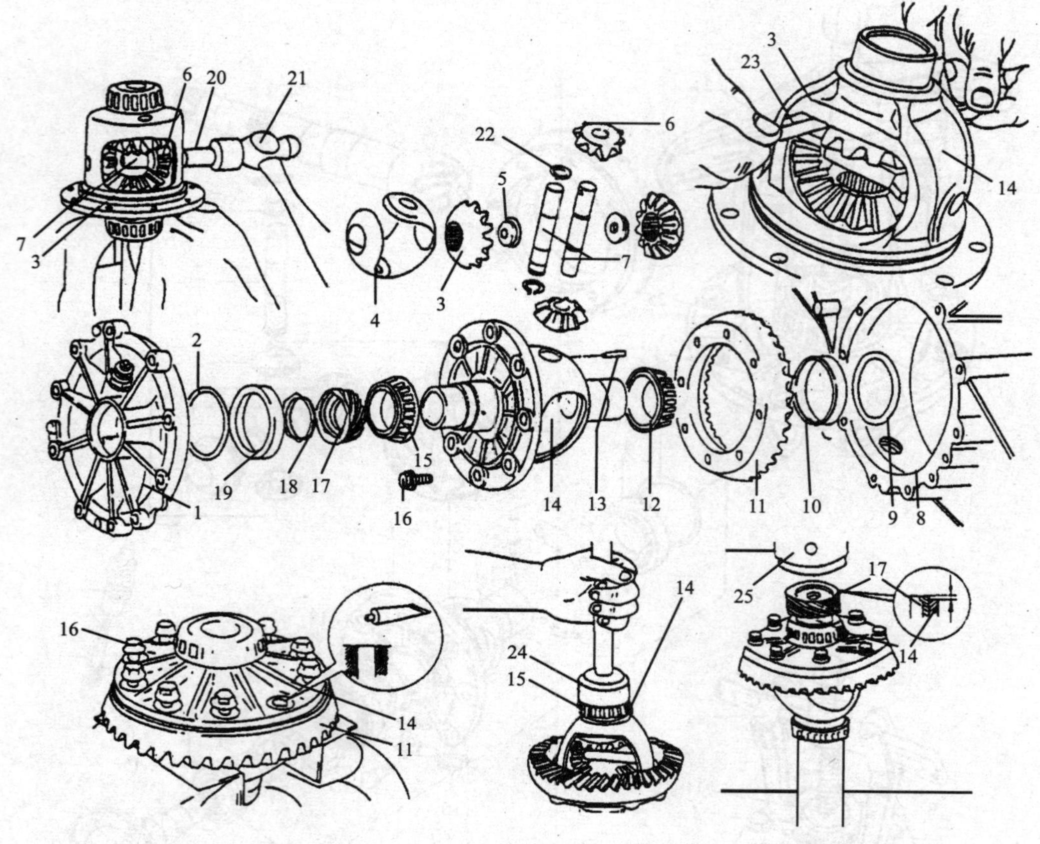

图 5-2　差速器的装配

1—主减速器盖；2、9—调整垫片；3—半轴齿轮；4—复合式止推垫片；5—螺纹套；6—行星齿轮；7—行星齿轮轴；8—变速器壳体；10—轴承外圈；11—从动齿轮；12—圆锥滚子轴承；13—止动销；14—差速器壳；15—圆锥滚子轴承内圈；16—螺栓；17—车速表齿轮；18—锁紧套筒；19—轴承外圈；20—芯棒；21—锤；22—挡圈；23—塞尺；24—工具；25—压力机。

任务二　后驱动桥维修

1. 训练内容

（1）在实车上对后驱动桥进行维护作业；

（2）在台架上对后驱动桥进行调整作业；

（3）完成并填写任务工单的相关项目；

（4）学习汽车后驱动桥使用与维修的相关知识。

2. 训练目标

（1）熟悉后驱动桥油液的检查方法；

（2）掌握主减速器和差速器的检查与调整方法；

（3）了解后驱动桥常见故障的诊断与排除方法。

3. 训练设备

（1）后轮驱动的整车四部；

（2）后驱动桥台架六台；

（3）常用工具六套；

（4）专用工具若干。

4. 训练步骤

1）相关知识学习

通过课堂教学和学生课外自学，学习汽车后驱动桥维护的内容及方法，学习驱动桥检测与调整的项目及方法。

2）驱动桥的维护

将车辆举升到举升机上，在车辆上检查驱动桥外壳是否存在漏油现象，并对后驱动桥油液进行检查（品质和液面高度）。

3）驱动桥的检测与调整

在驱动桥台架上对主减速器、差速器进行检测及调整。

下面以解放 CA1092 型后驱动桥为例说明。

（1）锥齿轮轴承预紧度调整（图 5-3 与图 5-4）。

① 输入轴轴承预紧度调整：通过增减调整垫片 11 来实现，若预紧度过大，增加垫片；若预紧度过小，减少垫片。

② 中间轴轴承预紧度调整：通过增减调整垫片 16 来实现，若预紧度过小，减少中间轴两端调整垫片 16 的总片数；反之，增加垫片数目。

③ 差速器轴承预紧度调整：通过主转动调整螺母 28 来实现，若预紧度过小，调整螺母往里旋转；反之，往外旋转。

（2）锥齿轮啮合印痕的调整（图 5-3 和图 5-5）。

通过增减调整垫片 14 以移动主动锥齿轮 13 来实现。若啮合印痕偏向齿顶，减少调整垫片 14 使主动锥齿轮 13 靠近从动锥齿轮 21；若啮合印痕偏向齿根，增加调整垫片 14 使主动锥齿轮 13 远离从动锥齿轮 21。

（3）锥齿轮啮合间隙的调整（图 5-3 和图 5-6）。

通过增减中间轴两端的调整垫片 16 以移动从动锥齿轮 21 来实现。若啮合间隙过大，移动从动锥齿轮 21，使其靠近主动锥齿轮 13；若啮合间隙过小，移动从动锥齿轮 21，使其远离主动锥齿轮 13。

（4）圆柱齿轮副啮合宽度的调整。

通过转动两端的差速器轴承调整螺母 28 以移动圆柱齿轮 27 来实现。

调整注意事项：调整时，必须按照轴承预紧度→锥齿轮啮合印痕→锥齿轮啮合间隙→圆柱齿轮副啮合宽度的先后次序进行。在进行锥齿轮啮合间隙调整时，两端垫片的总数不能改变；在进行圆柱齿轮副啮合宽度调整时，两端调整螺母的距离不能改变。

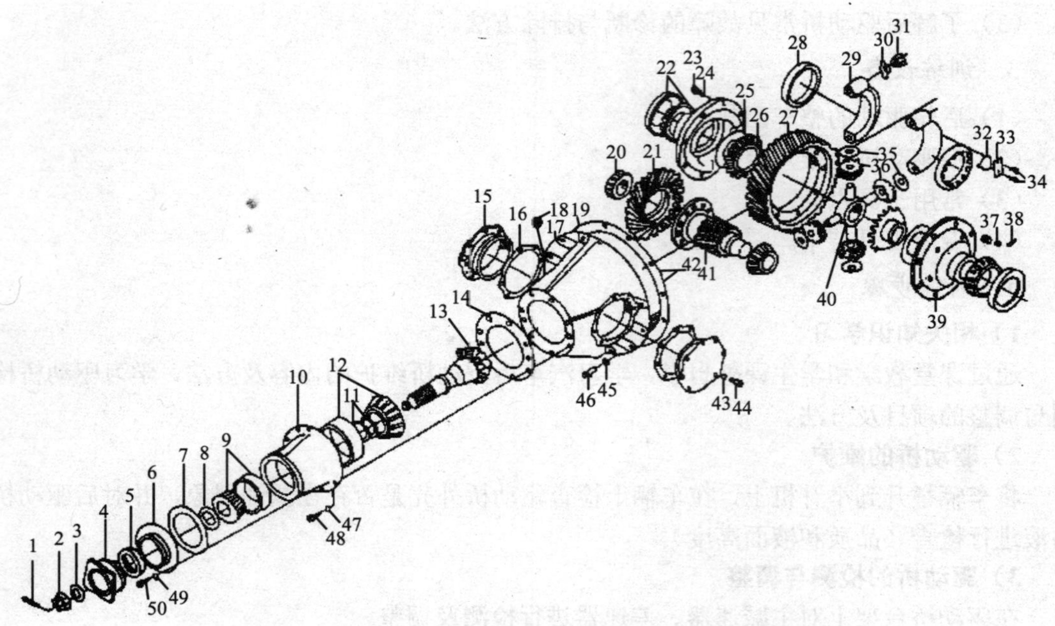

图 5-3　解放 CA1091 型汽车主减速器与差速器的分解

1、38—开口销；主动锥齿轮凸缘螺母；3—垫圈；4—主动锥齿轮凸缘；5—油封；6—油封座；7、19—密封圈；8—主动锥齿轮凸缘止推垫圈；9—主动锥齿轮前轴承；10—主动锥齿轮轴承座；11、14、16—调整垫片；12—主动锥齿轮后轴承；13—主动锥齿轮；15—从动锥齿轮轴承盖；17—主减速器壳；18—加油孔螺栓；20—主动圆柱齿轮轴承；21—从动锥齿轮；22—轴承；23、34、44、46、48、50—螺栓；24—差速器右壳；25—半轴齿轮支承垫；26—半轴齿轮；27—从动圆柱齿轮；28—差速器轴承调整螺母；29—差速器轴承盖；30、33—锁片；31、37—螺母；32—止动片；35—行星齿轮支承垫；36—行星齿轮；39—差速器左壳；40—十字轴；41—主动圆柱齿轮；42—螺栓；43、45、47、49—弹簧垫圈。

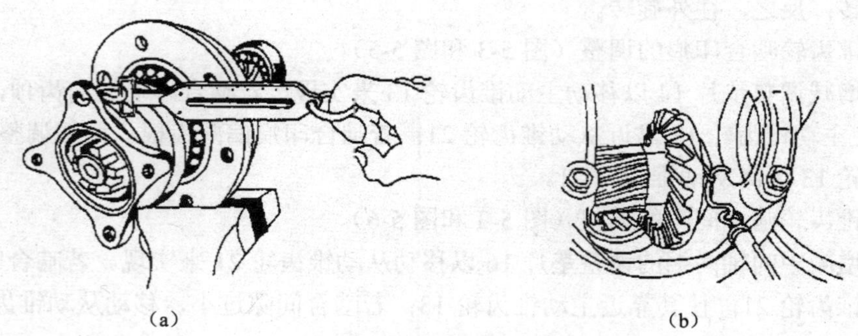

图 5-4　轴承预紧度的检查

（a）主动锥齿轮轴承预紧度的检查；（b）从动锥齿轮轴承预紧度的检查。

三、相关知识

驱动桥的功用是将万向传动装置（或变速器）传来的动力经减速增矩、改变动力传递方向后，分配到左、右驱动轮，使汽车行驶，并允许左、右驱动轮以不同的转速旋转。

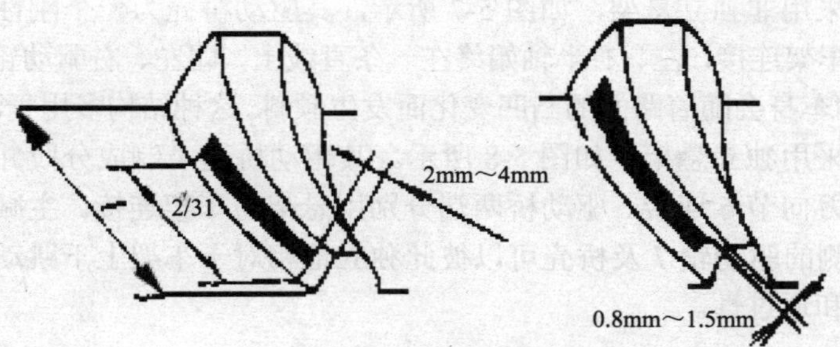

图 5-5　从动锥齿轮啮合印痕

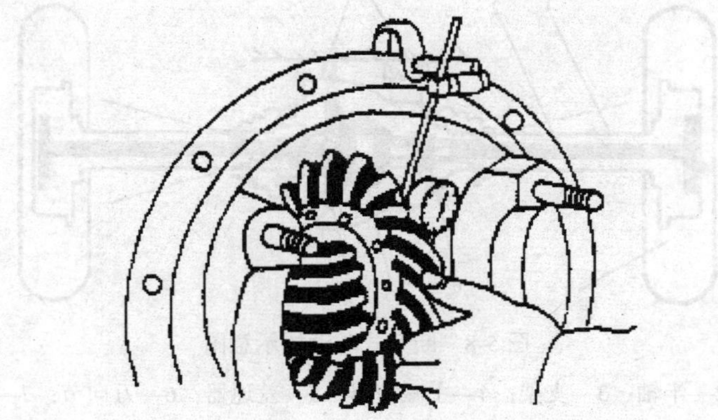

图 5-6　检查锥齿轮的齿侧间隙

驱动桥是传动系统的最后一个总成，它由主减速器、差速器、半轴和桥壳等组成，如图 5-7 所示。动力由万向传动装置输入，传至主减速器 5，减速增扭后传至差速器 4，再经过半轴 3，传给驱动轮。

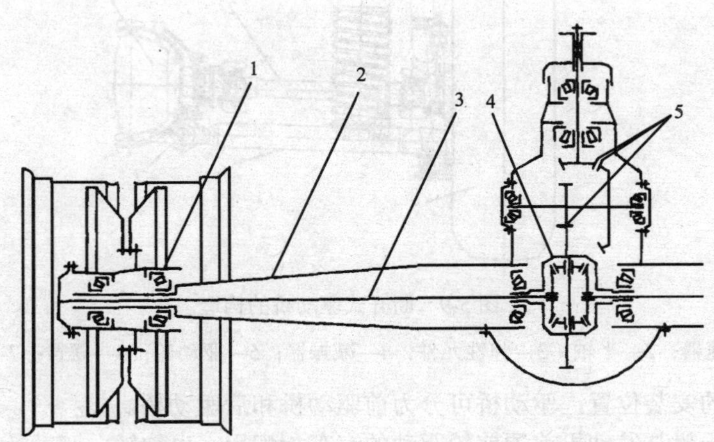

图 5-7　整体式驱动桥示意图

1—轮毂；2—桥壳；3—半轴；4—差速器；5—主减速器。

按悬架结构不同，驱动桥分为整体式驱动桥和断开式驱动桥两种。

整体式驱动桥采用非独立悬架，如图 5-7 所示，其驱动桥壳为一个刚性的整体，驱动桥两端通过悬架与车架连接，左、右半轴始终在一条直线上，即左、右驱动轮不能相互独立地跳动，整个车桥和车身会随着路面的凸凹变化而发生倾斜。这种结构多用于汽车的后桥上。

断开式驱动桥采用独立悬架，如图 5-8 所示。其驱动桥壳 1 制成分段并用铰链连接，半轴 2 也分段并用万向节 6 连接。驱动桥两端分别用悬架与车架连接。主减速器 4 固定在车架上。这样，两侧的驱动轮 7 及桥壳可以彼此独立地相对于车架上下跳动，从而提高了汽车行驶的平顺性和通过性。

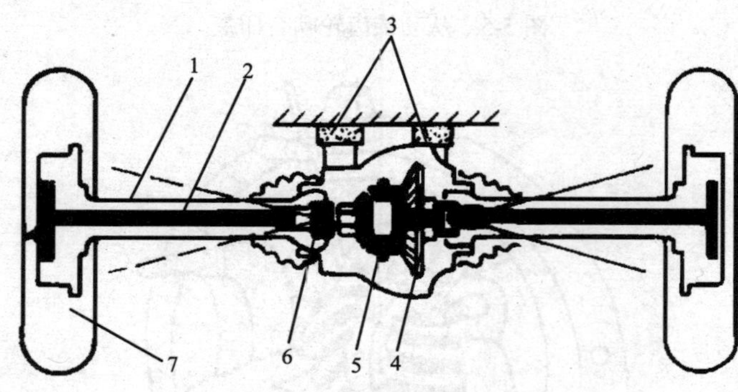

图 5-8 断开式驱动桥示意图

1—桥壳；2—半轴；3—支架；4—主减速器；5—差速器；6—万向节；7—驱动轮。

另外，有些汽车的断开式驱动桥还省去了桥壳，如图 5-9 所示，主减速器 1 与驱动轮 5 之间通过摆臂 6 铰链连接，半轴 2 分段并用万向节相连接。

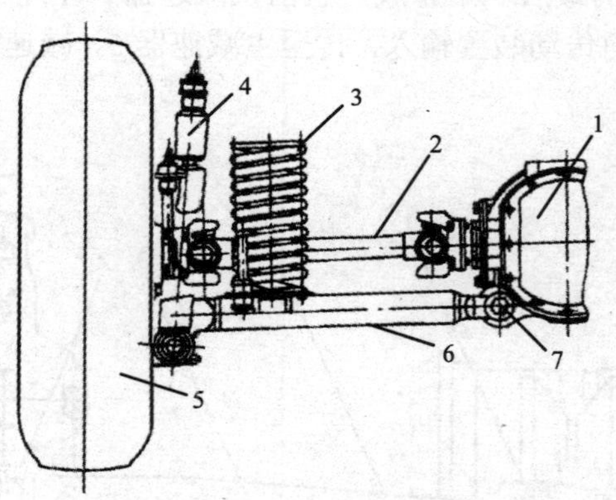

图 5-9 断开式驱动桥的构造

1—主减速器；2—半轴；3—弹性元件；4—减振器；5—驱动轮；6—摆臂；7—摆臂轴。

按驱动桥的安装位置，驱动桥可分为前驱动桥和后驱动桥。

前驱动桥一般与发动机前置前轮驱动的汽车相配用，也称转向驱动桥。其驱动桥将变速器、主减速器、差速器安装在一个三件组合的外壳（常称为变速器壳）内。由于取消了贯穿前后的传动轴，简化了结构，有效地减小了传动系统的体积，使汽车的自重减轻，而且动力直接传给前轮，提高了传动效率。

后驱动桥一般与发动机前置后轮驱动的汽车相配用。由于变速器与驱动桥之间较远，两者之间要用万向传动装置连接。

（一）主减速器

主减速器的功用是将输入的转矩增大，转速降低，并将动力传递方向改变后（发动机横向布置的除外）传给差速器。

为满足不同的使用要求，主减速器的结构形式也有所不同。

按参加减速传动的齿轮副数目分，有单级式主减速器和双级式主减速器。有些重型汽车又将双级式主减速器的第二级齿轮传动设置在两侧驱动轮处，称为轮边主减速器。

按主减速器传动比个数分，有单速式和双速式主减速器。前者的传动比是固定的，而后者有两个传动比供驾驶员选择。

按齿轮副结构形式分，有圆柱齿轮式（又可分为定轴轮系式和行星轮系式）主减速器和圆锥齿轮式（又可分为螺旋锥齿轮式和双曲面锥齿轮式）主减速器。

1. 单级主减速器

如图 5-10 所示为东风 EQ1090E 型汽车单级主减速器，由一对双曲面锥齿轮 18 和 7 及其支承调整装置、主减速器壳 4 等组成。主动锥齿轮 18 的齿数为 6，从动锥齿轮 7 的齿数为 38，故其传动比 $i_0 = 38:6 = 6.33$。

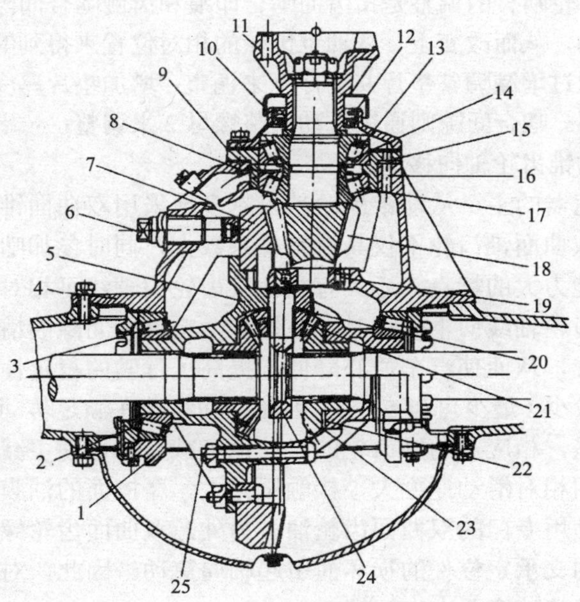

图 5-10　EQ1090E 型汽车单级主减速器

1—差速器轴承盖；2—轴承调整螺母；3、13、17—圆锥滚子轴承；4—主减速器壳；5—差速器壳；6—支承螺栓；7—从动锥齿轮；8—进油道；9、14—调整垫片；10—防尘罩；11—叉形凸缘；12—油封；15—轴承座；16—回油道；18—主动锥齿轮；19—圆柱滚子轴承；20—行星齿轮球面垫片；21—行星齿轮；22—半轴齿轮推力垫片；23—半轴齿轮；24—行星齿轮十字轴；25—螺栓。

为了保证主动锥齿轮有足够的支承刚度，改善啮合条件，主动锥齿轮 18 与主动轴制成一体，并通过三个轴承以跨置式支承在主减速器壳 4 上，其中前端采用两个圆锥滚子轴承 13 和 17，后端采用一个圆柱滚子轴承 19。轴承内圈用隔套和轴肩定位，外圈用轴承座 15 内孔上的台阶限位。轴承座依靠凸缘定位，用螺钉固装在主减速器壳体的前端，两者之间有调整垫片 9。轴承盖上装有防漏油的油封 12，凸缘上焊有防尘防水的防尘罩 10。

从动锥齿轮 7 靠凸缘定位，用螺栓紧固在差速器壳 5 上，而差速器壳则用两个圆锥滚子轴承 3 支承在主减速器壳的瓦盖式轴承座孔中。轴承盖 1 与壳体是装配在一起加工的，不能互换，二者之间有装配记号。轴承座孔外侧装有环形调整螺母 2。在从动锥齿轮啮合处背面的主减速器壳体上装有支承螺柱 6，用以限制大负荷下从动锥齿轮过度变形而影响正常啮合。装配时，应在支承螺柱与从动锥齿轮背面之间预留一定间隙（0.3mm～0.5mm），转动支承螺柱可以调整此间隙。

圆锥滚子轴承一般须成对使用，装配时应使其具有一定的预紧度，以减小锥齿轮在传动中因轴向力而引起的轴向位移，提高轴的支承刚度，保证锥齿轮副的正确啮合。但轴承预紧度也不能过大，否则摩擦和磨损增大，传动效率降低。为此，设有轴承预紧度的调整装置。主动轴上两圆锥滚子轴承 13 和 17 的预紧度用调整垫片 14 来调整。增加垫片 14 的厚度，轴承预紧度减小，反之轴承预紧度增加。支承差速器壳的一对圆锥滚子轴承 3 的预紧度则用调整螺母 2 来调整。拧入调整螺母，轴承预紧度增加，反之轴承预紧度减小。

为了保证齿轮传动工作正常、磨损均匀，延长其使用寿命，主减速器还设置了齿轮啮合的调整装置。锥齿轮啮合的调整是指齿面啮合印痕和齿侧啮合间隙的调整，它们是通过锥齿轮轴的轴向移动，从而改变主、从动锥齿轮的相对位置来得到的。所以，主、从动锥齿轮的啮合印痕可通过增减调整垫片 9 的厚度来调整：增加垫片厚度，主动轴及主动锥齿轮前移，反之则后移。啮合间隙则通过拧动调整螺母 2 来调整：一端螺母拧入，另一端螺母拧出，即可使从动锥齿轮轴向移动。

近年来，主减速器的主、从动锥齿轮越来越多地采用双曲面锥齿轮。这是因为它与螺旋锥齿轮相比，双曲面锥齿轮不仅具有重叠系数大，同时参加啮合的齿数多，传动平稳，噪声小，承载能力大的特点，还具有主动锥齿轮的轴线可相对从动锥齿轮轴线偏移的特点。当主动锥齿轮轴线向下偏移时，在保证一定离地间隙的情况下，可降低主动锥齿轮及传动轴的位置，从而使汽车质心降低，提高了行驶的稳定性。而且双曲面齿轮发生根切的最少齿数较少（最少可为 5 个），因此主动齿轮在满足传动比和强度要求的条件下尺寸可尽量小一些，相应从动锥齿轮的尺寸也可减小，可使主减速器结构紧凑。但双曲面齿轮的啮合面间相对滑动速度大，接触压力大，摩擦面的油膜易被破坏，因而对润滑油要求高，必须使用专门的双曲面齿轮油。另外，双曲面齿轮螺旋角较大，传动时轴向力大，易造成轴的支承定位件的损坏而引起轴向窜动。因此，对这些机件的强度和刚度要求高，相应地调整精度要求也较高。

为了减小主减速器齿轮、轴承等的摩擦和磨损，在主减速器壳体内存有一定量的齿轮油。从动齿轮旋转时，将齿轮油飞溅到各齿轮、轴及轴承上进行润滑。主动轴前端的两个圆锥滚子轴承靠壳体进油道 8 飞溅进的油润滑，润滑过轴承的油经回油道 16 流回主减速器内。为防止主减速器内温度升高使气压增大而造成齿轮油外溢，在主减速器壳上装有通气塞。此外，还装有加油螺塞和放油螺塞。

如图 5-11 所示为上海桑塔纳轿车单级主减速器，因采用发动机纵置前轮驱动，整个传动系统都集中布置在汽车前部，因此其主减速器装于变速器壳体内，没有专门的主减速器壳体。变速器输出轴即为主减速器主动轴，动力由变速器直接传递给主减速器，省去了变速器到主减速器之间的万向传动装置。

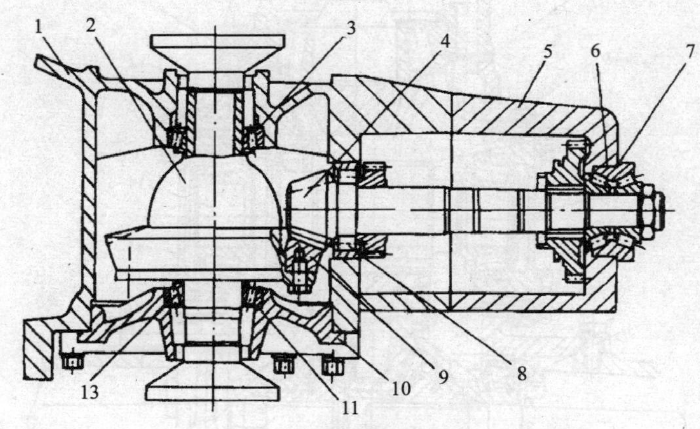

图 5-11　桑塔纳轿车单级主减速器

1—变速器前壳体；2—差速器；3、7、11—调整垫片；4—主动锥齿轮；5—变速器后壳；6—双列圆锥滚子轴承；8—圆柱滚子轴承；9—从动锥齿轮；10—主减速器盖；12—圆锥滚子轴承。

该主减速器由一对双曲面锥齿轮组成。主动锥齿轮 4 与变速器输出轴制为一体，用双列圆锥滚子轴承 6 和圆柱滚子轴承 8 支承在变速器壳体内。环状的从动锥齿轮 9 靠凸缘定位，并用螺钉与差速器壳连接。差速器壳由一对圆锥滚子轴承 12 支承在变速器壳体上。

主动锥齿轮轴上的轴承的预紧度无须调整。轴承 12 的预紧度可通过调整垫片 3 和 11 来调整。齿轮啮合的调整通过调整垫片 3、7 和 11 进行，即增减垫片厚度，使主、从动锥齿轮轴向移动。

在发动机纵向布置的汽车上，由于需要改变动力传递方向（一般为 90°），单级主减速器都采用一对圆锥齿轮传动。若发动机横向布置，由于主减速器主动齿轮轴线与差速器轴线平行，因此主减速器采用一对圆柱斜齿轮传动即可，无须改变动力的传递方向。

单级主减速器具有结构简单、质量和体积小、传动效率高等特点，且动力性能满足中型以下货车及轿车的要求。因此，单级主减速器在这些车型上得以普遍采用。

2. 双级主减速器

当汽车要求主减速器具有较大的传动比时，由一对锥齿轮构成的单级主减速器已不能保证足够的离地间隙，这时需要采用两对齿轮降速的双级主减速器，以使其既能保证足够的动力，又能减小其外廓尺寸，提高汽车的通过性。

图 5-12 所示为解放 CA1091 型汽车双级主减速器，第一级为锥齿轮传动，第二级为圆柱斜齿轮传动。主动锥齿轮与轴制成一体，采用悬臂式支承。

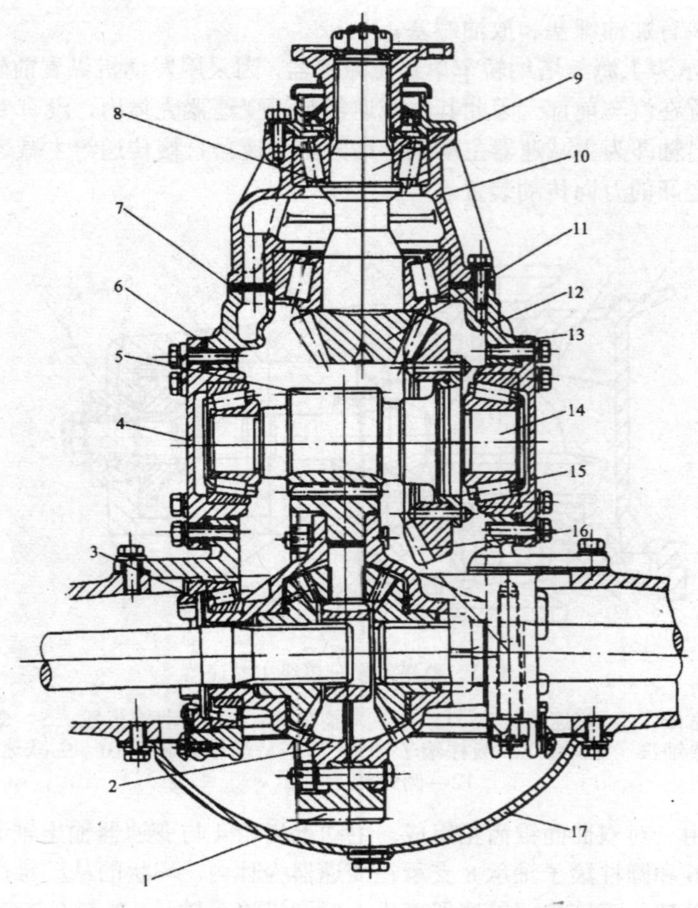

图 5-12　解放 CA1091 型汽车双级主减速器

1—第二级从动齿轮；2—差速器；3—调整螺母；4、15—轴承盖；5—第二级主动齿轮；6、7、8、13—调整垫片；9—第一级主动齿轮轴；10—轴承座；11—第一级主动锥齿轮；12—主减速器；14—中间轴；16—第一级从动锥齿轮；17—后盖。

主动锥齿轮轴轴承的预紧度，可通过增减调整垫片 8 的厚度来调整，中间轴圆锥滚子轴承预紧度则借改变两边侧向轴承盖 4 和 15 与主减器壳 12 间的调整片 6 和 13 的总厚度来调整。支承差速器壳的滚子轴承的预紧度是靠旋动调整螺母 3 调整的。为便于进行锥齿轮副的啮合调整，主动和从动锥齿轮的轴向位置都可以略加移动。增加轴承座 10 和主减速器壳 12 间的调整垫片 7 的厚度，第一级主动锥齿轮 11 则沿轴向离开从动锥齿轮；反之则靠近。若减小左轴承盖 4 处的调整垫片 6，同时将这些卸下来的垫片都加到右轴承盖 15 处，则第一级从动锥齿轮 16 右移，反之则左移。若两组调整垫片 6 和 13 的总厚度的减量和增量不相等，则将破坏已调控好的中间轴轴承预紧度。

（二）差速器

差速器的功用是将主减速器传来的动力传给左、右两半轴，并在必要时允许左、右半轴以不同转速旋转，以满足两侧驱动轮差速的需要。

按安装位置，差速器可分为轮间差速器和轴间差速器。轮间差速器装在同一驱动桥两侧驱动轮之间，而轴间差速器装在多轴驱动汽车的各驱动桥之间。

按工作特性，差速器可分为普通差速器和防滑差速器两大类。

1. 普通差速器

1）基本结构

普通齿轮式差速器有锥齿轮式和圆柱齿轮式两种。由于锥齿轮式差速器结构简单、紧凑，工作平稳，因此目前应用最为广泛。

图 5-13 所示为行星锥齿轮差速器，由四个行星锥齿轮 4、一个十字形行星锥齿轮轴 7、两个半轴锥齿轮 2、差速器壳 1 和 5、垫片 3 和 6 等组成。主减速器的从动锥齿轮用铆钉或螺栓固定在差速器壳左半部 1 的凸缘上。装配时，十字形的行星齿轮轴 7 的四个轴颈嵌在差速器壳两半端面上相应的半圆槽所形成的孔中，差速器壳的剖分面通过行星齿轮轴各轴颈中心线。行星锥齿轮 4 分别松套在四个轴颈上，两个半轴锥齿轮 2 分别与行星锥齿轮啮合，以其轴颈支承在差速器壳中，并以花键孔与半轴连接。行星锥齿轮背面和差速器壳的内表面均制成球面，以保证行星齿轮的对中性，使其与两个半轴锥齿轮能正确啮合。行星齿轮和半轴齿轮的背面与差速器壳之间装有推力垫片，用以减轻摩擦面间的摩擦和磨损，提高差速器的使用寿命。使用中还可以通过更换垫片来调整齿轮的啮合间隙。

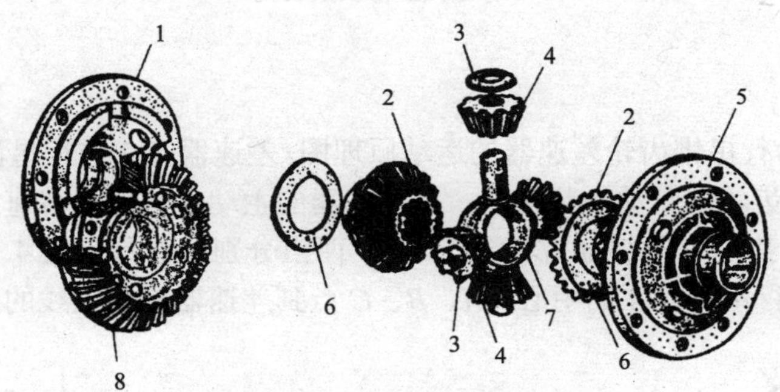

图 5-13　行星锥齿轮差速器

1、5—差速器壳；2—半轴锥齿轮；3—行星锥齿轮球形垫片；4—行星锥齿轮；6—半轴锥齿轮推力垫片；7—行星锥齿轮轴（十字轴）；8—主减速器齿轮。

十字轴的四个装配孔是左、右两半差速器壳装合后加工成形，装配时不应周向错位。

差速器靠主减速器壳内的齿轮油来润滑，因此差速器壳上开有供润滑油进出的窗孔。为了保证行星齿轮与十字轴轴颈之间的润滑，在十字轴轴颈上铣有平面，并在行星齿轮的齿间钻有油孔与其中心孔相通。同样，半轴齿轮齿间也钻有油孔，与其背面相通，以加强背面与差速壳之间的润滑。

工作时，主减速器的动力传至差速器壳，依次经十字轴 7、行星齿轮 4 和半轴齿轮 2 传给半轴，再由半轴传给驱动车轮。

在中型以下的货车或轿车上，因传递的转矩较小，故可用两个行星齿轮，相应的行星齿轮轴为一直轴。上海桑塔纳轿车差速器即采用这种结构，如图 5-14 所示。差速器壳 9 为一整体框架结构。行星齿轮轴 5 装入差速器壳后用止动销 6 定位。半轴齿轮 2 背面也制成球面，其背面的推力垫片与行星齿轮背面的推力垫片制成一个整体，称为复合式推力垫片（图 5-14 中的 1）。螺纹套 3 用来紧固半轴齿轮。

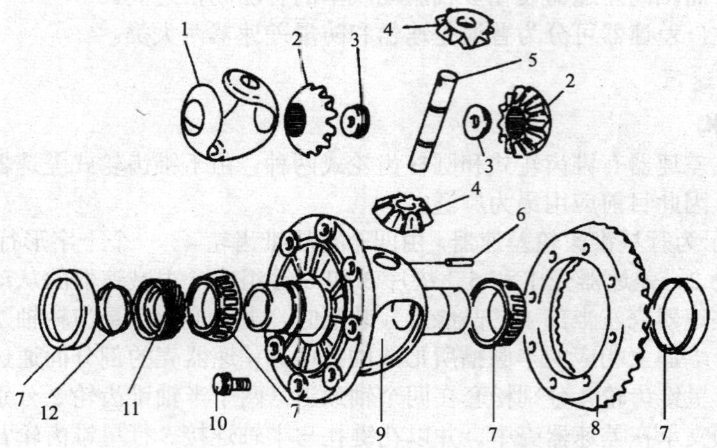

图 5-14　上海桑塔纳轿车差速器

1—复合式推力垫片；2—半轴齿轮；3—螺纹套；4—行星齿轮；5—行星齿轮轴；6—止动销；7—圆锥滚子轴承；8—主减速器从动锥齿轮；9—差速器壳；10—螺栓；11—车速表齿轮；12—车速表齿轮锁紧套筒。

2）工作原理

（1）运动特性。

图 5-15 所示为行星锥齿轮差速器的运动原理图。差速器壳 3 与行星齿轮轴 5 连成一体并由主减速器从动齿轮 6 带动一起转动，是差速器的主动件，设其转速为 n_0。半轴齿轮 1 和 2 为从动件，设其转速分别为 n_1 和 n_2。A、B 两点分别为行星齿轮 4 与半轴齿轮 1 和 2 的啮合点。C 点为行星齿轮 4 的中心。A、B、C 点到差速器旋转轴线的距离相等。

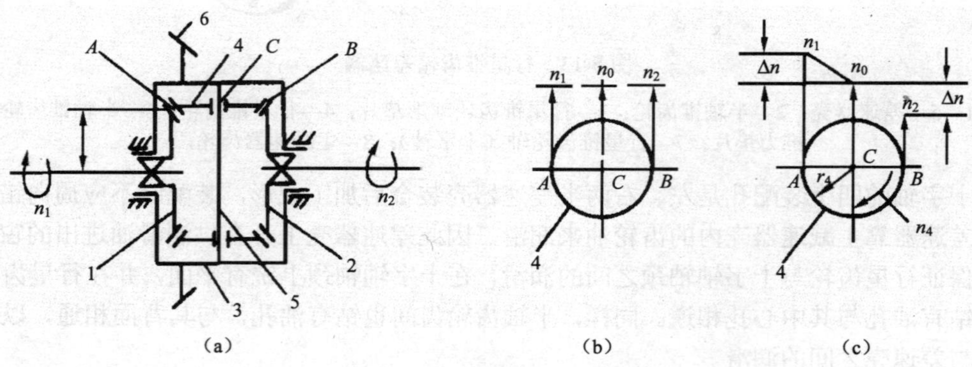

图 5-15　差速器运动原理

1、2—半轴齿轮；3—差速器壳；4—行星齿轮；5—行星齿轮轴；6—主减速器从动齿轮。

当两侧驱动轮没有滑转和滑移趋势，即两侧车轮转速相等（如汽车直线行驶，两侧车轮所受的行驶阻力相等）时，两侧车轮施加于半轴齿轮反作用力相等，由于两半轴齿轮的直径相等，均为 r，故通过两啮合点 A、B 施加于行星齿轮的力也相等。行星齿轮相当于一个等臂的杠杆保持平衡，即行星齿轮不自转，而只随行星齿轮轴 5 及差速器壳体一起公转，

所以两半轴无转速差（图 5-15（b）），差速器不起作用，

即

$$n_1 = n_2 = n_0$$

且

$$n_1 + n_2 = 2n_0$$

当汽车转弯（或两侧驱动轮条件不同）时，通过半轴及半轴齿轮反作用于行星齿轮两啮合点的力将不相等，从而破坏了行星齿轮的平衡，使得行星齿轮除了随差速器壳一起公转外，还要绕行星齿轮轴自转。设其自转速度为 n_4，方向如图 5-15（c）所示。则半轴齿轮 1 的转速加快，而半轴齿轮 2 的转速减慢。因 $AC=CB$，所以半轴齿轮 1 转速的增加值等于半轴齿轮 2 转速的减小值。设半轴齿轮转速的增减值为 Δn，则两半轴的转速分别为：

$$n_1=n_0+\Delta n$$

$$n_2=n_0-\Delta n$$

这就是差速器的差速作用。即汽车在转弯或其他情况下行驶，两侧车轮有滑转和滑移趋势时，行星齿轮即发生自转，借行星齿轮的自转，使两侧车轮以不同的转速在地面上滚动。

显然此时仍有

$$n_1+n_2=2n_0$$

上式即为行星锥齿轮差速器的运动特性方程式。它表明差速器无论差速与否都具有两半轴齿轮转速之和始终等于差速器壳转速的两倍，而与行星齿轮自转速度无关的特性。

由上述分析还可得知：当任何一侧半轴齿轮的转速为零时，另一侧半轴齿轮的转速为差速器壳转速的两倍；当差速器壳转速为零时，若一侧半轴齿轮受其他外来力矩而转动，则另一侧半轴齿轮以相同的速度反转。

（2）转矩特性。

图 5-16 所示为行星锥齿轮差速器的转矩分配示意图。设主减速器传至差速器壳的转矩为 M_0，经行星齿轮轴和行星齿轮传给两半轴齿轮，两半轴齿轮的转矩分别为 M_1 和 M_2。

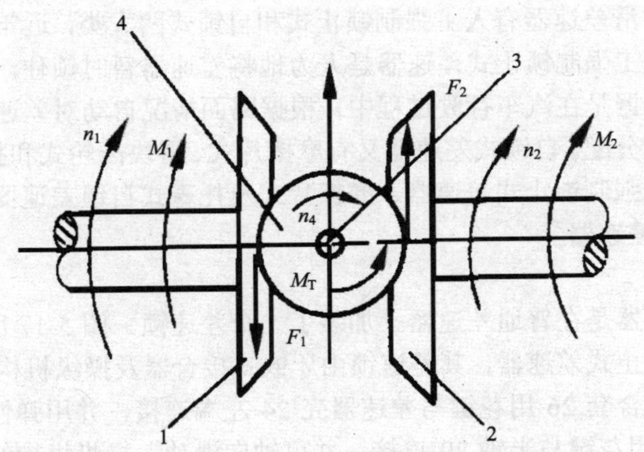

图 5-16　差速器转矩分配示意图

（图注同图 5-15）

当行星齿轮不自转时，即 $n_4=0$，$M_T=0$（M_T 为行星齿轮自转时，其内孔和背面所受的

摩擦力矩），行星齿轮相当于一个等臂杠杆，均衡拨动两半轴齿轮转动。所以，差速器将转矩 M_0 平均分配给两半轴齿轮，即

$$M_1=M_2=M_o/2。$$

当行星齿轮按图 5-16 中 n_4 方向自转时（即 $n_1>n_2$），行星齿轮所受摩擦力矩 M_T 与其自转方向相反，从而使行星齿轮分别对半轴齿轮 1 和 2 附加作用了大小相等而方向相反的两个圆周力 F_1 和 F_2，F_1 使传到转得快的半轴齿轮 1 上的转矩 M_1 减小，而 F_2 却使传到转得慢的半轴齿轮 2 的转矩 M_2 增加，且 M_1 的减小值等于 M_2 的增加值，设为 $\Delta M/2$。所以，当两侧驱动轮存在转速差时（$n_1>n_2$）：

$$M_1=（M_o-\Delta M）/2$$

$$M_2=（M_o+\Delta M）/2$$

即转得慢的车轮分配到的转矩大于转得快的车轮分配到的转矩。由于摩擦力矩 M_T 很小，其影响可忽略不计，则

$$M_1=M_2=M_0/2$$

可见，无论差速器差速与否，行星锥齿轮差速器都具有转矩等量分配的特性。

上述普通锥齿轮式差速器转矩等量分配的特性对于汽车在好路面上行驶是有利的。但汽车在坏路面上行驶时却会严重影响其通过能力。当汽车的一个驱动轮处于泥泞路面因附着力小而原地打转时，由于差速器等量分配转矩的特性，附着力好的驱动轮也只能分配到打滑车轮同样小的转矩，以至于总的牵引力不足以克服行驶阻力，使得汽车无法前进。

为了提高汽车通过坏路面的能力，可采用防滑差速器。当汽车某一侧驱动轮发生滑转时，差速器的差速作用即受限制，并将大部分或全部转矩分配给未滑转的驱动轮，充分利用未滑转车轮与地面之间的附着力，以产生足够的牵引力使汽车继续行驶。

2. 防滑差速器

普通差速器使汽车通过坏路面的行驶能力受到限制，为了提高汽车在坏路面上的通过能力，一些越野汽车、高速小客车和载重汽车装用了防滑差速器。

汽车上常用的防滑差速器有人工强制锁止式和自锁式两大类，近年来又发展了电子控制式防滑差速器。人工强制锁止式差速器是人为地将差速器暂时锁住，使差速器不起差速作用。而自锁式差速器是在汽车行驶过程中，根据路面情况自动对差速器进行限制，从而改变驱动轮间的转矩分配。自锁式差速器又有摩擦片式、滑块凸轮式和托森式等多种形式。下面将简单介绍人工强制锁止式差速器、摩擦片式及托森式自锁差速器的工作原理。

1）强制锁止式差速器

（1）基本结构。

强制锁止式差速器是在普通差速器上加装了一个差速锁。图 5-17 所示为奔驰 20026A 型汽车上用的强制锁止式差速器，其差速锁由牙嵌式接合器及操纵机构两大部分组成。牙嵌式接合器的固定接合套 26 用花键与差速器壳 24 左端连接，并用弹性挡圈套 27 轴向限位。滑动接合套 28 用花键与半轴 29 连接，并可轴向滑动。操纵机构的拨叉 37 装在拨叉轴 36 上并可沿导向轴 39 轴向滑动，其叉形部分插入滑动接合套 28 的环槽中。滑动接合套通过花键孔与半轴 29 连接，并可轴向移动。

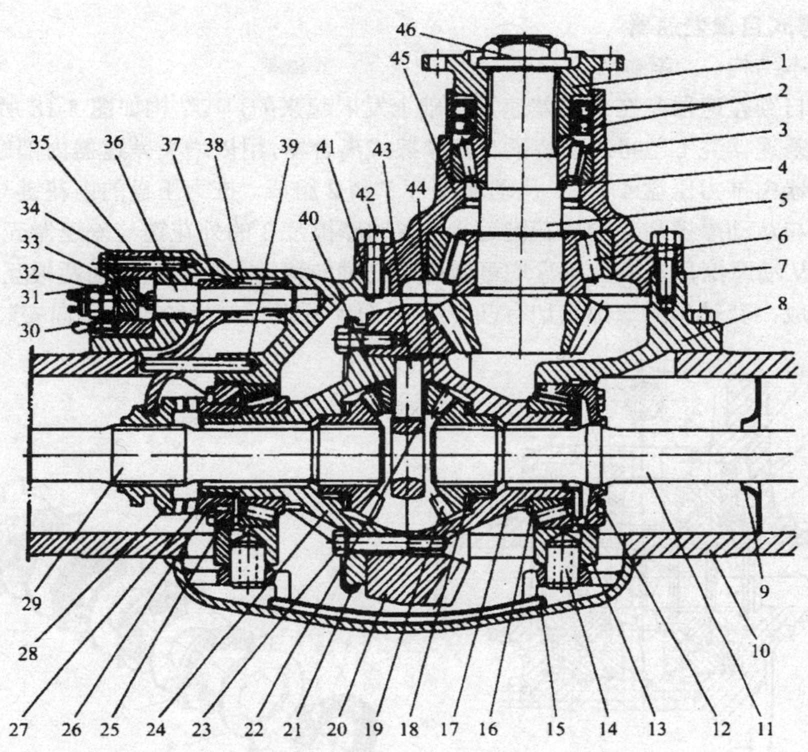

图 5-17 强制锁止式差速器

1—传动凸缘；2—油封；3、6、16—轴承；4—调整隔圈；5—主减速器主动齿轮；7—调整垫片；8—主减速器壳；9—挡油盘；10—桥壳；11、29—半轴；12—带挡油盘的调整螺母；13—轴承盖；14—定位销；15—集油槽；17、24—差速器壳；18、44—推力垫片；19—半轴齿轮；20—主减速器从动齿轮；21—锁板；23、42—螺栓；25—调整螺母；26—固定接合套；27—弹性挡圈；28—滑动接合套；30—气管接头；31—带密封圈的活塞；32—差速器锁指示灯开关；33—调整螺钉及其锁紧螺母；34—缸盖；35—缸体；36—拨叉轴；37—拨叉；38—复位弹簧；39—导轴；40—行星齿轮；41—密封圈；43—十字轴；45—轴承座；46—螺母。

（2）工作原理。

当汽车在好路面上行驶时，牙嵌式接合器的固定接合套 26 与滑动接合套 28 不嵌合，即处于分离状态，此时为普通行星锥齿轮差速器。

当汽车通过坏路面时，通过驾驶员的操纵，压缩空气由进气管接头 30 进入气动活塞缸左腔，推动活塞 31 右行，并经调整螺钉 33 和拨叉轴 36 推动拨叉 37 压缩复位弹簧 38 右移，从而拨动滑动接合套 28 右移，与固定接合套 26 接合，将左半轴 29 与差速器壳 24 连成一个整体，则左右两半轴被锁成一个整体转动，即差速器锁死不起差速作用，这样发动机转矩就直接分配给了好路面上的车轮。

当需要解除差速器的锁止时，通过操纵机构，放出气缸内的压缩空气，拨叉 37 及滑动接合套在复位弹簧 38 的作用下左移，接合器分离，差速器恢复差速作用。

（3）优缺点。

强制锁止式差速器结构简单，制造方便，但要在停车时才能操纵。

2）摩擦式自锁差速器

（1）基本结构。

摩擦式自锁差速器是在普通差速器基础上发展起来的，其结构如图 5-18 所示，两半轴齿轮背面与差速器壳 1 之间各安装了一套摩擦式离合器，用以增大差速器内部摩擦阻力矩。摩擦式离合器由推力压盘 4，主、从动摩擦片 3 和 2 组成。推力压盘的内花键与半轴相连，而其外花键与从动摩擦片 2 的内花键连接。主动摩擦片 3 的外花键与差速器壳 1 的内花键连接。主、从动摩擦片及推力压盘均可做微小的轴向移动。十字轴 6 由两根互相垂直的行星齿轮轴组成，其轴颈的端部均切有凸 V 形斜面，两根行星齿轮轴是反向安装的。

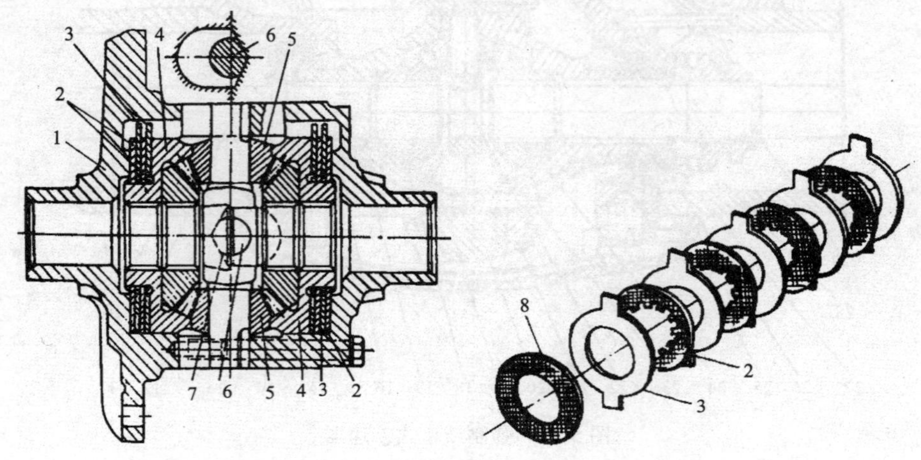

图 5-18　摩擦式自锁差速器

（a）装配图；（b）摩擦片分解图。

1—差速器壳；2—从动摩擦片；3—主动摩擦片；4—推力压盘；5—行星齿轮；6—十字轴；7—V 行斜面；8—弹簧钢片。

（2）工作原理。

在汽车直线行驶过程中，两根半轴的转速相等，发动机的转矩平均分配给两根半轴。由于差速器壳是通过 V 形斜面驱动行星齿轮轴，在传递转矩时，斜面上产生的平行于半轴轴线的轴向分力迫使两根行星齿轮轴分别向左、右方向略微移动，通过行星齿轮推动压盘压紧摩擦片。此时，转矩经两条路线传给半轴：一条经行星齿轮轴，行星齿轮和半轴齿轮将大部分转矩传给半轴；另一路则由差速器壳，主、从动力摩擦片，推力压盘传给半轴。

当汽车转弯或其中一侧的车轮在坏路面上滑转时，两根半轴的转速不等，即其中一侧半轴的转速高于差速器壳的转速，而另一侧低于差速器壳的转速。这样，由于转速差及摩擦力的存在，主、从动摩擦片间将产生摩擦力矩，且经从动摩擦片及推力压盘传给两半轴的摩擦力矩方向正好相反：与快转速半轴的转向相反，而与慢转速半轴的转向相同。因此，慢转速半轴所分配到的转矩大于快转速半轴所分配到的转矩，且转速差越大，摩擦作用越强，两半轴的转矩差越大，最大可达 5 倍～7 倍。

（3）优点及应用。

摩擦式自锁差速器具有结构简单、工作平稳的特点，常被应用于轿车和轻型货车上。

3）托森式自锁差速器

图 5-19 所示为奥迪 80 和奥迪 90 全轮驱动的轿车前、后驱动桥之间采用的新型托森差速器。它是一种轴间自锁差速器，装在变速器后端。转矩由变速器输出轴传动给托森差速器，再由差速器直接分配给前驱动桥和后驱动桥。

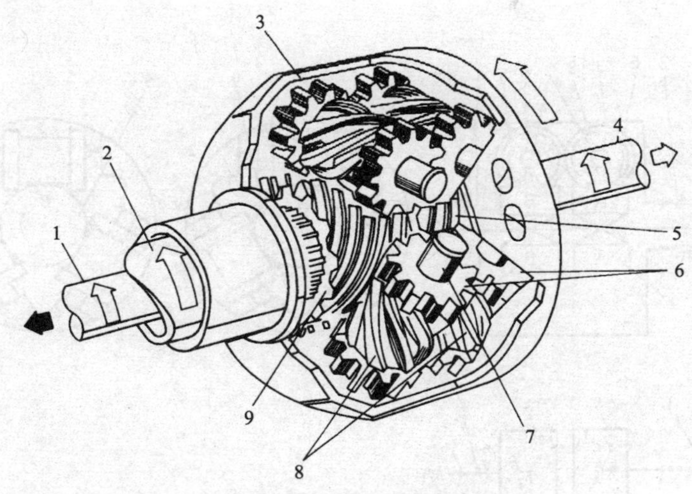

图 5-19　托森差速器

1—差速器齿轮轴（前桥驱动轴）；2—空心轴；3—差速器壳；4—后桥驱动轴；5—后轴蜗杆；6—直齿圆柱齿轮；7—蜗轮轴；8—蜗轮；9—前轴蜗杆。

托森差速器由差速器壳 3、6 个蜗轮 8、6 个蜗轮轴 7、12 个直齿圆柱齿轮 6 及前、后轴蜗杆 9 和 5 组成。差速器壳 3 有花键与空心轴 2 连接。3 个蜗轮轴 7 沿差速器壳圆形断面等弦长安装（图 5-20），每根蜗轮轴上固定连接一个蜗轮 8 和两个直齿圆柱齿轮 6。六根蜗轮轴沿驱动轴 1 和 4 方向分为两组安装，同一弦长位置前后蜗轮轴上的直齿圆柱齿轮相互啮合，与前桥驱动轴 1、后桥驱动轴 4 分别相连的两个蜗杆 9 和 5 置于差速器壳内，并分别同轴向位置的 3 个蜗轮啮合，构成 6 对蜗杆蜗轮啮合副。由变速器空心轴 2 传来的转矩经差速器壳 3、蜗轮轴 7、蜗轮 8 传至蜗杆 9 和 5，然后分配给前、后桥驱动轴 1 和 4，再分别传至前驱动桥和后驱动桥。

图 5-20 所示为托森差速器的工作原理示意图。当前、后桥驱动轴 1 和 4 无转速差时，蜗轮 8 绕自身轴 7 无自转。各蜗轮、蜗杆与差速器壳一体等速转动，即 $n_9 = n_5 = n_3$，差速器不起差速作用。

当前、后驱动桥需要有转速差时，例如，汽车转弯时，因前轮转弯半径大，故要求 $n_9 > n_5$，差速器产生差速作用。此时蜗轮除公转传递力外，还要自转。由于直齿圆柱齿轮的相互啮合，使前后蜗轮的自转方向相反（图 5-20（a）中 n'_8 和 n'_9），从而使前轴蜗杆轴的转速 n_9 增加，后轴蜗杆轴的转速 n_5 减小，实现了差速。在托森差速器起作用的同时，因前后轮反向自转，使 $n_9 > n_5$，前轴蜗杆在啮合点 A 将受一个与相对滑动速度 V_s 方向相反，且与蜗杆转向相反的滑动摩擦力 F_f，从而减小了前轴蜗杆分配的转矩。而后桥蜗杆在啮合点 B 也将受一个与相对滑动速度 V'_s 向相反，且与蜗杆转向相同的滑动摩擦力 F'_f，从而增加了前轴蜗杆分配的转矩。由此可见，托森差速器起差速作用的同时，由于蜗杆蜗轮啮合副之间的摩擦作用，转速较低的后驱动桥比转速较高的前驱动桥分配到的转矩大，若后驱动桥分配到的转矩大到一定程度而出现滑转时，则后桥转速升高一点，转矩又立刻重新分配给前桥一些，所以驱动力矩的分配可根据转弯的要求自动调节，使汽车转弯具有良好的驾驶性能。

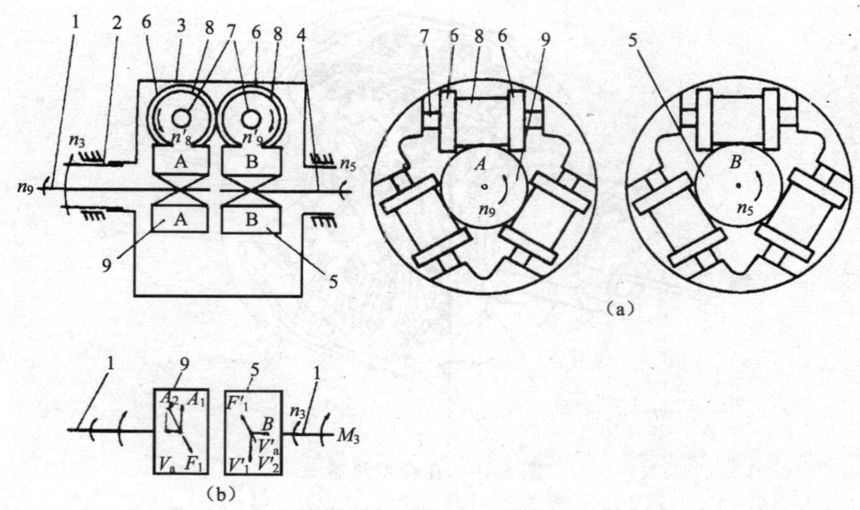

图 5-20　托森差速器工作原理示意图

n_3—差速器壳转速；n_5—后轴蜗杆轴的转速；n_9—前轴蜗杆轴的转速；n'_8—前排蜗轮自转速度；n'_9—后排蜗轮自转速度；V_s、V'_s—蜗杆相对于蜗轮的滑动速度；F_f、F'_f—蜗杆啮合点受的滑动摩擦力；A、B—蜗杆、蜗轮啮合点；M_9—前轴蜗杆转矩；M_5—后轴蜗杆转矩。

同理，当前、后驱动桥中某一桥因附着力而出现滑转时，差速器起作用，将转矩大部分分配给附着力好的另一驱动桥（最大可达 3.5 倍），从而提高了汽车通过能力。

自锁差速器的结构各异，但其工作都是利用某种结构，在工作时产生较大的摩擦力，形成较大的内摩擦力矩，使快转一侧力矩减小，慢转一侧力矩增加，同时，可阻止差速趋势，防止打滑。

3. 电子控制式防滑差速器

电子控制式防滑差速器目前主要是装有湿式差速器（V-TCS，Vehicle Tracking Control System）的防滑控制和主动防滑控制（LSD，Limited Slip Differential）差速器两种，其电子控制均采用模糊控制技术。

V-TCS 型防滑差速器是根据汽车驱动轮的滑移量，通过电子控制装置来控制发动机转速和汽车制动力进行工作的；也有按照左、右车轮的转速差来控制转矩，并采用提高转向性能的后湿式防滑差速器与后轮制动器相结合的方法，最优分配后轮的驱动力，同时减少侧向力的影响，从而实现增强车辆行驶的稳定性。这种防滑差速器已在日本日产（Nissan）公司生产的总统（President）牌和公爵（Cedric）牌轿车上得到应用。

LSD 型防滑差速器的工作是利用车上某些传感器，掌握各种道路情况和车辆运动状态，通过操纵加速踏板和制动器，采集或读取驾驶员所要求的信息，并按照驾驶员的意愿和要求来最优分配左、右驱动车轮的驱动力矩。LSD 型防滑差速器控制系统结构框图如图 5-21 所示。这种防滑差速器 1993 年 8 月投放市场，已在日本日产（Nissan）地平线牌轿车上使用。

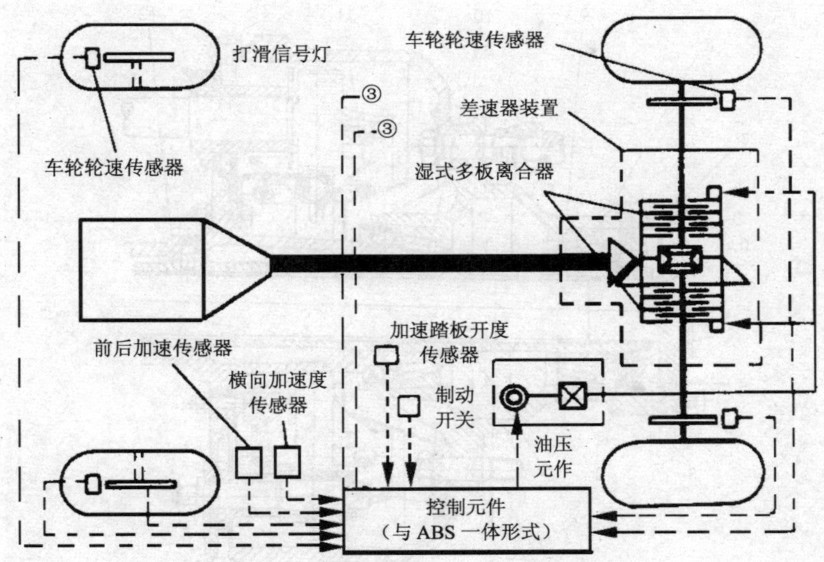

图 5-21　LSD 型防滑差速器控制示意图

（三）半轴与桥壳

1. 半轴

半轴的作用是将差速器传来的动力传给驱动轮。因其传递的转矩较大，常制成实心轴。半轴的结构因驱动桥结构形式的不同而异。整体式驱动桥中的半轴为一刚性整轴。而转向驱动桥和断开式驱动桥中的半轴则分段并用万向节连接。半轴内端一般制有外花键与半轴齿轮连接。半轴外端结构形式，有的直接在轴端锻造出凸缘盘，也有的制成花键与单独制成的凸缘盘滑动配合，还有的制成锥形并通过键和螺母与轮毂固定连接。

半轴的受力情况由半轴与驱动轮的轮毂在桥壳上的支承形式而定。现代汽车常采用全浮式半轴支承和半浮式半轴支承两种形式。

1）全浮式半轴支承

全浮式半轴支承广泛应用于各型货车上。图 5-22 所示为东风 EQ1090 型汽车采用的全浮式半轴支承。它可以表明汽车半轴外端与轮毂及桥壳的连接情况。半轴 6 外端剩有凸缘，用螺栓紧固在轮毂 9 上，轮毂用两个圆锥滚子轴承 8 和 10 支承在半轴套管上。半轴套管与空心梁压配成一体，组成驱动桥壳。这种半轴支承形式，半轴与桥壳没有直接联系。半轴的内端用花键与差速器的半轴齿轮连接，半轴齿轮的毂部支承在差速器壳两侧轴颈的孔内，而差速器壳又以两侧轴颈直接支承在桥壳上。

由图 5-23 可知，在半轴外端，路面对驱动轮的作用力（垂直反力 F_z、切向反力 F_x、侧向反力 F_y）以及由它们形成的弯矩，直接由轮毂通过两个圆锥滚子轴承传给桥壳，完全由桥壳承受，半轴只承受转矩。同样，在内端作用在主减速器从动锥齿轮上的力及其形成的弯矩，全部由差速器壳直接承受，半轴内端也只承受转矩。这种使半轴只承受转矩，而两端均不承受其他任何反力和反力矩的半轴支承形式称为全浮式半轴支承。所谓浮是指半轴不承受弯曲载荷而言。

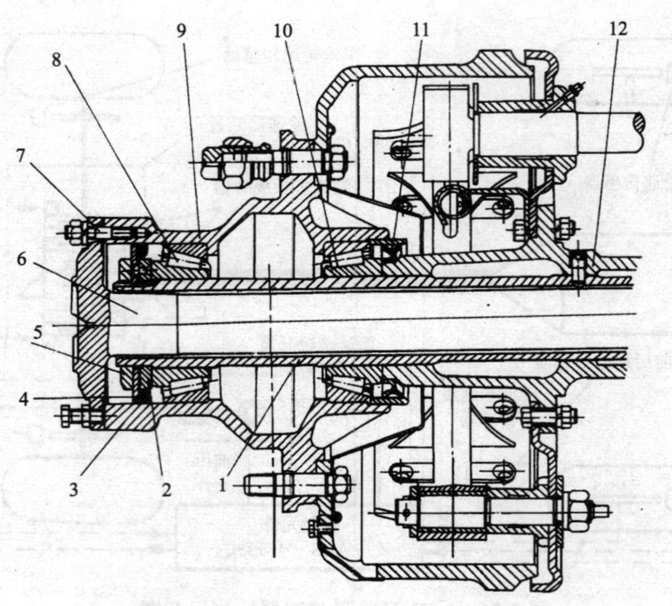

图 5-22　东风 EQ1090 型汽车半轴支承

1—半轴套管；2—调整螺母；3、11—油封；4—锁紧垫圈；5—锁紧螺母；6—半轴；7—轮毂螺栓；8、10—圆锥滚子轴承；9—轮毂；12—驱动桥壳。

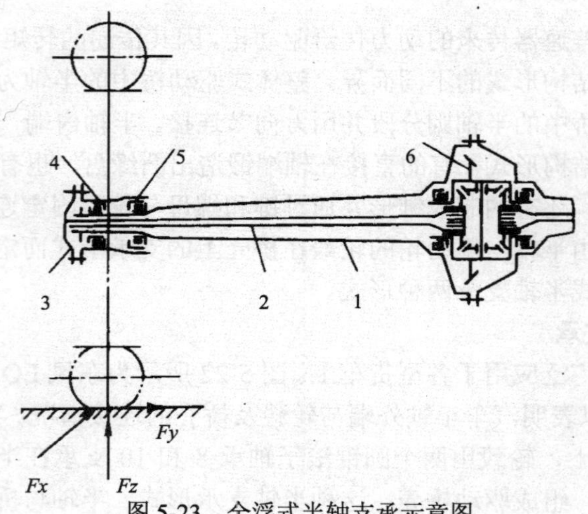

图 5-23　全浮式半轴支承示意图

1—桥壳；2—半轴；3—半轴凸缘；4、5—轴承；　6—主减速器从动锥齿轮。

全浮式半轴支承便于拆装，只需拆下半轴凸缘上的螺栓，即可将半轴抽出，而车轮和桥壳照样能支持住汽车。

2）半浮式半轴支承

图 5-24 所示为红旗 CA7560 型高级轿车所采用的半浮式半轴支承。半轴内端通过花键与半轴齿轮连接，其支承方式与全浮式半轴支承方式相同，即半轴内端只承受转矩，不承受弯矩。半轴外端制成锥形，锥面上铣有键槽，最外端制有螺纹。轮毂 6 以其相应的锥孔与半轴上的锥面配合，并用键 5 连接，用螺母 4 紧固。半轴用一个圆锥滚子轴承 3 直接支承在桥壳凸缘 7 的座孔内。车轮与桥壳之间无直接联系，而支承于悬伸出的半轴外端。因此，路面作用于车轮的各种反作用力及其反力矩都须经半轴外端的悬伸部分再传给桥壳，使半轴外端不仅要承受转矩，而且还要承受各种反力及其反力矩。这种只能使半轴内端免受弯矩，而外端却承受全部弯矩的半轴支承形式称为半浮式半轴支承。

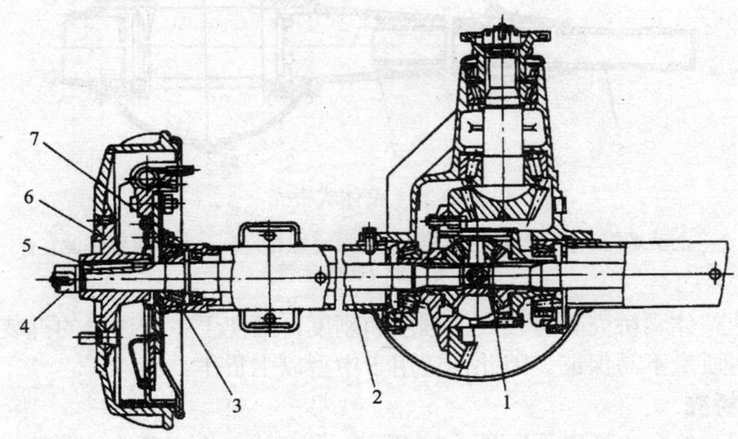

图 5-24　典型半浮式半轴支承型式

1—止推块；2—半轴；3—圆锥滚子轴承；4—锁紧螺母；5—键；6—轮毂；7—桥壳凸缘。

为了对半轴进行轴向限位，差速器内装有止推块，以限制其向内轴向窜动，而半轴向外的轴向窜动则通过制动底板对轴承限位来限制。

半浮式半轴支承结构简单，但半轴受力情况复杂且拆装不便，多用于反力、弯矩较小的各类轿车上。

2. 桥壳

驱动桥壳既是传动系统的组成部分，同时也是行驶系统的组成部分，其作用是用来安装并保护主减速器、差速器和半轴，以及用来安装悬架或轮毂，与从动桥一起支承汽车悬架以上各部分质量，承受驱动轮传来的反力和力矩，并在驱动轮与悬架之间传力。因此，要求桥壳应具有足够的强度和刚度，且质量小，便于制造，便于主减速器的拆装和调整。

驱动桥壳可分为整体式桥壳和分段式桥壳两种类型。

1）整体式桥壳

图 5-25 所示为解放 CA1092 型汽车的整体式驱动桥壳，由空心梁、半轴套管、主减速器壳及后盖等组成。空心梁用球墨铸铁铸成，中部有一环形大通孔，前端用以安装主减速器及差速器总成，后端用来检视主减速器及差速器的工作情况。后盖 6 用螺栓装于后端面，

后盖上装有检查油面用的螺塞 5。空心梁上凸缘盘 1 用来固定制动底板，两端压入钢制半轴套管 8，并用止动螺钉 2 限定位置。半轴套管外端轴颈用来安装轮毂轴承。为了对轴承进行限位及调整轴承预紧度，最外端还制有螺纹。

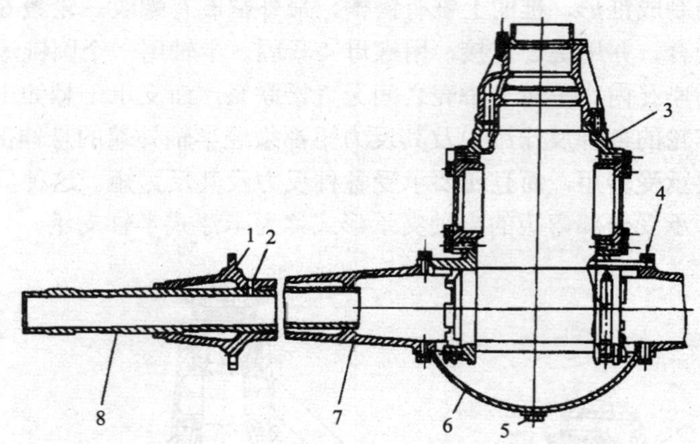

图 5-25　整体式桥壳

1—凸缘盘；2—止动螺钉；3—主减速器壳；4—固定螺栓；5—油面检查螺塞；6—后盖；7—空心梁；8—半轴套管。

这种铸造的整体式桥壳具有较大的强度和刚度，且便于主减速器的拆装和调整。缺点是质量大，铸造质量不易保证。因此，适用于中型以上货车。

2）分段式桥壳

分段式桥壳一般分为两段，如图 5-26 所示，由螺栓 1 将两段连成一体。分段式桥壳主要由主减速器壳 10、盖 13 以及两根钢制半轴套管 4 组成。

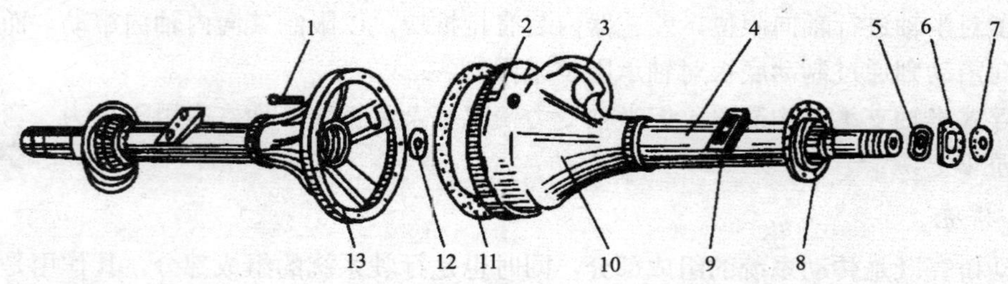

图 5-26　分段式桥壳

1—螺栓；2—注油孔；3—主减速器壳颈部；4—半轴套管；5—调整螺母；6—止动垫片；7—锁紧螺母；8—凸缘盘；9—弹簧座；10—主减速器壳；11—垫片；12—油封；13—盖。

分段式桥壳最大的缺点是拆装、维修主减速器和差速器十分不便，必须把整个驱动桥从车上拆下来，现已很少应用。

（四）基本维护与检修

汽车行驶时，驱动桥的受力情况十分复杂。各传递动力的零件，由于接近最终传动，其所受的各种应力远远大于传动系统的其他部位。以后轮驱动的汽车，其驱动桥壳要承受相当一部分的载重质量。以前轮为驱动轮的轿车，半轴暴露在外，两端万向节的防尘套长期使用后的老化都会影响驱动桥的技术状况，造成传动间隙增大而出现异响、主减速器和差速器壳体温度过高、漏油等现象，影响汽车的正常使用。在汽车维护和维修时，应对驱动桥进行有针对性的作业。

1. 主要元件检修

1）桥壳和半轴套管

① 桥壳和半轴套管不允许有裂纹存在。各部螺纹损伤不得超过两牙。

② 钢板弹簧座定位孔的磨损不得大于 1.5mm，超限时先进行补焊，然后按原位置重新钻孔。

③ 整体式桥壳以半轴套管的两内端轴颈的公共轴线为基准，两外端轴颈的径向圆跳动误差超过 0.30mm 时应进行校正，校正后的径向圆跳动误差不得大于 0.08mm。

④ 分段式桥壳以桥壳的结合圆柱面、结合平面及另一端内锥面为基准，轮毂的内外轴颈的径向圆跳动误差超过 0.25mm 时应进行校正，校正后的径向圆跳动误差不得大于 0.08mm。

⑤ 桥壳承孔与半轴套管的配合及伸出长度应符合原厂规定。如半轴套管承孔的磨损严重，可将座孔镗至修理尺寸，更换相应的修理尺寸半轴套管。

⑥ 滚动轴承与桥壳的配合应符合原厂规定。如配合处过于松旷，可用刷镀修复轴承孔。

2）半轴

① 半轴应进行隐伤检查，不得有任何形式的裂纹存在。

② 半轴花键应无明显的扭转变形。

③ 以半轴轴线为基准，半轴中段未加工圆柱体径向圆跳动误差不得大于 1.3mm；花键外圆柱面的径向圆跳动误差不得大于 0.25mm；半轴凸缘内侧端面圆跳动误差不得大于 0.15mm。径向圆跳动超限，应进行冷压校正；端面圆跳动超限，可车削端面进行修正。

④ 半轴花键的侧隙增大量较原厂规定不得大于 0.15mm。

3）主减速器壳

① 壳体应无裂损，各部位螺纹的损伤不得多于两牙，否则应更换。

② 差速器左、右轴承孔同轴度公差为 0.10mm。

③ 圆柱主动齿轮轴承（或侧盖）承孔轴线及差速器轴承孔轴线对减速器壳前端面的平行度公差：当轴线长度在 200mm 以上，其值为 0.12mm；当轴线长度小于或等于 200mm，其值为 0.10mm。

④ 主减速器壳纵轴线对横轴线的垂直度公差：当纵轴线长度在 300mm 以上，其值为 0.16mm；纵轴线长度小于或等于 300mm，其值为 0.12mm；纵、横轴线应位于同一平面（双曲线齿轮结构除外），其位置度公差为 0.08mm。

4）主减速器锥齿轮副

① 齿轮工作表面不得有明显斑点、剥落、缺损和阶梯形磨损。

② 主动圆锥齿轮锥面的径向圆跳动公差为 0.05mm。前后轴承与轴颈、轴承孔的配合

应符合原厂规定。从动锥齿轮的铆钉连接应牢固可靠。用螺栓连接的，连接螺栓的紧固应符合原厂规定，紧固螺栓锁止可靠。

③ 齿轮必须成对更换。

5）差速器

① 差速器壳产生裂纹，应更换。

② 差速器壳与行星齿轮、半轴齿轮垫片的接触面应光滑、无沟槽。如有小的沟槽，可用砂纸打磨，并更换半轴齿轮垫片。

③ 行星齿轮、半轴齿轮不得有裂纹，工作表面不得有明显斑点、脱落和缺损。

④ 差速器壳体与轴承、差速器壳与行星齿轮轴的配合应符合原厂规定。

6）滚动轴承

① 轴承的钢球（或柱）和滚道上不得有伤痕、剥落、严重黑斑或烧损变色等缺陷，否则应更换。

② 轴承架不得有缺口、裂纹、铆钉松动或钢球（或柱）脱出等现象，否则应更换。

7）轮毂

① 轮毂应无裂纹，否则更换。轮毂各部位螺纹的损伤不得多于两牙。

② 轮毂与半轴凸缘及制动鼓的结合端面对轴承孔公共轴线的端面圆跳动公差均为0.15mm，超值可车削修复。

③ 轮毂轴承孔与轴承的配合应符合原厂规定。轴承孔磨损逾限可用刷镀或喷焊修理。

2. 驱动桥的维护

1）一级维护

一级维护时，对驱动桥和车轮应进行下述的维护作业：

① 检查后桥壳是否有裂纹及不正常的渗漏。如有渗漏，应查明原因，予以排除；

② 检查各部螺栓、螺母的连接是否可靠；

③ 检查后桥壳体内的润滑油量是否合适，其油面应不低于检视孔下沿15mm处；

④ 检查后桥壳的通气塞应保持畅通；

⑤ 用推动轮毂来检查轴承的紧度时，应无明显松旷的感觉；

⑥ 检视轮胎和半轴上的外露螺栓、螺母，不得有松动。

2）二级维护

二级维护除进行一级维护的所有项目外，还应要进行以下内容。

① 检查半轴。半轴应无弯曲、裂纹，键槽无过度磨损。如有可视的键槽磨损时，应进行左右半轴的换位。

② 拆下轮毂，检查半轴套管是否有配合松旷和裂纹，各螺纹的损伤不得超过两牙。

③ 检视后桥壳是否有裂纹。

④ 放油后，拆下后桥壳盖，清除油污并检视齿轮、轴承及各部螺栓紧固情况，必要时可以更换齿轮和轴承。

⑤ 检视主减速器的油封有无漏油，凸缘螺母是否松动，检查主减速器的连接螺栓是否紧固。

⑥ 检查轮毂轴承的紧固情况，必要时按技术条件的要求拧紧。

二级维护时，还要根据有无下列现象，决定后桥维护的附加作业项目。

① 主减速器有无异响，主减速器的啮合间隙是否过大。如有上述现象，说明轮齿磨损或啮合间隙过大，应调整啮合间隙并检查齿面接合状况。

② 检查后桥在正常工作时的油温是否超过 60℃并伴有异响。如有此现象说明齿轮啮合不当或轮齿有断齿，也可能是由于轴承预紧度过大，应拆检主减速器和差速器。

上述作业结束后，装复后桥壳后盖，按规定加注符合原厂规定的齿轮油至规定油面。

3. *差速器的装配与调整*

差速器装配时，应按下述顺序进行并注意各步骤的注意事项。

① 装差速器轴承。安装差速器轴承内圈时，应用压力机平稳地压入，不得用手锤敲击，以免损伤轴承的工作表面或刮伤轴承表面或破坏配合性质。

② 装齿轮。在与行星齿轮和半轴齿轮配合的工作表面上涂以机油，先装入垫片和半轴齿轮，然后装入已装好行星齿轮及垫片的十字轴，并使行星齿轮与半轴齿轮啮合。在行星齿轮上装入另一侧半轴齿轮及垫片，扣上另一侧的差速器壳。装入另一侧壳体时，应使两侧壳体上的位置标记对正，以免破坏齿轮副的正常啮合。

③ 从动齿轮的安装和差速器的装合。将主减速器从动齿轮装在差速器壳体上，将固定螺栓按规定方向穿过壳体，套入垫片，用规定力矩交替拧紧螺母，锁死锁片。

4. *主减速器的装配与调整*

主减速器装配中的调整包括主、从动圆锥齿轮轴承预紧度的调整（含差速器轴承预紧度的调整），主、从动圆锥齿轮啮合印痕和啮合间隙的调整等项目。由于主减速器的调整质量是决定主减速器圆锥齿轮副使用寿命的关键，因此，在进行调整作业时，必须遵守主减速器的调整规则。

第一，先调整轴承的预紧度，再调整啮合印痕，最后调整啮合间隙。

第二，主、从动圆锥齿轮轴承的预紧度必须按原厂规定的数值和方法进行调整与检查，在主减速器调整过程中，轴承的预紧度不得变更，始终都应符合原厂规定值。

第三，在保证啮合印痕合格的前提下，调整啮合间隙。啮合印痕、啮合间隙和啮合间隙的变化量都必须符合技术条件，否则成对更换齿轮副。

第四，准双曲面圆锥齿轮、奥利康圆锥齿轮（等高齿）和格利森圆锥齿轮（圆弧非等高齿）啮合印痕的技术标准不尽相同，调整方法亦有差异。前两种齿轮往往以移动主动圆锥齿轮调整啮合印痕，以移动从动圆锥齿轮调整啮合间隙，而对格利森齿轮的调整则无特殊的要求。

1）轴承预紧度的调整

主、从动锥齿轮轴的轴承，安装时都应具有一定的预紧力，以消除轴承多余的轴向和径向间隙，平衡一部分前、后轴承的轴向负荷，这对主、从动锥齿轮工作时保持正确的啮合和前、后轴承获得较为均匀的磨损，都是十分必要的。

(1) 主动锥齿轮轴承预紧度的调整。主动圆锥齿轮轴承预紧度的调整方法有以下两种。

一是，通过增减调整垫片进行调整，如图 5-27 所示。如在两轴承之间隔套前装有调整垫片 3（图 5-27（a））或在轴肩前有调整垫片 3（图 5-27（b）），增减调整垫片的厚度即可改变两轴承内圈压紧后的距离，从而使轴承预紧度得到调整。预紧度是否符合要求，可用测量转动凸缘盘的力矩来判断，若所测得的力矩大于标准值，说明轴承的预紧度过大，应增加调整垫片的厚度。另外，也有的两轴承内圈之间的距离已定，在主减速器油封后面装有调整垫片 3（图 5-27（c）），增减此垫片厚度即可改变两轴承之间的距离，以调整轴承预紧度。与此类似，有的汽车不用调整垫片，而是通过精选隔套长度来调整（图 5-27（d））。

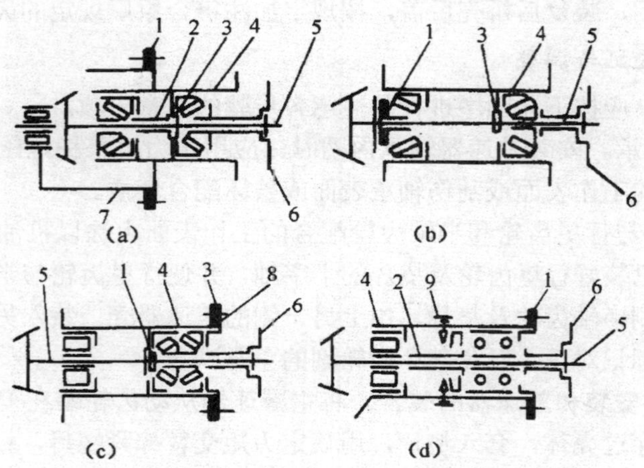

图 5-27　主动锥齿轮轴承预紧度调整装置

1—主动锥齿轮啮合调整垫片；2—隔套；3—轴承预紧度调整垫片；4—主动锥齿轮轴承座；5—主动锥齿轮轴；6—凸缘叉；7—主减速器；8—油封盖；9—调整螺栓。

二是，用一个弹性隔套来调整主动锥齿轮轴承的预紧度，如图 5-28 所示。装配时，在前、后轴承内圈之间放置一个可压缩的弹性薄壁隔套，按规定力矩拧紧凸缘盘固定螺母时，隔套产生弹性变形，其张力自动适应对轴承预紧度的要求。但采用这种方法，因隔套的弹性衰退，每次都必须换用新的隔套。

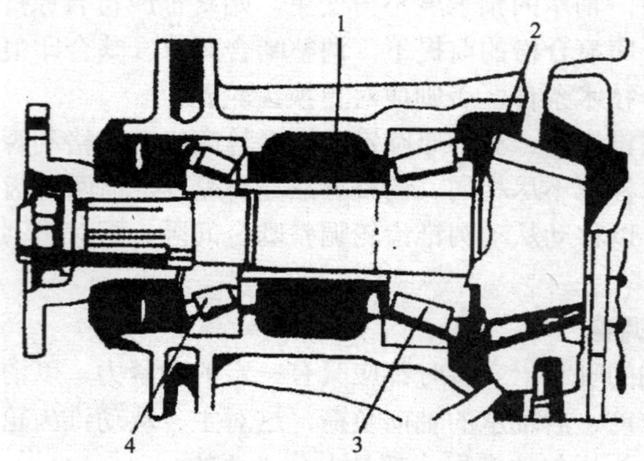

图 5-28　主动锥齿轮轴承预紧度调整装置

1—弹性隔套；2—调整垫片；3—后轴承；4—前轴承。

（2）从动锥齿轮轴承预紧度的调整。从动锥齿轮轴承预紧度的调整因驱动桥的结构分为以下两种。

一种为单级主减速器，其从动锥齿轮固定在差速器壳上，从动锥齿轮轴承就是差速器轴承，调整从动锥齿轮轴承预紧度就是调整差速器轴承的预紧度。此外，双级主减速器差速器轴承预紧度的调整与此相同。

在图 5-10 中，差速器轴承两侧都有调整螺母。装配时，将差速器轴承外圈套在轴承上，将差速器总成装入差速器壳内，将两侧调整螺母装在座孔内的螺纹部分（螺纹一定要对好），然后将两侧轴承盖对准螺纹后装复（左、右两轴承盖不得互换），装好锁片用螺栓紧固轴承盖。

调整轴承预紧度时，慢慢转动两侧调整螺母，同时慢慢转动差速器总成，使轴承的滚柱处于正确位置。正确的预紧度可用转动差速器总成的力矩来衡量。预紧度调整后，应将调整螺母锁片锁住。

另一种为双级主减速器，从动锥齿轮与二级减速的主动圆柱齿轮固定在同一根轴上，两端用轴承支承在主减速器壳上。轴承预紧度的调整可参照图 5-12，选择适当厚度的调整垫片 6 和 13，安装在主减速器与轴承盖之间。拧紧轴承盖紧固螺栓后，用转动从动圆锥齿轮的力矩来衡量预紧度是否合适。如所需力矩过大，说明预紧度过大，应增加垫片的厚度。

此外，有些汽车采用组合式桥壳，其从动锥齿轮轴承预紧度可通过轴承与差速器壳之间的垫片厚度来进行（参见图 5-11 中垫片 3）。增加垫片的厚度，轴承预紧度增加。

2）主、从动锥齿轮啮合印痕与齿侧间隙的调整

锥齿轮副必须有正确的啮合印痕与齿侧间隙才能正常工作和达到正常的使用寿命。正确的啮合印痕与齿侧间隙是通过齿轮的轴向移动改变其相对位置来实现的，因此锥齿轮传动机构都有轴向位置调整装置，即啮合印痕与齿侧间隙调整装置。

对主、从动锥齿轮啮合印痕与齿侧间隙的调整要求是主、从动锥齿轮应沿齿长方向接触，其位置控制在齿轮的中部偏向小端，离小端端部 2mm～7mm，接触痕迹的长度不小于齿长的 50%，齿高方向的接触印痕应不小于齿高的 50%，一般应距齿顶 0.80mm～1.60mm（图 5-29 所示），齿侧间隙为 0.15mm～0.50mm，但每一对锥齿副轮啮合间隙的变动量不得大于 0.15mm。

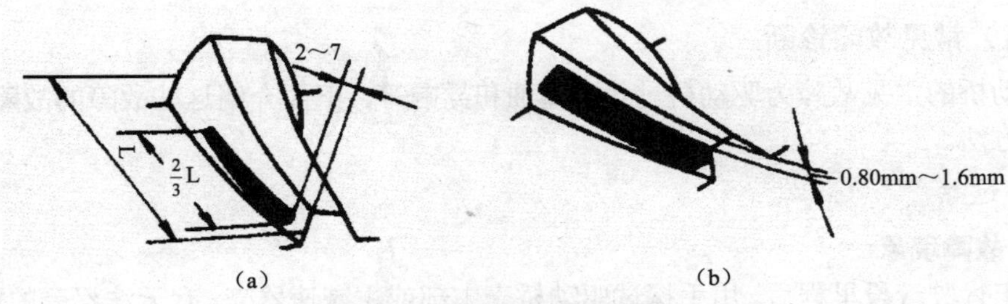

图 5-29 锥齿轮啮合印痕

（a）装配时；（b）在负荷情况下。

如果主、从动圆锥齿轮的啮合印痕和齿侧间隙不符合要求时，应按如下的口诀进行调整：大进从、小出从；顶进主、根出主。这种方法调整时，要注意保证齿侧间隙不得小于最小值。

实现齿轮位移的具体方法与车辆的结构有关。

（1）主动圆锥齿轮的移动。

① 通过增减主动锥齿轮轴承座与主减速器壳之间的调整垫片厚度来调整（图 5-27（a））的垫片 1 所示）。当增减此垫片厚度时，就可实现主动锥齿轮轴向移动。

② 通过增减主动锥齿轮背面与轴承之间的调整垫片厚度来调整（图 5-27（b）中的垫片 1）。这种结构若轴承预紧度调整垫片是靠在轴肩上的，则调整锥齿轮轴向移动的同时，也必须等量增减轴承预紧度的调整垫片。否则由于轴肩轴向位置的移动将改变已调好的轴承预紧度。该调整方式，每次调整都需将主动锥齿轮上的轴承压下来，维修调整不方便。

③ 通过增减主动锥齿轮轴肩前面的调整垫片厚度来调整（图 5-27（c）中的垫片 1）。

④ 用调整螺栓配合调整垫片来调整（图 5-27（d））。通过增减调整垫片 1 并使前端锥度的调整螺栓 9 旋进或旋出，就可调整前轴承的轴向位置，也就调整了主动锥齿轮的轴向位置。

（2）从动圆锥齿轮的移动。

从动周锥齿轮轴向位置的调整装置与轴承预紧度的调整装置是共享的。因此，在轴承预紧度调整好后，只需将左、右两侧的调整垫片从一侧调到另一侧（参见图 5-12），或左、右侧的调整螺母一侧松出多少另一侧就等量紧进多少，就可以在不改变轴承预紧度的前提下，改变从动圆锥齿轮的轴向位置（参见图 5-10）。

5. 驱动桥的磨合试验

驱动桥装合后，应按规定加注润滑油进行磨合试验。磨合转速一般为 1400r/min～1500r/min。在此转速下进行正、反转试验，各项试验的时间不得少于 10min。

驱动桥装配后进行磨合试验的目的在于改善零件相配合表面的接触状况和检查修理装配的质量。驱动桥的修理和装配质量可从三个方面进行检验：齿轮的啮合噪声、轴承区的温度和渗漏现象。

在试验过程中，各轴承区温升不得超过 25℃，齿轮的啮合不允许有敲击声和高低变化的响声，各结合部位不允许有漏油现象。试验后，应进行清洗并换装规定的润滑油。

（五）常见故障诊断

驱动桥的常见故障为驱动桥过热、漏油和异响等，下面介绍这些故障的故障原因及诊断排除方法。

1. 过热

1）故障现象

汽车行驶一段里程后，用手探试驱动桥壳中部或主减速器壳，有无法忍受的烫手感觉。

2）故障原因

① 齿轮油变质、油量不足或牌号不符合要求。

② 轴承预紧度过大或齿轮啮合间隙过小。

③ 止推垫片与齿轮背隙过小。

④ 油封过紧或各运动副、轴承润滑不良而产生干（或半干）摩擦。

3）故障诊断及排除

检查驱动桥中各部分受热情况。

① 局部过热：油封处过热，则故障由油封过紧引起，更换合适的油封；轴承处过热，则故障由轴承损坏或调整不当引起，应更换损坏的轴承或调整轴承；油封和轴承处均不过热，则故障由止推垫片与齿轮背隙过小引起，应调整好背隙。

② 普遍过热：检查齿轮油面高度。油面太低，则故障由油量不足引起，应将齿轮油加至规定高度；若油量充足，则应检查齿轮油规格、黏度或润滑性能，如检查结果不符合要求，则故障由齿轮油变质或牌号不符引起，应排尽原来的齿轮油，冲洗桥壳内部，换上规定型号的润滑油；若不是上述问题，则应检查齿轮啮合间隙。先松开驻车制动器，变速器置于空挡，然后轻轻转动主减速器的凸缘盘：若转动角度太小，则故障由主减速器齿轮啮合间隙太小引起；若转动角度正常，则故障由行星齿轮与半轴齿轮啮合间隙太小引起，应重新调整上述齿轮啮合间隙。

2. 漏油

1）故障现象

从驱动桥加油口、放油口螺塞处或油封、各接合面处可见到明显漏油痕迹。

2）故障原因

① 加油口、放油口螺塞松动或损坏，通气孔堵塞。

② 油封磨损、硬化，油封装反，油封与轴颈磨成沟槽。

③ 接合平面变形、加工粗糙，密封衬垫太薄、硬化或损坏，紧固螺栓松动或损坏。

④ 桥壳有铸造缺陷或裂纹。

3）故障诊断及排除

① 检查加油口、放油口螺塞是否松动；密封垫是否损坏；通气孔是否堵塞。对松动的螺塞按规定力矩拧紧或更换密封垫：对堵塞的通气孔进行疏通。

② 检查油封是否磨损，损坏或装反，对磨损、损坏的予以更换，对装反的油封重新安装。

③ 检查桥壳，视情况进行修理或更换。

3. 异响

1）故障现象

驱动桥在运行时发出不正常的响声，可分为驱动时发出异响、滑行时发出异响及转弯行驶时发出异响等。

2）故障原因

① 齿轮油油量不足、油质变差，特别是当油内有较大金属颗粒时。

② 各类轴承损伤、严重磨损松旷或齿轮齿面磨损、点蚀、轮齿变形或折断。

③ 主减速器锥齿轮严重磨损、啮合面调整不当、啮合间隙不符合标准（太大或太小），啮合间隙不均或未成对更换。

④ 差速器壳与十字轴和行星齿轮轴孔与十字轴配合松旷。

⑤ 半轴齿轮与行星齿轮啮合间隙不符合标准（过大或过小）或半轴齿轮与半轴花键

配合松旷。

3）故障诊断和排除

① 汽车挂挡行驶、脱挡滑行均有异响：油量不足或油质、齿轮油型号不符合要求时，按规定高度加注齿轮油或更换齿轮油；主减速器或差速器轴承的预紧度不足时，按规定调整轴承的预紧度；若不是上述故障，则检查主减速器锥齿轮啮合间隙、轮齿变形、齿面磨损、齿面点蚀、轮齿折断，对此应酌情进行修理、调整或更换。

② 挂挡行驶有异响，脱挡滑行声响减弱或消失：故障一般由主减速器锥齿轮齿面的正面磨损严重、齿面损伤或啮合面调整不当等引起，而齿的反面技术状况良好，应酌情修复，调整或更换。

③ 转弯行驶有异响，直线行驶时声响减弱或消失：故障一般由半轴齿轮或行星齿轮的齿面严重磨损、齿面点蚀、轮齿变形或折断、行星齿轮轴磨损、半轴弯曲等引起，对损伤严重的齿轮、行星齿轮轴应予以更换，对弯曲的半轴进行校正或更换。

④ 汽车起步或突然换车速时发出“吭”的一声，或汽车缓速时发生“咔啦、咔啦”的撞击声，则故障由驱动桥内游动角度太大引起，应予以调整。

⑤ 若异响时有时无，或有时呈周期性变化，则故障一般由齿轮油中有杂物引起，应更换或滤清齿轮油。

四、自我测试题

1．判断题

（1）防滑差动器可通过限制发动机转速的方法来限制传递到两个车轮的动力。

（2）当采用 FF 且发动机横置时，其主减速器一般采用准双曲面锥齿轮副。

（3）驱动力经传动系统放大后传至驱动轮，驱动车辆行驶。

（4）汽车右转弯时，差速器行星轮既在做公转又在做顺时针自转。

（5）普通桑塔纳半轴的支承形式属于全浮式支承。

（6）驱动轮上得到的驱动力矩的大小为发动机输出扭矩与变速器传动比的乘积。

（7）差速器两端半轴的长度一般应保持相等。

（8）轿车上一般采用双级主减速器。

（9）两轴式变速器中，主减速器主动齿轮一般直接加工在变速器输出轴上。

（10）为了提高支承性能，双级主减速器的输入轴一般采用跨置式支承。

2．选择题

（1）以下关于驱动轴的说法哪个是对的？

A．只要没有严重的破损，驱动轴护套夹可以再次使用。

B．在更换驱动轴的过程中，与护套总成一起提供的油脂没有被测量，因此在添加油脂之前先对其进行测量。

C．通常情况下，驱动轴上的外侧球节是不可拆卸零件。

D．对于驱动轴护套，通常情况下，内侧比外侧更容易破损。

（2）下面哪一种关于拆卸差速器齿圈的说法是正确的？

甲：拆卸之前，做出标记，以便不改变齿圈和差速器壳的装配位置和方向。

乙：当松开齿圈定位螺栓时，按照对角线方向均匀松开齿圈定位螺栓。

A．只有甲正确

B．只有乙正确

C．甲和乙正确

D．甲和乙不正确

（3）图 5-30 是关于检查的图例，哪一个是正确的？

A．测量轴向间隙

B．测量径向间隙

C．测量齿隙

D．检查齿轮滑动

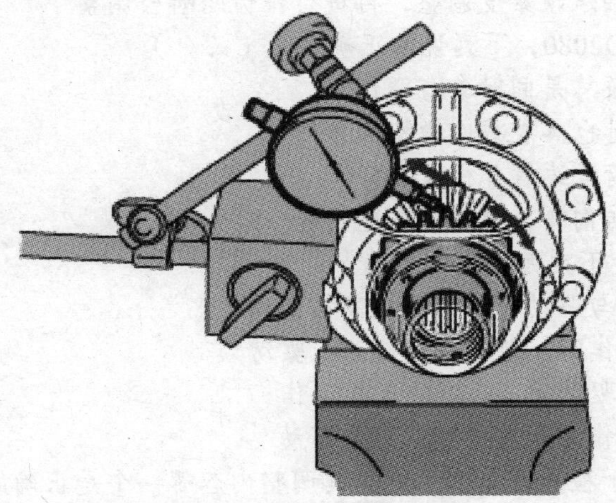

图 5-30　检查图

（4）下面哪一个有关差速器半轴齿轮齿隙的叙述是正确的？

A．即使没有齿隙齿轮也会旋转。

B．齿隙防止齿轮被咬死和产生噪音。

C．欲测量齿隙，只要用百分表测量一个部位即可。

D．当半轴齿轮齿隙很大时，可更换为一个厚垫片来调整。

（5）对于断开式驱动桥，以下说法正确的是

A．与独立悬架相配用

B．桥壳总是分段的

C．左右车轮运动状态互不影响

D．半轴必须分段

（6）对于普通差速器，下列说法错误的是

A．车辆未前进时，差速器不工作

B．差速器壳体转速总是大于车轮转速

C．EQ1090E 的传动轴转速总是大于车轮转速

D．左驱动轮陷入泥路时，车辆无法前进

（7）装用普通行星齿轮差速器的车辆，当左侧驱动轮陷入泥泞时，汽车难以驶出的原因是

A．此时，两侧车轮力矩相反而抵消

B．好路面上车轮得到与该轮相同的小扭矩

C．此时，两轮转向相反

D．差速器不工作

（8）对于双级主减速器，下列哪个说法正确？

A．若锥齿轮副齿侧间隙过大，应使从动锥齿轮靠近主动锥齿轮

B．若锥齿轮副啮合印痕偏向齿顶，应使主动锥齿轮远离从动锥齿轮

C．若圆锥滚子轴承预紧度过大，会使减速器传动发卡

D．应先进行轴承预紧度调整，再进行锥齿轮啮合调整

（9）对于越野车 EQ2080，下列说法正确的是（　　）。

A．中桥和后桥总是同时参与驱动

B．分动器同时也具有减速增扭的作用

C．驾驶员座椅旁边有 3 根操纵杆

D．前轮既是转向轮，也可以是驱动轮

（10）对于分动器，下列哪个说法正确？

A．前桥未参与驱动时，只能在高挡工作

B．在低挡工作时，前桥一定参与了驱动

C．前桥参与驱动时，一定在低挡工作

D．在高挡工作时，前桥可以参与驱动

（11）图 5-31 是关于检查调整的图例，其调整内容哪一个是正确的？

A．调整齿轮啮合间隙

B．调整齿轮啮印痕

C．调整齿轮啮合宽度

D．调整轴承预紧度

图 5-31　装配调整示意图

（12）图 5-32 是关于主减速器检查的图例，哪一个是正确的？

A．测量轴向间隙　　　　　　　　　　B．测量径向间隙

C．测量齿侧间隙　　　　　　　　　　D．检查齿轮滑动

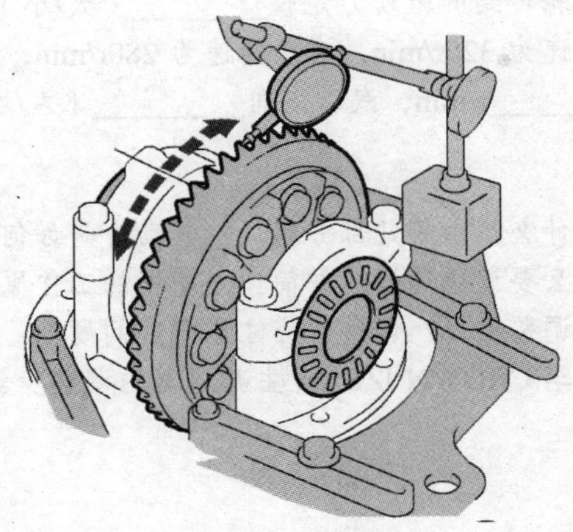

图 5-32　检查图

（13）对于分动器，下列哪个说法错误？

A．分动器与变速器类似，也包括传动机构和操纵机构

B．分动器的前桥可以参与驱动，需要时也可以摘下来

C．摘下前桥时，分动器也可以保持在低挡

D．有些分动器没有前桥控制，而让前桥一直参与驱动

（14）下列关于主减速器的叙述，哪项是错误的？

A．任何车辆都装配有主减速器

B．主减速器可以与变速器布置成一体，也可以与变速器分开布置

C．主减速器可以实现减速增扭

D．主减速器的主动齿轮一般与差速器壳体装配成一体

（15）关于主减速器的调整，“大进从、小出从；顶进主、根出主”，以下哪项是错误的？

A．大进从，是指若锥齿轮之间的间隙过大，应将从动锥齿轮往里移动

B．顶进主，是指若啮痕靠近齿顶，应将主动锥齿轮往里面移动

C．当主动锥齿轮移动时，齿轮啮合间隙和啮痕都会改变

D．当从动锥齿轮移动时，齿轮啮合间隙和啮痕都会改变

3．填空题

（1）汽车的驱动桥一般由__________、__________、__________和__________等组成。

（2）主减速器主动锥齿轮轴的支承形式有______________和__________。

（3）普通行星锥齿轮差速器的运动特性方程式是______________，转矩分配特性是______________________。

（4）若半轴两端只承受__________，不承受__________，则这种支承形式，称为全浮式半轴支承。

（5）自锁式防滑差速器是利用某种结构产生较大的__________来进行力矩再分配的，转速较慢的驱动轮得到的驱动力矩较________（大/小）。

（6）当差速器左轮转速为320r/min，右轮转速为280r/min，此时，主减速器（单级）的从动齿轮转速为__________r/min，汽车应向________（左/右）转向。

4．简答题

（1）驱动桥的作用是什么？由哪几部分组成？其动力是如何传递的？

（2）主减速器内为什么要设差速器？并简述差速器的工作原理。

（3）主减速器有哪些调整项目？调整时应注意哪些问题？

（4）简述丰田皇冠轿车CROWN JZS155主减速器的调整步骤及要求。

参考文献

[1] 陈家瑞. 汽车构造（下册）（第四版）[M]. 北京：人民交通出版社，2003.

[2] 余志生. 汽车理论[M]. 北京：机械工业出版社，2000.

[3] 金加龙. 汽车底盘构造与维修[M]. 北京：机械工业出版社，2005.

[4] 屠卫星. 汽车底盘构造与维修[M]. 北京：人民交通出版社，2003.

[5] 徐淼，王龙洲，戴胡斌. 捷达轿车使用与维修[M]. 北京：电子工业出版社，2001.

[6] 全国汽车维修专项技能认证技术支持中心编写组. 手动变速器和驱动桥[M]. 北京：教育科学出版社，2004.

[7] 曾文，王朝帅. 汽车传动系统[M]. 北京：机械工业出版社，2008.

[8] 邱志华. 汽车传动系统维修工作页[M]. 北京：人民交通出版社，2008.

[9] A. E. 斯卡沃勒尔. 汽车构造原理与维修应用——底盘和附件篇. 王锦俞，等译. 北京：机械工业出版社，2004.

[10] 汤姆森学习公司. 手动和自动变速器修理训练[M]. 北京：机械工业出版社，2004.

[11] 丰田汽车公司. 汽车基本常识与工作原理[M]. 北京：高等教育出版社，2007.

[12] 丰田汽车公司. 汽车动力总成维修[M]. 北京：高等教育出版社，2006.

目 录

学习工作单1

课程：汽车手动传动系统维修 姓名：________ 班级：________ 日期：________

	项目一：汽车传动系统认识 任务一：汽车传动系统总体认识	学习成绩：________ 指导教师：________

1．观察实验室的各种车辆，写出其传动系统的布置形式。

标致307________ 丰田威驰________

丰田特锐________ 克莱斯勒彩虹________

北京现代________ 桑塔纳3000________

2．通过网络等媒体资料，列举出各种不同传动系统布置形式的车型品牌。

FF________ FR________

RR________ MR________

全驱________

3．观察采用FR布置形式的车辆，其传动系统组成按动力传递顺序，有________、________、________、________、差速器和________。

4．写出汽车传动系统各总成件的主要作用。

学习工作单 2

课程：汽车手动传动系统维修　姓名：________　班级：________　日期：________

	项目二：离合器维修 任务一：离合器认识与使用	学习成绩：________ 指导教师：________

1．观察车辆，写出下列车型配置的离合器类型。

（1）按操纵机构传力介质的不同，丰田科罗拉属于____________，普通桑塔纳属于____________，EQ1090E 型货车属于____________；

（2）按压紧弹簧的形式，丰田科罗拉离合器属于________________而 EQ1090E 型货车离合器属于________________；

2．离合器装在__________和__________之间，其主要功用如下：

（1）________________________________；

（2）________________________________；

（3）________________________________；

3．写出图 2-1 中所示离合器各个部件的名称。

（1）________________；（2）________________；

（3）________________；（4）________________。

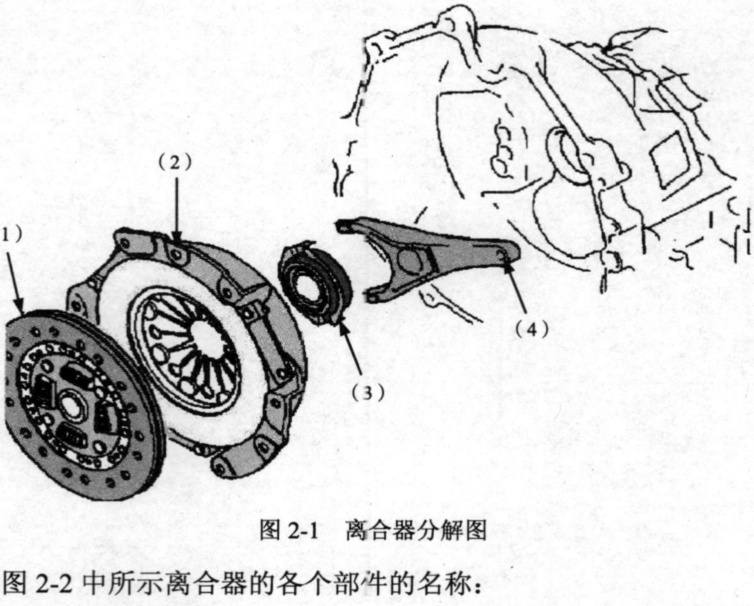

图 2-1　离合器分解图

4．写出图 2-2 中所示离合器的各个部件的名称：

（1）__________；（2）__________；（3）__________；（4）__________；

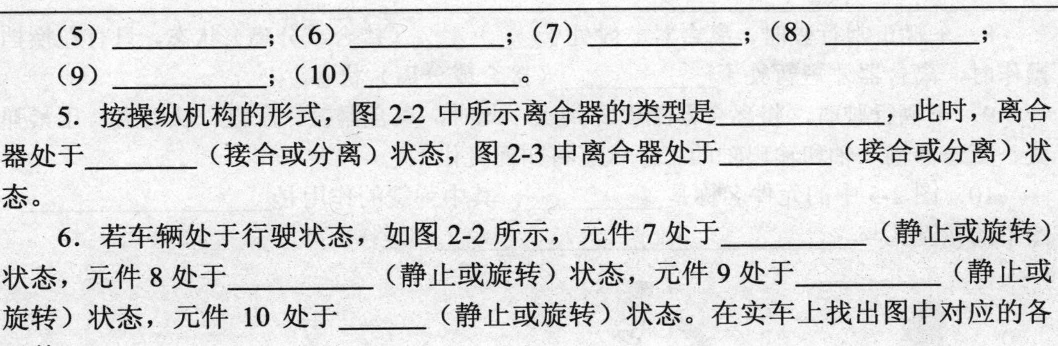

（5）__________；（6）__________；（7）__________；（8）__________；

（9）__________；（10）__________。

5．按操纵机构的形式，图 2-2 中所示离合器的类型是__________，此时，离合器处于________（接合或分离）状态，图 2-3 中离合器处于________（接合或分离）状态。

6．若车辆处于行驶状态，如图 2-2 所示，元件 7 处于__________（静止或旋转）状态，元件 8 处于__________（静止或旋转）状态，元件 9 处于__________（静止或旋转）状态，元件 10 处于______（静止或旋转）状态。在实车上找出图中对应的各元件。

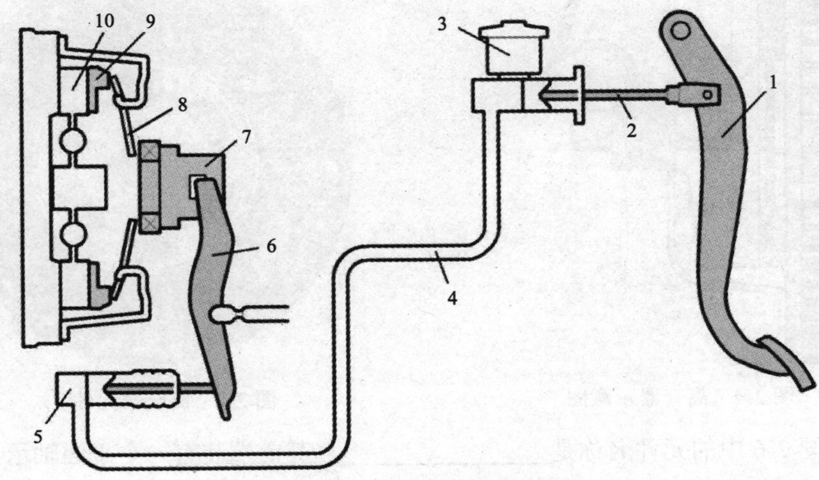

图 2-2　离合器简图

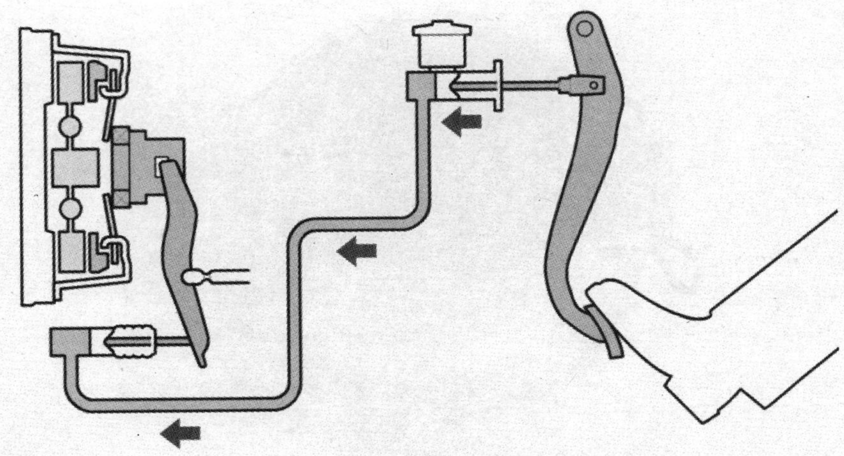

图 2-3　离合器操作

7．图 2-4 所示为离合器，按操纵机构的形式，该离合器属于______________，按压紧弹簧的形式，该离合器属于______________。

8．车辆正常行驶时，离合器一般处于__________（接合或分离）状态，只有在换挡操作时，离合器才短暂处于__________（接合或分离）状态。

9．车辆行驶时，将离合器踏板踩到底，此时，离合器盖、压盘、从动盘、压紧弹簧、变速器输入轴和输出轴的工作状态将如何变化？

10．图 2-5 中的元件名称是__________，其中弹簧的作用是__________，图中的花键孔与__________相连接。

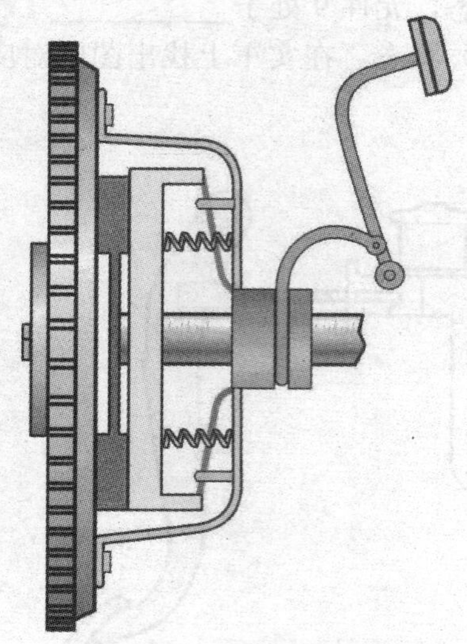

图 2-4　离合器示意图

图 2-5　离合器元件 1

11．图 2-6 中的元件名称是__________，其前端装有一个平面轴承，作用是__________。

图 2-6　离合器元件 2

12．图 2-7 中的元件名称是__________，其内圈有一圈光亮环，是由于__________造成的。

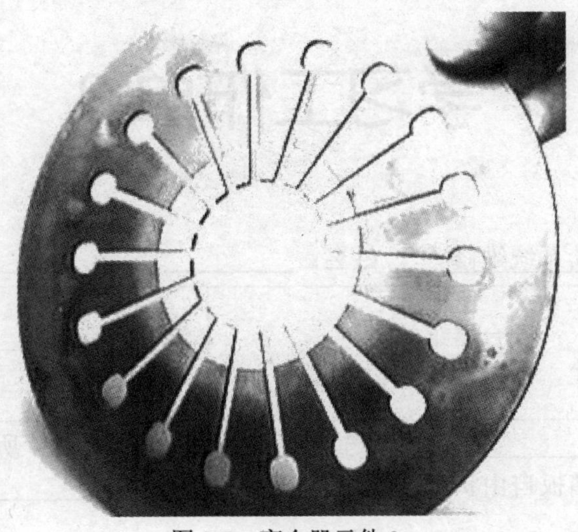
图 2-7　离合器元件 3

13．图 2-8 中，标号 1 叫 ____________，标号 2 叫____________，用于连接_____
____________和____________。

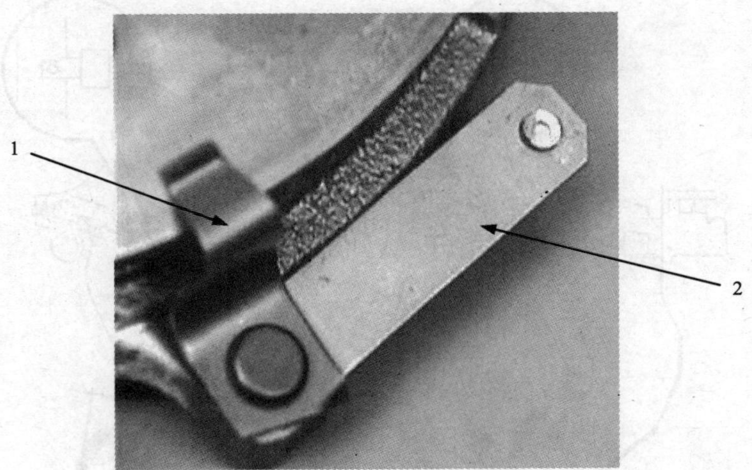

图 2-8　离合器元件 4

14．车辆行驶换挡时，在操纵离合器踏板时应遵循________________________、
______________________的原则。

学习工作单3

课程：<u>汽车手动传动系统维修</u>　姓名：________　班级：________　日期：________

	项目二：离合器维修 任务二：离合器拆装与维修	学习成绩：________ 指导教师：________

1．检查____________轿车的离合器踏板，如图3-1所示。

（1）在离合器踏板自由状态下，测量离合器踏板高度为________mm，规定范围为________________。

（2）用手指轻按离合器踏板，测量其自由行程为________mm，规定范围为________________。

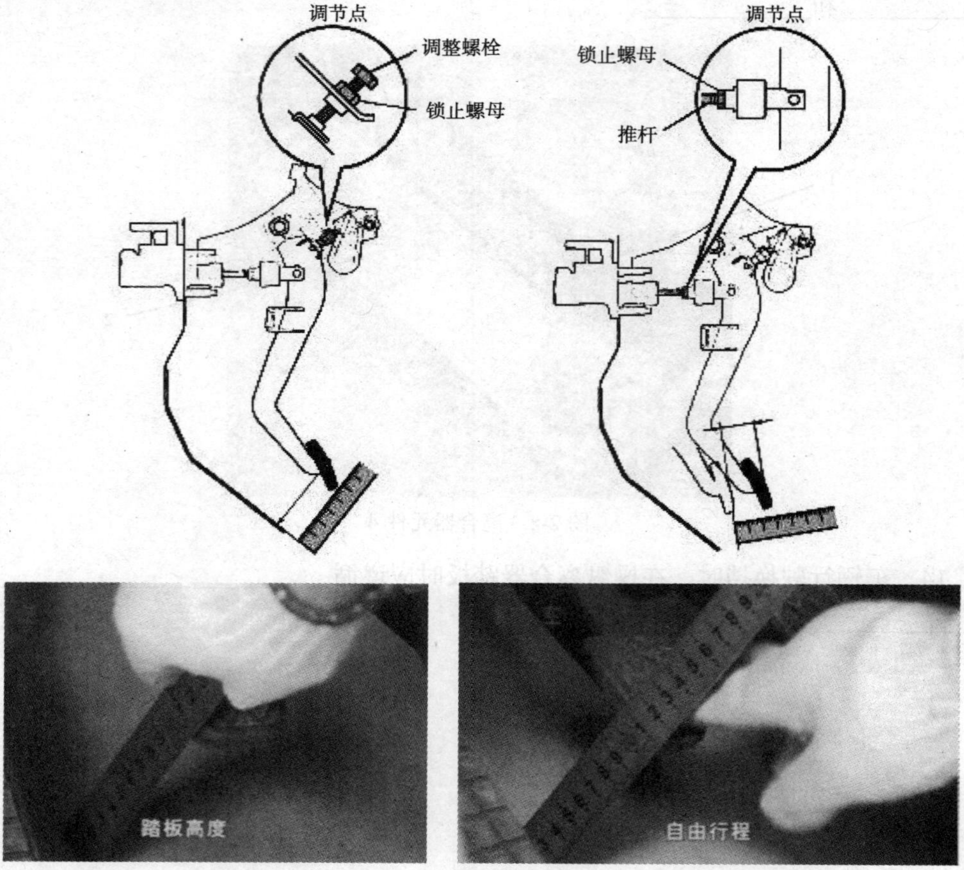

图3-1　离合器踏板检查

2．按照维修手册操作步骤，从整车上拆下离合器总成，并写下主要的操作步骤。

3．如何检查离合器从动盘摩擦衬片的磨损？并写出检查结果及规定范围。

4．如何进行膜片弹簧磨损的检查？并写出检查结果及规定范围。

5．按照维修手册操作步骤，将离合器装上整车，并说明装配离合器时有哪些注意事项。

6．分解并装配离合器主缸和工作缸。写出离合器主缸和工作缸需做哪些检查？检查结果如何？

7．离合器打滑的原因有哪些？

学习工作单4

课程：汽车手动传动系统维修　姓名：________　班级：________　日期：________

	项目三：变速器维修 任务一：变速器拆装与认识	学习成绩：________ 指导教师：________

1．观察车辆，写出下列车型的配置的变速器类型（手动、自动，如果是手动变速器，写出其挡位数）：

（1）EQ1090E 型________________；

（2）现代·伊兰特________________；

（3）道奇·彩虹________________；

（4）标致 307________________。

2．分解 EQ1090E 型手动变速器，画出其结构示意图。

3．观察 EQ1090E 型变速器的拨叉轴定位锁止装置，并画出其示意图。

4．组装 EQ1090E 型手动变速器，并写出其主要步骤及装配时有哪些注意事项。

5．分解捷达轿车 020 型手动变速器，写出分解的详细步骤、每一步使用到的工具及规格（如套筒为 13mm）、规定扭矩值，并画出其结构示意图。

6．观察捷达轿车 020 型变速器的拨叉轴定位锁止装置，并画出其示意图。

7．按传动轴的数目，图 4-1 所示为____轴式变速器，它是____挡变速器，主要用于______（a．前置前驱；b．后轮驱动）车上。输出轴上的齿轮是 _____（a．空套 b．固联）在输出轴上，输出轴上的同步器花键毂是____（a. 空套；b. 固联）在输出轴上。当拨叉____往_____（a. 左；b. 右）挂时，变速器处于二挡，写出二挡动力传递路线：发动机→输入轴→_____→_____→______→输出轴（请给零件标上号码，如 1、2、3 等，并将号码填写在空格里）。

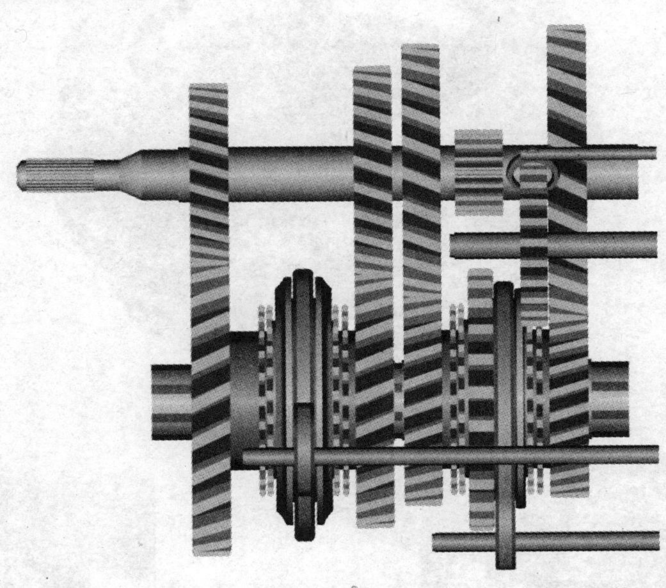

图 4-1　变速器传动机构

8. 图 4-2 中的同步器属于________式，写出图中各标号的名称：①______________；②____________；③_________________；④_______________；⑤___________________。其中，①上的短花键齿也称为____________________，其右侧光亮的外锥面是由于和______________的内锥面摩擦而形成的。

图 4-2　同步器分解图

9．图 4-3 中同步器属于________________式，图 4-4 中①为________________，②为____________________，③所示螺纹的作用是________________________。

图 4-3　同步器总成

（a）

（b）

图 4-4　同步器局部图

10．从轿车上拆下变速器总成，并写出主要拆卸步骤。

11．观察轿车的变速操纵机构，说出其类型。

12．如图 4-5 所示，完成下列题目：

（1）写图 4-5 中各元件名称：

2______________；5______________；7______________；C______________。

（2）捷达 020 型变速器采用了哪些类型的换挡装置？分别控制哪些挡位？

（3）捷达轿车传动系的布置形式为________________，其 020 型手动变速器采用的是______挡变速器，为________（两/三）轴式变速器，其对应的发动机为__________（横置/纵置）。

（4）当汽车在原地启动发动机时，变速器中旋转的部件包括________（多项选择）

A．1　　B．2　　C．3　　D．4　　E．5

F．6　　G．7　　H．B 轴　　I．13　　J．15

（5）说明如何挂二挡，并写出二挡动力传动路线（请详细写出元件名称及标号，如 1 挡主动齿轮 21）。

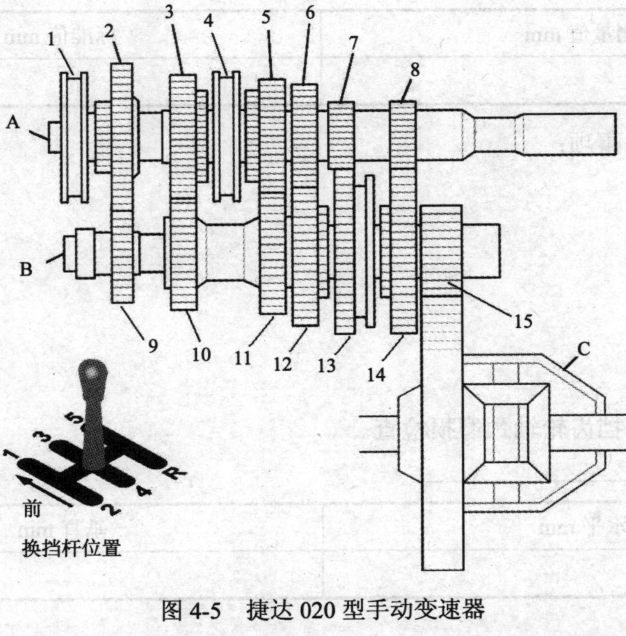

图 4-5　捷达 020 型手动变速器

学习工作单 5

课程：汽车手动传动系统维修　姓名：＿＿＿＿　班级：＿＿＿＿　日期：＿＿＿＿

	项目三：变速器维修 任务二：变速器使用与维修	学习成绩：＿＿＿＿ 指导教师：＿＿＿＿

1．查阅维修手册，对轿车进行变速器油液位检查，并对变速器油进行更换。

（1）液位高度标准是＿＿＿＿＿＿＿＿；

（2）变速器油更换规定里程数是＿＿＿＿＿＿＿＿。

2．在轿车上进行变速器的换挡操作。根据操作的实际情况，写出升降挡的车速及发动机转速。

注意：操作时应确保指导老师在现场指导。

1 挡→2 挡，车速＿＿＿＿＿＿，发动机转速＿＿＿＿＿＿

2 挡→3 挡，车速＿＿＿＿＿＿，发动机转速＿＿＿＿＿＿

3 挡→4 挡，车速＿＿＿＿＿＿，发动机转速＿＿＿＿＿＿

3．根据维修手册，对捷达 020 型变速器各部件进行检查，并记录检查结果。

（1）输入轴变形检查。

量具名称：＿＿＿＿＿＿

测量值 mm	标准值 mm

测量时的注意事项：

（2）输入轴四挡齿轮轴颈磨损检查。

量具名称：＿＿＿＿＿＿

水平 mm	垂直 mm

测量时的注意事项：

（3）接合套与拨叉配合间隙检查。

量具名称：__________

三/四挡（mm）		
接合套槽宽	拨叉厚度	配合间隙

测量时的注意事项：

（4）锁环间隙检查。

量具名称：__________

四挡（mm）		
标准值	测量值	结论

测量的方法是：

4．如图 5-1 所示，游标卡尺的读数是____________mm。

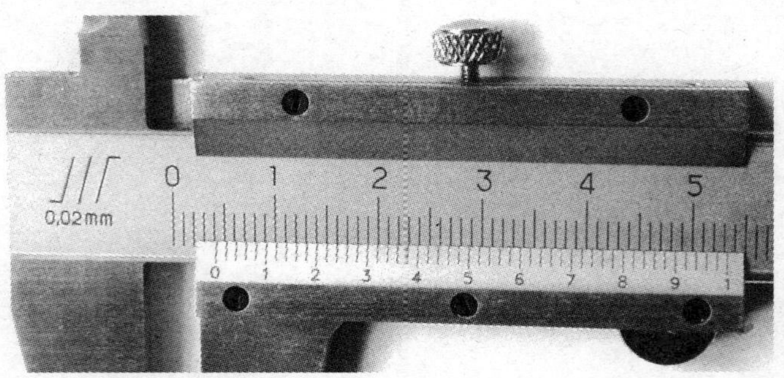

图 5-1　游标卡尺的读数

5．如图 5-2（a）所示，千分尺的读数是____________mm，
如图 5-2（b）所示，千分尺的读数是____________mm。

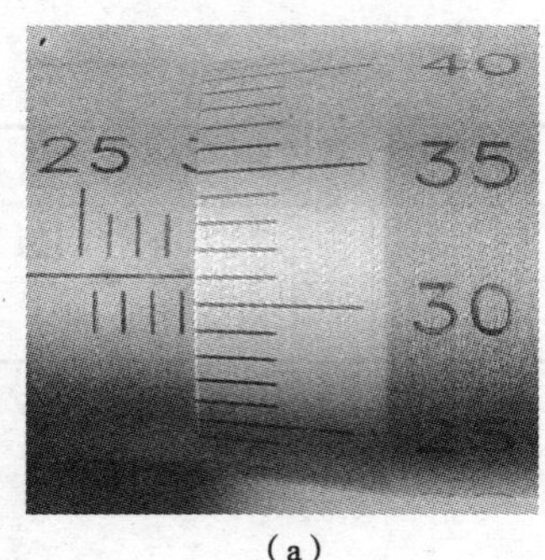

（a）

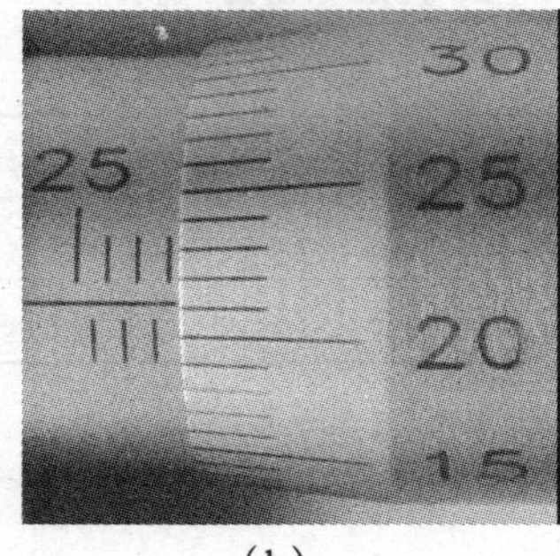

（b）

图 5-2　千分尺的读数

6．分析变速器挂挡困难的原因。

学习工作单 6

课程：汽车手动传动系统维修 姓名：________ 班级：________ 日期：________

	项目四：万向传动装置维修 任务一：万向传动装置拆装与认识	学习成绩：________ 指导教师：________

1．从东风货车车架上拆卸、装配传动轴总成，观察并认识传动轴、十字轴式万向节的结构特点。画图并说明十字轴式万向节的不等速特性。

2．根据维修手册拆装步骤，从轿车上拆卸、装配半轴总成，并写出其简要步骤。

3．如图 6-1 所示，万向节叉是用于____________式等速万向节，其主要缺点是____________________________。

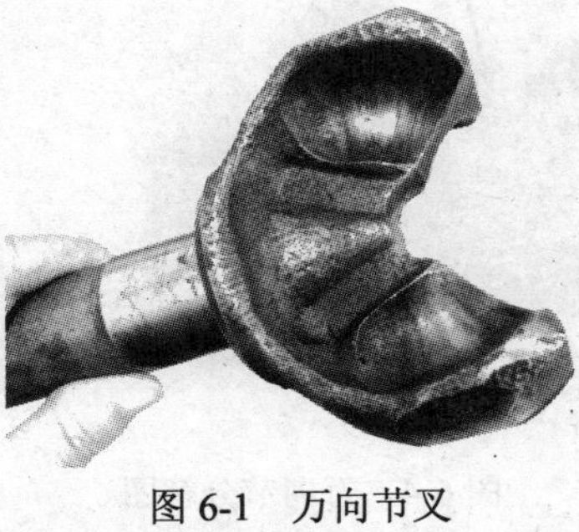

图 6-1 万向节叉

4．图 6-2 所示为________________式等速万向节的散件，（a）称为____________，（b）称为____________，（c）称为____________。装配成总成后，（a）和（b）之间不能作__________位移，因此称之为“固定式”。

（a）　（b）　（c）

图 6-2　万向节散件

5. 如图 6-3 所示，万向节是______式等速球笼万向节，该万向节属于________（固定式滑动式），一般装于半轴的______（外侧/内侧）。

图 6-3　万向节零件图

6．图 6-4 所示的万向节属于____________式，其中 1 称为__________，2 称为__________，图 6-4（b）中所示称为____________，该万向节属于__________（固定式滑动式）。

（a）　（b）

图 6-4　万向节分解图

学习工作单 7

课程：汽车手动传动系统维修 姓名：______ 班级：______ 日期：______

	项目四：万向传动装置维修 任务二：万向传动装置维护	学习成绩：______ 指导教师：______

1．在轿车上对半轴进行检查，并简述其检查内容和方法。

2．观察东风货车传动轴总成，找出其加注润滑脂的位置并加注润滑脂。

3．分解半轴总成，并更换球笼防尘套，简述其简要步骤，以及有哪些注意事项。

4．球笼式等速万向节在维护时，主要有哪些内容？

5．对照丰田维修手册标准及要求，进行万向节防尘套的更换操作。

<table>
<tr><td colspan="2">项　目</td><td colspan="3">内　容</td></tr>
<tr><td colspan="2">工作准备</td><td colspan="3">零件耗材类：驱动轴大修包、胶带　清洁类：棉布
常用工具：丰田通用工具、钢丝钳　专用工具：卡环钳
资料：修理书　其他：记号笔、带台钳的工作台</td></tr>
<tr><td colspan="2">维修资料的使用</td><td colspan="3">维修资料使用按照目录、明细的查找；作业中有疑问遵循维修手册</td></tr>
<tr><td colspan="2">作业安全</td><td colspan="3">正确操作和安全意识：
① 台钳使用规范/驱动轴固定规范；
② 工具、零件不落地</td></tr>
<tr><td colspan="2">工具使用</td><td colspan="3">① 工具选用合理：工具选用合理/正确使用 SST
② 工具使用规范：工具使用规范</td></tr>
<tr><td colspan="2">5S</td><td colspan="3">作业过程零件清洁及最后整理</td></tr>
<tr><td>NO.</td><td colspan="2">工作流程</td><td colspan="2">工作质量
含：操作规范、记号、装配、工作总结</td></tr>
<tr><td rowspan="2">1</td><td rowspan="3">固定驱动轴总成</td><td rowspan="2">固定驱动轴总成</td><td colspan="2">维修手册翻到相应的页码</td></tr>
<tr><td colspan="2">使用铝板及台钳固定，不能过于夹紧</td></tr>
<tr><td>2</td><td>检查内外球节工作状态</td><td>转动平滑</td><td>轴向无松动。
径向无松动。</td></tr>
<tr><td>3</td><td rowspan="6">内侧球节</td><td>清洁球节总成</td><td colspan="2"></td></tr>
<tr><td>4</td><td>拆卸内侧球节</td><td colspan="2">使用铜棒多个位置敲击，不能敲击滚子
在内侧球节和外侧球节轴上画上记号
（不能用冲子冲记号）</td></tr>
<tr><td>5</td><td>拆卸内侧卡环</td><td colspan="2"></td></tr>
<tr><td>6</td><td>拆卸三脚头球节总成</td><td colspan="2">在三角头球节和外侧球节轴上画上标记
（不能用冲子冲记号）</td></tr>
<tr><td>7</td><td>拆卸内侧防尘罩</td><td colspan="2"></td></tr>
<tr><td>8</td><td>拆卸卡箍</td><td colspan="2"></td></tr>
<tr><td>9</td><td>驱动轴缓冲器</td><td>拆卸驱动轴缓冲器</td><td colspan="2"></td></tr>
<tr><td>10</td><td rowspan="4">外侧球节</td><td>拆卸外侧球节防尘罩</td><td colspan="2"></td></tr>
<tr><td>11</td><td>清洁总成（口述）</td><td colspan="2"></td></tr>
<tr><td>12</td><td>更换卡环</td><td colspan="2">更换新卡环</td></tr>
<tr><td>13</td><td>涂抹润滑脂（口述）</td><td colspan="2">涂润滑脂，69g～79g</td></tr>
</table>

（续）

<table>
<tr><td rowspan="3">14</td><td rowspan="4"></td><td rowspan="3">安装新外侧球节防尘罩</td><td colspan="2">用胶带保护内球节轴的花键齿</td></tr>
<tr><td colspan="2">在此过程涂抹润滑脂时，避免涂到球节安装表面</td></tr>
<tr><td colspan="2">护套需安装到位</td></tr>
<tr><td>15</td><td>安装卡箍</td><td colspan="2"></td></tr>
<tr><td>16</td><td rowspan="2">安装缓冲器</td><td>安装缓冲器</td><td colspan="2">检查缓冲器外缘到球节外缘距离 A</td></tr>
<tr><td>17</td><td>安装新卡箍</td><td colspan="2">注：A=432.4mm±2.0mm</td></tr>
<tr><td>18</td><td rowspan="7">内侧球节</td><td>安装新的内侧球节防尘罩</td><td colspan="2"></td></tr>
<tr><td>19</td><td>安装卡箍</td><td colspan="2"></td></tr>
<tr><td>20</td><td>安装三脚头球节总成</td><td colspan="2">对准记号</td></tr>
<tr><td>21</td><td>安装新的卡环</td><td colspan="2"></td></tr>
<tr><td>22</td><td>涂抹润滑脂（口述）</td><td colspan="2">润滑脂量 99g～109g</td></tr>
<tr><td>23</td><td>安装内球节总成</td><td colspan="2">对齐记号</td></tr>
<tr><td>24</td><td>用夹箍紧固防尘套</td><td colspan="2"></td></tr>
<tr><td rowspan="2">25</td><td rowspan="3">检查</td><td rowspan="2">检查安装效果</td><td rowspan="2">转动平滑</td><td>轴向无松动</td></tr>
<tr><td>径向无松动</td></tr>
<tr><td>26</td><td>清洁及整理</td><td colspan="2"></td></tr>
<tr><td colspan="3">总共操作时间</td><td colspan="2"></td></tr>
</table>

学习工作单 8

课程：汽车手动传动系统维修　姓名：________ 班级：________ 日期：________

<table>
<tr><td></td><td>项目五：驱动桥维修
任务一：驱动桥拆装与认识</td><td>学习成绩：________
指导教师：________</td></tr>
<tr><td colspan="3">1．根据配用悬架结构的不同，图 8-1 所示驱动桥的类型是________，对于前轮驱动的车辆而言，其驱动桥的类型一般是________。
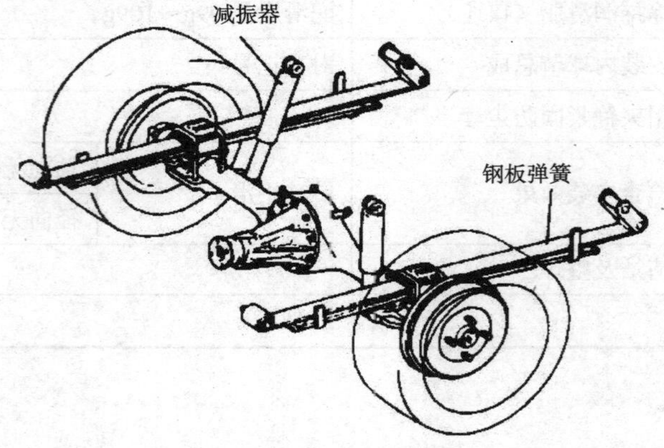

图 8-1　后驱动桥
2．主减速器的作用是
A．增矩减速　B．当发动机纵置时改变传动方向　C．使左右轮差速
3．如图 8-2 所示，主减速器是________式（单级/双级），其所对应的发动机是________式（纵置/横置）。

图 8-2　驱动桥</td></tr>
</table>

4．观察东风 EQ1090E 和捷达（020 型变速器）的主减速器，如图 8-3 和图 8-4 所示，说明两者的主减速器齿轮有何不同？为什么？

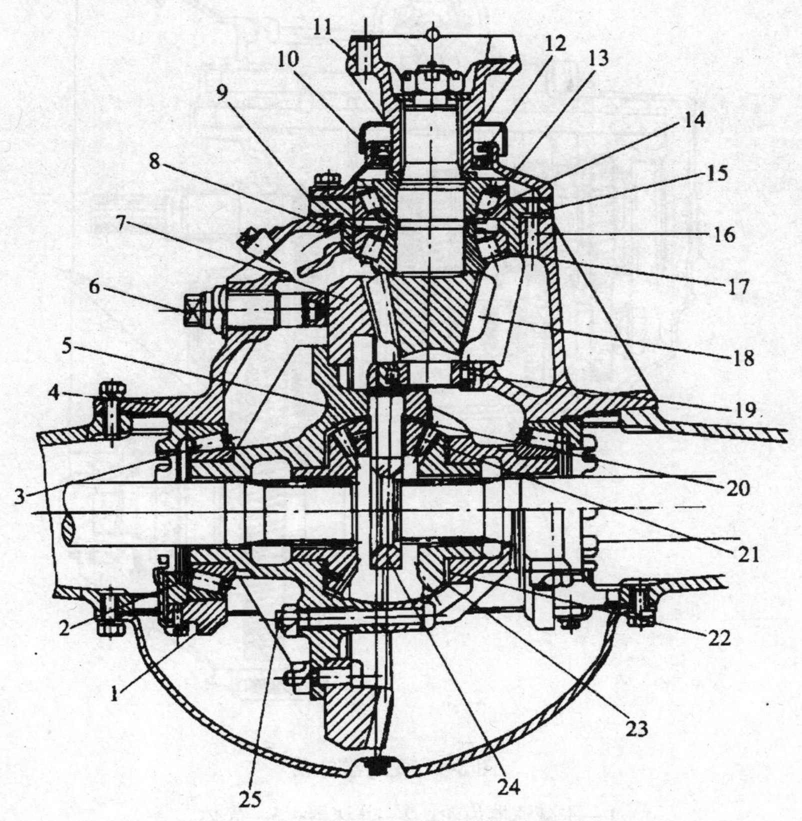

图 8-3　EQ1090E 型汽车单级主减速器

1—差速器轴承盖；2—轴承调整螺母；3、13、17—圆锥滚子轴承；4—主减速器壳；5—差速器壳；6—支承螺栓；7—从动锥齿轮；8—进油道；9、14—调整垫片；10—防尘罩；11—叉形凸缘；12—油封；15—轴承座；16—回油道；18—主动锥齿轮；19—圆柱滚子轴承；20—行星齿轮球面垫片；21—行星齿轮；22—半轴齿轮推力垫片；23—半轴齿轮；24—行星齿轮十字轴；25—螺栓。

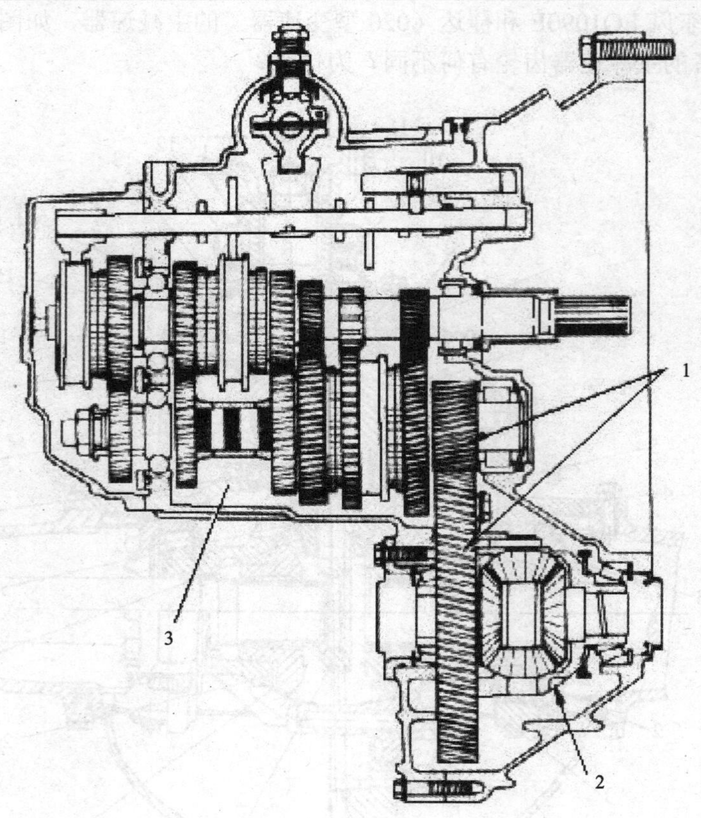

图 8-4　变速器总成

1—主减速器齿轮；2—差速器；3—壳体。

5．分解并组装解放 CA1092 的后驱动桥总成，对其主减速器和差速器进行认识。

6．主减速器有什么作用？

7. 差速器有何作用？差速原理是什么？画图说明。

学习工作单 9

课程：汽车手动传动系统维修　姓名：______　班级：______　日期：______

	项目五：驱动桥维修 任务二：后驱动桥维修	学习成绩：______ 指导教师：______

1．检查车辆后驱动桥是否漏油，液面高度是否正常，并简述其步骤。

2．主减速器和差速器的检测。

（1）检查主减速器主动齿轮、从动齿轮、行星齿轮及半轴齿轮齿面是否有刮伤或严重磨损。齿轮不允许有明显的疲劳剥落，齿面出现黑斑面积不得大于工作面的 30%。主减速器及差速器壳不得有裂纹。否则，应更换总成。

（2）检查从动锥齿轮的偏摆量。如图 9-1 所示，固定百分表座，将百分表针抵在从动齿轮背面最外端，从动齿轮旋转一周，记下百分表摆差读数。

注意：偏摆量要小于 0.10mm，否则，应予更换。

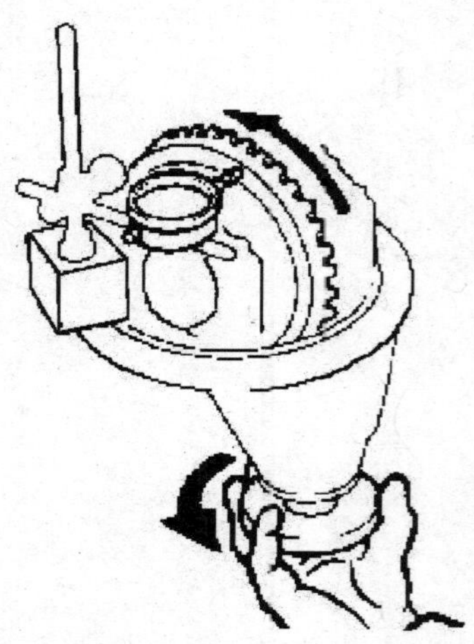

图 9-1　从动锥齿轮的偏摆量检查

（3）检查主、从动齿轮的啮合间隙。如图 9-2 所示，固定百分表座，将百分表针抵在从动齿轮任一齿面上，固定主动齿轮，将从动齿轮沿周向来回搬动，记下百分表摆差读数。**数值应在 0.13mm～0.18mm 之间**。否则，应调整侧向轴承。

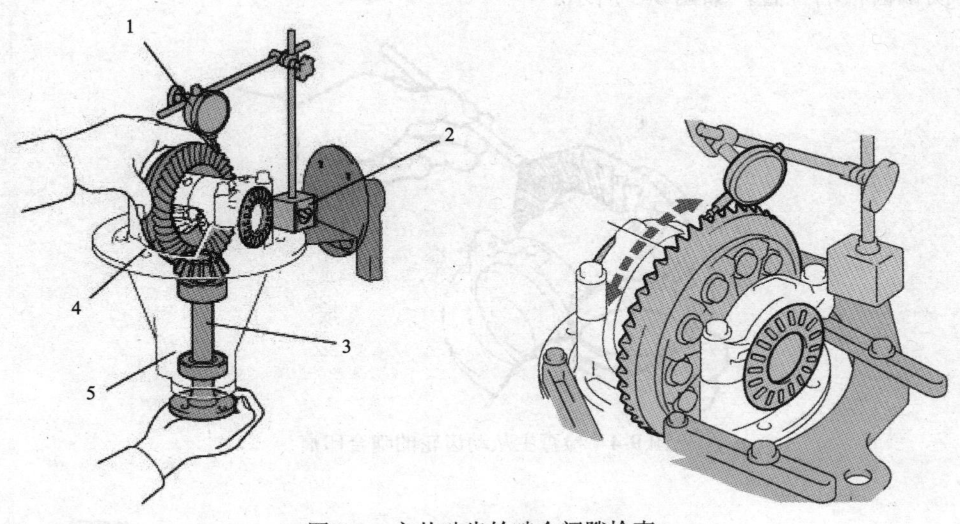

图 9-2　主从动齿轮啮合间隙检查

1—百分表；2—百分表座；3—主动锥齿轮轴；4—从动锥齿轮；5—外壳。

（4）检查半轴齿轮与行星齿轮的啮合间隙。如图 9-3 所示，固定百分表座，将百分表针抵在半轴齿轮任一齿面上，将一个行星齿轮固定，用手拨动半轴齿轮。百分表摆差读数值应在 0.05mm～0.20mm 之间，如间隙不当，可调整行星齿轮和半轴齿轮背面的垫片。

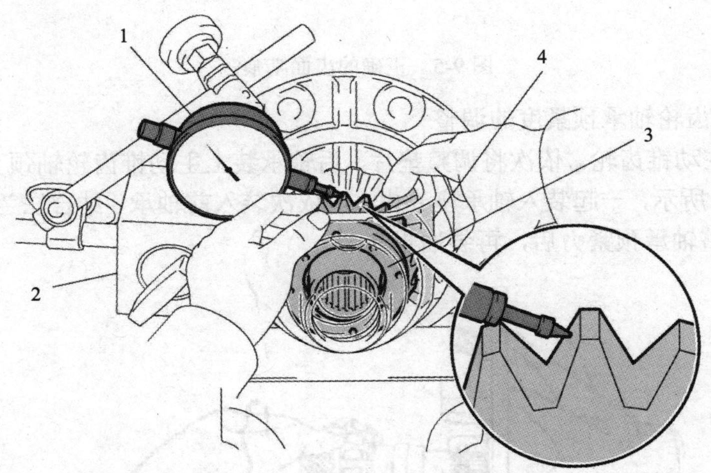

图 9-3　半轴齿轮与行星齿轮的啮合间隙的检查

1—百分表；2—百分表座；3—半轴齿轮；4—行星齿轮。

（5）检查主从动齿轮的啮合印痕。

① 在从动齿轮上三个不同的位置上的三或四个轮齿上涂以红丹油，如图 9-4 所示。

② 朝两个不同方向转动主动齿轮，检视轮齿的啮合印痕，正确的印痕应在从动齿的中间偏齿根的位置，如图 9-5 所示。

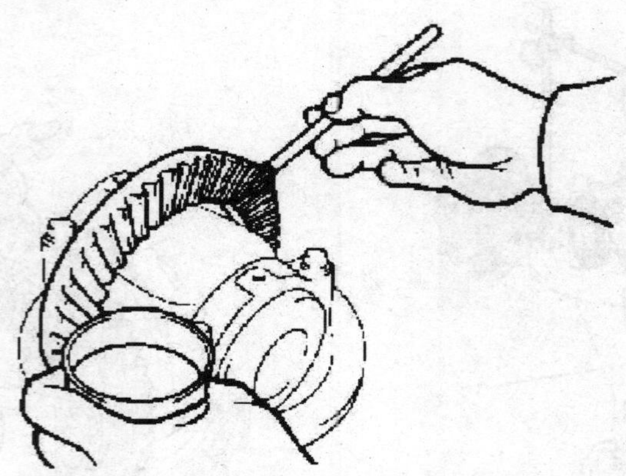

图 9-4 检查主从动齿轮的啮合印痕

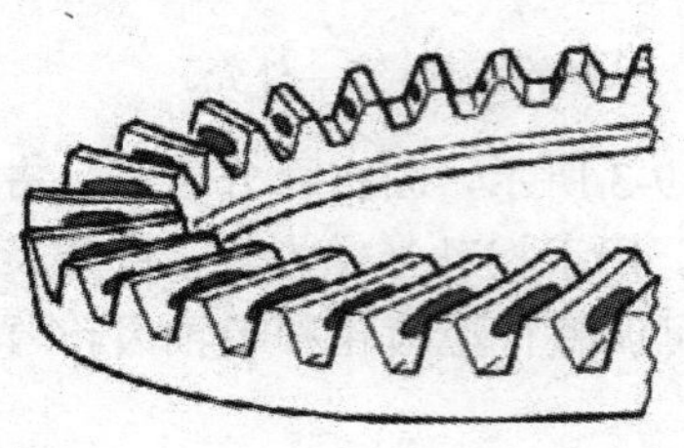

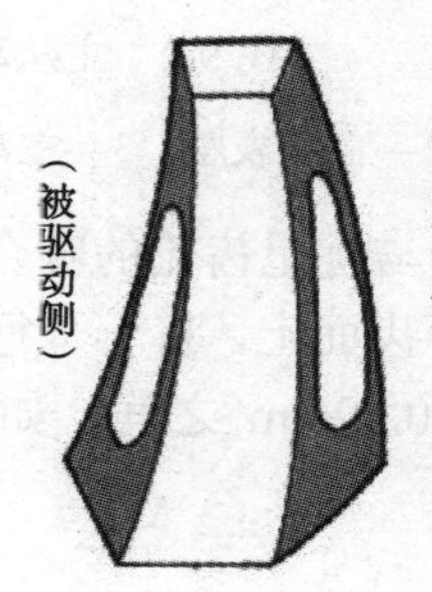

图 9-5 正确的齿面啮痕

3．主动锥齿轮轴承预紧度的调整

（1）装配主动锥齿轮。依次将调整垫片、后轴承装上主动锥齿轮轴颈上，再装入隔圈后，如图 9-6 所示，一起装入轴承座壳内，再依次装入前轴承、结合法兰、槽形螺母，不装油封（调整轴承预紧力后，再装油封）。

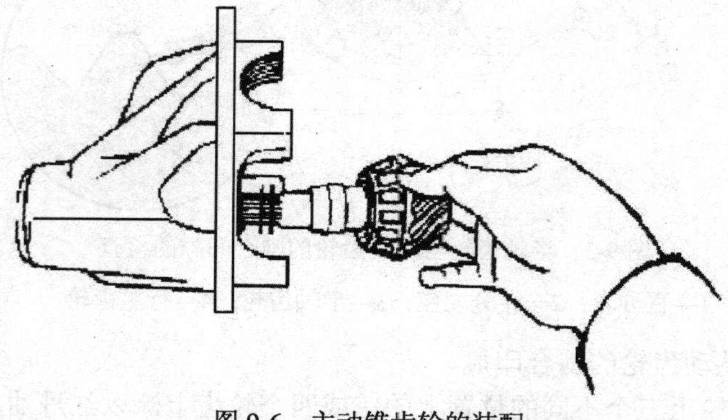

图 9-6 主动锥齿轮的装配

（2）用专用工具夹紧结合法兰，拧紧结合法兰槽形螺母来调整主动锥齿轮轴承预紧力，如图 9-7 所示。

扭紧力矩：170N·m～210N·m。

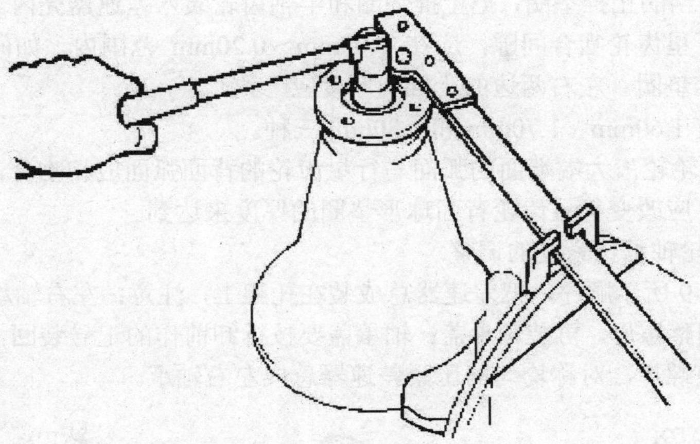

图 9-7　拧紧螺母

（3）检验预紧力。如图 9-8 所示，用扭力扳手扭转主动锥齿轮。

扭力矩：新轴承为 1.9N·m～2.6N·m；旧轴承为 0.9N·m ～1.3N·m。

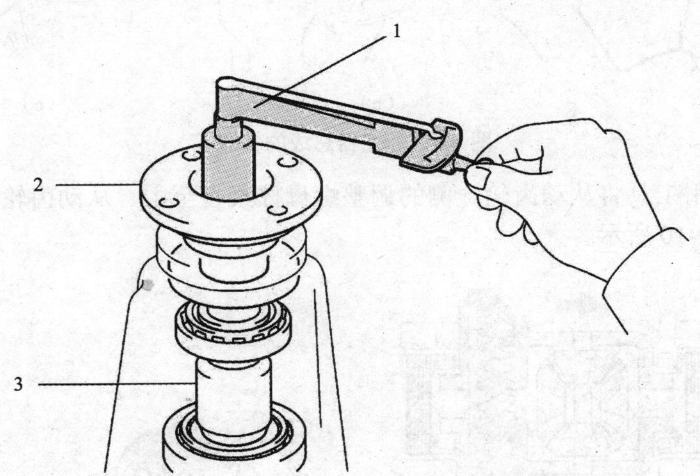

图 9-8　主动锥齿轮预紧力的检验

1—扭力扳手；2—凸缘盘；3—主动锥齿轮轴。

亦可凭经验检查。用手左右转动结合法兰转动灵活无阻滞， 沿轴向推拉法兰没有可感觉到的轴向间隙即合适。

（4）预紧力调整。如果转动主动锥齿轮的力矩不合适，也就是主动锥齿轮轴承预紧力不合适，一般通过拧紧结合法兰槽形螺母来调整；如果调整槽形螺母满足不了预紧力要求，则可通过更换后轴承后的调整垫片。

垫片厚度由 0.25mm～0.45mm，每 0.05mm 一个级差。如果转动力矩过大，应减小垫片厚度，反之，加厚垫片厚度。

4．半轴齿轮与行星齿轮啮合间隙的调整

（1）选择适当的止推垫圈，把止推垫圈和半轴齿轮装入差速器壳内。按前述方法测量半轴齿轮与行星齿轮啮合间隙，应在 0.05mm～0.20mm 范围内。如间隙不当，换用不同厚度的止推垫圈。左右两边的止推圈厚度应一致。

垫圈厚度有 1.60mm、1.70mm 和 1.80mm 三种。

（2）半轴齿轮轮齿大端端面的弧面与行星齿轮的背面弧面应相吻合，并在同一球面上。不合适时，应改变行星齿轮背面球形垫圈的厚度来达到。

5．从动齿轮轴承预紧度的调整

（1）如图 9-9 所示顺序，把差速器总成装在托架上，注意：左右轴承外座圈不能交换位置。先装调整螺母，再装轴承盖；轴承盖要按拆卸前作的记号装回，拧紧螺栓。用手拧紧左右调整螺母，对称均匀的压紧差速器总成左右轴承。

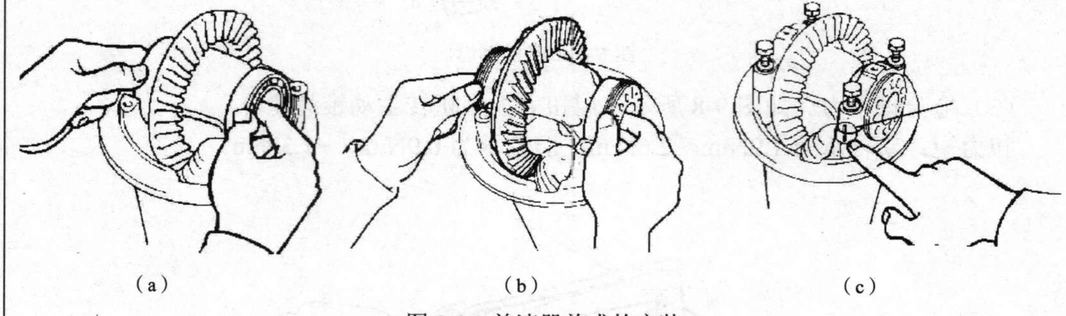

图 9-9 差速器总成的安装

（2）用专用工具将从动齿轮一侧的调整螺母拧紧直至主、从动齿轮啮合间隙约达 0.2mm，如图 9-10 所示。

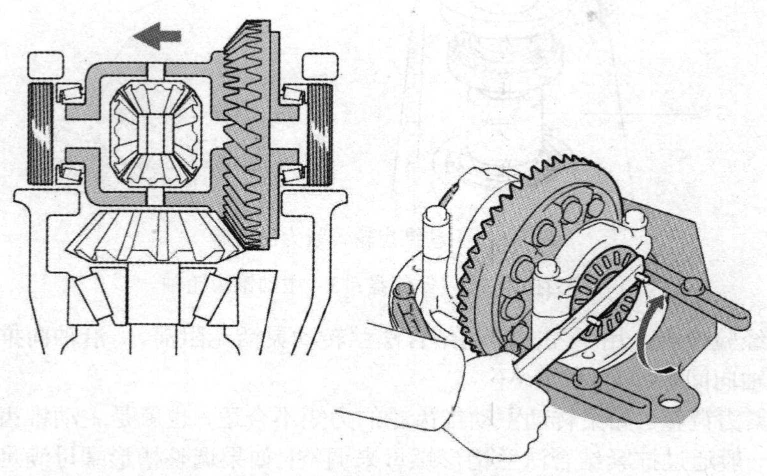

图 9-10 调整螺母的拧紧

（3）将百分表指针抵在从动齿轮一侧的调整螺母顶上（要压表），如图 9-11 所示，用专用工具拧紧另一侧调整螺母直至百分表针开始摆动，再将调整螺母拧入 1～1.5 圈。

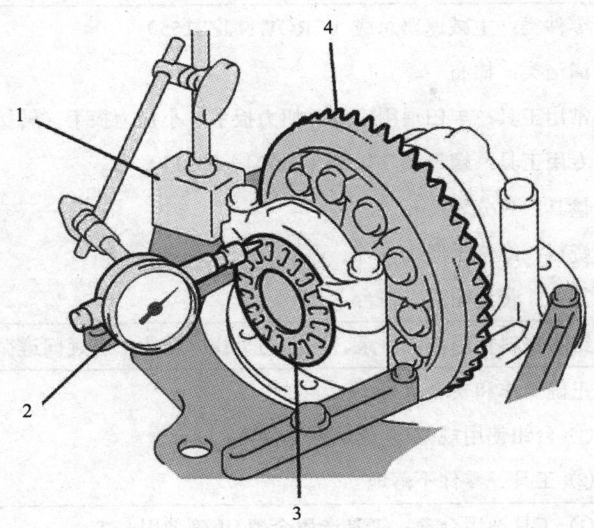

图 9-11 另一侧调整螺母的拧紧

1—百分表座；2—百分表；3—调整螺母；4—主动锥齿轮。

（4）预紧力检查。如图 9-8 所示，用扭力扳手扭转主动锥齿轮，扭力矩应增加 0.4N·m～0.6N·m。

6．主、从动齿轮啮合间隙的调整

如前面方法，如图 9-2 与图 9-10 所示，检测主、从动齿轮啮合间隙，如间隙不符，可等量转动差速器壳左右两边调整螺母来调整。即一侧拧紧多少圈，另一侧拧松多少圈。如间隙过大，则将从动齿轮另一侧的调整螺母拧松，从动齿轮一侧的调整螺母拧紧；间隙过小，则反之。

7．主、从动齿轮啮合印痕的调整

在调整好主、从动齿轮啮合间隙之后，才能调整轮齿啮合印痕。如前面方法检验印痕。当接触印痕在从动齿轮轮齿大端时，应将从动齿轮向主动齿轮靠拢（简称：进从），假如因此而使主、从动齿轮啮合间隙过小，可调整主动齿轮轴承垫圈，使主动齿轮移离从动齿轮。

当接触印痕在从动齿轮轮齿小端时，应将从动齿轮移离主动齿轮（简称：出从），假如因此而使齿隙过大，可将主动齿轮向从动齿轮移动。

当接触印痕在从动齿轮轮齿顶端时，应将主动齿轮向从动齿轮靠拢（简称：进主），假如因此而使齿隙过小，可将从动齿轮移离主动齿轮。

当接触印痕在从动齿轮轮齿根部时，应将主动齿轮移离从动齿轮（简称：出主），假如因此而使间隙过大，可将从动齿轮向主动齿轮移动。

简化口诀：**大进从，小出从；顶进主，根出主。**

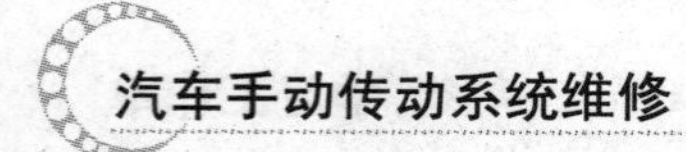

8．按照丰田维修手册操作步骤及要求，调整丰田皇冠轿车后驱动桥。

<table>
<tr><th colspan="2">项　目</th><th colspan="3">内　容</th></tr>
<tr><td colspan="2">工作准备</td><td colspan="3">零件类：主减速器总成（CROWN JZS155）
清洁类：棉布
常用工具：丰田通用工具、扭力扳手、小扭力扳手（转接头）
专用工具：螺母调整扳手（09504－00011）
量具：百分表
资料：维修手册
其他：带台钳的工作台</td></tr>
<tr><td colspan="2">维修资料的使用</td><td colspan="3">维修资料使用按照目录、明细的查找；作业中有疑问遵循维修手册</td></tr>
<tr><td colspan="2">作业安全</td><td colspan="3">正确操作和安全意识：
① 台钳使用规范/差速器固定规范；
② 工具、零件不落地</td></tr>
<tr><td colspan="2">工具使用</td><td colspan="3">① 工具选用合理：工具选用合理/正确使用 SST；
② 工具使用规范：工具使用规范</td></tr>
<tr><td colspan="2">5S</td><td colspan="3">作业过程零件清洁及最后整理</td></tr>
<tr><td>NO.</td><td colspan="2">工作流程</td><td colspan="2">工作质量
含：操作规范、记号、装配、工作总结</td></tr>
<tr><td rowspan="5">1</td><td rowspan="10">调整前准备</td><td>拆卸差速器分总成</td><td colspan="2">标记后拆卸</td></tr>
<tr><td rowspan="4">固定差速器</td><td colspan="2">维修手册翻到相应的页码</td></tr>
<tr><td colspan="2">连同轴承外圈一起安装</td></tr>
<tr><td rowspan="2">安装应正确</td><td>轴承外圈按原左右位置安装</td></tr>
<tr><td>不得装反</td></tr>
<tr><td rowspan="2">2</td><td rowspan="3">安装调整螺母</td><td rowspan="2">安装应正确</td><td>调整螺母按原位置安装，不得装反</td></tr>
<tr><td>检查螺母螺纹是否对齐，转动自如</td></tr>
<tr><td>3</td><td colspan="2">检查齿圈齿隙不为零</td></tr>
<tr><td rowspan="2">4</td><td rowspan="3">安装轴承盖</td><td colspan="2">对齐轴承盖与托架上标记，左右不得装反</td></tr>
<tr><td colspan="2">检查调整螺母螺纹是否对齐</td></tr>
<tr><td>5</td><td colspan="2">用手推入轴承盖，检查轴承盖是否完全</td></tr>
<tr><td>6</td><td rowspan="2">调节半轴轴承预紧度</td><td>上紧轴承盖螺栓</td><td colspan="2">多次均匀上紧</td></tr>
<tr><td>7</td><td>松开螺栓</td><td colspan="2">用手带紧</td></tr>
</table>

（续）

8		使用 SST 调整齿圈齿隙	正确使用 SST	
9			调整齿隙达到 0.2mm（估测值）	如一次操作至标准值，要求口述调整过程
10		用 SST 将主动小齿轮侧的调整螺母拧紧	正确使用 SST	
11		检查齿圈齿隙		
12		放松螺母		
13		在齿圈背面调整螺母上放置百分表及测量	百分表放置应正确	放置测量平面应为零件平面
14				百分表应与螺母垂直
15			百分表测量方法应正确	上紧主动小齿轮侧调整螺母直至百分表指针移动（零预紧力状态）
16		拧紧主动齿轮侧并调整	调整方法应正确	从零预紧力位置开始，
17				调整螺母 1～1.5 个槽口
18	测量调整齿圈齿隙	安装百分表	百分表安装应正确	与齿圈末端齿面垂直
19		调整齿圈齿隙	调整方法应正确	调整时左右螺母应转动相同量
				一侧紧，一侧松，保证预紧力不变
			调整值应正确	标准值：0.13mm～0.18mm
		拧紧轴承盖螺拴	拧紧力矩：规定力矩（800kg・cm）	
		重新检查齿圈齿隙	标准值：0.13mm～0.18mm	
20	检查总预紧力	检查起动预紧力	标准值：4 kg・cm～6kg・cm	
21		调整	通过小齿轮侧调整螺母调整	
总共操作时间				

内 容 简 介

本书是南京交通职业技术学院汽车工程系项目化教学改革的成果之一。

为了适应项目化教学，全书采用了任务驱动的编写模式，对汽车手动传动系统进行了详细介绍，主要内容包括传动系统概述、离合器维修、手动变速器维修、万向传动装置维修和驱动桥维修。本书对手动传动系统各部分的结构、原理、维护及检修等相关知识进行了阐述，也对各部分的拆装、维护、检测等学习任务进行了布置，同时还有相应的自我测试题对学习效果进行检验。

为了达到项目化教学的效果，本书还配有《汽车手动传动系统维修学习工作单》。

本书可作为高职高专院校汽车服务类专业的教科书，也可供汽车检测、汽车维修技术等从业人员学习参考。

图书在版编目（CIP）数据

汽车手动传动系统维修 / 谢剑主编. —北京：国防工业出版社，2014.6 重印

高职高专汽车类专业任务驱动、项目导向系列化教材

ISBN 978-7-118-07587-8

Ⅰ. ①汽… Ⅱ. ①谢… Ⅲ. ①汽车－传动系－车辆修理－高等职业教育－教材 Ⅳ. ①U472.41

中国版本图书馆 CIP 数据核字(2011)第 164578 号

※

国防工業出版社 出版发行

（北京市海淀区紫竹院南路 23 号　邮政编码 100048）

北京奥鑫印刷厂印刷

新华书店经售

*

开本 787×1092　1/16　**印张** 19¼　**字数** 390 千字

2014 年 6 月第 1 版第 2 次印刷　**印数** 4001—5000 册　**总定价** 34.00 元 教材29.00元 / 工作单 5.00元

（本书如有印装错误，我社负责调换）

国防书店：(010)88540777　　发行邮购：(010)88540776

发行传真：(010)88540755　　发行业务：(010)88540717